大德行誼

近代香港佛教人物傳

香港佛教聯合會 編著

推薦序一

民政及青年事務局局長 麥美娟

　　佛教源遠流長，在中國歷代廣受信奉，傳入香港亦歷史悠久，可上溯至南北朝劉宋時期。時至今天，本港三大著名佛教古剎依然屹立，就是杯渡寺（青山寺）、靈渡寺和凌雲寺，一直見證香港佛教的起源和發展。名寺鍾靈毓秀，但功以才成，業由才廣。本地佛教沿革關鍵所繫，非歷代僧伽和善信莫屬。

　　事實上，香港佛教今天之所以興盛，是因為僧俗各盡其才，接力共修善果，他們護教弘法的故事應當傳頌。遙想 1945 年，因緣際會，一眾佛教大德共同創立香港佛教聯合會，自此不斷擴展會務，成就善業，一邊利民濟眾，一邊建立起香港獨特的弘法模式，為香港社會耕出廣袤的佛道福田。

　　香港佛教聯合會編撰和出版《大德行誼——近代香港佛教人物傳》一書，記載香港歷來眾多佛教人物的不凡貢獻和事蹟。書中所選都是香港佛門的典範傑士，殊堪善信尊敬和傚法。一般讀者亦可以在書中探索香港佛教發展歷程，學習布施行善，回饋社會。

　　在此衷心感謝香港佛教聯合會多年來為社會謀福，惠澤大眾。也祝願香港佛教四眾大德正法廣揚，善業常興！

2023 年 6 月

推薦序二　人能弘道，非道弘人

香港佛教聯合會會長 釋寬運

　　每次談到香港的佛教史，總要從南北朝時期的杯渡禪師說起，以他的故事為基礎，豐富的歷史內容便清晰地展現在我們眼前。同樣地，我們今天見到香港各處都有佛教善業和寺院，透過認識相關的佛教大德，便能掌握它們的背景，並進一步了解香港的佛教發展。

　　「人能弘道，非道弘人」，香港佛教有今日的成果，實在有賴一批大德的無私奉獻。過去幾年，香港佛教聯合會通過搜集資料和訪問，集結了一批佛教大德的資料，並透過《香港佛教》月刊「大德行誼」專欄分期刊載，引發海內外讀者的高度讚許和回響。藉着大眾的鼓勵，佛聯會今將月刊的專欄「大德行誼」、「眾生相」等近百篇章集結成書，實在難能可貴。本人希望佛弟子能透過本書，將一眾大德的偉大行誼奉為楷模，發菩提心，護持佛教，服務社會，弘法利生。

　　雖說香港佛教發展可追溯到一千六百多年前，但就在一百多年前，香港還沒有一間具規模的佛寺，也難找佛教的服務事業單位。直至一批佛教大德蒞港弘法，如紀修長老、茂峰長老等，寶蓮禪寺、東普陀講寺等弘法道場才因而建立。有了凝聚善信的地方，再加上他們的鼎力護持，香港佛教才開始蓬勃起動。

　　1939 年，以倓虛長老為首的東北三老在香港開辦華南學佛院，接引和培育了一批卓越的僧才。永惺長老、暢懷長老、大光長老等數十位大德……均藉這個因緣駐錫香江，為近代香港佛教發展作出了巨大的貢獻。1945 年成立的香港佛教聯合會，以及 1961 年成立的香港佛教僧伽聯合會，覺光長老、洗塵長老、寶燈長老、優曇長老、紹根長老等為中流砥柱，兩個大規模的佛教組織先

後成立，在香港開辦了大量教育、醫療、安老等等類別的服務單位，發展出具香港特色的佛教弘法事業。

　　本人一直有透過《香港佛教》「大德行誼」專欄，細讀香港佛教大德的故事，對每位大德，本人都會禁不住心生讚嘆；除了出家眾外，在家兩眾，如早年的陳靜濤居士、王學仁居士、沈香林居士等，及近年的黎時煖居士、崔常祥及崔常敏居士姐妹、何德心居士等等，每一位均非常值得我學習和尊敬，尤其是他們那份無私奉獻的精神。所以，藉着這篇文章，我要摯誠地向他們致謝。

　　最後，祝願佛弟們福慧增長，菩提上進；香港佛教法輪常轉，正法久住！

編者序

　　時光荏苒，香港佛教聯合會自 1945 年創會，迄今七十多載光陰倏忽而過。回顧佛聯會成立之初，資源短缺，賴先賢大德篳路藍縷，艱辛經營，始有今日之規模。

　　《香港佛教》月刊自 2014 年 11 月，第 654 期起，透過蒐集和訪問，整理香港佛教大德的生平事略及嘉言善行，刊載於月刊「大德行誼」及「眾生相」等欄目，藉由緬懷先賢大德典範行誼，以及學習當世大德義行善舉，激勵後學，護法護教，無私奉獻，為香港佛教發展再續輝煌新篇章。

　　本書共收錄了 100 位佛教人物之生平，當中包括比丘 50 位、比丘尼 13 位、男居士 24 位及女居士 13 位，資料記述真實，可靠可鑒，相信可為有興趣了解佛教歷史和文化者，提供一些研究的線索。

　　不過，對香港佛教發展作出偉大貢獻者不計其數，本書只以《香港佛教》曾蒐集或採訪記錄之文章為基礎，刊載人物屬少數。《香港佛教》月刊同人將繼續努力，希望將來能記錄更多佛教大德的事蹟，為佛教文化發展作出貢獻。

目錄

第三章　男居士

第四章　女居士

第一章

比丘

紀修法師

農禪並重　團結茅蓬

紀修法師（？－1938）是寶蓮禪寺第一任方丈，在其住持下，「大茅蓬」正式定名「寶蓮禪寺」，並開展了其後近一世紀的發展歷程。寶蓮禪寺的人與事，更與香港近代佛教發展有着不可分割的關係。

紀修法師，廣東四邑縣人，具體出生年代不詳，以其活動事蹟推斷，約出生於 1860 年的咸豐十年。法師年少時家庭貧困，成年後沿街賣布為業。光緒年間，於廣東丹霞山剃度出家，其後往羅浮山華首寺受具足戒，此後在丹霞山修行多年。民國三年（1914 年）往江蘇鎮江金山江天禪寺掛單，任夜巡打更職 11 年。

1924 年，廣東中山縣的比丘尼定佛法師，到江南朝山參訪，經金山江天禪寺，遇見紀修法師。談論之下，定佛法師知道紀修法師希望回廣東家鄉。她敬仰紀修法師德行，亦知道他生活清貧，於是為他購買了往香港的船票，並推薦他去東涌找一位老法師。

● 初到香江的因緣

紀修法師到達香港後，由於人生地不熟，乘船到大嶼山時，錯過了在東涌登岸，直達大澳。法師落船後，登山行至鹿湖，在紫竹林靜室歇宿，其間適遇悅明、心空、明新三位長老。

其中悅明長老與大悅、頓修禪師早於 1906 年來到大嶼山，喜見群山圍繞，靈氣馥郁，高山中有一大片平原，認為是最合適修行辦道的地方。三人遂在平原上建小石室，開山種地；小石室建成後，自耕自食，用功修道。其後，出家僧眾嚮往這清幽之地，聞風而至，合力蓋搭大茅蓬，並命名為「大茅蓬」，大茅蓬即是寶蓮禪寺的前身。三位長老與紀修法師交談，觀紀修法師見聞廣博，誠法門龍象，於是懇請紀修法師住持大茅蓬，並願獻出靜室，以擴建為十方叢林。第二天早上，紀修法師被迎立至昂坪的大茅蓬就任。

紀修法師法相

時為 1924 年，大悅、頓修、悅明三位成為寶蓮禪寺的開山祖師，紀修法師為寶蓮禪寺第一任住持，大茅蓬改名為「寶蓮禪寺」。

紀修法師效法金山江天禪寺的清規制度，招賢納眾，開山種地，置法器，同耕同修。前來禪寺的共住同參僧眾漸漸增多，紀修法師遂擴建大木屋為禪堂，每天坐禪跑香，一切清規儀軌，悉依江天禪寺規範。「農禪生活」的模式在香港生根。

佛教初傳香江，建立清淨僧團，續佛慧命，成為佛教界的重要大事。1925 年秋天，紀修法師依循祖制，在寶蓮禪寺初次舉行傳戒法會。據香港佛教聯合會已故榮譽會長智慧長老憶述：「據老一輩人說，寶蓮禪寺首次開戒時，相當

窮困，幸得凌雲寺、青山寺的人力、物資，及普光園閑雲大師的幫忙，才能順利完成傳戒法會。」紀修法師與凌雲寺的妙參法師、鹿湖精舍的觀清法師、青山寺的顯奇法師相交甚密，共稱「諸山四老」。1924 年，妙參法師在寶蓮禪寺牌坊正門左側建四老蓬，預為將來同參同住，四老情誼之深可見一斑。

● 興建大殿　秋期傳戒

1928 年，紀修法師興建寶蓮禪寺舊大雄寶殿「大圓滿覺」，供奉釋迦牟尼大佛及迦葉、阿難二尊者金像。興建大殿時，山中各小靜室出家二眾齊心合力鋪設階磚，為十方叢林各盡一分力量。1929 年又陸續增建方丈室、客堂、五觀堂等。紀修法師經過數年的悉心經營，禪寺基本設施齊備，仰慕道風而登山歸依出家眾絡繹不絕。

紀修法師不但開啟了寶蓮禪寺秋季傳戒法會的先河，亦為寶蓮禪寺早期的建設作出了重要的貢獻，使寶蓮禪寺漸見規模，使早期大嶼山分散的茅蓬漸漸以寶蓮禪寺為核心，形成了統一的「茅蓬佛教」中心。紀修法師效法金山江天禪寺的清規制度，開山種地，自耕自食，坐禪跑香，常年不輟，令香港佛教向着以禪宗為主要流派的方向演化。

紀修法師嚴於律己，戒行精勤，脅不着席，佛弟子依隨皈依出家者，不可數計。至 1930 年，紀修法師於秋期傳戒完滿後，因年事已高，精神勞瘁，遂與觀清、妙參、顯奇等諸山長老，恭請屯門青山清涼法苑「如是住」筏可法師為接任住持。老法師退居後，在靜室自修，1938 年在寶蓮禪寺示寂，世壽約七十餘，荼毗後得舍利子一小杯，如黑芝麻色。

遠參法師
遠紹如來妙法　參悟華嚴奧義

遠參法師（1873－1966）別號「佛教怪傑」，自幼天資聰穎，勤奮向學，潛心佛典，造詣邈深。早年隨月霞上人研究各宗，積四十餘年精研，得《妙法蓮華經》神髓，以其獨具慧眼，另創新義，發前人所不能發。每當弘法，經文有一字之訛、一義之謬，辭有未善，法師不厭其煩，修而飾之，務求縷述詳明；又時抱維新佛學為本願，創立維新佛學社，專弘權實，旨在蕭清教內邪言，扶持如來正法。法師一生，學通三藏，志闡一乘，孜孜不倦研究《妙法蓮華經》，弘宗演教，不遺餘力，有「法華王」之譽。

● 童真入道　皓首窮經

遠參法師生於清同治十二年（1873年），俗家姓高，名天賜，法名淳久，字遠參，廣東吳川硇洲島人。法師世業農耕，雙親早逝，深感人世無常，遂萌離塵之念，四五歲便欣慕出家。光緒十三年（1887年），15歲的他，跟隨當時在遂溪出家的胞兄善參，來到寺院當侍童。在寺中作務之餘，有暇則閱讀佛經。他誠懇樸實，勤奮好學，為寺中首座靜齋老和尚所喜愛。越年，因緣成熟，靜齋老和尚為他剃度，做了沙彌，在寺中撞鐘擊犍，禮佛誦經，修習佛門儀軌。

遠參法師法相

　　法師 18 歲時，往肇慶鼎湖山慶雲寺受具足戒，圓戒後仍回東華山寺，潛心讀經。越數年後，赴羅浮山華首寺，親近由江南參學歸來的妙參老和尚。妙參老和尚是廣東陽江縣人，秀才出身，19 歲出家，21 歲於南京寶華山隆昌寺受具足戒。圓戒後往金山江天禪寺坐禪三年，於江南參訪名山大剎後，返回羅浮山祖庭，駐錫華首寺。法師依妙參老和尚修學多年，並助其修建延祥寺。1911 年，法師卓錫香港大嶼山，闡揚佛法，興隆三寶，又於昂坪購地建大茅蓬，後至東涌地塘仔闢建華嚴閣。華嚴閣喻意即出自《妙法蓮華經》，描寫一乘佛國淨土之境界：園林諸堂「閣」，種種寶莊「嚴」，寶樹多「華」果，藉此策勵以修菩薩萬行之因華，成就無上莊嚴佛國功德之妙果。當時東涌至寶蓮禪寺為崎嶇羊腸山道，法師苦心集資，親自鋪築三合土通路，由東涌碼頭起點經田寮羅漢岩地塘仔而至昂坪，便利沿途鄉民與旅遊人士。

　　1913 年，法師赴江南參訪，適逢華嚴宗泰斗月霞上人在上海哈同花園的頻伽精舍，開講《摩訶般若經》，法師前往哈同花園聽講，學習華嚴宗義。當時同席聽講的還有海仁、增秀、海山諸大德。未幾，月霞上人以哈同夫人羅迦陵居士之支持，在哈同花園創設華嚴大學。法師遂考入華嚴大學受學，親近月霞、應慈兩位大師，在校中與常惺、慈舟、持松、智光、戒塵、了塵等為同學。法師在校受學期間，潛心研究賢首宗義，成績優異，辯才無礙，深為月霞上人所器重，命其代座講經，分析條貫，聽者聲入心通，由是漸露聲名，講席不但遍大江南北，更遠至日本、南洋群島及澳洲等地。

● 專弘權實　革故鼎新

　　1916 年，法師自華嚴大學畢業，不但親近度厄老法師聽講《中論》、《百論》、《十二門論》、《大智度論》等論典；後來又從世航和尚及石范泉居士等受學，深受教益；繼而專門研究《妙法蓮華經》，於經中奧義深有心得，頗

有獨到見解之處，認為學佛必須對《妙法蓮華經》徹底明了，否則一切大乘教義都不能決云。法師基於對佛教愛之深、對眾生慈悲之切，為挽救佛教、挽救眾生起見，對佛教中不如理的現象提出強烈批判，對佛教中不究竟的方便更是直接抨擊。法師在其自著《法華新義自敍》中云：「法華一經，自傳震旦，古德疏論，實繁有人。而以天台智者為最著。後世研習是經者，於玄義文句之外，大率稟承指掌、大成、會義、通義等。陳陳相因，未敢稍逾故轍。良由我國人性多好尊古。一切學術，皆尚傳統。苟語以新義，則必譁然，甚者目為超佛越祖，叛道非經。學術退化，職是故也。余研究法華，歷有年所。自問非故好矜奇。然對於古德所解，不敢曲為阿附，輕與依傍。因是尋求新義，宣傳講解。聽者或唯或否，面難筆詰，常有其人。而個人信解，始終不渝……」

法師依據《妙法蓮華經》，提出佛教有權實之分，人乘、天乘、聲聞乘、辟支乘、大乘，共五乘屬方便，又名「權教」。一乘不在五乘中，最後必須廢權立實，方盡佛出世之本懷。法師又認為經典有真偽之別，即使真經中，也因時日演變，難免混雜異說。法師曾先後四次修正《妙法蓮華經》，貫通文字，成現在的二十四品《妙法蓮華經》，務使去蕪存菁，備受十方佛教人士敬重，尊之為「法華王」。虛雲老和尚曾由雲南詣江蘇來請法師辦理雲南佛教學務，隨後各省佛教人士均有請法師講大乘經論，附和者有之，責難者亦有之。

1919 年，遠參法師在南京毗盧寺開講《妙法蓮華經》。1923 年復在上海開講《妙法蓮華經》，滔滔雄辯，道譽漸著。1928 年，應安徽省迎江寺住持慈航法師之邀，於迎江寺再講《妙法蓮華經》。1929 年，自安徽赴香港，駐錫大嶼山東涌華嚴閣，整理歷來演講紀錄，撰寫《梵網戒經講義》。及至 1933 年間，廣州佛教蓬勃一時，十方大德，各派法師，雲集廣州，大吹法螺。法師亦於翌年秋弘法於廣州，先後應邀到西關的廣州佛學會和中華路的如來庵講經，旋即遠涉星洲、檳城等地，往返數次，廣為弘化，信解者漸多，於是糾集學員共同

研討，籌創維新佛學社，號召信眾研讀法華。維新即「革命」和「革新」的意思，在那個時代，出家人提出改革，需要有很大的勇氣。維新佛學社以「扶持如來正法，肅清教內邪言，建立佛徒良軌，普遍大地宏揚」為號召，初極秘密，故其所立興革宗旨，國人多不知之，其後信者愈多，信徒遍於國內外，尤以廣東、香港、新加坡等地區為多。

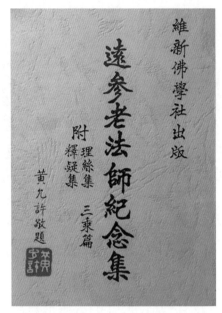

維新佛學社出版的《遠參老法師紀念集》

● 廣啟法筵　光照叢林

　　1950 年，法師年已 78 歲，自新加坡返回香港，在大嶼山地塘仔華嚴閣和大坑光明臺等處道場開講《妙法蓮華經》等大乘經典，還時常受人禮請到內地講經。1952 年，法師又應馬來西亞巴生濱海佛學會之請，略講權實大要。1953 年，法師於馬六甲明覺蓮社述完《三乘篇》。1965 年底，法師再次遠赴馬來西亞怡保說法，延至 1966 年 2 月間返回香港。同年 3 月 30 日（歲次丙午三月初九）午夜，法師化緣已盡，遽然圓寂於香港大坑光明臺維新佛學社佛堂，住世九十三歲，寂時瑞相安詳。法體奉移大嶼山昂坪荼毗，得形如蓮花舍利無數，四眾弟子無不嘆為稀有奇觀。

　　遠參法師精通教理，佛學湛深，門下四眾弟子遍港九新界，一生除講經弘法、力倡維新之說外，著述有《法華新義》、《法華經講錄》、《維摩經講錄》、《金剛經心經註解》、《講中論》、《講百論》、《講十二門論》、《佛學大綱》等二十多種行世。有詩讚曰：「一乘慧眼夙根深，皓首窮經鑑古今，著述高明同日月，圓融千古照叢林。」

倓虛法師
看破放下自在　辦學建寺安僧

「我」一輩子做事，沒別的方法，就是『敬以處事，誠以待人』，平素『恆以慚愧水，洗滌懈怠心』，對一切事能看得破、放得下，笨人笨事，如此而已。」這是天台宗第 44 代傳人倓虛法師（1875 － 1963），於民國三十七年（1948 年）夏，在青島湛山寺應信眾請求，講述個人生平事蹟，於結語時吐露的心聲。

倓虛法師法相

倓虛法師生於清光緒元年（1875 年），俗姓王，名福庭，直隸寧河（今天津寧河）人。法師於民國六年（1917 年）披緇出家，不久即赴寧波觀宗寺，依該寺住持、天台宗第 43 代傳人諦閑老和尚圓具足戒，繼入觀宗寺佛學研究社習禪學教，深受諦老器重。在佛學研究社第一次回講後，諦老即予「虎豹生來自不群」之批語。1920 年，倓虛法師荷弘法重任，拜別諦老邁返北方。從此法師開始其不朽的建寺安僧、弘法度眾等任重道遠之工作。數十年間，僅創辦規模宏偉之大叢林就達九處之多，皈依座下四眾弟子多達數十萬眾。法師在北方復興佛教之豐功偉績，為現代中國佛教史上寫下輝煌燦爛的一頁。

　　1949 年春，倓虛法師以佛法事大，欣然接受香港佛教聯合會邀請，以 75 歲高齡率徒眾南下蒞港，自此弘化香江十四個春秋，對香港佛教各項善業蒸蒸日上之成就，有莫大之貢獻。法師先後創立華南學佛院、中華佛教圖書館、天台精舍等。所培養出來的大批卓越的法門健將，後來大多在海內外住持道場，弘化十方，對佛教文化、教育、各種社會福利事業，頗多建樹。法師在擔任香港佛教聯合會第 4 屆理事會理事長期間，拓展會務，領導有方，會眾深慶得人。1963 年，法師以 89 歲高齡，仍堅持陞座為善信講《金剛般若波羅蜜經》，是年 7 月 12 日示寂於香港弘法精舍。

● 一佛出世　千佛護持

　　倓虛法師一生弘化南北，譽冠全球，處處都有虔誠的大護法。如曾任國民政府廣東、廣西省長朱子橋將軍，國民政府財政部長葉恭綽居士，青島市長沈鴻烈將軍，以及安徽省政府主席王金鈺將軍等，乃至晚年來港，又有銀行業鉅子吳蘊齋居士等極力護持，檀越信施不勝枚舉。種種勝緣絕非偶然，實因法師的威德感召，正所謂：「一佛出世，千佛護持」。

　　古往今來，歷代祖師大德興建一個道場，不知要耗費多少心血；更有人畢生竭盡心力，都未竟其功。惟倓虛法師說一次法就建成一大道場。如在東北長春講《金剛般若波羅蜜經》一次，諸護法興建般若寺；在哈爾濱講過一次《佛說阿彌陀經》，諸護法又興建極樂寺；在營口講過一次《大佛頂首楞嚴經》，諸護法又興建楞嚴寺；最後又於青島創湛山寺。這幾個大道場規模宏大，恪遵十方叢林古制。作為中興天台的一代宗師，振興北方佛教的一大功臣，倓虛法師不但備受國內朝野人士敬重，也深受海外佛教四眾所仰慕。皈依弟子，遍於中外，佛學著述，流佈十方，直接間接受法師影響者不可勝數。

● 誨人不倦　度生無盡

　　倓虛法師與太虛法師、虛雲老和尚有中國佛教「三虛」之稱，其德業成就和對佛教之貢獻，為教內外人士所推崇。雖然彼此所宗各有不同，然其究竟旨趣，無非弘法利生，普令眾生離苦得樂，了生脫死而已，可謂：「方便有多門，歸元無二路。」身為諦閑老法師衣鉢弟子之一，倓虛法師終生以弘揚佛法，普度眾生為己任。倓虛法師總是諄諄告誡弟子：「弘揚佛法比甚麼都重要，度人即是度己，要信得極，站得穩，言行一致。不要有附帶作用，才是真佛子，真弘法者。」倓虛老法師常以「看破，放下，自在」六字開示徒眾，含意頗深。法師從初發心看破紅塵、辭親出家、放下身心、觀宗學教；且至華北大弘法化、普利群生、大開法席、廣造梵宇。再俟南下因緣成熟，即移錫香江，宏施法雨，重振宗風。因「看破」故，由北至南，為法忘軀；因「放下」故，不戀舊業，故能身心自在，安住一隅。在倓虛法師看來，因為世人看不破，放不下，故有謀殺、搶劫、邪淫、欺騙等各種傷天害理、埋沒良心、禽獸不如的荒唐行為，結果不但心不清淨，煩惱憂愁，還使自身受到法律制裁，如此一來，身心都失去了自由，還談甚麼自在不自在呢？法師曾開示門下徒眾：「誰具大慈悲心，誰是如來入室弟子。誰忍辱持戒，誰能荷擔如來家業。誰通達諸法空相，誰能登法王寶座。」法語雖平淡淺顯，意義卻含蓄深長。若能從中領略一言半句，終身受用無盡。

● 愛護僧才　續佛慧命

　　倓虛法師精通佛典，對於天台教義，見地獨到。至於說理之精闢，修辭之整潔，無人能及。法師蒞港後於各大佛教道場講經說法時，現場總是座無虛席。諸居士及到場聽經人士，無不心悅誠服，歡喜讚嘆。

倓虛法師生前最為注重培養弘法人才。自從說法迄至涅槃，無一駐錫處不創辦佛學院，講學接眾，培養僧才。最初說法時即應瀋陽萬壽寺住持之請創辦萬壽寺學院，是東北有佛教以來第一間佛學院。以後說一次法建一大道場，每個道場皆有佛學院設立。乃至晚年法駕香江，年過古稀仍發心創辦華南學佛院。

倓虛法師特別關懷出家僧眾的病苦。他早年目睹一些貧苦僧人患病，不但無錢求醫，藥費更是大問題。法師自己也曾嘗過其中滋味，故發願每創一寺，必購各種藥材，診症皆親手診斷，從不因事忙或他情，而耽誤學僧的治療。這是法師以世藥而治身病，以法藥而治無明之病的慈悲行。

● 非滅示滅　德範長存

倓虛法師法相慈祥，氣宇軒昂，講經說法，音聲高朗，辯才無礙，如獅子吼。逢人即應機示教，語重心長，以深入淺出之佛理，開示令入佛之知見。隨處講座，濟濟一堂，不管博學能文，達官貴人，鄉黨士民，三教九流，凡聆開示者，如夢初醒；凡有見聞者，無不以皈依法師座下為榮。

1963 年 7 月 12 日下午二時許，倓虛法師正身趺坐，手結彌陀印，一心念佛，如入禪定。至下午 6 時 15 分，在大眾念佛聲中，捨報圓寂。是時四眾環繞，痛失導師，佛號與泣聲並作，又適天雷震動，大雨傾盆，法樑頓折，人天同悲，港九佛教界莫不同深悲悼。荼毗大典時，佛教四眾弟子到祭者三千餘人。倓虛法師法體荼毗後舍利數千粒，五光十色，港九中西各界人士絡繹不絕前往參拜。

樂果法師
樂修梵行　果證真常

● 幼具善根　精進修行

樂果法師（1884－1979）俗家姓陸，名星齡，字炳南，清光緒十年（1884年）正月初九日出生於遼寧營口西南五台子村。他幼讀私塾，受儒家傳統教育，長大後繼承祖業，經營德玉慶商號。1905年，當時尚未出家，俗名王福庭的倓虛法師在營口宣講堂充任宣講員。二十多歲的陸炳南是護持宣講堂的地方人士之一。他和宣講堂中的一班人士志趣相投，常在一起討論修道的問題。

1908年，王福庭離開宣講堂，開了一家中藥舖，以後中藥舖就成了陸炳南、于澤圃等一眾好友研究《大佛頂首楞嚴經》、《金剛般若波羅蜜經》等大乘佛教經典的地方。眾人之中，陸炳南對於《金剛般若波羅蜜經》最有契悟，演說流暢。後來他到各地去講《金剛般若波羅蜜經》，時日久了，眾人尊稱他為「陸金剛」，地方士紳都對他敬之三分。

● 中年出家　薙度為僧

1917年，王福庭首先出家，接着前往寧波觀宗寺參學於觀宗學社。于澤圃也於1923年出家，就是繼倓虛法師出任哈爾濱極樂寺住持的如光法師（後改名定西）。陸炳南年近花甲時才出家。事緣1921年，倓虛法師應奉天（今遼寧省省會瀋陽市）萬壽寺方丈省緣和尚的邀請，到萬壽寺辦佛學院。他在赴奉天途中，繞道前往營口宣講堂看望老朋友。陸炳南、于澤圃等人見到倓虛以法師身份回鄉，講經說法，辯才無礙，十分歡喜。他們為了紀念早年一起研究

《大佛頂首楞嚴經》和倓虛出家有所成就，商議共建楞嚴寺，作為營口弘揚佛法的道場。而其中主張最力、態度最積極的，就是陸炳南。眾人歷盡無數艱辛曲折，前後十年，終於建起一座佛教大叢林。

1931 年，佔地 660 畝的營口楞嚴寺落成，原擬聘倓虛法師為住持，倓虛為了避開「為己修廟，方始出家」的嫌疑，堅辭不就，同時推薦寧波觀宗寺的退居方丈禪定法師出任楞嚴寺首任住持。而陸炳南仍以在家居士的身份護持寺院，並將經商所得，悉數興辦慈善事業。時至 1939 年，陸炳南年已 56 歲。「一日，憧然有醒，若有所感，遂毅然放下世緣，詣遼寧開原縣名剎龍潭寺，依心徹長老剃度。」（《樂果法師傳》，大光法師撰）出家後的陸炳南居士，法名大聞，號樂果。

● 繼承法嗣　纘緒台宗

1941 年，樂果法師出家後兩年，前往北平弘慈廣濟寺依光德律師圓具足戒，然後回到龍潭寺祖庭，祭祖掃塔，以盡孝思。繼而到江南參訪，朝禮江浙名剎，拜謁高僧大德，或聆棒喝、或聞示教，禪機宗話，獲益良多。1948 年，樂果法師駐錫寧波觀宗寺，擔任寺中首座。倓虛法師代表已故諦閑法師，授樂果法師為天台宗第 44 世法嗣。

1947 年，樂果法師回到營口楞嚴寺，經寺內常住及護法居士等公推繼任該寺第二任住持。當時東北內戰激烈，漫天烽火，時局動盪。樂果法師晉山後，隨即籌劃創辦佛學院，在寺中開講《大佛頂首楞嚴經》，善信男女遠近皆來，皈依受戒之弟子不下萬數。隨着東北局勢日益激化，樂果法師不得已離開楞嚴寺，赴青島湛山寺投奔倓虛老法師。恰逢倓虛法師應香港葉恭綽、王學仁等居士之請，計劃前往香港興辦佛學院，正準備啟程。二人見了一面，倓虛法師就到香港去了。

1952 年 3 月 23 日，華南學佛院第一屆師生暨董事合照。前排右二起分別為樂果法師、倓虛法師、定西法師和王學仁居士，後排右二為永惺法師。

　　倓虛法師抵達香港後，在葉恭綽、王學仁等居士的大力護持下，於荃灣弘法精舍籌辦華南學佛院，同時急電樂果、定西兩位法師來港協助。兩位法師於是帶着十多名學僧乘船經廣州到香港，在華南學佛院任教授課，培育僧才。由於他們三位都是由東北到香港弘化的，並且都是高齡六十以上的老法師，後來香港佛門緇素尊稱三位老法師為「東北三老」。

● 海外弘法　焰續佛燈

　　樂果老法師到香港之年，雖然年已 66 歲，而他老當益壯，又展開了為時30 年的弘法事業。老法師抵港之初，在華南學佛院主講《大佛頂首楞嚴經》三年。1954 年，於九龍黃大仙接辦覺世佛學會，並改制成十方大佛寺，接引十方禪人。1958 年，老法師於九龍北帝街購置了兩層樓宇，創辦觀音菩薩道場聞性精舍，此後他往來於十方大佛寺和聞性精舍兩處，或主講大部經論，或應機講

法開示，教化信眾，度人無數。法師亦為香港佛教聯合會第 11 屆董事會董事及名譽導師。到 1967 年，老法師雖已 84 歲，而依舊精神矍鑠，動了到台灣弘法之念。

樂果法師抵台之初，駐錫台中慈善寺。老法師德望崇隆，聞道皈依者日眾，而請求剃度者亦日多。因此，建立一所道場以安眾，就非常迫切需要。1968 年 11 月間，樂果法師在弟子陪同下，到南投縣埔里鎮西郊的觀音山，勘察地形，尋覓建寺之地。恰逢一位河北唐河縣人士王連科居士，上前頂禮，請樂果法師到他小佛堂休息，請求皈依。老法師應其所請，在佛堂中為他說三皈依。當王連科得知樂果法師要覓地建寺，就將自己墾植經營的幾甲山地，獻給樂果法師作為建寺之用，這就是興建佛光寺的緣起。

有了土地，即於 1969 年 8 月動工興建佛剎，各方善信捐施亦源源而至。一兩年間，大殿、寮房、法物俱備，樂果法師為之命名曰佛光寺，供奉千手千眼觀世音菩薩莊嚴聖像。1971 年春，工程竣事，開光、落成大典同時舉行，法會盛況，為南投縣前所未見。高齡 88 歲的開山住持樂果老法師，為弘法利生，不辭辛勞，以耄耋之年，風塵僕僕奔波於港台兩地。

樂果法師普施法雨，道譽遠播，東南亞各地的信眾到香港拜謁者日多。以此因緣，老法師由 1974 年起，每年穿梭於新加坡、馬來西亞、菲律賓、泰國等地，定期講經，法緣殊勝。1975 年，法師以 92 歲高齡，接任大埔定慧寺第三任住持。1978 年 5 月中旬，老法師應加拿大佛教會性空、誠祥兩位法師之請，到多倫多南山寺講經。老法師為法忘軀，抵多倫多後未作休息，又為當地新建的湛山精舍主持開工典禮。加拿大僑界善男信女，聞知樂果法師法駕蒞臨，參謁求法者不斷。老法師在多倫多、溫哥華弘法 40 日，於 6 月下旬返回香港。

● 壽享百齡　教澤永存

　　樂果法師一向健康良好，即使以九十餘歲高齡，仍獨自往來於港台之間，習以為常。惟自加拿大回到香港之後，身體漸現衰老。1978 年底還獨自回了一趟台灣，後以胃腸不適，曾到台北榮民總醫院檢查。1979 年 1 月，老法師自知時至，抱恙返港，入香港佛教醫院治療，稍有起色，又以聞性精舍新春拜懺為念，堅持出院，詎料竟於 2 月 5 日（正月初九）晚在聞性精舍大悲法會期間撒手塵寰，安詳示寂，世壽九十有六，僧臘四十夏，戒臘三十八秋。老法師法體奉安於世界殯儀館設靈，以供四眾助念瞻仰。寂後 49 日，移靈於荃灣芙蓉山竹林禪院荼毗，由其剃度弟子親奉靈骨舍利返回台灣埔里佛光寺，於該寺後山建塔供奉，永垂紀念。老法師一生教演天台，行宗淨土，平時講經記錄，經整理後出版者，有《般若心經講義》、《金剛經釋要》、《彌陀經釋要》等多種。

1972 年夏，香港發生因持續暴雨導致山泥傾瀉及大廈倒塌慘劇，共釀成 156 人死亡。佛聯會在跑馬地馬場舉辦本港雨災及海陸空罹難超渡法會，樂果老法師（前排左一）蒞壇主法。

1978 年 2 月，95 歲高齡的樂果老法師（中）最後一次駕臨主持佛聯會新春團拜暨第 24 屆董事就職典禮，並頒發董事選任證書予覺光法師（左）。

海仁法師
海納百川流不盡　仁心大愛作慈航

海仁法師（1886－1978），俗家姓陳，法名法慈，字海仁，原籍廣東中山縣，1905年，法師依石龍廣慧庵述蓮老和尚出家，早晚勤行禮佛誦經，學習佛門儀軌，雖屬盛夏炎熱，汗透滿身，都從不荒廢。

1908年，法師於羅浮山華首寺受具足戒。1909年即開始出外行腳，足跡遍及大江南北、名山寶剎，追隨宗門大德，冬參夏學，研習天台教觀及楞嚴、法華等佛教經典。

三十多歲時，法師即應信眾所請陞座說法，前後共數十年之久，晚年尤力學不倦。行持精進，嚴守戒規，以身作則，律己律人，實堪為後學修行之典範。

海仁老法師法相

● 教演天台　志弘楞嚴

海仁法師是最早到江南大叢林參學的廣東籍法師。不久，筏可、茂峰、融秋、靈禪等諸位法師，先後受海仁法師影響，前往江南參訪。諸法師返回廣東後，皆獨樹法幢，教化一方，香港佛教也是有賴這些大德法師的弘化而日漸隆盛。海仁法師在清末民初時代，可謂是一位開風氣之先的人物。行腳參學期間，法師苦心向學，夙夜不懈。曾在天童寺聆聽慧明法師講《妙法蓮華經》，繼而

又聽佛乘法師講《大佛頂首楞嚴經》，自此以「教演天台，志弘楞嚴」為己任。1913 年，法師前往杭州靈隱寺，聽諦閑法師講《大佛頂首楞嚴經》，其後又在上海哈同花園聽月霞法師講《摩訶般若波羅蜜經》，當時同席聽講的還有遠參、增秀、海山等法師。

1917 年，法師來港弘法，於大嶼山大茅蓬（今寶蓮禪寺）後建一小茅蓬，號名「阿彌陀佛」。法師潛修於阿彌陀佛靜室達 60 年之久，不求聞達，不攀世緣，不慕名利供養，只以教導後學為己任，以禮佛閱藏為常課。因受法師德學感召，慕名求學者絡繹不絕，法師即開席講經，教授後學，無論智愚，一律循循善誘，慈威兼施，誨人不倦。

1941 年 12 月，香港淪陷。是年海仁法師已年近花甲，他輾轉回到故鄉雷州，駐錫真如精舍達五六年之久。其間常應邀到各地講經說法，利樂眾生。抗戰勝利後，法師在湛江講經，當地福壽山寺有一個剃度未久，年方十五六歲的比丘尼去聽經，十分精進，法師一見，許為法器。法師於 1947 年回香港時，把這位比丘尼也帶到香港，悉心培育。她就是後來在日本獲得碩士學位，曾

海仁法師於 1917 年來港弘法，長期潛修於大嶼山阿彌陀佛靜室，不慕名利，只以教導後學為己任，直至壽登九秩，仍復如故。（圖片提供：寶蓮禪寺）

任香港佛教聯合會常務董事，1972 年前往美國弘化，在洛杉機創辦美西佛教會和圓覺寺的文珠法師。海仁法師有「楞嚴王」之美譽，其受學者大多走向社會，卓然有成；或領導教育，或創辦文化事業，貢獻無量。受其熏陶者咸成法器，各自弘化一方，續焰傳燈。除文珠法師外，聲名遠播海內外者，尚有泉慧、妙峰、源慧、真常、宏量、聖揚、慈祥、寬榮、寬如、愍生、紹根、初慧、了知、賢德、惠光以及在家居士林楞真等佛教大德。法師住大嶼山數十年，雖然沒有形式上辦佛學院，而教導出的後學，相繼成才，所以雖無僧學之名，而有僧學之實。海仁法師對香港佛教之影響可謂廣泛而深刻。

● 不以佛法作人情

海仁法師謙和禮讓，虛懷若谷。每逢有人來向他請求開示，他必定先和來者頂禮，從不抱貢高我慢的心態。平常他不苟言笑，精進於修持，孜孜於教典，但是若有人來和他討論佛法，他總是如長江大河，滔滔不盡，源源不竭的不彈煩勞，多方比喻，剖析事理，極盡其詳。

海仁法師平生剛耿正直，不論對方是故交道友，或素不相識者，假如被他發現了錯處一定疾言厲色地加以叱責糾正。所謂「寧肯己身墮地獄，不以佛法作人情」，就是這位有德有學有行有願的大善知識奉為圭臬的座右銘，也以此激勵佛弟子在修行時樹立「依法不依人」的正知正見。

法師為法心殷，愛道懇切，總是苦口婆心地教導後學僧眾：生生世世要做一個合格的法師，施展平生所學，破邪顯正，鋤奸斬佞，挽救佛法頹風，樹立正見法幢，這樣德才具備，名實相符，才不愧為「法師」的稱號。

● 名聞利養皆幻有

　　二次大戰後，香港社會百廢待興，海仁法師參與香港佛教聯合會首屆理事會，但對理事長一席，卻極力謙讓，只肯出任第一屆理事會理事。後來因推辭不掉，才出任第二屆理事會理事長，領導四眾，拓展會務。

　　戰後經濟蕭條，民生凋敝，內地許多名山道場，齋糧不繼，法師獲悉後，罄其所有，匯款接濟，並多方奔走，勸人布施，以濟助內地寺院。而他自己所住的茅蓬，卻只長寬丈許，多年失修，蛀爛不堪，聊避風雨而已。

　　法師一生不置產業，不積私蓄，不做寺主，最喜布施，其個性豪爽而率直，同情心特別重。遇來訪者，必為說法；遇求助者，必施援手。所收供養，隨即轉贈他人，從未有絲毫的慳吝。法師戒行精嚴，個性耿直，不徇私情，不積私蓄，不當住持；重因果，輕享受，待人寬，律己嚴。

　　海仁法師於 1978 年圓寂，享壽九十三歲，僧臘七十三載，戒臘七十一年，一代高僧歸於涅槃。圓寂前，囑弟子文珠法師整理生平講稿，編撰而成《大佛頂首楞嚴經講記》，印贈流通。

寬讓法師
激發佛教人士立志籌建香港佛教醫院

寬讓法師（1886－1958）早年追隨革命先驅孫中山先生，投身反清起義。以年少之姿，從參與創辦醒天夢劇社、《東莞旬報》，以激烈言辭倡導民主革命，到熱心加入國內第一個無政府主義社團「心社」，鼓吹世界大同；從參與廣州新軍起義、黃花崗起義，再到成功策動香山起義，衝鋒陷陣，屢建奇勳，一生可謂充滿傳奇。辛亥革命後，法師受邀主持東莞知名公益機構──明倫堂，嗣後投身孤兒救濟事業，創辦廣東公立孤兒教育院。抗戰後，因緣際會，皈依佛門，禮曹溪南華禪寺虛雲老和尚剃度為僧，學佛習禪，深受老和尚器重。出家不久，即任廣

現供奉於香港佛教醫院之寬讓法師法相

州六榕寺方丈。法師晚年，目睹內戰日亟，時局不靖，黯然神傷，知世事不可為，遂移錫來港，弘法接眾，不可勝數。

● 矢志革命　奔走呼籲

　　寬讓法師俗姓陳，名哲梅，原籍廣東省東莞縣望溪鄉（今東莞望牛墩鎮）。自幼聰敏穎悟，早具佛性，生有異相，頂骨隆起，雙目炯炯有光，更以終日不苟言笑，端坐竟日，外人莫測其高深。他幼時父母雙亡，由祖母養大成人。當

時清政失綱，外患日亟，有志之士，無不力倡維新變法。他以國家之事，糜爛至此，欲救其弊，唯有從根本上實行革命，破除社會一切強權。

1908 年，法師與一眾志同道合之友人在東莞石龍成立醒天夢劇社，匯聚各界進步人士，成為東莞首個專演愛國新劇並宣揚民族主義的劇社，深受群眾歡迎，由莞城至穗垣，所到之處無不引起轟動。1909 年 3 月，醒天夢劇社受孫中山先生特邀，前往香港演出，觀眾大為驚嘆，交口稱善，演出場場爆滿。他偕同劇社其他成員連袂加入同盟會。當時同盟會香港支部不足百人，醒天夢劇社全體成員入盟，令同盟會士氣大漲。同盟會在香港的機關一般是以商行、住宅或文化機關為掩護。位於中環結志街的實踐女學校就是同盟會當時在香港的主要活動機關之一。他經常到校授課，兼任學校教員。

除了醒天夢劇社之外，法師等還在莞城秘密創辦了《東莞旬報》，作為宣傳革命思想的重要陣地。當時，中國面臨深重的民族危機，革命黨人四處奔走，他們認為國家前途、民族命運危如累卵，愛國必須革命，救亡必須反清。藉輿論宣傳以喚醒民眾成為革命志士重要行動之一。法師等立足莞城，聯絡省港，不遺餘力地鼓吹革命，如泣如訴敍述民族災難，憤怒控訴列強種種罪行。

● 棄學從戎　集師舉義

1909 年 7 月，時逢廣東擴編新軍，法師曰：「我不入地獄，誰入地獄？」遂與同窗莫紀彭、林直勉等於東莞初級師範學堂（東莞中學前身）肄業，毅然投筆從戎。翌年 2 月，他在廣州參加同盟會領導的新軍起義，一夕間，步炮工輜各營，群起響應。由於清軍早有防備，起義準備不足，激戰兩日，以失敗而終。

1911 年 4 月 27 日（農曆三月二十九日），震驚中外的廣州黃花崗起義爆發。一百多名熱血青年，在強弱懸殊的情況下，臂纏白巾，向兩廣總督衙門發起進

攻。法師身為敢死隊成員，與清軍展開激烈的巷戰，終因寡不敵眾，革命黨人
彈盡糧絕，傷亡慘重。法師輾轉突圍出廣州，成為黃花崗起義為數不多的幸存
勇士之一。孫中山先生對此起義予以高度評價：「是役也，碧血橫飛，浩氣四塞，
草木為之含悲，風雲因而變色，全國久蟄之人心，乃大興奮。怨憤所積，如怒
濤排壑，不可遏抑，不半載而武昌之大革命以成。則斯役之價值，直可驚天地、
泣鬼神，與武昌革命之役並壽。」

1911 年 9 月，法師前往廣東香山縣前山鎮（今屬珠海市）策動新軍起義。
10 月 10 日，武昌起義爆發，各省遙相呼應。11 月，廣東宣佈脫離清政府獨立。
同盟會香港支部決定在前山鎮舉義旗。11 月 9 日，以法師所在的前山起義軍為
骨幹，編成「香軍」，向廣州進發，成為最早進入廣州的一支義軍。

● 躬身公益　發心披剃

1912 年初，民國肇始，社會各色人等，對入仕做官無不趨之若鶩。法師
生性澹泊，安貧樂道，不求聞達，多次婉卻出仕，甚至一度有意以推行無政府
主義為終身職志。不久，法師與好友潘達微接收廣州花地黃大仙祠，改辦廣東
公立孤兒教育院，寓教育於慈善事業，收容孤苦無靠之兒童，從此投身孤兒救
濟事業逾廿載。

1916 年，潘達微、陳靜濤等社會賢達發起成立香港佛教講經會，積極推
進弘法工作。法師深受佛法熏陶，心慕佛道，長齋茹素，志求出塵。法師多才
多藝，尤擅風琴，曾以風琴按譜教人念「南無阿彌陀佛」，有人以詩回贈法師，
其中有「為國曾流血，傷時獨抱琴」字句，足見法師之懷抱也。

1921 年，法師在廣州市河南（今海珠區）任職，致力於收養難童，得緣

與時任廣東省政府主席李漢魂將軍相識，兩人一見如故，引為至交。在法師循循善導下，李漢魂將軍對佛法深生信心。1923 年，李漢魂將軍以處境複雜、業務紛難，日漸消極，亟欲解甲歸田。法師懇切告以「欠債當還，逃債不是辦法。但既知還債的辛苦，切記不可再借」。李漢魂將軍深受啟發，茅塞頓開，以後遇事即埋頭苦幹，不敢稍逃往債，重造惡因。

　　1942 年冬，禪宗耆宿虛雲老和尚應國民政府之請，蒞重慶啟建護國息災大悲法會，為期 49 天，追悼陣亡將士，一時官紳士庶，海眾雲集。法師前往參詣老和尚，於靜坐中似覺人如潮至，開目視之，見陣亡戰士無數。法師如夢初醒，急趨老和尚座下，跪求出家，救濟幽冥，並詳述所見。當時在場者有余漢謀、李漢魂、曾璧山等社會名流，見他以如此殊勝因緣，發心出家，同聲讚嘆。又聞法師尚有家室之累，眾人乃集資妥為安置。虛雲老和尚欣然為其薙染，並賜法號寬讓。不久，法師即隨觀本老法師前往廣東英德清心院講經。抗戰勝利後，法師受虛雲老和尚指派，接任廣州六榕寺方丈，兼辦廣州佛教志德醫院。

● 法化無疆　願力無盡

　　1949 年，戰事頻仍，法師移錫香港新界粉嶺淨修禪院，淨密雙修，足不出戶，持咒語，行觀想，仰其道法而前往求皈依者甚眾。時節因緣，龍天推出，寬讓法師發願弘揚正法，利濟群生，常應道慈佛社、香海蓮社等香港佛教團體之禮請，登台說法，舌粲蓮花。法師飽經世故，對世出世法語言文字談吐自如，深入淺出，聽眾心領神會，法喜充滿。但凡法師陞座說法，台下總是座無虛席。四眾弟子無不殷望法師長住娑婆世間，永作人天眼目。

　　寬讓法師度生心切，為法忘軀。講經會上，一登法座，雖偶遇法體違和，亦從未稍息，仍照常弘法，日積月累，以致患上胃潰瘍疾。1958 年春，宿病復

發，服藥調理數月，未見絲毫起色。法師不願耗費友好分文，遁跡粉嶺山門，為佛教人士黃鳳翎、馮公夏、曾璧山、楊日霖、等獲悉，多方設法延醫為其診治，仍未痊癒。眾弟子又驅車迎法師由新界至港島，留醫跑馬地養和醫院。自法師留住醫院，不時召集弟子，語重心長付囑眾人：「緇素生活不同，若得重病勢難痊癒者，眾為助念，隨佛往生，此時一髮千鈞，關係甚大。若茲區佛教醫院，尚付闕如，汝等群力鼎建，功德無量。」

寬讓法師生平弘化功深，彌留前已預知時至。1958 年 8 月 19 日（農曆七月初五）凌晨，召眾弟子於病榻前曰：「吾將去矣，大眾先念香讚，相繼稱念六字洪名（阿彌陀佛）。」弟子馮公夏等請法師留最後一語，法師索紙筆，書曰：「生本無生！釋寬讓生西誌慶。」語畢，閉目合掌，安詳西歸，世壽七十四歲，僧臘十七年。法師平生行履，清淨無染，末後一着，更是來去灑然。

當時在醫院恭送法師往生之諸山大德包括覺光、洗塵、優曇、聖懷等五十餘人，有感於醫院缺乏合適的醫療環境，素食困難，無法助念，於是大眾就在法師病榻前，發願為佛弟子和貧困人士，籌建香港第一間佛教醫院，並推選倓虛法師、筏可法師、覺光法師等為發起人小組委員，眾志成城，負起建院大任。歷經十餘年艱辛籌建，1971 年 3 月，香港佛教醫院正式開幕。

法師圓寂後，筏可、海山、覺光、洗塵、優曇、寬慧等諸山大德及馮公夏、黃允畋、楊日霖等在家居士共同籌組「寬讓法師治喪委員會」，辦理法師身後事宜。法體隨即移奉香港殯儀館治喪，恭請教界耆宿定西老法師主持封龕說法。出殯之日，前往執紼者逾千人。法師圓寂兩年後，香港佛教四眾景仰其德範，發起興建寬讓和尚之塔於粉嶺淨修禪院後山，即今蓬瀛仙館之右邊山麓。舍利塔銘曰：「莞水旗山，鐘靈毓秀；乃降哲人，誰出其右？繞入塵勞，便露頭角；既出塵勞，如獅脫索。闡淨密門，弘張法網；普被三根，其應如响。師從空來，亦從空去；塔影凌空，法身常住。」

茂峰法師
行慈德必茂　山高人為峰

位於荃灣千佛山之巔的東普陀講寺始創於 1932 年。開山祖師茂峰老法師（1888 － 1964），不僅是一位威名遠播的得道高僧，更是一位慈悲滿懷、人天讚嘆的菩薩行者。每遇時局艱困，法師總是悲智雙運，以種種善巧方便的利生之行，潤澤群生。

茂峰法師法相

茂峰法師本姓李，名仁山，字茂峰，號顯妙。光緒十四年（1888 年）生於廣西博白縣，慧根宿具，佛種早培，早歲值廢科舉，棄儒從商，1914 年赴廣西合浦，任永同泰洋行司理，公餘常遊合浦鰲魚寺，與住持融化和尚談道，心生歡喜，遂於1915 年從融化和尚薙度出家。不久，前往肇慶鼎湖山慶雲寺，掛搭隨眾，勤勞作務，得識筏可、融秋諸師，切磋佛學。乃於 1916 年 10 月同往南京寶華山慧居寺（今稱隆昌寺）具名求戒，學習律儀，受三壇大戒。茂峰法師在山五年，遍閱《龍藏》七千多卷，得着非淺。繼聞天台耆宿諦閑大師在寧波觀宗寺大開法席，遂於閱藏圓滿後下山赴寧波謁諦老。諦老懇留法師住觀宗學舍，研習天台教觀，修習數年，辯才無礙，甚得器重。

● 台港遍撒菩提種　佛地常開智慧花

1924 年冬，茂峰法師應台灣中天寺開山和尚榮宗法師之邀，由上海乘船赴台，先後在台灣基隆、新竹等地講經弘法。他在台逗留三年多，皈依四眾萬多人，轟動一時。連當時的日佔台灣總督老石塚及各高官也慕名前往聽經，並據實呈報裕仁天皇。天皇為之感動，遂敕令將一件上蓋御璽，中書寺院及法師名號的「金燦五衣」贈予茂峰老法師，是為三百年來第一位非日本籍僧伽獲此殊榮。（日僧得此者，往往懸掛胸前，以示榮寵。）

1927 年春，茂峰法師應香港聞人潘達微、張蓮覺等之禮請，自台灣來港弘法。初駐於香港中環摩羅廟後街之法源堂，宣經講道，廣結法緣。後定期在利園戲院台上講心經，聽經信眾人如潮湧，懇請皈依者不計其數。盛況之哄動，前所無有。法師有感在港弘法緣機成熟，遂發願覓地建寺，弘化十方。

一日，茂峰法師途經荃灣老圍村，登千石山，遊大水坑，登高遠眺，相其地勢，鍾靈毓秀，氣象雄偉，尤其是有感山下的淺灘一帶景物，彷似浙江普陀山的千步沙，是以認為該地可為廣聚大眾的理想弘法之所，遂發心在此建寺。1929 年，法師在護法信眾支持下，購地萬畝，次年鳩工建築，歷兩年而成，殿宇巍峨，規模宏大，名之為「東普陀」，集四方僧侶，專心修行，早晚課皆仿浙江普陀山的儀式，每年開四次講經法會，宣揚天台教觀。茂峰法師更將千石山改名為「千佛山」，又把大水坑易名為「三疊潭」。

茂峰老法師雖為天台論師，但平常喜以淺易教理度人，故在寺院一帶隨處放置小型陶瓷像，隨機向大眾講述佛教故事，將佛法種子植在民眾心田，又教導小孩念佛，深受四眾敬仰。

廣化有情登覺岸　普施無畏度迷津

　　1941 年 12 月，香港淪陷，秩序大亂，日軍所到之處姦淫掠奪，茂峰老法師在煞費苦心維護寺院香火不受干擾之餘，更竭盡全力接引十方善信免受塗炭之苦。一次，大量村婦託庇於東普陀講寺內，日軍欲強行衝入，法師將天皇所贈「金燦五衣」，懸掛胸前，立於寺門。日軍見狀，如見天皇，即時退兵，更從此恭敬有加，不敢冒犯，東普陀講寺一度成為各地僧俗的避難所。

　　香港淪陷期間，雖然生活艱難，但是法師堅持修行功課，寺內大眾，雖一日僅得一粥，仍依止法師不肯離去。

只知慈悲無南北
不管人情有是非

　　二次大戰後，國內積弱積貧，加之內戰烽煙再起，內地僧侶避亂流徙香港者為數甚多。當時香港各大寺院日子都很艱困，物資匱乏，僧多粥少是常有的事，有些僧人更流浪街頭乞食。面對數以千計驟然來港的內地出家眾，本港四眾弟子一時也無計可施，只好徐圖解決。但來港僧尼日多，每每因人地生疏、言語不通而化緣不易，甚或「日則流蕩街頭，夜則棲息無所」。

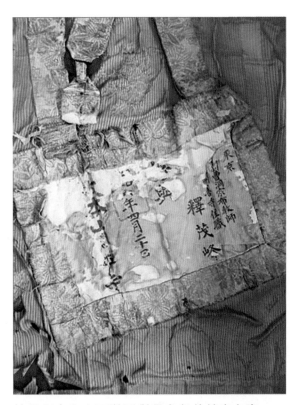

曾保全寺內上下數百僧俗安危的鎮寺之寶——「金燦五衣」，近百年後看來雖有點殘破，但仍隱約可感茂峰老法師當年威懾日軍，救護婦孺的凜凜威儀。

茂峰法師見此情景，發大悲心，跟寺內僧眾商議「大開山門，海單接眾」。事實上，東普陀講寺當時已有數十住眾，早無隔宿之糧，庫房儲蓄也不到百元港幣，假如開單接眾的消息傳出，一旦有上千僧尼湧至，該如何解決食宿問題？茂峰法師卻不以為然，反而自信滿滿地說，只要寺內有一草一露，大家都能一粒同餐，同甘共苦，深信一切自有佛菩薩護持。東普陀講寺開單接眾的消息傳出後，一日之內，就有數百名露宿街頭的僧尼如潮湧至東普陀講寺。茂峰老法師堅持「人不分親疏，地不論南北」，來者不拒，照單全收，東普陀講寺從此道譽遠播，成為香港最多僧侶掛單的佛寺。當年獲接濟的出家人不乏香港或海外佛教界大德高僧，諸如：知定法師、宣化法師、洗塵法師、融靈法師、暢懷法師和隆根法師等。

為了解決住宿不足，茂峰法師將個人自修的靜室，改成可供十方大德僧尼們臨時棲身的寮房。各方善信亦紛紛捐獻糧油等救濟物資，結果恍如奇蹟一樣，十日之內，東普陀講寺已積米達數百包。自此之後，香港已再沒有露宿街頭的僧人，茂峰法師亦由此贏得「慈悲王」之美譽。

● 千佛山巔留勝蹟　代有高僧轉法輪

上世紀四十年代，曾任香港佛教聯合會第 1 屆常務理事、第 2 屆監事長，及於第 3 屆、第 5 屆至第 7 屆出任理事、監事及顧問等職。1964 年 4 月 4 日，香港佛教聯合會啟建萬善緣法會，以籌募佛教醫院建設經費。茂峰老法師不顧年事已高，親臨道場主持開壇，終因連日積勞成疾，體力不支，竟於法會期間病倒，經醫院搶救無效，於法會圓滿後一日（1964 年 4 月 12 日）安詳圓寂，世壽七十七歲，僧臘四十九年。老法師這份不辭勞苦、熱心公益、鞠躬盡瘁、死而後已的菩薩願行，「不為自己求安樂，但願眾生得離苦」之佛法精神，以及悲天憫人、聞聲救苦的無疆大愛，堪為佛教同人效法的楷模。

　　茂峰法師圓寂後，由其高徒了一法師、了知法師繼任住持。了知法師曾憶述 20 歲在家鄉四邑聆聽茂峰老法師講經開示時，便已悟世無常，心向佛乘，立志追隨老法師出家。了知法師寫信給茂峰老法師表明出家的決心後，老法師在回信中，除詳細說明赴港的交通路線外，還在信封內夾附十元港幣給他作盤纏，單是這份法乳深恩，足令了知法師終生難忘。

顯慈法師
有法有僧傳佛法　無來無去即如來

● 弱冠向佛　篤志修行

顯慈法師（1888－1955），俗家姓孫，廣東香山縣（今中山市）人。幼時飽讀儒書，志存高遠。1919 年，禪宗耆宿微軍老人蒞粵弘法，為信眾開講《金剛般若波羅蜜經》，至一「佛」字，顯慈法師乍聞梵音，彷彿置身虛空，正要頂禮依止，微軍老人竟遽爾圓寂。

　　1920 年，顯慈法師長途跋涉，前往寧波觀宗寺，依天台宗第 43 代教觀總持諦閑老法師剃度出家，專研天台宗。翌年，赴南京寶華山受具足戒。其後，依本師諦閑老法師指授，以弘宗演教為夙願，窮參苦究，足跡遍及大江南北。春夏參訪蘇、浙、贛、穗等各大叢林，親近高僧大德善知識；秋冬至各大禪堂參究向上一着[1]，妙悟深入，精進忘疲，真修實證，融會貫通。

　　1922 年秋，法師在揚州高旻寺參「念佛是誰」話頭[2]，深得該寺首座普修老和尚慈悲接引，棒喝有加，受益良多。一次，法師在佛堂跑香[3]時，忽聞數十香板一齊

顯慈老法師法相

落地，彷彿得一入處[4]，只覺心志空靈，如舔破窗紙。

1924 年，顯慈法師先後受請於安徽黃山廣佛寺講《大佛頂首楞嚴經》，南京金陵寺講《妙法蓮華經》及揚州長生寺講《天台四教儀》等。1925 年冬，法師在揚州摘星寺講《大佛頂首楞嚴經》，至「如水成冰，冰還成水」一句時，豁然開悟，似得一不可思議之神妙境界。

● 直心辦道　戒德嚴明

顯慈法師矢志不當住持，不傳戒，專以講經弘法為務。1926 年春，法師應邀於上海佛教居士林開講《彌陀經疏鈔》、《大佛頂首楞嚴經》等。後又輾轉於全國各地弘法，廣結善緣。

1928 年 4 月 8 日，顯慈法師至揚州摘星寺閉關潛修，以三年為期。適逢揚州長生寺方丈退席，懇請顯慈法師承乏。法師以素無住持寺廟之願，故未允准。閉關之後，對於坐禪、閱藏、著述等等，無不悉心以赴。

閉關期間，江西寶巌禪寺欲聘顯慈法師為住持，一再邀迎，法師以意不在此，婉言推辭。1931 年春，閉關期滿，寧波觀宗寺派人迎請講經。法師因染疾

---

1 着：禪林用語。本為圍棋用語，引申為「一件事」之謂，又稱「一着子」。乃禪僧對於佛法某一教理與修行之譬喻。如「向上一着，千聖不傳」。

2 話頭，是指說話的前頭，亦即是在動念要說話、未說話之前的那個念頭。修行者把自己的念頭集中在一句話或一個問句上，觀察自己內心，之後升起疑情，在打破疑情之後，由此得到開悟。這種修行方法，稱為看話頭，或參話頭。

3 在禪堂裏修禪，行香就是快走，跑香就是慢跑，坐香就是坐禪，參話頭就是思惟一句話。

4 以射箭作比喻，入處如同箭靶。射箭就是要將箭射向箭靶，更要準確的射中靶心。沒有找到入處的人，就如同將箭漫無目標地射，放縱心念跟着一個又一個的妄念走。

在身，未能成行。1932 年春，法師轉赴廣州六榕寺宣講《維摩詰所說經》。同年冬，法師因事赴揚州，當地願生寺迎請供齋，欲聘法師為住持，法師悄然渡江，以示堅決不就。

顯慈法師為人莊重，不苟言笑，對弟子的管教非常嚴明，絲毫不容差池。弟子供養他餅食，有固定的品牌──「克力架」。如果供養其他牌子的餅食，他必定原物奉還。因為法師不想生分別心，又擔心其他牌子的餅食加了葷類，吃了會「破戒犯齋」。弟子們砍好的柴枝，每枝必須長八寸、寬兩寸，不可多也不可少。

法師畢生以荷擔如來家業、弘揚法化、丕振宗風為己任，講經說法，辯才無礙，尤以宣講《金剛般若波羅蜜經》、《大佛頂首楞嚴經》、《圓覺經》、《佛說阿彌陀經》、《六祖壇經》等次數最多。法師講經時，總是諄諄教導後學：眾生有八萬四千煩惱，佛陀因眾生根器習性不同，以八萬四千法門對治。所謂「歸元無二路，方便有多門。」門門都是智慧，並無高下之分。學佛者對各種法門，務須秉持法法平等的觀點，不生門戶優劣的執見。唯有教理圓融，才能去妄證真。

● 卓錫香江　難行能行

顯慈法師與香港法緣尤為殊勝。1931 年春，法師應香港佛教界之請，來港宣講《圓覺經》。自此往返港穗之間，大播菩提種籽。法師禪淨並舉，宗說兼通，引喻論析，深入淺出，因機啟逗，聞者動容，無不驚嘆得未曾有，受教者不可勝數。有居士讚其「每講至落花流水時，座中大有頑石點頭之狀。圓音暢演，與依文解義者，判若天淵」。慕名皈依弟子絡繹不絕，足見法筵之盛。

　　1935 年春，顯慈法師於屯門青山修建精舍荷石軒，接引時賢，緇素聞風來歸者甚眾。1937 年夏，法師前往廣州佛教居士林宣講《大佛頂首楞嚴經》。講經甫完，日軍侵華，戰火迅速蔓延，法師不得不折返香港。1939 年秋，在東蓮覺苑宣講《大乘起信論》。1940 年春，又在香海菩提場中講《圓覺經》。

　　1941 年冬，日軍襲港，港九失陷，居民驚惶恐怖，寢食不安。日軍佔領香港期間，顯慈法師以法不可滅，故排除萬難，忍辱負重，在東蓮覺苑、沙田般若精舍、慈航淨院、荃灣竹林禪院講《大佛頂首楞嚴經》、《金剛般若波羅蜜經》、《六祖壇經》等。1945 年秋，香港光復。法師遠赴大嶼

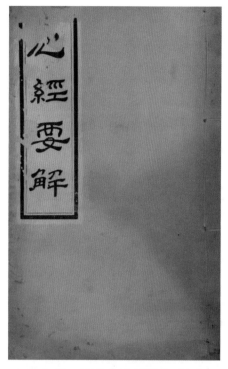

1938 年春，顯慈老法師所著《心經要解》一卷。

山弘法，先後在昂坪蓮池寺及鹿湖竹園精舍宣講《金剛般若波羅蜜經》，此後應青山長明精舍、九龍法雲蘭若、正覺蓮社、志蓮淨苑之請，宣揚正法，引度迷津。

　　顯慈法師曾任香港佛教聯合會第五屆理事會理事長、第七屆理事會理事，屬校的校訓為「明智顯悲」，就是顯慈法師親自選定的。法師的初衷，就是希望學生們用心學習以掌握智慧的鑰匙；同時，在人際關係上，彼此溝通、關懷和諒解。在法師看來，「明智」就是自利，「顯悲」就是利他，如果佛教學校培養出來的學生能做到「明智顯悲」，就是成就自利、利他的菩薩了。現時佛聯會於每年農曆正月初八的新春團拜，也是由顯慈法師率先倡議，沿襲至今，成為佛聯會一年一度的重大慶典。

1947 年，法師出讓青山荷石軒，以所得淨資赴上海刻印《金剛》、《楞嚴》、《圓覺》三經註疏，印就後分贈全國各大叢林、佛教廟宇及研究機構，以千秋之慧業，作無盡之傳燈。

顯慈法師原擬以其餘年雲遊華東、華北及東北各地名勝，惟因政局突變，兵戈又起。1949 年，法師毅然南返，寄寓香港仔壽山村。數月後，在九龍黃大仙購置小屋，題名曰「荷石小隱」，既便利赴港九各處講經，又方便四眾弟子趨候請益。

● 色身雖逝　法身永存

五十年代初期，顯慈法師雖年近古稀，精神依然矍鑠。度人之餘，始終不忘自身精進修持。1953 年，法師向弟子表示：「向後不再講經。」計劃以有生之年重修大嶼山蓮花台作道場，培育僧才，續佛慧命。詎料法師長期為法忘軀，積勞成疾，以致舊病復發，藥石罔靈，於 1955 年歲次乙未八月初五日晚圓寂於九龍荷石小隱，世壽六十七歲，僧臘三十五春，戒臘三十四秋。

法師圓寂前預知時至，合掌趺坐，安詳而逝。法師一生講經說法 35 年，廣開法席不下百餘會，功德之廣，不可勝量，港九緇素，無不敬仰。倓虛老法師住世之日，每年必迎法師至精舍供養。定西老法師創建東林念佛堂時，禮聘法師為東林導師。

復仁法師
木訥寡言　篤行務實

復仁法師（1889－1973）乃禪宗泰斗虛雲老和尚嗣法門人。法師早年薙染出家，行腳禮參高旻、天童、焦山、靈巖山諸大叢林，親近文質、來果、慧明、仁山、印光諸山尊宿，先後主持泰國龍蓮寺、韶關南華寺、香港法林禪院、虛雲和尚紀念堂諸道場法席。法師戒行精嚴，真修實證，不尚空言，開示門人皆以直指人心、見性成佛為宗旨；晚年弘化香江二十餘載，一向山居，終日修禪念佛，絕不下山，恪遵百丈清規，焰續禪門法脈。

復仁法師生於 1889 年 3 月 29 日（農曆二月二十八日），原籍廣東大埔，俗家姓王，自幼穎悟過人，在鄉塾啟蒙，受儒家傳統教育，喜讀詩書，窮究經典。26 歲時，承家族舊業，往暹羅（泰國）經商。

復仁法師法相（網上圖片）

● 薙染出家　奔走中暹

法師在暹京曼谷有緣接觸到佛法，因悟世事無常，諸法虛幻，而萌出家之念。待因緣成熟，乃於 1921 年，投入曼谷甘露寺，禮盧慶和尚剃髮出家，法名復仁，字法宗。法師落髮當年，返國詣寧波天童寺，於文質律師座下受具足

戒。圓具後在天童寺進禪堂參究。翌年春朝普陀山，禮觀世音菩薩，繼而返回曼谷，掛搭於龍蓮寺。

1924 年，復仁法師再度返國，與廣東籍同參師友結伴朝禮五台山，聽戒乘法師講《大佛頂首楞嚴經》。聽講圓滿，往揚州高旻寺參謁來果禪師，入禪堂過冬。1925 年於揚州長生寺聽慧明法師講《大佛頂首楞嚴經》，秋後再回高旻寺禪堂過冬，安單在禪堂樓上半年。禪堂佛前本有琉璃燈一盞，若睡在床上，本不能見此燈。法師一晚睡後，萬籟俱寂，乍見此燈大放光明，心中了了，並未向人言及。翌日來果禪師在堂開示：「發心辦道之人，如見光明境界，不是燈光，乃自心所發之光。」法師當時以來果禪師開示默契己事，乃更加精進。

1927 年，復仁法師受來果禪師命，任高旻寺知客。1929 年至鎮江焦山定慧寺，聽仁山法師講《大佛頂首楞嚴經》，冬回高旻坐禪。翌年登蘇州靈巖山，親近印光大師，入念佛堂念佛，並受印光大師之請，受職知客。1931 年，法師聞禪宗大德虛雲老和尚在鼓山湧泉寺大闡宗風，乃由上海買輪南赴福建，到福州鼓山投依，為虛雲老和尚所器重，請任堂主，嗣升後堂。

● 得法緣　順緣而行

1932 年，因鼓山道糧匱乏，虛雲老和尚命法師兼為化主，往廣東化緣。在廣東，復仁法師得到海仁老法師、張壽波居士（即後來出家的澳門無量壽功德林住持觀本法師）和青山寺了幻法師等熱心贊助，法緣甚佳，募得數千元攜回覆命。常住道糧充足，大眾得以安心辦道。虛雲老和尚再命法師偕台灣的善慧和尚，同往南洋籌款。嗣後，法師回到出家之地曼谷，當地僧俗四眾景仰其德，懇請法師留在曼谷化導，並上薦於僧王，請任他為曼谷龍蓮寺住持。法師

住持龍蓮寺近十載，道風遠播，沐化者甚眾。1938 年 7 月，虛雲老和尚於廣東南華寺為他傳法，承曹洞宗 48 世法脈。1941 年，法師自龍蓮寺住持退院，留居寺內，潛心「向上一着」，禪功愈見精純。其後雖患嚴重胃病，而能泰然自持者，當歸功於法師定力功深所致。

1942 年，復仁法師自曼谷返國，時值對日戰爭期間，海道不通，乃間關步履，歷盡艱辛，費時足兩個多月，始抵廣東韶關南華寺。適虛雲老和尚應時任國民政府主席林森及中央各院部長之請，前往重慶慈雲、華嚴兩寺啟建護國息災法會，乃命法師代理南華寺住持。時有人爭方丈位，欲推倒法師。法師之衣鉢侍者聖一法師（後為香港寶蓮禪寺第五代住持）當時負責寺內財政數目，知法師忠厚，挺身維護，非議方告平息。

1943 年，虛雲老和尚自重慶返回，以重建曹溪六祖道場竟，前往乳源復興雲門大覺寺。法師由是接任南華禪寺方丈，並蒙虛雲老和尚親自送座，直至 1946 年退居。1948 年，虛雲老和尚復命法師為廣州六榕寺方丈，法師眼見內戰日亟，大局糜爛，辭不受命。同年，法師忝念維護三寶、續佛慧命為本份，不辭勞苦跋涉抵達香江，時年 60 歲。

復仁法師飄然抵港之初，意欲擇山林結茅潛修。適值因緣會遇，一日，法師偶然遊覽大嶼山地塘仔，有寬姑女居士因法林靜室被日軍戰時破壞，願將全間送贈與法師作為駐錫清修之所。法師面見寬姑，欣然接受，於是重予修繕，易名為法林禪院。因禪院前後左右多空地，法師效南華坐禪風範，大力提倡農禪，把全部空地開墾成為良田，所出產的蔬菜售予附近佛門同參。法師任法林禪院方丈期間，篤行參究，歷年不斷啟建禪七為常課。法林禪院被譽為港、九各寺廟中最多人來打齋的地方，足見香火之盛。教界大德敏智、聖一、性空、慈祥、玅境等高僧大德亦曾卓錫法林禪院，親近復仁法師。

1952 年至 1954 年，法師亦曾任香港佛教聯合會第 6 屆理事會理事。

1959 年 10 月，虛雲老和尚在江西雲居山真如禪寺安詳示寂。1966 年，香港芙蓉山虛雲和尚紀念堂落成。興建紀念堂的緇素四眾，禮請法師出任紀念堂首任住持，法師乃移錫芙蓉山。虛雲和尚紀念堂地近港、九，交通較法林禪院便利很多，所以前來諮叩問道者幾無虛日。歷年冬期舉行禪七無間，緇素雲集，棒喝訇然，參與者莫不意釋冰消，飽餐禪味而歸。

法師生平木訥寡言，篤行務實，對於宗門箇事，不僅終身參究不懈，且亦竭力弘揚，使世人普知有此「向上一着」。他領眾參禪，首開港、九建禪七道場之新紀元。在末法時代，祖庭秋晚、灰寒火冷之際，法師重亮祖燈，誠不負虛雲老和尚囑法之至意。法師律己待人，則一本清規古訓：主持南華禪寺法席時，躬親勞役，凡事不肯假手他人；居住法林禪院時，親自率領徒眾，刀耕火種，實踐農禪合一的古制，不向外募化，唯求自給。

● 因法緣　安詳圓寂

復仁法師生前，有信徒長於文學者，屢次請求，要為他立傳，而法師婉卻之。他自謂生平庸庸碌碌，沒有甚麼值得傳的，其薄於名聞者如此。法師晚年曾重病數次，雖然極為痛苦，但他從未曾呻吟過；凡有人來探視，他必坐起來酬答，不露倦苦之容，客人去後，乃再臥床休息，其忍耐痛苦者也如此。在法師抱病期間，曾兩次定期要施行開刀手術，許多僧眾弟子都集於病房之外，準備為他輸血，但到屆時覆檢，病疾又霍然而癒，其不可思議也又如此。

1973 年 6 月間，復仁法師預知時至，示寂前七日禁絕飲食，示寂前三日命徒眾不要遠離，示寂前一日晚間沐浴更衣。示寂當日（1973 年 7 月 5 日）晨

四時許，法師坐在禪堂中，親筆寫下「今天不可離開，最後一日，慈悲」等字，眾人為他助念。迨至八時，一代禪師舉頭對眾人望了一眼，泊然示寂，端坐西歸，世壽八十五歲，僧臘五十五年，戒臘五十三春，法臘三十六秋。時適雷雨交加，山鳴谷應，草木悲淒豈天地有知。斯人之圓寂乎，如斯情景，為近代禪林所罕見。門下四眾弟子聞訊前來瞻仰遺容者絡繹不絕。香港佛教界隨即組設治喪委員會，由時任香港佛教聯合會會長覺光法師主持封龕。法體荼毗後，檢靈骨獲舍利瑩然。

前中國佛教會理事長、台灣基隆海會寺開山祖師道源法師（左）與傳法恩師復仁老法師（右）（網上圖片）

明觀法師

參話頭了知生死之本末
悟真常遊化自在之宗師

明觀法師（1891 － 1970）生性秉善，穎悟過人，早年喪父，自立為生，辛亥首義，志願從戎，深感人生無常，遂生厭世之心，常懷出塵之志。25 歲時，依九華山開忍老和尚披剃出家，在寶華山隆昌寺受具足戒後，策杖遊方，遍參耆宿，曾於鎮江金山江天禪寺潛修多年，後又到終南山，結茅潛修，苦行度眾，教通三藏，道譽遠播，歷任浙江天台山明岩寺住持、廣州六榕寺住持、香港竹林禪院首座、寶蓮禪寺首座等職。法師平生篤志禪學，每年冬季主持港九各道場禪七，開山創建東覺禪林，修身弘法，宗風大振，叩門求道者不可勝數。

1969 年 4 月，香港佛教聯合會為籌募佛教醫院及佛教中小學新校舍經費，於香港佛教聯合會佛教黃鳳翎中學啟建清明水陸大齋吉祥法會。法會主壇高僧大德包括覺光法師（前排左三）、樂果老和尚（前排左二）和明觀老法師（前排左一）等。

● 棄商從戎　因緣皈依

明觀法師，俗家姓沈，湖北武昌人，清光緒十七年（1891 年）出生，父名敬堂，母親李氏。法師兄弟 5 人，不幸 9 歲喪父，賴母撫育成人，自幼從叔父啟蒙受學，16 歲時，隨長兄學做生意。宣統三年（1911 年），辛亥革命首義——武昌起義爆發，法師毅然投身革命行列，入陸軍工兵營，學習機械工程。在軍中服務三年餘，眼見戰爭殘酷，人命朝不保夕，深感亂世中人命如草芥，世事虛幻，生命只在呼吸間，對兵營生活深感厭倦，即向長官請准長假，脫離軍籍，恢復平民身份。

1914 年，法師偶遊武漢歸元寺，見放生池中群龜遊戲，心想此物壽命千年，但以其殼能斷吉凶，為人捕殺，性命難保。而人身更不牢固，四大無常，終於毀滅。正沉思間，見一老和尚，長髯垂胸，威儀嚴謹。法師上前問訊，始知老和尚是歸元寺首座體參上人。上人見他溫文有禮，頗具好感，即對他開示苦、空、無常法印，及佛教緣起道理。他正為人生問題彷徨苦悶之時，經上人一番開示，有如大夢初醒。此後即常到各寺院走動，以親近佛門善知識。

是年秋天，法師前往安徽九華山遊歷，在山上偶遇開忍老和尚，相談之下，始知老和尚是湖北麻城人，與他同為湖北同鄉。開忍老和尚談及自己出家修行的經過，法師十分嚮往，決志出家，請求老和尚收他為徒。老和尚見他莊重誠懇，善根深厚，當即應允，並留他住在山上，日夜研習佛經。至翌年開春，開忍老和尚攜他前往南京謁見度厄老法師，聽講《淨土十要》，並擇於農曆二月十九觀世音菩薩聖誕日為他薙度，法名覺音，號明觀。時為 1915 年，法師是年 25 歲。

未久，明觀法師即赴江蘇寶華山隆昌寺受具足戒。戒期圓滿，回到南京，在香林寺掛單，親近彌修老和尚，充當衣鉢侍者，暇時閱讀經典。翌年前往常

州天寧寺，親近冶開禪師，住禪堂參學。一年後又詣鎮江金山江天禪寺，依融通禪師住禪堂，參「念佛者是誰」一句，靜坐觀察，反問自己，如此參了四、五年之久。後又前往揚州高旻寺，親近楚泉和尚，參「父母未生我以前，如何是我本來面目」一句，又歷年餘。

● 赴南走北　輾轉到港

1921 年，明觀法師開始行腳參訪，先到江西雲居山，親近久參上座，住了一年。繼由江西經湖北進入河南，沿途參訪名刹大德，再由河南西上進入陝西，由臨潼登華山，朝拜五峰山頂。下山後到西安，遊覽大慈恩寺、大興善寺等古刹。繼而入終南山，在南五台大茅蓬掛單。其時，虛雲、冶開、月霞等高僧大德都在山中結茅清修，法師一一親近參學，並藉機朝參山中的玄奘、圓測、道宣、澄觀諸祖師塔及淨業寺、鳩摩羅什譯經的逍遙園，以及道宣律師受天人供養處。

法師在終南山住了三年，1925 年下山，渡黃河入山西，北上朝禮五台山，禮文殊菩薩道場。由五台山下山途經太原，遇到舊識力宏和尚。法師遂應邀留在太原，協助力宏和尚重建雙塔寺，辛勞三年，規模漸具，弘法接眾，法緣鼎盛。1928 年，法師與力宏同赴北平，駐錫雙塔寺的本山萬壽寺。力宏出任萬壽寺住持，法師出任監院。這樣在北平停留了一年餘，1929 年，法師由北平南下，前往蘇州報國寺參謁印光大師，繼而又到寧波觀宗寺親近諦閑老法師，參學不倦。

1931 年，明觀法師行腳到福州，於鼓山湧泉寺親近虛雲老和尚，為湧泉寺客堂兼禪堂班首。其間，慈舟老法師在鼓山講《四分律戒本》，應慈老法師在鼓山講《梵網經》，法師亦隨眾聽講。

1934 年，明觀法師陪同虛雲老和尚及觀本老法師，經香港、廣州返回韶

關南華寺，並應虛雲老和尚挽留，協助南華寺重建工作。1936 年，法師再行腳到寧波，參訪天童寺，於淨圓禪寺閉關。在法師的自傳中說到：「掩關寧波淨圓寺，禮拜《華嚴經》全部，於中得不可思議神妙境界，受用無可言說。」掩關三年，於 1939 年期滿出關，朝禮天台山，在國清寺掛單，親近靜權老法師，靜權命他擔任禪堂班首。在此期間，他受靜權老法師之命，在國清寺講《佛說阿彌陀經》。繼之又受當地士紳護法之請，出任天台山明岩寺住持。

明岩寺是寒山、拾得兩位大師化現文殊、普賢二菩薩的道場，境地幽勝，當時已十分殘破。法師住持明岩寺達七八年之久，隨方募化，重建叢林。直至 1948 年，法師應湖北正覺寺住持體敬老法師之請，往正覺寺講《金剛般若波羅蜜經》。彼時國共內戰日趨激烈，社會動盪不安，法師講經圓滿，欲返寧波，但交通已受阻隔。虛雲老和尚來信邀請法師前往廣州六榕寺接任住持，他間關南下，抵達廣州，未幾，戰事蔓延至廣州，法師衡量時局，最後決定離開廣州，移錫香港。

初到香港時，明觀法師已年近六旬。時新界芙蓉山竹林禪院住持融秋老和尚請他擔任竹林禪院首座。未幾，大嶼山寶蓮禪寺住持筏可老和尚亦請他擔任首座，卓錫昂坪華嚴塔。融秋和筏可二位老和尚，都是法師於鎮江金山江天禪寺住禪堂時的同參，道情法誼非同一般。法師曾邀集港九諸大禪師，共議振興宗門之道。1956 年，在一眾善信的護持下，法師在荃灣老圍三疊潭買了一塊土地，結廬興建東覺禪林，並出任開山住持。

● 樂施一生　安詳圓寂

明觀法師晚年在東覺禪林駐錫 16 年之久，隨緣弘化，普度眾生，禪學不墜，戒壇昌盛。至 1970 年夏末，罹患慢性肺炎，曾於荃灣療養院住院治療兩

個月後，返回東覺禪林休養，漸告康復，
詎料 10 月中旬病情又起變化，送往香
港佛教醫院治療，終以世緣已了，於 10
月 21 日（農曆九月廿二日）中午 12 時，
在神智清明中，右脅側臥，安詳圓寂，
世壽八十，僧臘、戒臘各五十有六。

明觀老法師遺作《夢花集》

　　明觀老法師一生，行持嚴謹，和藹
慈祥，性德明朗，儉躬樂施。虛雲老和
尚於 1959 年圓寂後，在宗門大德中，
明觀老法師已是碩果僅存的人物。教界
大德筏可、海仁、樂果、明常、覺光、
洗塵、慈祥、愍生等諸法師，及黃允畋、
楊日霖、葉福靈、曾璧山等諸居士，發起成立明觀和尚示寂委員會，由覺光法
師和洗塵法師分任正副主任委員。法體荼毗後，檢獲五彩舍利子不可計數。示
寂委員會暨老法師門下弟子以老法師三業自在，常懷施念，特秉遺訓，將各方
香儀撥捐香港 11 個慈善團體，用於安老、助學、醫療等社會公益事業。老法
師平生所作偈語、詩句等，輯入《夢花集》，編印行世。

海山法師
海並道深　山與德齊

海山法師（1891－1963）宿具佛緣，早發慧根，年十七即感人生無常，油然萌出塵志，投開封大相國寺披剃出家，旋往南京寶華山受戒。1914年，入上海哈同花園華嚴大學，親近月霞尊宿，研究華嚴教義，自此南參北學，尋師問道，足跡遍及海內外，法師一生，聲教廣被於四海，仁風遠被於八荒，曾任香港佛教聯合會理事會第七屆理事、香港中國佛教律學苑苑長、大嶼山羌山觀音寺住持、寶蓮禪寺首座及華嚴閣念佛道場住持等職。

● 仰慕入道　宿具慧根

海山法師原籍湖北黃陂，俗姓陳，生於清光緒十七年歲次辛卯（1891年）四月廿五日，自幼天資聰慧過人，經常訴病學子讀書只為求功名。年十七，隨父經商於河南開封，住處離大相國寺不遠，故常入寺遊觀，見僧眾課誦念佛，有感於衷，仰慕出家修行能脫煩惱，遂禮該寺住持性空和尚為師，剃度出家，法名清晏，字海山，自號「半痴頭陀」。次年春，法師往佛教律宗祖庭、有「律宗第一名山」之譽的南京寶華山隆昌寺受具足戒。戒期圓滿後，至陝西終南山親近妙善老法師、慈本老法師修禪習教。

1913年，居住在上海的猶太裔富商哈同的太太羅迦陵居士在其私家花園內興辦僧伽大學，聘請華嚴宗泰斗月霞大師任主講。翌年9月，華嚴大學正式開學。法師聞風投學，前往親近月霞大師，專習華嚴學，寒暑無間，盡得大師真傳。此後，法師發願終生受持華嚴，廣弘三藏內典。

畢業後，法師求學心切，歷詣江蘇天禪寺、浙江天童寺及北京紅螺山資福寺等各大叢林，朝禮海內外佛教聖蹟，如五台山、峨嵋山、普陀山、九華山等四大名山，又遠涉暹羅（泰國）、緬甸、印度、錫蘭（斯里蘭卡）及南洋群島等地，住洞弘化八年，隨緣度眾。法師法音柔和，辯才無礙，說法時條理分明，深入淺出，普應群機，聞法者莫不心領神會，仰慕其德行而皈依其門下者甚眾。1924 年，法師卓錫馬來西亞檳榔嶼，任檳城佛學院主講。其間，法師曾在緬甸請購玉佛兩尊回國供養，每尊高 4 尺，重 800 斤，一在開封鐵塔寺，一在洛陽白馬寺。1931 年，法師雲水河山，參遍十方，先後在北京、上海、蘇州、杭州、揚州和天津等地弘法十餘年，又在南京創辦華嚴佛堂，講經數十餘會。

1950 年，法師自泰國弘化來港，經弟子引介，掛錫於大嶼山羌山觀音寺，並倡辦華嚴法會，誦《大方廣佛華嚴經》，廣弘佛法。1952 年，在護法居士協助下，法師重修觀音寺舊殿，將門匾新題為「觀音殿」，供奉千手千眼觀世音菩薩聖像。寺內住眾景仰法師道風，共推法師陞座接任住持。法師另為香港佛教聯合會第七屆理事會理事。

● 弘揚佛學　普度眾生

法師安頓寺院後，力倡修習「普賢行願」，在港島、九龍、大嶼山等處先後舉辦華嚴佛七法會七十餘次，弘宗演教，不遺餘力。1957 年，法師鑑於觀音殿位置偏遠，又在九龍鯉魚門嶺南新村開山創辦華嚴閣念佛道場，力行向平之志，以常誦法華、華嚴、地藏諸經為常課，化導芸芸眾生。法師卓錫香江十餘年，或應請敷講經律，或主持傳戒，弘法宣化之勤，為法為人之誠，不倦不厭，亦不知老之垂暮矣。

法師尤為推崇中國傳統藝術。一次，法師在香港上環摩羅街偶見某古玩店陳列唐代木刻觀音大士佛像一尊，身高六尺，雕刻極工，為之心焉嚮往，流連

不去，力讚佛像造相莊嚴，刻工古雅，後得眾弟子襄助，購下該尊佛像，迎歸香港中國佛教律學苑供奉，以存古蹟。

1963 年 5 月 19 日，位於香港中環花園道的差餉物業估價署，因淪陷時期曾作日軍憲兵司令部，故有不少人枉死其中，署方為員工安心工作，遂請香港佛教聯合會領導全港諸山長老、大德高僧，於署內舉行超薦法會。法師應邀參與主持蒙山施食、焰口施食，超拔孤魂，往生淨土。

適逢當年香港大旱，市民生活和健康受到嚴重影響。5 月 26 日，香港佛教聯合會以佛陀慈悲救世之精神，在跑馬地馬場隆重舉行全港佛教同人祈雨法會，為期一連三天，全港諸山長老率佛教四眾暨各界善男信女，由晨至暮，不斷誦經禮懺，祈求早降甘霖，解民倒懸。法師本我佛慈悲之旨，為法忘軀，慨然抱病參與法會，並擔任主法和尚。

法師在全港佛教同人祈雨法會舉行前，已感法體違和，但以大願宏深，以己病而非己病，乃眾生病也，無有執着。如若佛子之病，自有「阿伽陀藥」可醫治，故一切處之泰然。法師常開示弟子，出家人在求了生脫死，地水火風四大幻成之軀殼，係一個臭皮囊而已。得來借假修真，毋須過於認真。法師深知生老病死係人生必經之路徑，平生從不作攀緣之想，手頭亦不蓄分毫銀錢，始終秉持空手來空手去之念頭，隨緣接引眾生。生病時唯有信賴佛法的「阿伽陀藥」，以使病源自消自滅。

法師曾撰文闡述何謂「阿伽陀藥」：「阿伽陀，梵語也。《華嚴經》云：阿伽陀藥，眾生見者，眾病悉除。是藥也，其用如此之廣，其效如此之大，其功如此之宏，得非為藥中之王哉？得非為卻眾生萬病之唯一良藥哉？觀乎大地眾生，其肉體雖有病不病，察其心理，敢謂無一而不病，以無一而不由貪瞋癡

之三毒故。蓋肉體之病尚小，心理之病尤大，何者？肉體之病極之在世，身死猶有了時；惟心理之病，倘不醫治，雖至百千萬世終無了期，以身死而所病之心未死故。其肉體之病，世間之病還可有醫；而心理之病，世間之藥實難為力。審如是安得有無量阿伽陀藥，普令大地眾生一一而服之耶？所謂阿伽陀藥何者？佛法是也。夫佛法以慈悲為本旨，慈能與眾生樂，悲能與眾生苦。顧我佛為一大事因緣出現於世，開種種善巧方便法門，不過本其大慈大悲之心，離一切苦，得究竟樂耳，豈有他哉？今眾生之病，莫大於貪瞋癡。果能皈依佛法，勤修戒定慧，息滅貪瞋癡，則眾生之病悉除矣！眾生之病除，則眾生離一切苦矣！眾生離一切苦，則眾生得究竟樂矣！眾生離苦得樂，則眾生不名為眾生，與諸佛平等矣！吾故曰：佛法即阿伽陀藥者此也。由斯以觀，吾人極宜皈依佛法，真參實究，以期宿病盡捐，豈不佳哉？奈何以清淨之真心，永中三毒之大病，以致苦無已時，誠可惜也！世之病夫，其醒也未？」

● 因跌成疾　捨報歸真

　　1963 年 10 月 6 日，法師因跌成疾，病情嚴重，移入香港養和醫院調理。法師留醫四日，雖在彌留之際仍不忘念佛，口誦華嚴，手打木魚。全港佛教信眾無不祈求法師莫入涅槃，久住於世，廣度眾生。詎料法師所作皆辦，化緣已竟，延至 10 月 10 日下午三時許，安詳捨壽入滅，享世壽七十三歲，僧臘五十五載。

　　法師往生前已預知時至，曾委託妙法寺方丈洗塵法師，關於不日之將來其離世後，決意跌坐入缸，務望照顧成全。又對其門下弟子言及即將前往親近彌陀，西歸在望，不能久留此娑婆世界矣。法師圓寂後，法體隨即移奉萬國殯儀館治喪，前往殯儀館輪流助念之四眾佛子達二千餘人。佛教界同人以老法師為華嚴泰斗，德高望重，決定以坐缸形式奉葬於香港佛教墳場，並發起籌組建塔委員會，修建墓塔一座，由洗塵法師撰寫墓誌銘，旁邊另刻有老法師親自執筆

自輓之《臨終法語》：「我今住世七十餘，返還已前老面皮。老面皮識者希，不生不滅不來去。來來實不來，去者本無去。明了來去理，即是第一義。若問第一義，本來無實句。能生一切法，能具一切義。能生一切福，能滅一切罪。萬事唯性能，了知乃悟理。我今悟此理，告知同道的〇（打一圓相云）。一切唯心造，一切唯性具。哈哈！海山自輓。」文詞間，反映了老法師通達空慧、無執無畏的崇高修為。而法師生前著有《華嚴堂隨筆》一冊行世。

1955 年 2 月 20 日，為紀念保衛香港陣亡將士而建立的西灣國殤紀念亭舉行揭幕儀式。香港佛教聯合會委派高僧大德出席誦經，是有史以來佛教受官方邀請進行宗教活動之始，顯示西洋人對佛教漸有認識，佛教的社會地位日漸提高。相右方前排左起：海山法師、覺光法師、聖懷法師和王學仁居士等佛教界代表出席祝禱儀式並主持誦經。

誠祥長老

樂渡長老

1955 年 4 月 3 日，荃灣弘法精舍華南學佛院第二屆學僧修業期滿，舉行畢業典禮。圖為該院全體師生合影留念（前排右五為海山法師）。

筏可法師
僧海寶筏　佛天印可

筏可法師（1893 － 1972）乃教界泰斗、禪門尊宿，弘化香港數十年，澹泊為懷，梵行高潔，德望為十方推崇，善名為四眾共仰，座下皈依弟子數以萬計。法師畢生致力於弘法興教，辦學育才及推動社會福利事業，貢獻至大，人緣福緣亦廣，故有「福報王」及「好好先生」之稱。

● 弱冠出家　宿具慧根

筏可法師生於 1893 年，廣東南海人，俗姓李，名寶生。法師10歲時在外讀書，因祖父病重，母親囑他回家與祖父見最後一面。年幼的寶生見過祖父後，苦苦思索「何以死後不復見，究竟從何處去？」一直未能釋懷。14 歲的時候，法師隨舅父到曼谷，偶遊佛寺，見梵剎莊嚴，僧侶威儀，心生歡喜，後因病返鄉，但心中常想着佛像莊嚴，以及佛寺中的清淨生活，出家之念油然而生。

1912 年，法師 20 歲時決意出家，遂於肇慶鼎湖慶雲寺依鑑航大師披剃為僧，法名昌其，字印載。同年冬，依穀琳老法師受具足戒，之後入丈室任穀琳老法師侍者。翌年，穀琳老法師賜法號筏可，並先後任客堂、庫房等職務。

筏可法師法相（圖片提供：寶蓮禪寺）

● 住持寶蓮　安僧度眾

　　1930 年，大嶼山寶蓮禪寺開山住持紀修老法師退居，諸山長老公推筏可法師繼任住持。新舊住持交接時，紀修老法師僅以 22 元 4 角港幣移交予筏可法師，而寺內住眾數十，僧多粥少，生計相當艱難。

　　筏可法師接任住持後，夙夜匪懈，大事興革，着手復興夙有「香港第一禪林」之譽的寶蓮禪寺，先後興建韋馱殿、地藏殿、祖堂、方丈室、五觀堂、法華塔、華嚴塔、羅漢塔及般若堂等殿宇樓閣。

　　1941 年，香港淪陷。大嶼山面臨缺糧危機，筏可法師臨危請命，為法忘軀，遠赴湛江講經化緣，化得 5,000 港元匯回，渡過糧荒。

　　戰亂歲月，筏可法師倡導「一粒同餐」的慈悲平等精神，安頓逃難的僧人，亦培育了大量弘法人才。不僅如此，法師更立規訓眾，為寶蓮禪寺乃至香港佛教後來的發展壯大奠定了堅實的基礎。

● 培育學子　克己儉約

　　筏可法師願力宏大，且深具遠見卓識。他堅信佛化普及，首在培養人才；而人才勃興，尤在提倡教育。1934 年，法師在大嶼山創辦嶼山佛學院，延請在港法師、居士任教，培育僧才。1942 年，法師在極端艱難的環境中，創辦青山佛教義學，培育貧困適齡學童。二次大戰結束後，更擴充校舍，增加設備，禮聘優秀教師。由於辦學成績優良，佛學院成為香港政府津貼經費的學校。其後，法師又捐出自己多年所積淨資，以籌辦大澳義學。

上世紀四十年代起，筏可法師出任香港佛教聯合會第 1 屆及第 7 屆理事會理事長、第 8 屆至第 9 屆董事會董事長、第 10 屆至第 12 屆董事會會長，以及期間多屆監事、顧問等職，至第 13 屆至第 18 屆出任名譽會長。

筏可法師生平自奉儉約，律己甚嚴。節省下來的果金，以及皈依弟子的供養，無不用於弘法利生的事業上。1962 年，適逢老法師七十大壽，香港佛教聯合會以法師功在佛教，發起為法師祝壽。法師以香港佛教醫院創院伊始，將信眾致送的賀儀及歷年所積淨資共五萬港元，悉數捐出作為建院基金。

● 高風亮節　垂範香江

筏可法師平時言語不多，但平易近人，年逾古稀仍堅持過堂上殿，隨眾作務。每日以持誦《金剛般若波羅蜜經》為常課，無論寒冬酷暑，從無間斷。

香港淪陷期間，法師面對日軍一次次威逼利誘，大義凜然，嚴詞拒絕出任日方安排的華南佛教會副會長。法師又暗中支持東江縱隊的抗日工作，掩護情報人員，留下了許多可歌可泣的事蹟。1972 年 4 月 28 日（農曆壬子年三月十五日），筏可法師化緣已畢，示現涅槃，世壽八十歲，僧臘、戒臘均六十春秋。

1962 年佛聯會第 11 屆董事就職典禮，
筏可法師（前排右六）任會長。

筏可法師之墓地設於寶蓮禪寺後花園
（圖片提供：寶蓮禪寺）

靄亭法師
靄靄慈雲來南海　亭亭明月照香江

● 冠年披剃　早契法要

靄亭法師（1893 − 1947），生於 1893 年（清光緒十九年）11 月 7 日，原籍江蘇泰縣曲塘鎮，俗家姓吳，父諱寶生，母郭氏。法師生而喪母，父親亦因病早逝，不得不輟學習商，依兄嫂而居；兄繼父業後，不善經營而家道中落。1912 年，法師有感世事虛幻不實，於是奮然脫俗，投泰縣曲塘鎮宏開寺玉成老法師座下落髮出家，以文心、以心（智光老和尚）二師為依止，取名滿祥，號靄亭。出家後，靄亭法師在文心、智光二位大師的嚴格教育下，砥志修行，盡得法要。

靄亭法師自幼天資聰穎，慧根深厚，加上有高僧化導及善知識提攜，道業大進，才智盡展。1913 年，法師於鎮江寶華山受具足戒後，前往智光老和尚主辦的泰縣僧立儒釋初高級小學校就讀，探究出世間真理。法師生性恬淡，寡言少笑，勤奮好學，手不釋卷，時常閒步操場，口中喃喃默誦課本。即便吃飯時也不忘背書，每次考試總是第一。1914 年，華嚴尊宿

佛聯會創會理事、東蓮覺苑教務主任靄亭法師（前左）、佛聯會創會理事優曇法師（前右）與佛聯會創會理事覺光法師（後中）等於東蓮覺苑合影。

月霞老法師於上海哈同花園創辦華嚴大學，靄亭法師隨智光老和尚同入華嚴大學修讀，三年後圓滿畢業。及後參師於常州天寧寺治開禪師，其間歷盡艱辛，但靄亭法師始終孜孜矻矻，於困境中不墜青雲之志。

　　1918 年春，鎮江焦山定慧寺住持德竣老和尚禮請教界大德退山老法師講《大佛頂首楞嚴經》，靄亭法師受聘為副講，先後擔任定慧寺知客、衣鉢、出納等職。1927 年，靄亭法師被鎮江夾山竹林寺方丈妙智老法師選為法嗣，受竹林記別，法名大觀，別號栖雲。不久，妙智老法師引退，由靄亭法師接任住持，繼竹林寺法席。

● 弘法利生　興學重教

　　靄亭法師認為，寺廟是教育僧俗和民眾的機關，僧俗本身亦是教員。叢林不重視僧眾教育，是佛教式微的重要原因。為了改革叢林古舊宗風，讓佛教得到應有的尊重和信仰，免受世人欺凌侮辱，靄亭法師順應時代要求，從興辦僧伽教育入手，接引年青有志僧人，灌輸世出世法，提升其僧格。1928 年秋，靄亭法師於鎮江創辦竹林佛學院，首屆招收甲、乙各一班，共學僧四十名左右。竹林佛學院由靄亭法師任第一任院長，迎請慈舟老法師等高僧為主講，專弘華嚴、毗尼，禪教雙修，圓融無礙。從佛學院創辦之日起，靄亭法師一力承擔，因才施教，甫及三載，成績斐然，人才輩出，社會人士對佛教之觀感亦為之一新。後因慕名而來的學生漸多，程度不一，又多闢一間教室，每班約 20 人，學生個個品學皆優。

　　所謂「才由匠造，道在人宏」，上世紀三十年代初，靄亭法師在教育、辦學及個人修持等方面均已聲望卓著，德名遠播。1932 年，法師退席鎮江竹林寺住持後，應香港爵紳何東爵士及其夫人張蓮覺居士之請，南下香港擘劃興建弘法道場。1932 年 9 月，張蓮覺居士於青山海雲蘭若（即靄亭法師蟄居地）

開辦寶覺佛學社，由靄亭法師擔任佛學班導師，法師多年來的弘法夙願得償。十年間，佛學人才遍佈十方。1935年，靄亭法師在張蓮覺居士大力支持下，創辦《人海燈》月刊，弘揚佛教文化，這在當時也是開風氣之先的創舉。法師又於港澳等地創辦義學，以佛化教導貧民，協助地方推行教育，對港澳地區的佛教弘化貢獻匪淺。此後，靄亭法師享譽香港、華南一帶，前往問法者絡繹不絕。

為了協助張蓮覺居士興建東蓮覺苑，靄亭法師風雨無阻，鉅細親躬，既充任佛學導師，又兼建造工程師，每日講佛學、世學，忙得不亦樂乎，直至1935年4月15日，東蓮覺苑落成，張蓮覺居士自任苑長，禮請靄亭法師任教務主任兼教授。

早在1922年，法師就與香港結下殊勝法緣。當時，南京棲霞山住持若舜老法師為籌募寺院重建經費，多次前往香港啟建水陸法會，每次必邀靄亭法師隨行襄助。靄亭法師法相莊嚴，態度雍容，談吐不凡，頗得張蓮覺居士之尊敬。

1929年，靄亭法師將恩師智光老和尚介紹給張居士，張居士遂邀請靄亭法師與智光老和尚赴港宣講《華嚴一乘教義章》及〈普賢行願品〉，廣受香港信眾歡迎。靄亭法師生前一再讚嘆張居士慧眼獨具，洞明癥結，若人人能效法張居士，教育何患不昌明，國家何患不富強。

1936年7月，近代中國佛教領袖太虛大師訪港，欣見香港各大佛教道場熱心弘法，便提議組織佛教聯合會，以凝聚本港佛教四眾弟子的力量，更好地實踐佛教濟世度人、造福社會的使命。太虛大師的提議獲得全港僧俗四眾積極響應，隨即成立籌備委員會，公推靄亭法師等七位高僧大德為籌備委員。惜因次年日本侵華，戰火如荼，大德善信投身支援國內抗戰，佛聯會創會因緣未具。

直到 1945 年抗戰勝利後，香港佛教聯合會才宣告正式成立，靄亭法師以勳勞卓著，德譽甚隆，當選為香港佛教聯合會第 1 屆理事會理事。

● 慈悲濟世　安貧樂道

靄亭法師有感於當時世風日下，世人只知有己，不知有人；只知利己，不知利人，故矢志一生致力興教辦學。由靄亭法師作詞的《寶覺校歌》中寫道：「利己利人尚力行，慈悲博愛並；改造社會渡人群，我輩應努力……宏宣佛法賴英才，涵養真美德；努力愛校愛中華，富強從此奠。」法師為教為法，不辭勞苦，奔波往返於內地和香港，憑着一身正氣風範，教化了無數眾生。一次，法師在為佛教青山義學師生開示時指出：「教育者，啟迪人民之知識者也……」「黨能指導人民於軌物，政能維持社會之秩序，軍能捍衛國家之外侮，學能啟迪民眾之知識。」法師就是憑着「學能啟迪民眾之知識」，不但自己力倡僧學，推行佛化，培植後進，而且還呼籲為師者要教育下一代，為徒者更要專心受教。靄亭法師居港十多年，個人生活極為簡僕，只知修德講學，不求名聞利養，在港九地區未置一磚一瓦私產，堪稱緇素四眾之楷模。今時今日，我們要效法的就是法師這種為法忘軀的奉獻精神和與世無爭的無我境界。

香港淪陷期間，靄亭法師一直留港致力推動佛法弘揚，與大眾共體時艱，日食稀粥以維生，拒絕獨受乾飯之供。1943 年，香港志蓮淨苑開山祖師葦庵法師、覺一法師相繼往生，志蓮淨苑頓時陷入無人主持、空前艱難的境地。兵荒馬亂之時，香港教界同人倍感憂慮，唯恐大好佛地荒廢，道場淪為丘墟，於是自發集合共商解困之計。1943 年 5 月，志蓮維持委員會成立，決議禮請靄亭法師為志蓮淨苑首任住持，負責處理苑內外一切事務。靄亭法師德高望重，常應邀在港澳各佛教道場講經說法，法緣深厚，皈依者無數，此時臨危受命，可謂眾望所歸。法師接任後，不負重託，與教界同人同心同德，於戰亂中奮發圖強，

為保全志蓮淨苑嘔心瀝血，鞠躬盡瘁。靄亭法師住持志蓮淨苑期間，正式確定志蓮淨苑為女眾十方叢林，為比丘尼提供安心修道的道場。

● 願行無盡　昊天不弔

1945 年香港光復後，靄亭法師功成身退，辭去志蓮淨苑住持之職，或赴講席以利生，或事著述以自娛。1947 秋，法師返回內地，前往鎮江拜望恩師智光老和尚，流連多日，返竹林寺憑弔劫後餘煙，不禁滄然傷感。不久，渡長江北上至故鄉泰縣覲見文心老和尚，於北山開化禪寺輾轉數月後，因途中感染咳嗽而轉回上海，寓居沉香閣（又名慈雲禪院）等候輪船返香港。同年 11 月初，法師忽發高燒，弟子紛紛勸其留在上海治療，但法師情繫香江，堅持返港調治，遂由徒孫覺民和尚侍候上船，詎料於返回香港之船上，發燒加劇，未及登岸，法師已悄然西去，世壽五十五歲。一代高僧逝矣！當日為 1947 年 12 月 14 日（農曆十一月初三）。與法師情同手足的師弟南亭法師驚聞噩耗，痛賦輓聯曰：「十載苦別離，何期萬里歸來，僅博得數夕清談，黃歇浦濱悲永訣；一靈如不泯，忍捨二師遽去，空存餘幾篇遺教，海江珠上痛招魂！」

法師圓寂後，香港佛教聯合會同人假東蓮覺苑舉行追悼靄亭老法師大會，由當時佛聯會理事長筏可大和尚主祭，東蓮覺苑苑長林楞真居士代表公祭，佛聯會副理事長陳靜濤居士致悼詞。儀式莊嚴隆重，法體茶毗後獲舍利不可勝數，由徒孫覺民和尚奉回江蘇鎮江竹林寺建塔供奉，香港四眾弟子則於香港屯門建衣鉢塔。

靄亭法師早年東遊日本，搜集華嚴注疏多種。此後數十年醉心華嚴大教，殫精竭慮於一乘奧義，著有《華嚴一乘教義章集解》一冊，書中詳細記述其學術思想，為志於華嚴學者之必備典籍；另有輯錄法師生前所寫書信、祭文、輓聯之《栖雲文集》及《二十年來之幻影》等著作傳世。

1946 年 9 月 7 日，佛教青山義學全體員生歡迎虛雲老和尚。第二排左三為王學仁居士，左五起為優曇法師、靄亭法師、虛雲老和尚、筏可法師、覺光法師。

定西法師
定心直向菩提岸　西土常開般若花

● 壯年出家　學養功深

定西法師（1895－1962）生於光緒廿一年乙未六月初一（1895年7月22日），原籍遼寧海城，俗家姓于，名澄念。先祖致力耕讀，家道小康。法師自幼受父母影響，飽讀儒書，敬奉三寶。18歲時，即於佛教宣講堂擔任講師，時常與友人王福庭（後出家，即「東北三老」之倓虛法師）、陸炳南（後出家，即「東北三老」之樂果法師）談法論道，參究人生修養的道理。1923年，依淨宗大德寶一老和尚出家，法號如光，別號定西。翌年赴浙江普陀山法雨寺，依達圓法師受具足戒，隨後返往上海留雲

「東北三老」之定西老法師法相

寺常住。不久，倓虛法師獲東北佛教界暨地方官紳公推為哈爾濱極樂寺住持，專函邀請定西法師返寺協助。定西法師以出家因緣受倓虛法師影響頗深，於是返回東北擔任極樂寺監院，協助倓虛法師弘傳戒法，處理寺務。

● 建寺安僧　領眾修行

定西法師個人嚴持過午不食戒，在東北與倓虛法師等建寺無數，如哈爾濱極樂寺、珠江縣（現尚志市）的普照寺、望奎縣的寂光寺、海倫縣的海慧寺等，

對內整肅清規，對外開單接眾，寺院由此道風遠播，十方雲水僧慕名投止，座下常住眾經常超過數百人，有力地推動了東北佛教的昌隆。

1929 年，定西法師繼倓虛法師後，任極樂寺第二任住持，前後共 17 年之久。歷經九一八事變、日軍佔領東北、偽滿洲國成立、八年抗戰勝利、東北內戰等重大歷史事件。他始終以方外人的身份，講經弘法，利樂眾生，並在寺中設立佛經流通處，在信眾中倡設居士林，接引社會人士學佛；在哈爾濱組織慈善會，會中附設孤兒院，收容流離失所的孤兒，供其食宿，予以教育；又在寺內增建房舍，創設佛教中學，招收具有小學程度的緇素青年，予以世俗教育和初級佛學教育。凡此種種經驗，奠定了他日後弘化香江、造就僧才的基礎。

1946 年，法師移錫瀋陽南關般若寺，成立念佛堂，每日領眾修行，法緣殊勝。各界人士仰慕師德，慕名皈依者不計其數。

● 卓錫香江　開山東林

1949 年暮春，倓虛老法師應香港佛教同人之邀請，由青島抵港，創辦僧校，定名為華南學佛院。隨後，倓虛老法師多次致函邀請當時仍暫留青島的定西老法師帶領學僧南下香港，協助辦理佛學院。

定西老法師到香港後，住在荃灣弘法精舍，在華南學佛院中擔任主講，前後三年。1952 年，第一屆學僧畢業，其中一部份學僧意欲結茅習靜。當時，老法師來到荃灣芙蓉山麓，見兩旁綠蔭夾道，流水潺潺，身入其境，頓覺清涼，遂生修建茅蓬之願，並得荃灣南天竺寺住持茂蕊法師將其東園一菜地捐出。定西老法師於是和一眾護法居士集資修建淨室，初名東林淨舍，藉以效法東晉時淨宗初祖慧遠於廬山建東林寺。老法師帶着這些學僧，於淨舍弘揚淨土法門，

豈料同年秋，山洪暴發，寺中建築沖毀近半。各方聞訊紛紛施以援手，同年底復修完成。翌年，老法師改淨舍為東林念佛堂，及後再得竹林禪院贈送東林後山地八千餘英呎。老法師晝夜辛勞，寒暑無間，經營策劃，一力擔當，僅僅六七年時間，先後落成大雄寶殿、延壽堂、觀音閣、印光法師紀念堂、藏經閣、功德堂等處，東林念佛堂也由最初的數間木屋蛻變為巍峨莊嚴、遠近聞名的淨土道場。

● 末後一着　念佛往生

定西法師自捨俗出家後，弘法利生，精進念佛，未曾絲毫懈怠。即便年近七旬，精力仍超乎常人。然而，老法師數十年為法忘軀，安單接眾，終至積勞成疾。1962 年初，自感四大違和，氣力減損，經西醫診斷患上食道癌。老法師心境清明，並無痛苦，安靜猶如平常。

1962 年 6 月 8 日早晨，法師自知生西期近，召集眾弟子安排後事，並立下遺囑：「人生若夢，世事如幻，余以化事既盡，不久往生，汝等應自警。吾死後，勿哭泣，勿發訃，勿登報紙動眾詣山開追悼會送花圈等俗例。吾喜坐缸[1]，如無缸即入棺，送道安法師洞內，甚清涼。如洞不宜，可商之寬慧法師覓一地瘞之。死後買幾塊冰，放盆內，置身邊，三日後沐浴遷功德堂內，出龕時，由佛殿印光紀念堂後面經過，勿經佛前，助念時二人一班，一引磬，一木魚，葬後，至一九六五年啟缸，如屍已爛，移出火化，未爛則封缸，仍葬原處。」交代詳盡後，老法師自此放下身心，每日專持佛號，求生淨土。往生前三日，老法師對侍者說：「我再勞煩你幾天。」倓虛、樂果等諸山長老及善信居士紛紛前往探望，老法師強撐病體，正身倚坐在椅上，逐一與眾人揮手話別，並留偈

---

1 坐缸是佛教人士往生後保存遺體的一種方法。方法是將遺體以打坐方式坐於缸內，另用一缸加蓋封固，等待若干年後啟缸。

東林念佛堂第一任住持慧僧法師（第三排右六）陞座典禮，第三排右五為定西法師。

定西老法師（前排右三）、優曇法師（前排右二）及永惺法師（後排左一）

曰：「病是菩提誰是病？無身無病沒菩提。一輪明月當空照，即是彌陀七寶池。」
佛道充盈，意蘊深遠。

　　1962 年 6 月 14 日（壬寅年五月十三日）中午 12 時 45 分，香港佛教聯合
會第 7 屆理事會理事、第 8 屆至第 10 屆董事會董事兼弘法部主任；東林念佛
堂上退居開山祖師；天台宗第 44 代傳人；臨濟宗第 42 世法嗣；一代佛教耆
宿定西老法師，在大眾念佛聲中，安詳圓寂於東林念佛堂之功德堂內，世壽
六十八歲，戒臘三十九夏。四眾聞訊，咸表哀悼。港九佛教界人士往東林念佛
堂助念往生及瞻仰遺容者數以千計，並推舉筏可、海仁、茂峰、倓虛、覺光、
茂蕊、優曇、樂果、靄亭等諸山大德組成治喪委員會，由樂果老法師代表倓虛
老法師主持封缸說法。6 月 23 日，香港佛教聯合會假座跑馬地東蓮覺苑舉行追
思定西法師大會，緇素四眾雲集，蔚為佛門盛事。老法師門下弟子永惺法師等
為追念師恩，一連 49 日念佛未曾間斷，直至 8 月 4 日圓滿。8 月 5 日下午 2 時
舉行發龕典禮，法體奉安於荃灣芙蓉山東林念佛堂後山。定西老法師捨報生西，
時年 88 歲高齡的倓虛老法師甚為悲慟，即賦輓聯曰：

　　　　示苦染沉疴，乘願往生極樂國。
　　　　暮年哭法弟，失聲痛喚奈何天。

慧命法師
植福修慧　了身達命

● 壯歲出家　耳提面命

慧命法師（1898－1984）生於1898年，原籍廣東新會，俗家姓張，與兄觀祖昆仲二人，幼植善根，早聞佛法，常懷出世之思，宿秉不凡之志，其兄後禮筏可老和尚出家。1934年，法師受教於虛雲老和尚門下，面聆法要，伏受棒喝。翌年，因緣成熟，往寧波觀宗講寺禮寶靜大師披剃出家，不久前往律宗第一名山──南京寶華山隆昌寺求受具足戒，圓戒後即效法善財童子五十三參，發心朝禮名山，增廣見聞。先返觀宗講寺，聽寶靜大師講《摩訶止觀》，在七塔禪寺聽圓瑛大師講《金剛般若波羅蜜經》，海仁老法師講《大佛頂

慧命法師法相

首楞嚴經》，爾後遍訪耆宿，研習經教，於杭州雲居山聖水寺聽台宗大德靜修老法師講《妙法蓮華經》，又於江蘇常熟興福寺華嚴大學修學三年，朝夕梵誦，勤習律儀，得緣親近應慈老法師，聽老法師講《大方廣佛華嚴經》、《楞伽阿跋多羅寶經》等，遊心教海，受益匪淺。1937年夏，復往上海圓明講堂，聽圓瑛大師講《楞嚴綱要》，親聆教誨，更以其悟解超群，辯才無礙，得圓瑛大師器重並傳法授記為臨濟正宗第41世法嗣。

1938 年，慧命法師輾轉南下香江，卓錫寶蓮禪寺。慧命法師應筏可老和尚之請，在嶼山佛學院講《教觀綱宗》，弘化一方，又風塵僕僕，足跡遍及東南亞各地，講筵不絕，法緣殊勝。法師講經說法舌粲蓮花，機辯縱橫，循循善誘，妙語連珠，深入淺出，聽者無不讚嘆悅服。1941 年 12 月，太平洋戰爭爆發，香港淪陷，時局動盪，嶼山佛學院難以為繼，不得不宣告停學。法師為避戰亂，前往廣州灣（今湛江市），在湛江清涼寺和持名靜室講《金剛般若波羅蜜經》及《妙法蓮華經》等。1945 年 8 月，香港光復，百廢待興。法師在廣州普慶堂講《妙法蓮華經》後，返港襄助筏可老和尚重整寺院，再興香火。

慧命法師戒行精嚴，威儀俱足，通宗明教，道譽遠播，深得筏可老和尚賞識，委以重任，請為寶蓮禪寺禪堂堂主、首座和尚等，領眾熏修，精進辦道。1972 年 4 月，筏可老和尚安詳圓寂。同年 9 月，迨經寶蓮禪寺董事會商決，一致推請慧命法師繼任為第四任方丈。法師自晉山陞座後，蕭規曹隨，夙夜匪懈，統理寺務，成效卓著。

● 接任方丈　連繫東西

早在 1970 年，寶蓮禪寺大雄寶殿落成後，即已開始構思興建天壇大佛。慧命法師接任方丈後，繼往開來，實踐興建大佛的計劃。1974 年，在慧命法師的極力遊說下，寶蓮禪寺獲政府批出地廣 6,567 平方米的木魚峰全山以建造天壇大佛。1981 年 12 月，寶蓮禪寺正式成立籌建天壇大佛委員會，專責研究籌建工作。不久，工程正式動土。這尊歷時 12 年落成的莊嚴宏偉大佛，寓意香港穩定繁榮，國泰民安，世界和平。

1974 年 12 月，日本佛教曹洞宗大本山總持寺管長岩本勝俊率領僧徒一百二十餘人訪問寶蓮禪寺，訪問團在大雄寶殿佛前上供，並在寺內舉行追悼第二次世界大戰罹難人士法會，冀望以佛法淨化人心，祈禱世界和平。慧命法

師熱情接待了訪問團一行。

1976 年 10 月,梵蒂岡教廷非基督徒事務部部長畢尼多里樞機主教(Sergio Pignedoli)、日本佛教文化交流團一行,以及來港參加英聯邦財長會議的各國財長三十餘人先後到訪寶蓮禪寺,參觀天壇大佛興建場地。透過一系列文化交流活動,寶蓮禪寺與海內外各界的聯繫得以加強。

1976 年,在慧命法師、智慧法師等高僧大德的擘劃下,寶蓮禪寺建成大嶼山第一間老人院──筏可療養院,專以照顧體弱的長者及法師,設政府西醫駐診,另有中醫定期義診。

1979 年,祖國內地實行改革開放政策。慧命法師把握歷史機遇,順應時代發展,大力促進香港佛教界與內地佛教團體的交往。同年 3 月,寶蓮禪寺組織了第一個佛教代表團赴內地訪問,受到時任中國佛教協會會長趙樸初居士等的熱情接待。訪問期間,代表團向中國佛教協會提出希望能請一部法寶《龍藏》到香港供養。《龍藏》是中國迄今最後雕刻的一部漢文大藏經,以其經板尚存,彌足珍貴,堪稱世界佛教之寶貴遺產。為滿足香港佛教界的心願,中國佛教協會歷經多方尋覓和精心籌備,終於覓得一部《龍藏》,並於 1982 年 10 月派出以副會長巨贊法師、明暘法師等率領的《龍藏》護送團,專程護送這一佛門至寶來港。香港佛教聯合會和寶蓮禪寺舉行了盛大的迎接儀式,同時舉辦了《龍藏》公開展覽,全港市民前往瞻禮者絡繹不絕。10 月 26 日,護送《龍藏》代表團訪問寶蓮禪寺,受到慧命法師及寺內僧眾熱情接待。慧命法師向來賓表示:「佛經之中,以藏經最為重要,而《龍藏》又是藏經中最為珍貴的版本。龍藏蒞港,不僅是寶蓮禪寺的盛事,也是香港佛教界的盛事。寶蓮禪寺既得龍藏於今日,必成妙果於將來。」

1977 年 6 月 9 日，由香港佛教聯合會主辦，寶蓮禪寺贊助興建的佛教筏可紀念中學奠基典禮隆重舉行，慧命法師（左二）出席典禮並擔任主禮嘉賓。

1980 年 6 月，時任中國佛教協會會長趙樸初居士（左四）率團訪問香港，標誌着內地與香港兩地佛教界友好交流的歷史揭開了新的一頁。圖為慧命法師（左三）於寶蓮禪寺設齋宴歡迎趙樸初居士來訪。

1980 年 6 月，時任中國佛教協會會長趙樸初居士一行首次訪問香港。6 月 9 日，趙樸初居士在參訪寶蓮禪寺時，即興揮毫：「七重寶樹隨緣見，四色蓮花稱意開。」聯中暗含「寶蓮」二字，表達了樸老對寶蓮禪寺的美好祝福。慧命法師亦賦詩回贈趙樸初居士：「一聲青磬響梵宮，多少嘉賓禮大雄。李老人疑為白老，趙公說我是龐公。偕來車馬增山色，且喜詩書顯道風。莫謂曹溪消息斷，萬千錦鯉化成龍。」中國佛教協會代表團首次訪問香港，被視為兩地佛教界破冰之旅，結束了祖國內地與香港兩地佛教界過去 30 年中斷往來的局面，首開兩地佛教界交流之先河。

● 住世緣盡　安詳示寂

曾任香港佛教聯合會第五屆理事會理事的慧命法師，在 1984 年 4 月 18 日住世緣盡，在僧俗四眾莊嚴的佛號聲中，安詳示寂於寶蓮禪寺，世壽八十四歲，戒臘四十九載。寶蓮禪寺在報章刊登的訃聞中稱：「老法師修持有素，戒行清高，一生致力弘經顯教，今日化緣已盡，安詳示寂，從此法樑頓折，人天眼滅，為佛教一大損失，港九佛教界莫不同表哀悼。」4 月 29 日上午，茶毗大典於大嶼山昂坪隆重舉行，恭請法師同門法弟、時任世界佛教僧伽會會長白聖和尚說法舉火，下午舉行公祭，佛教四眾同人前

1983 年 4 月 13 日，來港出席世界佛教僧伽會第三屆第二次執委會議的代表們前往寶蓮禪寺參訪。圖為時任世界佛教僧伽會會長白聖法師（左二）與慧命法師（右二）互贈禮物。

往拈香頂禮者不可勝數。時有輓聯曰：「苦雨泣宗師，一生寄跡叢林，闡教弘禪，行滿功圓兜率去；春風懷長老，四眾歸心座下，出迷除翳，思齊仰止昂坪來。」

　　慧命法師宗教咸通，信解相應，對於禪宗公案與教相，均悉心研究，頗有心得。每逢開示，皆引經據典，一氣呵成，從無拉雜語病。法師生平依法不依人，最貴真參實究，從不隨聲附和，亦不妄言證悟，尤以一生不謀利養，不務名聞，道心堅固，與世無爭，十方讚嘆，四眾咸欽，其德範行誼，足為末法之南針，後學之津梁也。

明常法師
明心見性　常樂我淨

明常法師（1898 － 1977），俗姓陶，出家後法名心鑑，字明祥，別號明常。江蘇如皋人，生於清光緒二十四年（1898 年）三月初七。陶氏為如皋望族，法師父親樹森公，初習舉子業，光緒末年（1908 年）廢除科舉，樹森公遂棄儒就商，經營有道，家產益豐，樂善好施，敦親睦鄰，凡遇地方公益，總是率先捐助，鄉里人稱之為陶善人。法師母親許氏，生子四人，法師居末，幼具善根，稍長，不喜茹葷，兄弟之間，迥異其趣。

明常法師法相

● 童真入道　參學受教

　　法師六歲時入塾啟蒙，學塾設於如皋城北伏海寺內，法師聞寺僧早晚課誦，心馳神往。起初僧眾以為兒童嬉鬧，不以為意。久而久之，法師隨眾誦經，琅琅上口，若有宿慧。伏海寺住持應修老和尚十分驚奇，摸其骨相，知非凡品，他日必為佛門之法棟，故而前往勸說其父樹森公，請准其出家。樹森公為當地鄉紳，自然不許其子遁入空門，婉拒所請。法師鬱鬱寡歡，常以不食抗議。身體雖日漸羸弱，而誦念佛號始終不輟。母親憐其飯佛之誠，於是向其父進言：「送子出家，功德無量，你一向為人稱譽，怎可拘泥於俗見？何況兒子穎悟過

人，似有來歷，或許將來有大貢獻於社會。」其父稍為所動。10 歲時，父母送他往依竹筠和尚落髮出家。

1919 年，法師受具足戒於南京寶華山，得戒皓淨和尚，依止德寬和尚。其後雲水行腳，飽參飽學。適逢台宗大德仁山老和尚於江蘇高郵創辦四弘學院，專弘天台教義，各方有志僧青年，紛紛前往入學。法師乃負笈四弘學院，依仁山老和尚受學。老和尚教學以經典為體，經世為用，鈎大乘之墜，立弘教之原，法師受其熏陶，學力大進。

1925 年，江都大聖寺宏模上人仰慕明常法師學問圓通，戒律嚴明，邀其出任大聖寺住持。法師自此嶄露頭角，三數年間，全寺金碧璀璨，法相莊嚴，捐緣踵接，十方雲來。

1928 年，南京棲霞寺方丈若舜老和尚銳意中興，選拔慧俊以為後繼，明常法師以修持有素，譽滿江淮，為若舜老和尚所器重，參學受教，契悟甚深，並受其記，為臨濟正宗第 46 世法嗣，同時受命任職監院。當時寺內大興土木，若舜老和尚往返南京、上海、香港等地募緣，席不暇暖，寺務皆委於監院。法師日夜籌度，舉重若輕，千頭萬緒，事必躬親，遂感龍天擁護，四眾仰歸，寺院香火日盛，道風一新，千年古剎名聞遐邇，海內外僧俗前來參禮者絡繹不絕。

1930 年，法師往蘇州報國寺禮謁淨宗大德印光老和尚請益，印老以法師語頗契機，乘願利人，乃開示曰：「欲為真佛，須從儒始，人不先正心誠意，克己復禮，主敬存誠，何以學佛？棲霞為東南名剎，冠蓋如雲，應接不暇，雖處山野，實同鬧市，僧也不儒，何能上續慧命，荷擔如來家業？」又云：「與施主說法，不可遽言『空』字，比丘在僧言僧，已成通病，蓋上智知『空』而進德，下愚知『空』而廢善也。」法師謹受教益，深得奧義，此後參究宗匠之訓，平易近人，務實不玄。

1935 年，香港何東爵士夫人張蓮覺居士啟建水陸道場於東蓮覺苑，遴聘內地諸山長老南來禮懺。適禪宗大德虛雲老和尚法駕蒞港，何夫人禮請與會。主其事者則是南京棲霞山若舜老和尚，與虛雲老和尚輪流共主內壇。明常法師長於梵唄，素以唱誦嫻熟見稱於教界，以此結緣甚眾。虛雲老和尚曾對其讚譽有加：「今師禮懺，法樂節奏，靡不合矩，而字正腔圓，音別尖圓，使余復憶南中雲泥，高旻禪堂，頓斷疑根之日，曷勝忭慰。」法師遜謝而言曰：「虛公大德高行，憨山後五百年一人，蘇省僧伽，心儀已久，得睹風範，勝登海會，況蒙獎飾，汗顏無地。惟水陸法事，本屬慈悲道場，不有誠敬，無以起信……」

● 盡心竭力　維護寺產

1939 年春，若舜老和尚以弘化兩地，礙難兼顧，自棲霞寺住持位退居，息影於香港鹿野苑精舍，而由明常法師繼任棲霞寺住持職，是為棲霞中興第三代祖。其時國民政府內政部下令廢廟興學，舉國寺院惶惶不可終日。法師憑其智慧，周旋於馮玉祥、林森等達官顯要之間，極力保護寺產。抗戰時，法師殫精竭慮，運籌帷幄，一面篳路藍縷，開拓山林，一面慈悲之懷，尋聲救苦，忘我投身難民救濟工作，在棲霞寺設難民所，收容老弱婦孺難民三萬餘人，日供兩餐，時逾四（個）月，耗糧百萬斤，茹苦含辛，勉力維持。據《棲霞山志》記載：「（民國）二十六（1937）年丁丑八月，日本侵略我國……冬月京師陷……賊破城之日，縱兵大掠，姦淫恣虐，濫殺市民十餘萬人，秦淮碧水，為之盡赤……。（明常法）師目睹哀鴻，怵然心傷，與寂然監院及其徒眾等，在棲霞寺設難民所，廣事收容，不期而至者三萬餘人……（法）師見義勇為，與夫臨危不懼之大願力，可窺一斑，非徒博善譽也。」

南京淪陷後，不法日商曾企圖盜掘棲霞山的鎢礦，遭到法師的嚴辭拒絕和譴責，《棲霞山志》曾有如此記載：「民（國）二十八（1939）年己卯……師

接方丈職，時東南半壁，俱陷敵手……會有日商覬覦棲霞山鎢礦，威逼利誘，迫師簽約，租與開掘。師嚴拒，謂之曰：『山林川澤之利，權為國有，法有明文。今我政府西遷，僧有何權力越俎代庖？況我土淪亡，君等可予取予求，何須假衲之手，而後始稱合法耶？』議不成，敵憲將逮獄，師大義磅礡；敵色屬內荏，終不了了之。」

　　1941 年 12 月，太平洋戰爭爆發，香港淪陷。若舜老和尚以憂國憂民，積勞成疾，延至 1943 年 7 月薪盡火滅於香港鹿野苑。該苑一時無棲霞常住法系人員負責管理，以致山門冷落，屋宇殘破。明常法師感念若舜老和尚一片苦心，不忍殿堂久廢，聖蹟湮沒，乃毅然移錫香港，從事鹿野苑之復興工作。法師於苑中興建若舜老和尚紀念塔，重修鹿野苑大殿，開鑿放生池，購置棲霞新苑等，均為犖犖大者。法師有感於歷年忙於俗務，不免有礙本份生死大業，乃將苑中自住寮房改建為關房，實行閉關自修三年。法師身居斗室之中，神馳宇宙之外，萬緣放下，晝夜修持，照顧話頭，虔誦經典。出關後，1953 年 9 月，因念佛教青年求法無地，法師於大埔攝提精舍開辦正心佛學院，供尼眾學習佛學，以三年為一屆，從學者頗眾。法師自任院長，陳靜濤居士任名譽院長，敏智老和尚任教務主任。1954 年，法師又於荃灣鹿野苑創辦棲霞佛學院，只收取男眾學僧及居士，竺摩法師任副院長兼教務主任，超塵法師任訓育主任，闡揚宗性，依者逾千。法師亦為香港佛教聯合會第 2 屆、第 5 屆至第 7 屆理事會顧問。

● 豁達之心迎示寂

　　明常法師晚年卓錫台灣，於台北市創立攝山精舍，閒雲野鶴，隨緣弘化，兼習詩作賦以自娛，不為凡塵俗情所亂。法師天賦稟異，體健超常，雖年屆八十，上山涉水，從不假手於人，逢十方信眾延請啟建隆重法事，從無拂人之意，更以胸懷豁達，笑口常開，不分老幼僧俗，人人皆喜與之親近，且疏財仗

1963 年 9 月 30 日,聖嚴法師於高雄朝元寺掩關,明常法師(前排左一)、星雲法師(後排中)、煮雲法師(後排右三)等前往送關。(圖片提供:佛光山宗史館)

1972 年 6 月 18 日,香港暴雨成災,以致發生山泥傾瀉及大廈倒塌,釀成 156 死 117 傷慘劇。7 月 13 日,香港佛教聯合會集四眾之願力,假跑馬地馬場舉行本港雨災及海陸空罹難超度法會,由樂果法師(前左一)、明常法師(前左二)、覺光法師(前左三)和洗塵法師(前左四)等主法。

1974 年 2 月 7 日,香港佛教界諸山長老應港府運輸署之邀請,前往該署新建大廈,啟建普施莊嚴法會,超度大廈冤魂。法會由明常法師(前左)、覺光法師(前右)等高僧大德慈悲主法。

義，廣結善緣，凡有所需，無不滿願。惜法門不幸，眾生福薄，1977 年 9 月 12 日（農曆七月廿九日）晨，法師一期化度圓滿，泊然示寂，世壽八十，僧臘七十載，戒臘五十八春，法臘四十九秋。法師平生修持淨土法門，臨終前端身正坐，吃粥一碗，並告侍者曰：「要到西方極樂世界去。」身無病苦，可謂無疾而終。法體荼毗後，靈骨舍利由其法眷門人迎返香港。10 月 16 日（農曆九月初四）為法師圓寂五七之期，香港佛教界諸山長老、四眾同人雲集鹿野苑，為法師舉行傳供大典，以昭追思而報法乳之恩。時任香港佛教聯合會會長覺光法師和香港佛教僧伽會會長洗塵法師分別恭讀祭文和讚辭。儀式莊嚴隆重，極盡哀榮。法孫悟一、法宗、超塵、達道等為其建舍利塔於台灣北投法雨寺。

茂蕊法師
南天垂幻跡　竺土溯真詮

● 善根深厚　示跡佛門

茂蕊法師（1903－1976）原籍廣東開平，生於清光緒二十九年（1903 年）11 月 28 日，俗姓簡。1921 年，法師依廣東省羅浮山華首寺首座融衍老和尚剃度出家，法名仁潔，號航華。同年冬，受戒於肇慶鼎湖山慶雲寺佐山和尚。翌年起，法師在慶雲寺中任悅眾之職達數年之久，任事之餘，勤修不懈。1928 年，受法於廣東順德大良寶林寺禪宗大德翹芬和尚，傳為臨濟宗第 44 世法嗣。翌年，更獲大眾推舉為寶林寺監院。茂蕊法師年輕持重，深得人望，膺此重任，堪稱實至名歸。1931 年，法師行腳北上，參訪各大名山，如廣東新興報恩寺、上海玉佛寺及法藏寺、杭州西湖海潮寺等。繼而南下福建，前往廈門南普陀寺等名剎參學，親近高僧大德，參究殊深，獲益匪淺。

● 開山弘法　建寺安僧

1932 年，茂蕊法師南來香江，慮及日後弘法，首先要興建寺院，而興建寺院必須先有土地。因此，法師向香港政府申購得新界荃灣芙蓉山上的大片土地，籌建南天竺寺，作為潛修之地。1935 年，佔地七萬餘呎的南天竺寺落成。法師常禮請大德法師到寺講經，隨着信眾日增，南天竺寺亦逐漸成為香港名剎之一。後來，法師悲願弘展，發心重建南天竺寺大雄寶殿及新塑莊嚴佛像。其間，一石一木之策劃，皆為茂蕊法師不避勞頓，躬力親為。經過數年的施工，卒底於成，佛寺煥然一新。

上世紀四十年代，內地僧人為避戰亂，紛紛南下來港，一時衣食無着，流落街頭。茂蕊法師心包太虛，慈悲熱誠，待人一視同仁，沒有分別心。無論來自天南地北，凡有所求，他無不是盡力而為；更遑論男女老幼，他都是以同樣面孔相待。

1952 年，香港弘法精舍華南學佛院主講定西老法師率一眾學僧在芙蓉山上搭建草寮暫作棲身。茂蕊法師宅心仁厚，慈悲慷慨捐出南天竺寺東側一塊菜地約 14,000 平方呎，供定西老法師與學僧興建茅蓬，初名東林淨舍。數年後，隨着香火日旺，施助不斷，淨舍也由最初的數間木屋，改建為巍峨壯觀的大雄寶殿，並更名為東林念佛堂，成為一間遠近聞名的淨土道場。同年，香港佛教界成立太虛大師舍利塔建塔委員會。茂蕊法師首為贊助，在南天竺寺鄰近捐出土地約四千餘平方呎，促成太虛大師舍利塔之落成，以紀念這位近代佛教巨人。由此可見法師對佛教事業的熱心。

● 為法為教　弘化功深

香港淪陷時期，法師不畏艱難，力守寺院，並盡力維持僧眾糧食，保全道場建築。歷經約三年零八個月的艱苦生活，最後平安渡過難關。法師眼見佛教徒處處受人凌辱，生命尊嚴毫無保障，雖挺身維護大眾，但終究屬於個人行動，力量單薄。

1945 年抗戰勝利後，香港佛教聯合會成立，茂蕊法師為第 1 屆理事會理事，此後亦曾擔任佛聯會第 2 屆至第 7 屆理事會理事、常務理事，第 8 屆至第 22 屆董事會董事、常務董事等職。佛聯會成立初期困難重重，當時沒有固定會所，暫借東蓮覺苑一隅為臨時辦事處，會務推展舉步維艱，有人甚至提議解散佛聯會，以免遭外界譏為徒有虛名。茂蕊法師力排眾議，勸說大家刻苦忍耐，

不懈奮鬥，假以時日，必有成就。理事會最終接受了法師的建議。為了維持香港佛教四眾同人之凝聚力，法師更於人力物力財力上竭盡全力布施佛聯會。

　　1950 年，全世界佛教大會在錫蘭（今斯里蘭卡）首都科倫坡召開，正式成立世界佛教友誼會（The World Fellowship of Buddhists）。為響應該會號召，世界各地佛教徒紛紛組織地區性分會。港澳佛教界人士於 1952 年發起成立港澳分區總會。茂蕊法師作為發起人之一，獲選為世佛會港澳分區總會常務委員。1956 年，更被選為副會長。1966 年，世佛會港澳分區總會擴大組織，設立董事會，茂蕊法師因德高望重，被推舉為副董事長，協助董事長筏可大和尚領導四眾，拓展會務。1972 年，筏可大和尚圓寂後，茂蕊法師繼任為董事長，直至圓寂為止。

1949 年 1 月 9 日，香港佛教聯合會同人假東蓮覺苑歡迎美國真靈居士。前排左二起：王澤長居士、茂蕊法師、優曇法師、王學仁居士、真靈居士、覺光法師。

● 負重致遠　德隆望尊

　　茂蕊法師在香港各大佛教社團中身兼多職，無不兢兢業業，恪盡職守。法師晚年除了襄贊香港佛教聯合會及世界佛教友誼會港澳分區總會各項會務外，還曾擔任香港菩提學會首任會長、香港佛教僧伽聯合會常務董事、香港佛教青年會名譽會長、九龍志蓮安老慈幼兩院常務董事、佛教東林安老院執行董事及大埔定慧寺方丈等職。每有會議，必親自出席；遇有提案，必詳予討論。尤其是法師在擔任香港佛教聯合會董事期間，對所負責的工作總是詳予規劃，悉心指導，故會眾日增，會務日隆。法師對於培植僧才，保送留學，亦每親身奔走，以助成功。每年之春節會員聯歡大會，法師亦必躬親蒞臨，祝福開示，慈悲關愛，表露無遺。

　　茂蕊法師德高望重，福慧俱足，備受佛教同人欽敬。法師弘化香江四十餘年，廣行方便，普利群生，作香江之寶筏，度苦海之迷津。法師對於維護佛教聲譽，總是不卑不亢，據理力爭；對於度化眾生，提挈後學，更是枵腹從公，不遺餘力。他為人坦蕩無私，處世和藹可親，與任何人相處，均以同體大悲心看待，教內外人士對其均有「好好先生」之譽。惟其辨別是非，涇渭分明，從善如流，服膺真理，從不執着我見。尤為難能可貴的是，法師一生做事不喜揚名，受人讚譽，不為所喜；受人污慢，不為所怒，甚至晚輩頂撞，也從不動容。凡此種種，足見法師涵養之深厚。

● 花開極樂　功果圓成

　　1975 年間，茂蕊法師因長期為法忘軀，以致積勞成疾，入住香港佛教醫院治療。1976 年春季過後，健康日衰。同年 5 月 26 日（農曆四月廿八日）下午 6 時 40 分，法師預知時至，在四眾念佛聲中安詳圓寂，世壽七十四歲，僧臘五十四年。

　　茂蕊法師圓寂後，其法嗣泉慧法師率全港三十多間佛教道場住持組成的治喪委員會奉柩發引至南天竺寺火化場，恭請寶蓮禪寺方丈慧命大和尚舉火荼毗，並頌法偈。儀典如理如法，備極莊嚴。1976 年 6 月 27 日，香港佛教聯合會於佛教黃鳳翎中學大禮堂舉行追思法會，時任香港佛教聯合會會長覺光法師提前結束在印尼的弘法活動，專程返港主持法會。法會禮壇兩旁高懸輓聯：「數十年贊襄會務賢勞備至慈悲普渡眾推好好仁者美譽；旦夕間捨報安詳證悟真如莊嚴示寂群知了了乘願再來。」一聯道盡茂蕊老法師半個多世紀的慈悲行願。老法師一生盡瘁佛門，豐功偉績，贊也難窮，留給後人的是燭照法界，德範長存！

1973 年 11 月，香港佛教界同人前往啟德機場歡送覺光法師（右七）、茂蕊法師（右六）赴美加各地弘法。

1972 年 7 月 13 日，香港佛教聯合會於跑馬地馬場舉行本港雨災及海陸空罹難超度法會，茂蕊法師（前右）、永惺法師（前左二）拈香主法。

1973 年 8 月，覺光法師（左二）、茂蕊法師（左一）祝賀時任中國佛教會理事長白聖法師（中）七秩華誕。

1973 年 12 月，茂蕊法師（右）代表香港佛教聯合會前往九龍黃大仙大磡村慰問火災災民。

濟濤法師
濟世度人　弘律揚法

濟濤法師（1904 － 1978）原籍東北，宿具慧根，壯歲出家，博通三藏，尤精戒律、天台，修皈淨土，解行並重，蒙台宗耆宿倓虛老和尚慈悲印證，接天台正脈為台宗第 45 世法嗣。法師先後駐錫香港東林念佛堂、台灣埔里圓通寺等地，受邀於各道場講戒，力倡遵循佛制、匡正時弊，曾任香港佛教聯合會第 12 屆董事會顧問。法師生平閱大藏經之箚記，及弘揚戒法之講稿，約數十萬言，法師示寂後，由廣化老和尚編輯行世。

濟濤法師，俗姓梁，名書香，遼寧省錦縣人，生於 1904 年（清光緒三十年）6 月。少壯時代，曾參加軍旅，在東北軍中，由基層士兵而升任營長。1931 年九一八事變後，日寇竊佔瀋陽，而東北軍不思衛國保土，仍在華北參加內戰。法師深感世事無常，風雲幻變，一切如過眼雲煙，遂萌出家之想。

● 棄軍皈依　卓錫港台

1932 年，時年 29 歲的年輕軍官梁書香，脫下軍裝，投禮龍江鐘靈寺，依經一老和尚剃度出家，法名仁培，字濟濤，在寺中禮佛讀經，研究教典，懺悔昔業。1935 年，法師於哈爾濱極樂寺受具。圓戒後，法師於瀋陽般若寺擔任職事，此後專心研學天台教乘，作解行並運，自益化他之本。

1945 年，日本投降。翌年，法師前往青島湛山寺，師事倓虛老和尚學習天台教儀。是時國共內戰復起，由東北、華北延及江南。1949 年，戰局惡化，

青島亦岌岌可危。倓虛老和尚受香港葉恭綽、王學仁諸居士之邀，南下香港弘化。湛山佛學院的二十多名學僧，跟隨定西、樂果兩位老法師乘輪南下，濟濤法師也是隨行者之一。一行人抵達上海，臨時在蘇州靈巖山下院浦東海會寺掛單暫住。未幾，上海時局亦告不靖，他們一行人又乘輪經廣州抵達香港。

這時，倓虛老和尚在葉恭綽、王學仁諸居士的護持下，於香港荃灣弘法精舍創辦華南學佛院，定西、樂果兩法師受邀於學佛院任教，學僧們也入院受學，濟濤法師在弘法精舍任職事。

1952 年 2 月，華南學佛院首屆學僧畢業，定西老法師追慕廬山東林寺慧遠祖師結社念佛、求生西方極樂世界之芳軌，帶領部份學僧在荃灣芙蓉山建了幾間簡陋的木屋，初名「東林淨舍」，以定香念佛為常課，弘傳淨土，也應各佛教團體信眾禮請，到各處講經說法。由是道譽日隆，芙蓉山信徒雲集，施舍不斷。東林淨舍也由原來的數間木屋，改建為宏偉莊嚴的大雄寶殿（今極樂寶殿），改淨舍為東林念佛堂，由定西老法師出任住持，濟濤法師擔任監院。不數載，隨着常住眾日增，道場漸具規模，寺中訂立規約，以持戒念佛為主，領眾清修，道風嚴謹，遠近聞名，各方稱道，成為當時之模範寺院。

東林念佛堂由創建到開拓，定西老法師主要的助手，就是濟濤法師。事實上，一些事務性的工作，以至於建築施工及監督等，也全由濟濤法師經辦。

1965 年 5 月 10 日，荃灣東林念佛堂兩序大眾發出通啟稱：「定西法師創建東林念佛堂於芙蓉山麓，法雨普施，四眾咸欽，歷十餘載，化緣方盡，示現涅槃，慧僧法師繼任住持三年期滿，弘化南洋，無暇再任，丈席不宜虛懸，該堂大眾夙仰濟濤法師，戒律精嚴，宗說兼通，素為定老倚重，公推主持丈席，必能繼往開來，丕振正法，迭經禮請座前，始從眾意，茲定本月十六日上午十

時舉行陞座典禮，恭請體敬老法師主禮儀式，是日備治山蔬，歡迎佛教人士蒞臨觀禮。」

法師於 1965 年接任東林念佛堂住持，連任六年，弘法任事之餘，深入律藏，鑽研「四分」，至此深感自己雖已受具戒，而實未得戒，於是發心拜「占察懺」，求清淨戒體，懇切至誠，蒙佛加被，業障消除，清淨輪相現前，得淨戒品。此後，法師發願繼弘一大師遺志，持律弘戒，勸四眾學律。

1971 年，法師辭去東林念佛堂住持之職，由香港赴台灣，駐錫南投埔里觀音山圓通寺，建立男眾靜修道場。住眾持戒念佛，過午不食，自恣誦戒，結夏安居，一切悉如世尊遺制。法師在寺宣講比丘戒法，僧眾和合，道場清淨，可謂弘範三界，正法住世。1973 年，法師應屏東東山寺天機尼師之請，主持結夏安居，講比丘尼戒，前後三年，開台灣寺院講戒之風氣。講戒期間，聽戒僧尼雲集，法喜充滿，盛況一時。此後，法師復在高雄佛教堂、台南湛然寺講在家菩薩戒，在高雄阿蓮鄉三聚精舍講比丘尼戒，法緣所至，四眾蒙益。

● 因跌示疾　終登極樂

法師一直發心創辦一所律學院，惜以機緣未熟，未能如願。1978 年冬，法師年已 75 歲，在觀音山因地滑跌倒，腿骨跌斷。法師自知行將遷化，不願就醫，預寫遺書，囑託後事，每日唯佛是念，唯淨土是歸。雖斷腿處不覺有何病狀及痛苦，而體力日衰，精神日漸哀頹。

台中南普陀寺廣化老和尚為法師至交好友，於台北市得其弟子長途電話，謂法師病危，請速往助念云云。老和尚聞之，憂心如焚，放下聽筒，即命驅車駛赴埔里圓通寺，至病榻前懇切相告曰：「長老，您不能走，您若走，吾國律

宗將中絕矣！長老且留下來，我與您合作，您為主，我為副，合力創辦一所律學院，培植僧才，續佛慧命，未卜尊意如何？」辦律學院，是法師多年心願，他聞言精神一振，曰：「我已年邁氣衰，無能辦事，你為主，我為副。」兩人彼此謙讓再三，廣化不再與爭，曰：「我不敢與長老爭辯，我聽命於您，您命我如何辦，我就如何辦。唯一的要事，是先把您的病治好。」法師聞之大喜，一改往日不住院，不打針吃藥的主張，立命打點行李，翌日即到台北住院。無奈住院七日，病況未見好轉，反而加重。他堅主回觀音山，靜候往生。回山之後，在其往生前夕，廣化老和尚又趕到山上。法師在病榻上，命弟子將其生平著作，搬到病榻前，給廣化老和尚檢視。那一大堆手稿，多是有關律藏的札記紙片，大者盈尺，小者寸許，皆法句嘉言，彌足珍貴。廣化老和尚知其心意，說：「長老放心，這些稿件，我代您整理，將來書成流通益世，不使您老心血白費。」法師聞之，兩眼滾出豆大淚珠，面現感激之色。

　　1978 年 11 月 12 日（農曆戊午年十月十二日）晚，傳臨濟正宗第 50 世、嗣天台法脈第 45 世、香港東林念佛堂退居、台灣南投觀音山圓通寺導師濟濤法師，淨業圓成，預知時至，於僧俗大眾圍繞念佛聲中，安詳含笑坐化，往生極樂，享壽七十五歲，戒臘四十三夏。法師圓寂時面作紅色，身體柔軟，法體荼毗後，三十二齒全存，得五色舍利數百粒，港台各道場紛紛祈請供養。

● 畢生研律　遺作傳世

　　法師畢生精研律學，戒行清淨，威儀莊嚴，弘揚律法，不遺餘力。法師晚年發心釐定五部律藏及南山三大部《四分律行事鈔資持記》、《羯磨疏濟緣記》、《戒本疏行宗記》，尚待印行流通，而賫志西歸，託身淨域，實令我等扼腕嘆息。

《濟濤律師遺集》即法師平日之閱藏箚記，全是逐閱逐錄，並加上個人的讀經心得，記錄在大小不等的紙片上。法師往生後，由其至交道友、時任台灣南普陀佛學院院長廣化老和尚整理編輯成書，刊印發行。這部《遺集》共二十五開本，近千頁，四十餘萬言，分上下兩卷，包括上卷《戒學品》九章和下卷《定慧品》七章。

法師往生後，廣化老和尚不負亡友所託，即住在觀音山圓通寺，假法師禪房為書室，為其整理遺集，經數月之力，在大堆遺稿中，爬梳整理出《濟濤律師遺集》凡四十餘萬言，排版印刷行世。

綜觀法師一生，教宗天台，紹律南山，嚴持毗尼，行在淨土，日常篤於學問，無間寒暑。除孜孜於研究教誨外，尤重行持，持戒謹嚴，暇時結跏趺坐，修觀念佛，從不與人談笑，以其浪費光陰也。法師梵行清淨，孤寂成性，澹泊耐苦，安心辦道，不與世俗人交往。這固然是持戒修律的結果，然亦未始不是他法筵不盛的原因。

道安法師
廣結善緣行佛道　人到無求心自安

道安法師（1907－1977）童真入道，少通經史詞章，及冠之年剃度於湖南佛國寺，修學佛法，苦行精勤，親近禪德，徹悟真常。法師早年主持湘桂佛教，大闡南岳宗風，是非明辨，處事裕如，致力培植人才，興隆佛教。奈何時局不靖，烽火連延，避走香港，逆境求道，不退初心。嗣後移錫台灣，建法幢於處處，傳毗尼以重重，講經傳戒，安僧辦道，啟世牖民，弘禪佈教，深受海內外信眾尊崇。

道安法師法相

● 受戒學法

　　道安法師俗家姓傅，名錫鋆，1907 年 12 月 21 日（農曆十一月十七日）出生，祖籍湖南祁東縣靈官鎮。法師自幼聰穎過人，5 歲時啟蒙，10 歲時接觸到新學，偶然讀到《海潮音》及《釋迦應化事蹟》等書籍時，對佛陀心生崇拜嚮往。17 歲時，祁東一帶痢疾盛行，死人無數，法師深切感受到人生無常、生離死別之苦。

　　1925 年 7 月，法師於衡陽岐山仁瑞寺楚寶上人座下皈依三寶。彼時時局混亂，民不聊生，法師益發感到塵世如夢如幻，於是向父親稟明欲求出家之意。

同年底，父子二人散盡家業，同往衡陽佛國寺披剃出家。1926 年 8 月，法師受具足戒於衡陽大羅漢寺證果老和尚。1927 年初，法師辭師別祖，赴岐山仁瑞寺住禪堂，沉浸於禪法大海中，三年如一日，身心輕安，習氣盡除。

1930 年，法師辭去岐山仁瑞寺知客職務，獨居於衡山祝融峰頂一石洞中，以山泉為飲，與虎蛇為鄰。法師於洞中苦修 18 月，悟深禪境。有南岳佛學講習所學僧登峰採筍，與法師相遇，告以講習所授課情形，法師乃於 1931 年 7 月前往南岳佛學講習所參學，專究唯識、因明、華嚴、天台諸宗之學，1932 年 9 月畢業，旋即任講習所所長。

● 弘化湘桂

1934 年，法師應廣西佛教界人士之請，前往桂林、柳州、南寧、梧州等地講經。同年 12 月，法師返回湖南，受聘為南岳佛學院教席，講授《攝大乘論》、《大乘起信論》、《成實論》、《俱舍論》等。法師自編《俱舍講義》八大冊，開南岳佛學院之創舉。

1938 年，日軍軍機轟炸中國，貧民無辜受害者極多。法師在南岳發動僧侶，組織南岳僧侶救護隊，自任大隊長。每遇日軍軍機空襲，即攜帶擔架，出動救護。善行義舉，深得地方讚譽。

1939 年 4 月，法師復應廣西省佛教會禮請，到桂林主持法會，追薦抗戰以來死難同胞，祈禱世界和平。翌年正月，廣西省佛教會改組為中國佛教會廣西省分會，法師當選為理事長。

1944 年 3 月，法師應衡陽佛國寺迎請，晉山陞座。6 月，日軍攻陷長沙，

包圍衡陽，法師避難到柳州，藉機行腳參訪，遊雲南、貴州、四川各省，參訪歷史名剎、諸山長老，遊覽佛教勝地。

1946 年春，法師應廣州、香港佛教界之請，前往講經。5 月，應虛雲老和尚之邀，於南華寺籌設南華戒律學院。1947 年 1 月，法師接任南岳首剎祝聖寺住持兼南岳佛學院院長，矢志「發展南岳僧教育，建設中國新佛教」。夏間，湖南省佛教會改組，法師以眾望所歸，當選為理事長。1949 年 5 月，內戰戰火逼近湖南，法師將祝聖寺寺務妥為安置後，攜同弟子靈根，輾轉南下，於 1949 年 7 月 6 日經廣州抵達香港。

● 卓錫港台

法師抵港後，初住新界青山法界茅蓬，後移錫元朗妙覺園，平時在妙覺園為信眾講經，也常撰寫弘揚佛法的文章，在報章上發表。法師卓錫香港三年多，曾任香港佛教聯合會第四屆、第六屆理事會理事兼中文秘書，襄贊會務，不遺餘力，與覺光法師、優曇法師等高僧大德結下了深厚的道情法誼。

1953 年初，法師應台北汐止彌勒內院慈航大師邀請，計劃赴台弘法。1 月17 日，法師致函香港佛教聯合會理事會，表達辭職意願：「主席暨理監事諸公鈞鑒：道安逃難香港，業經四載於茲，歷承諸公謬愛，不以識淺愚劣見棄，兩度選為理事，私心殊感榮幸……茲應約離港不日赴台，自後對於本席職務無法兼顧，所遺缺席，請依次遞補為禱，……」

1953 年 2 月 4 日下午，法師由香港啟程，渡海赴台。初抵台灣，寄人籬下，法師屢屢受人諷刺、譏笑與輕視。還有些無聊的人向法師嘮叨，絮絮叨叨一二小時之久，法師一直閱報或看書，如如不動，若無其事。

8月，汐止靜修院開辦靜修佛學研究班，力邀法師主持。旋受聘為中國佛教會教育文化委員會主任委員，任中國文化學院（即今中國文化大學）研究所及哲學系教授，常講學於台大、師大、政大、東吳、淡江、輔仁、逢甲、中興各大學。法師學識淵博，常將佛法與世學融貫教授學生，慈藹、熱情常溢於言表。對待學生，法師從不疾言厲色，使學生如沐春風之中。為發展佛教教育文化事業，法師除在各大學講學外，並設立大專佛學講座，悉供午齋。

1954年5月，慈航大師圓寂後，法師一方面致力籌建松山寺，一方面為紀念慈航大師，發心創辦慈航中學，至1960年正式建校，申請立案，法師擔任創辦人兼董事長。

法師法雨廣施，道譽日隆。1961年，法師受請出任台北首剎善導寺住持，並接辦台灣印經處。1962年，法師將早年在廣西創辦的《獅子吼》月刊復刊。1963年，法師當選為中國佛教會第五屆常務理事，並連任至第八屆。1964年，兼任台北新店碧潭大佛寺住持。法師經常到各種場合致辭、演說，或代表中國佛教會接受佛教團體邀約，到各地開會、訪問。所到之處，無不受到僧俗四眾的熱烈歡迎。

1971年3月，法師出任南投縣日月潭玄奘寺住持。晉山陞座之日，專誠前往致賀的政要名流、緇素四眾，達數千之眾。1974年3月，法師再度出任善導寺住持，仍兼任玄奘寺住持。

● 功在佛教

法師自幼患有氣喘病，時發時癒。1976年12月29日凌晨，法師不慎於松山寺方丈室內跌倒，導致中風。1977年1月6日，是法師七秩大慶，四眾

弟子雲集松山寺賀壽。法師抱病出席並致謝辭。此後兩週，病情急轉直下，延至 1 月 21 日（農曆十二月初三日）凌晨五時三刻安詳捨報，如入禪定，世壽七十一歲，僧臘及戒臘各五十二夏。四眾弟子隨侍在側，助念佛號，迴向法師往生淨土，輪念不停達七七四十九晝夜。

法師慈悲喜捨，而自奉儉約，始終是一襲破衲，兩袖清風。凡善信供養香敬，悉代廣種福田，救濟貧苦，贊襄私校，有求必應。囊空常以借貸繼之，一擲百萬，毫無吝色。法師持戒嚴謹，修為精湛，數十年常坐不臥，為人則口快心直，與世無爭。台灣福嚴佛學院已故院長真華法師曾為法師撰聯：「將直心作道場，應說便說，毀譽由他，我數眾中無二位；以塵勞為佛事，當行即行，成敗不計，公算教內第一人。」形象而深刻的概括了法師的一生。

法師學貫三藏，解行俱足，於佛學、文學、哲學、史學等均有特究，對淨土、法相、禪學、大小三乘法寶無所不窺，講經說法，辯才無礙，凡有開示，莫不合乎邏輯，有條不紊，說戒論理，既不違背祖師先賢之旨意，且又契合時代潮流。法師生前勤於寫作，著述豐富，著有《中國大藏經翻譯刻印史》、《中國大藏經雕刻史話》、《二力室文集》三集，及日記多冊，由弟子靈根法師主持輯錄為《道安法師遺集》凡 12 冊。

法師畢生以紹隆三寶、振興佛教為宏願，念念不忘佛法興衰、眾生苦樂，席不暇暖地到處講經說法、傳戒辦學，弘化道履遍及兩岸三地。凡台灣各寺院道場歷年傳授三壇千佛大戒，法師皆受聘為三師或尊證。法師晚年更多次應香港佛教團體之請蒞港開示，因緣殊勝，聽者雲集。

1942 年 11 月 14 日，虛雲老和尚（右）應國民政府林森主席之請，赴重慶主持護國息災法會，返粵經桂時，時任廣西省佛教會理事長道安法師（左）率眾迎接，於桂林月牙山叢桂樓前合影。

1956 年 11 月 11 日，修訂中華大藏經會於台北善導寺成立。圖為道安法師（左）與中國國民黨元老于右任（中）、雲竹亭（右）合影。

1972 年 4 月 4 日，香港佛教聯合會假座佛教大雄中學啟建壬子年清明思親法會，高僧大德為法會開幕剪綵。前排右起：時任香港佛教聯合會會長覺光法師、時任台北松山寺住持道安法師、時任香港鹿野苑董事長明常法師和時任台北善導寺住持悟一法師。

優曇法師
優曇花開佛法弘　香江獅城轉法輪

優曇法師（1908－1993）早年由中國內地來港，弘化香江三十餘年，除參與創辦香港佛教聯合會外，亦發起籌組香港佛教僧伽聯合會，並任首任會長。1967年，法師移錫獅城，歷任天竺山毗盧禪寺住持、新加坡佛教總會主席等職。優曇法師一生志求菩提大道，恆轉無上法輪，乘願行以化物，畢大事而涅槃，尤以佛學造詣深厚，座下弟子無數，享譽海內外佛教界，堪為眾生典範。

優曇法師法相

● 童真入道　宿具慧根

　　優曇法師，俗家姓楊，名華卿，安徽省懷寧縣人，1908年10月27日（清光緒三十四年十月初三）出生。幼年，其父禮聘私塾為之授學。1928年，慈航法師任安徽安慶迎江寺方丈，華卿隨姨母前往迎江寺親近慈老。華卿正當青壯有為之際，在佛力感召和善知識提攜下，宿世善根突發增長。1929年，華卿有感世態無常，人生多苦，遂萌出家之念，擬依止於慈老座下，由於其姨母已為慈老皈依弟子，而華卿是晚輩，慈老便讓他赴福建泰寧峨嵋峰慶雲寺，依止於慈老的弟子宗教禪師。當時宗教禪師住持慶雲寺，開堂說法，道譽甚隆。華卿前往求為剃度，宗教禪師見其沉默寡言，具長者相，因緣成熟，便為之落髮，因華卿喜經中優曇菩薩名，便賜法號優曇，別名釋英，成為慈老法孫。從此，

優曇於宗教禪師座下聽經聞法，日益長進。後又奉慈老之命辭師赴安慶，就學於迎江寺佛學院。時節因緣，不可思議。

1930 年初，迎江寺大火，慈老出外募化重建寺院，優曇也追隨慈老前往緬甸，隨順因緣留在仰光弘化，隨侍慈老左右。1932 年春，福州鼓山涌泉寺傳戒，優曇法師受慈老之遣，前往涌泉寺受戒於虛雲老和尚座下。圓戒後，求學於江蘇鎮江超岸寺玉山佛學院，依震華法師受學三年，顯密參乘，毗尼嚴謹。1935 年，優曇法師學教於湖北武昌佛學院，親近太虛大師，擔任大師創辦的世界佛學苑圖書館研究員，勤游於法海，濟度諸群倫。

● 弘化香江　光大佛門

1936 年，優曇法師前往香港弘法，安住於新界上水彌陀精舍，專修彌勒淨土法門，早晚持誦彌勒菩薩上生經及下生經為恆課，歷時六年，頗有心得，雖處戰亂，未曾懈怠。1942 年，優曇法師在香港市區跑馬地創立「識盧」，後更名為「菩薩學處」，領眾念佛，隨緣度化，講經說法，鼓舞人心。當時正值香港淪陷期間，優曇法師雖歷經戰爭磨難，但始終不屈不撓，安心辦道，於逆境中不退初心。

1945 年香港重光後，香港佛教聯合會成立，優曇法師曾任第 1 屆至第 8 屆理事會理事、第 9 屆至第 12 屆董事會董事。法師平時熱心會務，事無鉅細，莫不悉力以赴。

1952 年 10 月，世界佛教友誼會港澳地區分會成立，優曇法師當選為理事。1961 年，優曇法師與覺光法師、洗塵法師等高僧發起創辦香港佛教僧伽聯合會，被推舉為第一屆會長。

1965 年 5 月，優曇法師與中國佛教會理事長白聖法師等共同聯合南北傳佛教大德，發起成立世界佛教華僧會，並膺選為創會理事；1966 年 5 月，優曇法師又與世界各國高僧於斯里蘭卡發起成立世界佛教僧伽會，使世界各地的南北傳佛教僧伽融為一體，廣佈佛法於全球，其貢獻可謂至為卓著！

● 移錫獅城　夙夜在公

1967 年，優曇法師應新加坡信眾一再促請，以花甲之年移錫獅城，大轉法輪，化導群生。當時，新加坡佛教總會主席常凱法師在伽陀精舍創辦《南洋佛教》月刊及新加坡佛教施醫所。優曇法師除講經辦道外，同時協助常凱法師辦理各種佛教事業，曾任星洲女子佛學院講師、世界佛教友誼會星洲分會導師等職。

1987 年 5 月，新加坡天竺山毗盧禪寺住持本道上人示寂，優曇法師受請繼任住持。從陞座那天起，法師就積極致力開展寺院重建工程，擴建大雄寶殿，供奉緬甸玉佛，莊嚴道場。

1990 年 9 月，常凱法師示寂，優曇法師以齒德俱尊，眾望所歸，獲教界四眾一致推舉為新加坡佛教總會新一屆主席。優曇法師接任主席職務後，領導新加坡佛教界，精心擘劃，策劃經營，不辭勞苦，事必躬親，為建設佛教道場，弘揚佛教文化，化度苦難眾生，作出了不可磨滅的貢獻。

● 尊師重道　特立獨行

優曇法師早歲出家，親炙師公慈航法師多年，耳提面命，朝夕悟研，盡得師公心傳。感念師恩浩蕩，優曇法師在後來的弘法路上，始終知恩報恩，身體

力行。儘管自身物質生活並不富裕，法師但對師公總是畢恭畢敬，噓寒問暖，竭盡全力供養，其尊師重道的美德廣為世人稱頌。

1931 年，慈航法師攜優曇法師赴印度參禮聖蹟。一日，在菩提場之龍池灌浴，由於不識水性，慈航法師不慎被水沒頂。同行四五人均未察覺，優曇法師不顧身材短小，奮力相救，慈老始免於難。

1964 年 11 月，優曇法師率領香港佛教僧伽聯合會代表團出席在印度召開的第七屆世界佛教友誼會大會。會後率團順訪新加坡、馬來西亞、泰國、越南、菲律賓、日本、韓國以及台灣地區。代表團抵達台北時，優曇法師首先前往台北縣汐止彌勒內院，朝禮慈航法師肉身舍利。優曇法師極為推崇慈航法師慈悲為懷，為法忘軀之熱誠與奉獻精神，在六十餘年的弘法生涯中，優曇法師始終恪遵師公教誨，以師公行持為榜樣，身着南傳袈裟，堅守僧人本色，行住端莊嚴謹，談吐乾淨利落，絕不做作，兩袖清風，從不身蓄分文，尤好仗義直言。凡與之相處都得注意言行不犯過，否則就會受到其毫不留情的批評和糾正。若法師自覺有錯，亦會謙遜向晚輩道歉，長者之風，實在令人感佩！

● 覺行圓滿　後繼有人

九十年代以後，優曇法師已八十多歲，體力漸衰。1993 年 4 月，法師因病住進新加坡伊麗莎白醫院療養。同年 7 月 30 日（農曆六月十二日）下午 5 時，法師化緣告畢，溘然示寂，世壽八十六歲，僧臘六十四夏，戒臘六十一夏。時任新加坡佛教總會主席、普濟寺方丈妙燈法師為優曇法師示寂撰寫封棺法語，讚曰：「脫俗離塵覓聖真，香江開濟利天人。菩提覺道荷擔重，百劫三祇證法身。」8 月 5 日上午，法師靈棺發引至光明山普覺禪寺火化場茶毗。

耆德遽去，慧炬潛輝，人天眼滅，四眾悼惜。優曇法師捨緣入滅的噩耗傳出後，佛教界同人無不震驚，來自海內外的唁電、輓聯等如雪片般紛紛傳到法師圓寂地——新加坡毗盧禪寺。1993 年 9 月 18 日（農曆八月初三），新加坡佛教總會假毗盧禪寺隆重舉行優曇長老圓寂讚頌大會，各國高僧大德紛至遝來，如中國佛教協會副會長真禪法師、香港佛教聯合會會長覺光法師、國際佛光會世界總會會長星雲法師、世界佛教僧伽大會秘書長 Ven. M. Wipulasara 等。覺光法師代表大會同人致讚頌辭，並作偈曰：「法門龍象稱優老，誓願宏深足千秋。星港佛團存典範，常寂光中法音流。」

1948 年，香海正覺蓮社恭請虛雲老和尚（中）為信眾開示。右為覺光法師，左為優曇法師。（圖片提供：《覺光法師文集》）

星雲法師在當天的日記中也表達了對優曇法師的無限敬仰之情：「9 時 30 分，抵毗盧寺，參加優曇法師圓寂讚頌大典。香港及台灣地區、印尼、馬來西亞等地的諸山長老也相繼到來。……我今日專程從台灣趕來參加優曇法師示寂的讚頌大典，是因為我敬仰優曇法師：1. 有尊師重道的性格；2. 有教育文化的性格；3. 有國際佛教的性格；4. 有培養青年的性格……」

優曇法師在重病纏身之際，仍念念不忘弘法利生事業，並親撰長文，開示後學，其中寫道：「一個修學佛法者，必需以戒為師……在日常修行生活中，課誦四弘誓願……」這不僅是優曇法師的臨終囑咐，也是法師一生致力弘法利生、濟世度人的最佳寫照。

1956 年 7 月 1 日，香港佛教聯合會第八屆理事會假東蓮覺苑舉行就職典禮。前排左三起：大
光法師、覺光法師、陳靜濤居士、筏可法師、優曇法師。

1957 年 3 月 17 日，優曇法師在香港荃灣芙
蓉山太虛大師舍利塔前追思大師豐功偉績。

優曇法師與覺光法師同為上世紀三十年代由國
內來港弘法，相識相知數十年，道情法誼非同
一般。圖為 1966 年 6 月 18 日，優曇法師（左）
偕覺光法師（右）參觀邵氏兄弟有限公司。

敏智法師
創內明樹法幢桃李滿門
振宗風揚聖教緇素雲從

敏智法師（1909 － 1996）生於江蘇，童真入道，宿具善根，戒行嚴謹，願力宏深，曾任禪宗祖庭常州天寧寺住持。1949 年，法師於烽火戰亂中南下香江，創內明學院，辦《內明》雜誌，立教興學，續慧傳燈，難忍能忍，難行能行，弘化香江凡 24 年。1973 年，因緣際會，法師移錫北美，作獅子吼，發微妙音，高樹法幢，接引眾生，兩度榮膺美國佛教會會長，直至 1996 年圓寂。

敏智法師法相

● 敏而好學　智圓行方

敏智法師原籍江蘇省江都縣瓜州雙橋，生於 1909 年 8 月 26 日（清宣統元年，歲次己酉七月十一日），俗姓李，幼年在鄉間私塾就讀，從名學究飽讀四書五經。

法師宿具慧根，9 歲即茹素，18 歲於江都縣下蜀空青山寶藏寺依寶蓮上人剃度出家，法名印心，號敏智。出家後，法師先後就讀於玉山佛學院、龍池佛學院、閩南佛學院，深入經藏，辯才無礙。1929 年，法師前往南京句容寶華山受三壇大戒，戒期圓滿後前往常州天寧寺參學，坐禪兩年，精進佛道，後留在天寧寺擔任執事。

1933 年，法師考入湖北武昌世界佛學苑圖書館研究所，該館前身乃是太虛大師所創辦的武昌佛學院。法師在研究所進修三年，直至 1936 年畢業，佛學造詣大有長進。學成返回天寧寺後，法師繼奉住持證蓮老和尚之命，改天寧寺學戒堂為天寧佛學院，訂立規章制度，注重學理研究，以培育僧才，續佛慧命。法師歷任天寧佛學院教務主任、院長，天寧小學校長，並獲證蓮老和尚授記為臨濟正宗天寧堂上第 48 世法嗣，列職天寧寺監院。

1937 年 7 月，日本發動盧溝橋事變，中日戰事爆發。值此國難正殷，方外叢林亦難苟安。干戈烽火之際，敏智法師高樹法幢，領眾修行，以弘揚佛法為己任，倡導禪學，大闡宗風，其間幾經戰亂，流離失所，艱辛備嘗，法師始終不墜青雲之志。

直至 1945 年 8 月抗戰勝利，百廢待興，未幾敏智法師接任天寧寺住持。然而好景不長，內戰烽火再起，經濟危機引發物價飛漲。1948 年底，形勢急劇惡化，法師審時度勢，奈何無力回天，以他多年和各方面人物打交道的經驗，知道留下來於事無補，便把寺務交付給執事人員，然後離開了服務多年的天寧寺，隻身南下，於 1949 年輾轉抵達香港。

● 結緣香江　法化無疆

初到香港的敏智法師，人地生疏，只好在各佛寺掛單，其後得到熱心人士的幫助，在大嶼山東涌地塘仔結茅屋居留，暫作棲身之所，餘暇時間，仍致力教學工作。

上世紀五十年代，從中國內地湧到香港的僧眾，為數不少。由於生活所迫，有的忙着趕經懺，有的勤於做法會，也有人易服還俗，投入社會謀生。敏智法

敏智法師（左）初抵香港時，攝於大嶼山東涌地塘仔自建茅棚前。

師初到香港，雖然居無定處，食不溫飽，卻始終潔身自守、嚴持戒律，不改弘
法利生、作育僧才之初衷。後得鹿野苑住持明常老和尚相助，將其位於郊區的
攝提精舍，提供辦學，命名為正心佛學院，明老自任院長，禮聘敏智法師為教
務主任，從學者頗眾。

　　敏智法師學識淵博，不僅教授佛學，也兼授國學中的四書五經、諸子百家。
門下學生在暢遊佛法大海，飽餐法味之餘，又能飽讀詩書，盡享古聖先賢豐富
的文化遺產。三年後，學生畢業，正心佛學院也告結束。

　　1958年，敏智法師返回大嶼山東涌地塘仔繼續開展僧侶教育工作，慕名
求學之僧青年愈來愈多，法師只好將地塘仔住處改建為一間小型的校舍。不僅

可讓遠道前來求學者權作居留之所，更於 1959 年 2 月將該院命名為內明佛學院，收納有志求學的學僧，過着隱居山林的修行生活。

法師律己甚嚴，凡事悉遵佛制。所到之處，正氣浩然，威嚴攝人。他做事堅持原則，不昧因果，經常告誡弟子曰：「山可崩，海可枯，石可爛，天可墮，而因果之理，無或能變。」法師在顛沛流離的逃難生活中，始終勇猛精進，不退初心，足見他的胸襟與為人。

1962 年春，在敏智法師的支持下，新界藍地妙法寺住持洗塵法師將內明佛學院從大嶼山遷至妙法寺承辦，並改名為內明書院，禮請敏智法師為院長，從此春風化雨，桃李盈門。一年後，更申請教育司註冊為專上學院，成為香港第一間註冊佛學院。

1972 年 4 月，洗塵法師創辦《內明》佛教月刊，由敏智法師出任社長。這份刊物內容充實，印刷精美，提倡各宗並弘，各抒己見，為世界各地讀者所稱道。

● 息影北美　佛道遐昌

1973 年，在香港弘化達 24 年，時年 65 歲高齡的敏智法師，應美國佛教會會長樂渡法師盛情邀請，離開香港赴美弘法，駐錫美國佛教會所屬的大覺寺。敏智法師在大覺寺曾多次主持佛七，信眾獲益良多。法師也時應美東佛教寺院社團之請，到各地講經開示。翌年 9 月，敏智法師繼樂渡法師之後，當選為美國佛教會會長。

敏智法師移錫美國後，敬業精神，一如往昔，念念不忘光大佛門，提攜後進。1975 年，美國佛教會持續發展，在紐約興建莊嚴寺，敏智法師出任建寺委

員會主任委員，舉凡規劃勸募，無不傾注心力。莊嚴寺能有今日光景，法師厥功甚偉。1978 年 6 月，法師於紐約華埠（俗稱中國城或唐人街）創設世界佛教中心，即今日之觀音寺。草創初期，法師胼手胝足，雖屆高齡，卻自強不息，於寺務則鉅細靡遺，事必躬親，務令善信臨道場而心清涼，離道場而暖洋洋；於法務則大開圓解，隨機開示，闡演經論奧義，循循善誘，誨人不倦。由是因緣，信徒日增，法緣鼎盛。敏智法師年青時曾修習武術，即便後來年漸老邁，始終身體硬朗，健步如飛，走起路來年輕人亦趕不上，說起話來更是中氣十足。原想百齡可期，詎料世事無常，法師於 1996 年 12 月 28 日安詳捨報，上生兜率，世壽八十八歲，僧臘七十夏，戒臘六十八秋。一代高僧化緣既畢，教界痛失慈憫導師，眾生痛失人天楷範。惟祈老法師華開上品，頓證無生，早日再來，普濟群萌。

敏智法師往生前一個月，法鼓山開山聖嚴法師曾專程前往北美看望，並安慰他說：「祈願諸佛菩薩、護法諸天，保佑你老早日恢復健康，長住在世，利益眾生。」敏智法師的回答卻是：「死也好，活也好，一切都好。」法師既不貪戀生，也不畏懼死，是何等自在灑脫。

敏智法師胸羅萬象、精通三藏、淡泊名利、自奉甚儉。回顧老法師不平凡的一生，為法為教，難行能行，艱苦卓絕，永不言棄。他殷切期望弟子寡欲知足，發奮圖強，既做到「貧窮不移，富貴不淫，威武不屈」，又堅持「見賢思齊，見不賢而自省」。法師每以「舜何人也，有為者亦若是」「不義而富貴，於我如浮雲」等至理名言，教育後學，敦品勵行，力爭上游，切莫「依世起倒，隨俗浮沉」。直至末後一着，法師還傾其所有，將其畢生積蓄全部捐獻於教育事業，由徒眾等發起成立敏智老和尚紀念教育基金會，幫助有需要的貧寒學子。

1985 年 7 月 6 日，應時任中國佛教協會會長趙樸初居士（前排左三）的邀請，由美國紐約世界佛教中心住持、美東佛教總會暨紐約大乘寺法師敏智法師（前排左四）任團長的美東佛教總會回國朝聖團一行拜訪中國佛教協會。

保賢法師
大德永昭日月　豐功長垂千古

保賢法師（1909 － 1987），山東省東平縣
館驛鎮靳口村（今屬梁山縣）人，慧根宿
植，童真入道，勤求正法，飽參飽學，以智慧
深廣、學識淵博而享譽佛教界。法師早年親炙
太虛、倓虛、弘一、虛雲等高僧大德，聞熏正
法，矢志踐行人間佛教。1957 年末，法師移錫
香江，賡續初心，益加奮發，發起佛教青年運
動，創立佛教青年中心，領導知識青年學佛，
開弘法風氣之先河。法師曾任香港佛教聯合會
第 12 屆董事會名譽顧問，贊襄會務，不遺餘力，
尤以多才多藝，樂善好施，深受佛教四眾同人
敬重。

保賢法師法相

● 家境清貧　剃度出家

　　保賢法師生於清末宣統元年（1909 年）農曆十一月初九日，俗家姓鄭，家
中世代務農。民國初年（1912 年），農村生活困苦，鄭家耕作所入，勉強糊口，
一旦遇上災荒，即有斷炊之虞。1917 年，父母不忍他在家中受苦，遂將他送往
鄰縣汶上蜀山寺，依昌禹和尚（臨濟宗）剃度出家，法名隆安，在寺中撞鐘擊鼓、
禮佛誦經，學習經懺唱念，兼修儒書。

1928 年，保賢法師於北京廣濟寺受具足戒，戒師為時任廣濟寺住持現明老和尚。圓戒後，留寺中弘慈佛學院攻讀，習楞嚴、天台教規和唯識法相經論，奠定了深厚的佛學和世學基礎。法師平日除研讀經典，兼閱各地佛刊外，尤對太虛大師主辦的《海潮音》雜誌最為喜愛。1930 年，太虛大師在北京柏林寺主持世界佛學苑，常應各界之邀請，開示佛法。法師留心聽講，頗受大師倡導的「人間佛學」思想影響，晚年居港即大力提倡「佛教青年運動」。

1935 年春，保賢法師負笈山東青島，入湛山寺佛學院深造，依倓虛老和尚修學天台教觀，後期即在佛學院任助教。法師談吐風趣，威儀俱足，先後講過《百法明門論》、《唯識三十頌》、《八識規矩頌》等課程。每當倓虛老和尚開示時，均由法師負責記錄，在北京出版的《同願》月刊和《佛學》月刊上發表，又編輯講錄〈觀世音菩薩普門品〉、《般若心經》單印本。同年秋，法師參訪武昌佛學院，開「北僧南參」之先例。

1937 年初夏，弘一大師受請至青島湛山寺，講《四分律隨機羯磨》，法師隨眾參學，深入律宗，熟知開遮持犯、世尊制戒之本旨。1942 年，弘一大師在福建泉州示寂，南方佛教界徵文紀念。法師以「火頭僧」為筆名，初用白話文體裁寫成《弘一律師在湛山》，選入紀念特刊，成為研究弘一大師生平之珍貴史料。法師曾發心「入僧廚燒大火供眾」，故後來撰寫文稿，常用「火頭僧」為筆名。他說：「火頭之含意，不止燒飯；寫文章供人閱讀，屬精神食糧，與吃飯屬身體食糧有相同之含意。」

1951 年春，保賢法師移錫上海，住老西門關帝廟。時圓瑛大師於佛教淨業社講《楞嚴經大義》，法師隨眾參聽，聽講外在廟中自修，也時而流覽古董市場。法師修習文學時代，即知字畫古董是中華文化重要遺產，是極高深之學問。早時無研究機會，至此機緣成熟，研究時頗饒興致。見識淺陋者，反譏為

不守本份，認為研究古董非出家人應為之務。法師則認為自己志在認識中國佛教歷史藝術，而佛教佔中國文化重要部份。身為佛門弘法者，如果不懂本身文化，事實上也是一大缺憾。1952 年 12 月，虛雲老和尚到上海主持祝願世界和平法會，法師親臨其盛，聆聽老和尚開示。

● 移錫香港　利生弘法至青年

　　1957 年冬，保賢法師輾轉到了香港，追隨倓虛老和尚駐錫荃灣弘法精舍。1958 年，倓虛老和尚於九龍界限街創設中華佛教圖書館，每星期日在圖書館講《大佛頂首楞嚴經》，風雨不改。法師隨侍老和尚於圖書館，朝夕唯謹，大小事務，照料周密。1958 年臘月初八（世尊成道日），倓虛老和尚賜以手寫天台宗法卷（衣缽），傳法師為天台宗第 45 世法裔，法名念安，字保賢。

　　保賢法師住在中華佛教圖書館時，手不釋卷，披閱藏書，兼修禪法。1958 年秋，法師發起創辦香港佛教青年會，以康樂作方便門，提出「青年需要佛教，佛教需要青年」之口號。會員達七十多人，每週集會學佛、聞法之餘，兼學舞蹈話劇，先後上演法師所編的《目蓮救母》、《釋迦世尊》、《世尊成道》、《達摩大師》、《六祖傳燈》、《弘一大師》等劇，為佛門開一新風氣。

　　佛教青年會成立數年，會員日增。1969 年，改名為佛教青年中心。在法師領導下，佛教青年中心自創立以來，即有演劇、音樂、舞蹈和歌唱的公開演出多次，深得各方讚許。其後改租香港大會堂舉行活動，接引有緣青年千餘眾。歷年政府各項文康活動，皆有佛教青年中心的參加。1971 年，香港舉行青年音樂節，參賽者包括全港青年。法師領導的青年參加比賽，舞蹈比賽獲季軍，話劇比賽獲亞軍。

　　上世紀八十年代，佛教青年中心轉進到西環活動。當時，印支難民集聚香港，法師感同身受，惻然愍之，帶領會員四處演出募款救助。法師個人生活簡樸，一衣十載，盛夏一件厚布長衫，嚴冬不過粗布褲衣。日常衣食雜務，皆親自料理，從勞動中體悟禪旨，即事明理，隨處用功。法師秉性耿介直爽，待人和藹熱誠，對於招待每週集會學佛的青年，熱情有加，親自選購新鮮水果招待，不計價高。又在齋館訂購量豐質優的素點，青年每於飽食外，臨散會時皆以剩餘者持回家中，與家人分享。佛教青年中心各項招待，概不收費，而由法師個人經營古玩字畫所得來支持。有人指為浪費，法師微笑道：「世間最大浪費莫過於戰爭，如有方法停止戰爭，永保和平，縱然浪費也值得。佛門青年每人皆負起實踐我佛慈悲救世宗旨，實現世界和平任務。培養此項人才，一點費用，不得視作浪費。人生大夢，一息不存，財利盡空。財固然得之不易，而積財不能正當運用，也非明智。培養佛門人才，一燈燃千燈，流傳正法，維護和平，功德利益，綿延無盡，其財運用最正當、最明智。」

1969 年 5 月，佛教青年中心正式註冊成立，保賢法師（左一）擔任主席。

　　保賢法師專注人文發展，經常在物質及精神上照顧遊蕩附近之問題兒童，撫養助學，毫不吝嗇，受惠者眾，孩童稱他為「派錢和尚」。有一吸毒青年慕名求助，法師招待食宿，教之學佛靜坐，輔以針灸、運動，經數月後，青年康復。法師更介紹工作，助他重投社會服務。法師常說：「眾生皆有佛性，有佛性即可成佛。然不經善緣誘發，眾生仍是眾生，無緣成佛。」

　　法師多年堅持早晚靜坐，每次兩小時。打坐前做柔軟體操，坐迄按摩散步。法師雅好茶道，坐時吃茶，古法泡制，禪味盎然。法師常率青年燒茶，傳授素食烹飪，辛苦不辭，務求色香味美，藉以提倡素齋美食，減少肉食殺生，挽回劫運。

　　閒暇之時，法師磨墨練字，欣賞文物字畫古董，洞悉源流，辨析真贗。他每月撰文四五千字，在《香港佛教》發表，筆名火頭僧，迄至七十餘歲，始因健康關係改為間歇寫作。法師的文詞曾受桐城文派影響，寫來大氣磅礡，活潑生動，融新舊文體於一爐。思想主題亦由求學至廣學多聞，融合佛門教理禪學，傍及古今科技、文化藝術、西方哲學宗教。法師撰文，素以敢言著稱，下筆時隨機疾書，不拘一格，如長江大河，奔騰而下，其字字珠璣，令人讀之不忍釋手。

　　弘法是家務，利生為事業。法師鼓勵青年男女結婚，組織佛化家庭。法師說：「在佛化婚禮孕育下，男女終身相守，白頭偕老，獲得人生真樂，庶可減少社會上許多悲苦不幸之事，同時也可為當今社會上多變的婚姻，做一個良好的榜樣，不辜負為佛弟子天職。」故常被邀請主持佛教婚禮。法師又深入探討僧寶延續問題，提倡「僧制改革」，建立科學的佛教新人生觀。

● 積勞成疾　捨報示寂

　　法師畢生致力佛化青年，夙興夜寐，為法忘軀，終至積勞成疾。1986 年春，急症入院。經醫生診斷為癌症晚期。眾弟子懇請法師放下工作，休養調理，而法師不顧身患絕症，養病期間仍埋頭整理古籍，為學生講《壇經》、《心經》、《揀魔辨異錄》等。1987 年夏，法師再度入院，在佛教醫院病床上，法師為探病者開示法語，與故人講述因緣。先後有仰慕者多名，懇請法師慈悲，為行皈依。法師訓示：「一定皈依，即皈依。」雖在病房，儀式簡單而隆重。

　　1987 年 9 月 8 日（農曆七月十六日）晚，法師貌如羅漢，睡態安詳，捨報示寂於香港佛教醫院，世壽七十九歲，僧臘七十年，戒臘五十九年。法師臨終前，仍為弘法而強搖筆桿，遺下未完文稿百餘篇；又親書遺囑，安排喪禮儀式：「歌舞為主，葬之以禮（古樸莊嚴）。」9 月 20 日上午，假紅磡世界殯儀館舉行公祭，門下弟子恪遵法師遺願，以歌舞表達追思，並由永惺法師主法封棺，遺體隨即奉移火葬場荼毗，示現舍利八九十粒，轟動一時。

竺摩法師
留在香江的弘化足印

竺摩法師（1913 － 2002），馬來西亞佛教總會首任會長，在馬來西亞致力弘法活動半個世紀，培養佛教人才，推動佛教組織的發展，為馬來西亞佛教事業作出了歷史性的貢獻。馬來西亞佛教史學界稱竺摩法師為現代「大馬漢語系佛教之父」。不過，法師的弘法足跡不止在馬來西亞，也踏遍香江各處。

竺摩法師法相

● 講經辦學　涉獵出版

　　竺摩法師生於 1913 年（民國二年）農曆八月十三日未時，俗家姓陳，名德安，中國浙江樂清縣人。1924 年披剃出家，1927 年任太虛大師高足芝峰法師的護關侍者，1928 年入寧波觀宗寺受具足戒，為諦閑法師戒弟子，併入觀宗弘法學社學習，先後受教於靜權法師和寶靜法師。1930 年轉入太虛大師主持的閩南佛學院學習，與印順、東初、心道、燈霞、靜嚴等為同學。於閩院就讀期間，由於學習優異，深受太虛大師賞識和愛護。1933 年和 1935 年兩度隨侍太虛大師南下粵港地區弘法，並於 1938 年秋避日戰來港，開展港澳地區的弘法利生事業。竺摩法師在香港、澳門弘法 17 年，從立教辦學到辦雜誌，書無數改革佛教、振興佛教文章，舉辦多次佛學講座，在香港佛教界中的地位和影響極大。

早於 1935 年香港東蓮覺苑創苑時，張蓮覺居士接辦《人海燈》雜誌，竺摩法師便在《人海燈》發表弘揚正知正見佛法之文章。1939 年，東蓮覺苑苑長林愣真居士邀請竺摩法師於澳門無量壽功德林開辦佛學研究班，同時主編《覺音》雜誌。1948 年，尹法顯居士創辦澳門佛學社，聘竺摩法師為導師，請法師移錫社內，駐社講經弘化。1951 年，為擴大弘法範圍，創辦《無盡燈》雜誌，並出版多種講經著述，風行港澳及海外。

竺摩法師在香港佛教界中的地位和影響，從他先後主編《覺音》雜誌及創辦《無盡燈》雜誌的成就可見一斑。竺摩法師不懈奮鬥，加上社會各界人士與廣大讀者的幫助及支持下，假以時日，《覺音》雜誌自第 13 期起由竺摩法師擔任主編以來，影響日上，享譽海內外。佛教文化界普遍認為，在抗戰期間，澳門的《覺音》與內地的《海潮音》、《獅子吼》和《佛學》半月刊並列為中國佛教文化四大陣地的重要刊物。讀者來信稱讚《覺音》雜誌是「華南佛教降魔寶杵」；稱譽竺摩法師「救國救群心不死」，是佛門中的「大智慧」、「愛國愛教」的「龍象」，可見其受群眾擁戴的程度及其影響之廣大，亦成為抗戰期間港澳文化界的著名代表。雖然他出版並主編的《覺音》雜誌，歷經僅僅兩年，然而《覺音》雜誌在抗戰時期推動港澳佛教文化、促進海內外的文化交流，皆貢獻良多，影響深遠。

1951 年 8 月，竺摩法師在澳門創辦《無盡燈》雜誌，當時他以〈點着無盡的心燈〉為題，在創刊詞中寫道：「『無盡燈』的意思，是以一人之法，輾轉開導百千萬人而無盡，如一燈而燃多燈，燈燈無盡，光光不絕。」竺摩法師自任《無盡燈》雜誌社社長，繼承和發揚四十年代初主辦《覺音》時的傳統，積極推動港澳與海內外的佛教文化交流和合作。因此，該刊創辦伊始，即一紙風行，受到廣大讀者歡迎及喜愛。

● 因緣際會　移錫大馬

1952 年明常法師接掌大埔攝提精舍，決心舉辦佛學院。翌年開辦正心佛學院供女眾修讀佛學。1953 年，明常老和尚在香港荃灣再辦棲霞佛學院，招收男眾學僧及居士。竺摩法師即被聘為副院長兼教務主任。在佛學院開學儀式上，竺摩法師演講《談辦僧教育》，他根據太虛大師「發揚大乘佛學真義，應導現代人心正思」的精神，強調辦僧教育的重要性。可惜在香港開辦僧伽教育，因緣未足，棲霞佛學院只開辦了一年便結束。竺摩法師在佛學院未及一年，翌年春季，泰國龍華佛教社邀請法師到曼谷主持太虛大師舍利塔開光典禮，於是他離開居住了十餘年的港澳地區。1953 年 5 月，檳榔嶼的菩提學院禮請竺摩法師擔任導師，兼任菩提中學佛學課程。在這樣的因緣下，竺摩法師到了檳城，駐錫菩提學院。

六十年代，法雨精舍松泉法師經常邀請竺摩法師來港弘法。後來，香港眾多機構也相繼邀請竺摩法師來港講經弘法。永惺法師在未創辦菩提學會前，常往法雨精舍參聽。永惺法師形容：「竺摩法師知識廣博，學問淵厚，長於演說，講解不輟，不論在何時何處，不論是受邀安排或臨時被請，皆能應付自如；其講經內容豐富生動，卻又不限於一宗一派之學說，能把高深的佛理，化為平易的生活實踐與應用，令聽者樂於接受並真實得益。這種弘化方式，無形中帶動了當時學佛風氣的廣佈與推行」。

1964 年，香港菩提學會成立後，永惺法師就邀請竺摩法師去學會舉辦演講。從法雨精舍講經完畢後，竺摩法師就常被應邀去菩提學會演講，然後再到香港各處之講堂演講。竺摩法師講經方式深入淺出、生動幽默，當時實為佛教界一股清新可喜的氣象，受大眾讚嘆與歡迎。法師威儀俱足，氣宇清和，待人接物，平易親切，溫文爾雅，出口成章，給人留下深刻的印象。

● 促進中馬交流

　　竺摩法師在馬來西亞弘法，先後創辦馬來西亞佛教總會、三慧講堂和馬來西亞佛學院等著名弘法機構，且先後擔任馬來西亞佛教總會會長、馬來西亞佛學院院長及三慧講堂等多間東南佛教道場的住持。並以馬來西亞檳城為中心，大力推展太虛大師人間佛教思想在東南亞與世界各地的傳播與實踐。他經常被應邀回香港弘法，亦邀請香港高僧大德到馬來西亞弘法，積極推動馬來西亞佛教界與中國佛教界之間的友好交往。2002 年竺摩法師在檳城往生。

寶燈法師
香江僧寶　法海明燈

寶燈法師（1917－1997）是香港湛山寺開山祖師、天台宗教觀第45代傳人。法師於1974年加入香港佛教聯合會，歷任第20屆至第43屆董事會董事、名譽顧問等職，直至1997年往生。此外，法師還曾任香港佛教僧伽聯合會會長、香港能仁書院董事長、中華佛教圖書館董事長、湛山寺慈德安老院院長、佛教普賢書院校董會主席，以及釋慧文中學、釋慧遠中學和香港佛教英文中學等學校校監。寶燈法師少年出家，南參北學，精進向道，一生盡瘁佛教，興叢林，創佛校，度人難以數計，實乃佛門龍象，末法津梁，為眾生留下了千古不滅的典型。

● 早年出家　穎悟過人

寶燈法師原籍內蒙古豐鎮，生於1917年（民國六年）3月16日，俗姓張，名立信。法師少年習儒，循序漸進，及長感悟人生無常，生起求道之心。1940年，依山西大同龍泉寺妙悟老和尚剃染出家，法名智乘，號寶燈。同年赴北京拈花寺圓受具足戒。1943年，掛錫淨土宗著名道場北京紅螺山資福寺，修學淨土法門，深得念佛要旨。1944年入青島湛山寺佛學院，深入經藏、刻苦攻讀、精進不懈，依止倓虛老和尚學天台教觀，歷時五年，其間曾任湛山寺書記一職。

● 卓錫香江　難行能行

1949年春，內戰愈演愈烈，倓虛老和尚以佛法事大，欣然接受香港佛教聯合會邀請，以75歲高齡抵達香港，主持弘法精舍，並在精舍內設立華南學

1975 年 4 月 4 日，香港佛教聯合會假座佛教黃鳳翎中學啟建清明思親報恩法會，恭請寶燈法師（前排左一）、妙蓮法師（前排左二）和覺光法師（前排左三）等諸山長老主法。

佛院，成為香港首間培養僧才的學校。不久，寶燈法師和一眾學僧南下香江，進入華南學佛院受學。

華南學佛院創辦初期，舉步維艱，甚至面對經費短缺夭折的危機，學僧們決定舉行水陸法會籌款辦學，但苦於缺乏舉辦法會必需的各種法器、水陸畫。當時，寶燈法師作為華南學佛院首屆學僧之一，受命與永惺法師輪流管理院務。兩位法師無畏艱難時局，自告奮勇返回青島，歷盡艱辛，將青島湛山寺的法器運回香港。經數月籌備，蒙眾多熱心護法居士多方資助，每年啟建水陸法會一次，學佛院賴此才得以維持下來，為本港佛教弘法事業開創一代新風尚。

1952 年，寶燈法師從華南學佛院畢業後，一直隨侍在倓虛老和尚身邊，領眾熏修，更與同修蒐集出版諦閑大師和倓虛老和尚等高僧大德之佛學論著，使民國年間珍貴佛學研究資料，得以弘傳至今。

1956 年，寶燈法師於弘法精舍苦修般舟三昧，經行念佛不斷，歷時三月，不眠不休，深得倓虛老和尚器重，傳心付法，受記為天台宗第 45 世法脈傳人。法師承傳衣缽，紹衍天台，矢志重修天台精舍。他苦心擘劃，不辭勞瘁，舉凡挑水、鋪路、搬石、斬草，莫不親力親為，肩挑背負，見者莫不敬佩。耗時年餘，精舍終告落成。其後，法師移錫荃灣弘法精舍，主持寺務，接引眾生。

● 廣施法雨　普度群生

寶燈法師通宗明教，淹貫經論，舌粲蓮花，辯才無礙。1957 年，法師於中華佛教圖書館定期陞座講經，廣弘佛法，普施法雨，澤被眾生。

1963 年，倓虛老和尚圓寂後，寶燈法師發願修建道場，紀念恩師。1964 年，他一呼百應，得到何英傑、邵逸夫、安子介、田元灝等善長仁翁和廣大信眾捐助，購置新界西貢清水灣大澳門山地一幅，根據青島湛山寺的建構，闢地開山創建了香港湛山寺，承繼海印遺風。法師更於寺內擇地修築倓虛大師舍利塔，以報倓老法乳深恩。

1961 年，覺光、優曇、寶燈、洗塵等十位法師發起成立一個專為僧人而設之團體──香港佛教僧伽聯合會。1967 年，寶燈法師膺選為香港佛教僧伽聯合會副會長，致力推展弘法、慈善及教育事業，作育佛門人才。

1969 年，香港佛教僧伽聯合會鑒於本港人口劇增，高等教育學位奇缺，不能滿足有志青年獲得高深學術的求知慾望，以及社會人心之積廢，日趨嚴重，於是發起成立香港能仁書院。創院董事包括洗塵法師、覺光法師、寶燈法師、大光法師、優曇法師、黃國芳居士和黃允畋居士等，洗塵法師任首任校監，後由寶燈法師接任。

　　1971 年，寶燈法師有感於香港人口老化，許多老人晚景淒涼，乏人照顧，遂創辦湛山寺慈德安老院。寺內還建有居士清修院，收容社會上無依無靠之孤身老人來此居住生活，安享晚年。法師心懷宏願，慈悲濟世，廣結善緣，普度眾生，深受各方崇敬。

　　1987 年，法師以德望崇隆，服膺四眾，被同人公推為香港佛教僧伽聯合會會長，領導十方，將佛法與社會、文化、教育及慈善事業，融會開衍，培育無數社會英才。此外，定期舉辦短期出家法會，接引有志學佛人士，體驗出家修道生活。

● 廣造梵宇　續焰傳燈

　　寶燈法師不忍佛法凋零，發心丕振宗風，專志興復祖庭，着意建寺安僧。1992 年至 1997 年初，法師先後捐資支援內地 13 座寺廟重修，包括甘肅大象山的永明寺、崆峒山的法輪寺，河北的淨蓮寺，山西的華嚴寺、三聖寺、觀音寺、千佛寺，內蒙古的甘露寺，山東的法華寺等等。為培養僧才，寶燈法師又支持中國佛學院復辦經費，不遺餘力協助內地佛教復興，功德實屬無量。香港湛山寺與青島湛山寺法乳一脈，同宗同源。1991 年，寶燈法師返回青島湛山寺祖庭，代倓虛老和尚傳法予該寺方丈明哲大和尚，將台宗法乳反哺中原，以延續中國內地之教觀法脈。自此，天台宗湛山倓虛大師法脈，經四十餘年漫長歲月，重履內地，續焰傳燈，放諸四海，普化有情。

● 一期報盡　含笑西行

　　1997 年 3 月 16 日（農曆二月初八）上午，寶燈法師應邀出席太虛大師圓寂 50 週年紀念活動，神態自若，談笑風生，與覺光法師討論太虛大師豐功偉績。會議結束後，寶燈法師返回香港湛山寺。詎料世事無常，法師化緣已畢，於大

眾中安詳捨報，享世壽八十一歲，僧臘、戒臘各五十七年。當時覺光法師剛剛返回香港觀宗寺，突聞寶公西歸噩耗傳來，驚惜不已。法門遽失龍象，青年頓失導師，一時四眾慟哭，薄海同悲。

　　寶燈法師法體荼毗後，得五彩舍利數千粒，顆顆晶瑩剔透，五彩斑斕。正是：台教中興啟法筵，盡形事佛幾多年；一朝撒手人天隔，舍利光輝照大千。

1978 年 2 月 14 日，香港佛教聯合會舉行第 24 屆董事就職典禮。前排右起：了知法師、寶燈法師、永惺法師、洗塵法師、覺光法師、樂果法師。

1984年，香港佛教聯合會副會長黃允畋太平紳士（前排左六）獲英女王頒贈大英帝國官佐勳章（OBE）。香港佛教界同人設宴慶賀（前排左八為寶燈法師）。

寶燈法師圓寂後，門下四眾為追念大師之貢獻與德範，特於香港湛山寺山麓，以花崗石興建高達廿餘尺之寶燈大和尚舍利塔，宏偉莊嚴，以供景仰。

續明法師
續焰慧燈　明開智炬

續明法師（1918 － 1966）是當代著名佛教學者，少懷大志，遍參叢林耆宿，親炙慈舟大師、太虛大師、印順導師等高僧，面承法乳，受益良多。法師為人生性耿直，與世無爭，畢生以佛法、戒律為依歸，兼研中觀、唯識，對經、律、論三藏莫不通達，講經說法更是口若懸河，妙語如珠，聽者莫不受惠。法師弘化內地、港、台地區及南洋各地數十年，隨緣度眾，弘化大千，席不暇暖，為法忘軀，講筵不絕，法緣鼎盛。

續明法師法相（圖片提供：福嚴精舍）

● 童真入道　廣學各宗

　　續明法師原籍河北宛平縣（今北京市郊），俗家姓徐，生於 1918 年 9 月。法師幼年喪父，天資聰穎。1929 年 3 月，於宛平縣盧溝橋畔福生寺，依悟禪大師剃度出家，法名天慧，字續明。1937 年，於北平弘慈廣濟寺，依現明老和尚受具足戒。

　　法師求受具足戒後，初學法於廣濟寺弘慈佛學院，親炙律宗泰斗慈舟老法師。迨抗戰既起，法師為避鐵蹄，特與學友間關西行入川，進入設於重慶北碚縉雲寺的漢藏教理院深造，列近代佛教領袖太虛大師門牆。適時印順導師在院任教，法師從印順導師受學《性空學探源》，對小乘空義尋繹不倦，興趣盎然；

繼而學《印度之佛教》，始通達佛法之本源與流變。法師透過聽聞正法，深入經藏，學力大有進步，由此奠定三藏教理之基礎。

1944 年冬，在太虛大師的敦促下，法師遠赴西康研習藏文佛法一年餘。抗戰勝利後，法師發心追隨印順導師，駐錫杭州香山洞，協辦西湖佛教圖書館。

太虛大師在世之日，即有將一生著述結集成書之意。1947 年 3 月 17 日，大師遽爾示寂於滬濱，眾弟子深感茲事體大，亟待完成，乃公推印順導師主持編纂，積極進行。是年 5 月，法師隨印順導師駐錫浙江奉化雪竇寺，審編《太虛大師全書》。大師七百餘萬言之全書得以編成，法師之功誠不可沒。在雪竇寺期間，法師一方面校閱《太虛大師全書》，一方面聽法筆記。關節炎宿疾時而發作，印順導師勸其休息，法師總以「此心一振，猛力即生」自勉。

● 弘化港台　續佛慧命

1949 年春，印順導師於廈門南普陀寺創辦大覺講社，函召續明法師前往講學。法師教學有方，備受學子尊敬。奈何時局不靖，未幾內戰戰火蔓延至閩南，講社停辦。同年 6 月，法師偕同印順導師避難香江。抵港之初，住所不定，曾數易其址。後移住香港佛教聯合會設在灣仔道 117 號的會所，校對正在出版的《太虛大師全書》。

早在 1948 年 10 月，《太虛大師全書》第一編《佛法總學》四冊交由上海大法輪書局印行出版。至於其他各編未克印行，因而轉移至香港。香港佛教界大德發心次第付印流通，遂組織《太虛大師全書》出版委員會，公推陳靜濤居士為主任委員，兼統籌財務；優曇法師負責出納及交際；續明、演培兩法師則共負校對之責。

《太虛大師全書》計有四藏（經、制、論、雜）共 20 篇、分裝 64 冊，從全書開始編纂，在香港成立出版委員會，直到洋洋巨著於 1956 年功成問世，足足經歷十個年頭。當時佛教團體和信眾，每人均認購一套，誠為香港佛教一大盛事，亦堪稱本港佛教出版事業中影響最為深遠之偉業。

法師在港期間，除肩負太虛大師全書出版工作之外，亦經常為海內外各佛教雜誌撰寫鴻文。法師曾出版《佛教時論集》，評說佛教時弊，以無限熱情和廣大悲願，建議佛教應興應革事宜，可謂傳世不朽之作。在 1952 年至 1954 年間，法師曾擔任香港佛教聯合會第 6 屆理事會理事。

1953 年 6 月，法師應印順導師之召，離港赴台，主編《海潮音》雜誌，發揮文學般若，弘法佈教，建樹良多。後至新竹青草湖靈隱寺般若關房掩關，專究心地，多所啟悟。年餘之後，遷至福嚴精舍閉關，繼續其三年掩關的閱藏大願。

1958 年初，法師主持靈隱佛學院教務兼主講。法師受律宗大師慈舟老法師之影響，以律學軌範辦理佛教教育，取得顯著成效。前後兩屆畢業學僧，均為出類拔萃之傑出僧才。翌年，法師又奉印順導師之命，接任福嚴精舍住持，招收青年學僧修學，專以作育英才，續佛慧命為職志。

1961 年 3 月，法師改福嚴精舍為福嚴學舍。由於人手不足，法師一身兼任舍長、教務、訓導，以至監學，盡其心力於僧伽教育，教之導之率以身先，然身心亦交瘁矣。當時，福嚴學舍經費困難，法師身兼數職，每月只有 100 元的零用金，數年後加至 300 元。即便區區 300 元，法師亦常常拿來濟助貧病的同學。法師教學，不僅重視知識之灌輸，尤重學僧律儀之修養。福嚴學舍在法師帶領下，成為當時台灣佛教僧伽教育成就最為輝煌的學府之一。

1962 年 2 月，續明法師（前排左一）和印順導師（前排左二）等合影於福嚴精舍。（網上圖片）

● 圓寂印度　備極哀榮

　　1964 年初，法師辭去教職，卸任福嚴精舍住持。香港地區及東南亞佛教四眾，仰慕法師德學，紛紛恭請法師南下遊化。法師有感於內修外弘，有其同等重要性，乃於 1964 年 2 月，應邀出國弘法。法師原本是想藉出國遊化休養身心，並一償多年前往印度朝禮佛陀聖蹟的宿願，豈知出國更形忙碌。首途抵達香港後，法師立即安排連續三週的講座，為香港佛教四眾同人講《地藏菩薩本願經》全部。每夕開講，聽眾座無虛席，足證法師時時以「講師不死在講堂上誓不休」自許。法師不顧法體違和，又輾轉泰國、馬來西亞、新加坡和越南等地，巡迴講學參禮，相繼說法達兩年，所到之處，無不受到熱烈歡迎。法師本其為法之熱忱，度生之悲願，說法之次第，法筵開處，深入淺出，巧為譬喻，受惠者甚眾，聽眾嘆未曾有。

　　1966 年 4 月，法師參加由優曇法師率領的香港佛教僧伽代表團，任代表團秘書，原定前往錫蘭（今斯里蘭卡）首都科倫坡出席 5 月 8 日召開的世界佛

教僧伽會第一屆大會。法師途經印度時，心心念念佛陀聖蹟，專程前往朝禮，竟以當地持續高溫，加上舟車勞頓，突發心臟病，於 1966 年 4 月 26 日下午約 5 時 30 分，度世緣滿，安詳圓寂於印度加爾各答醫院，世壽四十八歲，僧臘三十八年。人天眼滅，法海舟沉。

印順導師得聞噩耗後，慟書輓聯：「相從念餘年，記全書助撰，殫力校正，更難裏贊育才，倚重真同左右手；睽隔數千里，正大會宏開，專誠朝聖，忽報安詳示寂，死生能激去來因。」台灣法鼓山創辦人聖嚴法師在《續明法師——法門龍象之逝》悼文中寫道：「續明法師的遽爾捨報於印度旅次，為我帶來很多的感觸……他給我的印象很深。首先是從文字中認識了他，覺得他的思想是『激進』型的，他有一段時期，對於佛教的時弊之指責，頗有大醒法師之風，他有一股熱愛佛教及熱愛國家的熱血。」

1966 年 5 月 10 日下午，香港佛教聯合會、香港佛教僧伽聯合會發起於港島跑馬地香海正覺蓮社隆重舉行追思續明法師大會，港九佛教四眾懷着悲愴心情，誦經迴向，同深惋悼。次日，法師靈骨由印度經香港護送返台，建塔安奉於法師生前曾住持五年之久的新竹福嚴精舍。

續明法師畢生以致力僧教育、培養僧青年為宏願，深入經藏，篤修淨行，待人以誠，態度謙恭，道德文章，俱臻上乘。法師弘法之餘，勤於著述，敍事析理，網目分明。生前發表的著作，有《學佛通論》、《戒學述要》、《瑜伽菩薩戒本講義》、《百法明門論述要》等書，及論文數十篇，後人輯為《續明法師遺著》，嘉惠教界，受到海內外讀者一致稱許。

哲人其萎，法將云亡。續明法師雖已往生彌勒兜率淨土，但其高尚之僧格，完整之品德，莊嚴之法相，溫雅之談吐，永存海內外佛教四眾心中。

吉峯法師
行菩提之悲願　度苦海之眾生

吉峯法師（1918－1983）宿植德本，早悟苦空，少小離塵，薙髮披緇，勤求正法，廣參名宿，行菩提之悲願，度苦海之眾生，數十年荷擔如來家業，弘傳如來正法，持戒念佛，寒暑不倦，以一身而繫佛教天台宗第 45 代法脈、臨濟正宗第 23 代法脈，孜孜於傳法心燈，續佛慧命，綜其一生，東北落髮受具，戒定慧三學齊修；香江弘法利生，信願行三資俱足，實乃緇門典範，堪為四眾師模。

吉峯法師法相

● 外憂內患　生出家之心

　　吉峯法師，河南省清豐縣人，1918 年生，俗姓李，名金健，父諱玉美，母任氏夫人。世業經商，家道小康，祖輩宿植善根，世代沐佛深恩。父母虔信佛法，淳樸忠厚，好善布施。法師幼讀私塾，兼習國術，聰穎好學，智慧過人。清豐縣地近黃河，土地瘠薄，加諸洪水為患，連年歉收，生民多遭災荒，以致流離失所。1934 年，法師辭別父母，隨同諸親友，背井離鄉，移居關外謀生。東北地大物博，人煙稀少，土產豐富，生活充裕，素有「魚米之鄉」之美譽。然而好景不長，佳境難再，日本侵略者侵佔東北，扶植滿清遜帝，建都長春，改稱「新京」。當時社會人心惶惶，日本侵略者視關內移民，不是奴役對象，就是反滿分子，更遑論謀求正職，安居樂業。面對國家積貧積弱、外侮內亂、社會動盪、公理不彰的現實，法師善根日漸成熟，深感世事無常，漸萌出家之

志。同年底，因緣成熟，逕投遼寧省柳河縣禮興寺，依止自亮老和尚座下，薙髮出家，法名昌祥，字吉峯，號晨光。法師時年16歲，可謂青年出塵，童真入道。

　　1922年，佛教天台宗大德倓虛大師應邀蒞臨長春開講《金剛般若波羅蜜經》，四眾踴躍歡喜，得未曾有。大師以無上智慧和無礙辯才得眾多護法居士的擁戴和皈依，講經畢即發起興建道場。1923年開始破土動工，數歷星霜，至1931年建成了三進式的大殿和後院的兩層藏經閣和法堂。就在建設基本竣工，尚未開光之時，九一八事變爆發，般若寺被迫遷址重建，於1932年重新動工，由澍培老和尚接替倓虛大師主持建寺工程。至1936年，山門、天王殿、大雄寶殿和藏經樓等殿堂相繼完工，寶殿聖像莊嚴具備，經樓禪堂金碧輝煌。同年，般若寺舉行開光典禮暨首度傳授千佛大戒，倓虛大師由青島趕來，擔任得戒和尚，戒子多達一千八百餘人，道場隆盛，可謂空前，傳戒大典更是極東北佛教界一時之盛。法師久慕倓虛大師為天台宗師，遂束裝就道，前往參禮，依大師座下稟受具足戒。

　　澍培老和尚於傳戒之後，在般若寺創辦了一所規模宏大、設備完整的佛學院，從新戒弟子中選出60名優秀青年，施以6個月的佛學講習，前後辦了6期，為東北佛教界培養了大批僧才，造就了無數龍象。法師成績優良，獲般若寺佛學院錄取為首期新生，依澍培老和尚、善果老法師和如性老法師廣研天台止觀、佛頂楞嚴、唯識法相、儒典文學等，頗有造詣。法師天資聰穎，敏而好學，記憶力強，期考結業，均皆名列前茅。

　　吉峯法師於般若寺佛學院深造三年，獲益良多，學力大進，畢業後留寺任職事。1942年，般若寺再度傳戒，請法師為書記兼知客。法師維護常住，任勞任怨，接待嘉賓，和藹可親。同年5月，法師前往瀋陽萬壽寺聽妙藏法師講《成實論》，又於慈恩寺依修緣老和尚學習淨土宗要，親嘗法味，盡得心傳。

　　1943 年，營口市楞嚴禪寺傳戒，法師受聘為書記兼衣缽，戒期圓滿後留在楞嚴禪寺任監學。法師教導有方，管理有術，使學僧修學皆獲進益，體德均滋增長。

　　1945 年，吉峯法師在遼寧海城一帶，千閭地區，講經說法，觀機逗教，攝化大眾，聞法者無不法喜充滿，得大利益，發心求受皈依者數以千計。

　　1947 年 3 月，般若寺第三度傳戒，請法師為戒壇引禮師。翌年，東北戰事緊張，硝煙四起，法師追隨定西老法師南下天津，再赴上海，輾轉江西、廣東等地，於韶關南華禪寺參謁六祖真身舍利，親近虛雲老和尚，接受禪機，恭聆棒喝。不久轉往廣州六榕寺、光孝寺等處，掛單掃塔。

● 移錫香江　走訪遠東各地

　　1949 年，吉峯法師移錫香江，掛單於荃灣東普陀講寺靜修。

　　1958 年，吉峯法師發心自立道場，別建宗庭，乃於荃灣三疊潭覓得一山明水秀之地，披荊斬棘，興工動土，開山塞澗，磨石奠基，胼手胝足，不計寒暑，慘淡經營一年有餘，規模始具，工程告竣，命名為「佛光淨舍」。淨舍設大殿三楹，供奉佛像，西側小樓一座，東邊瓦房數間。此外，功德堂、藏經室、坐禪堂等，一應皆備，樣樣俱全，冥陽兩利，僧俗同讚。庭院中則蒼松翠柏，花木蘢蔥，峰迴路轉，小橋相通，鳥語花香，心曠神怡，山色溪聲，妙樂天機，雖不是美輪美奐，足可稱小巧玲瓏，不能說蓬萊仙境，略可比世外桃源。1959 年 10 月，佛光淨舍落成開光，恭請定西老和尚主持說法。自此瞻禮者絡繹不絕，法緣鼎盛。1963 年，法師蒙倓虛大師於香港弘法精舍傳法授記，為天台宗第 45 代法嗣。

1980 年，吉峯法師偕旭朗法師同赴日本，觀光東瀛佛教，考察研究。1981 年，法師和永惺法師應星馬佛教界之請，前往南洋，弘教傳法，廣作佛事，大興教化，點化迷蒙。同年北歸河南故里，探親掃墓，慎終追遠，以盡孝思。又赴長春、瀋陽各地，參謁澍培老和尚，以報法乳之恩；探訪故舊，以盡友誼之情。

1983 年夏，吉峯法師率徒眾遠赴美國、加拿大，考察大乘佛教在西方社會之發展。法師一生行道，啟建道場，安僧度眾，德範化世，功行圓滿。

佛光淨舍乃吉峯法師創辦的念佛道場
（圖片提供：佛光淨舍教育中心）

● 世緣報謝　安詳圓寂

1983 年 12 月 2 日，法師因腦部中風，世緣報謝，於香港嘉諾撒醫院安詳圓寂，往生淨土，世壽六十有六，僧臘五十春，戒臘四十七夏，法臘二十秋。法師秉性耿直，清淡自守，慈悲仁愛，慷慨好義，教演天台，行歸淨土，弘法海內，德被四方。

吉峯法師圓寂後，法體隨即奉移香港殯儀館，由時任香港佛教聯合會會長覺光法師封棺說法，教界四眾共推永惺法師負責籌組治喪委員會，百日後茶毗，拾得靈骨舍利無數，於荃灣佛光淨舍北山擇地建塔，鑿石成龕，供奉人間，永垂紀念。

覺光法師
願將身心奉塵剎　是則名為報佛恩

覺光法師（1920－2014）為香港著名佛教領袖，曾擔任香港佛教聯合會第 1 屆至第 7 屆理事會總務主任、理事、常務理事；第 8 屆至第 12 屆董事會總務主任、董事；第 13 屆至第 60 屆董事會會長。

法師興辦香海正覺蓮社，擔任社長；興建香港觀宗寺，擔任法主和尚。法師推動香港佛教發展，對佛教界乃至整個社會作出重大貢獻；法師受到廣大佛弟子尊崇和敬仰，因其戒行莊嚴，魄力威望和善業建樹，獲得社會讚嘆，享譽國際佛教界。

1930 年覺光法師赴上海海潮寺出家

年青時的覺光法師（右）從圓瑛長老得法，名覺光。

覺光長老 1920 年生於遼寧海城，1928 年赴上海海潮寺出家，1930 年赴寧波天童寺受戒，從圓瑛長老得法名覺光，後赴觀宗寺深造。1939 年，赴香港親近寶靜大師，受天台宗教義，為天台宗第 46 代傳人。

● 原籍遼寧　結緣香江

覺光法師原籍遼寧，俗姓谷，幼具慧根，11 歲在浙江天童寺受比丘具足戒，之後到由天台教觀第 43 祖諦閑老法師所建的浙江寧波觀宗寺，進讀寺中設辦的戒律學院及研究學院，通過幾年的系統學習，覺光法師奠定了佛學、國學及社會科學的堅實基礎，培養了獨立講經的能力，邁出了其弘法利生事業的第一步。1939 年，諦閑老法師的法子寶靜法師在香港荃灣創辦弘法精舍佛學院，招收一批青年學僧到港深造，當中包括了剛修業期滿的覺光法師。

覺光法師在弘法精舍親炙寶靜大師，得寶公傳授天台教義。1940 年 12 月 27 日（農曆十一月廿九日），寶公示寂於上海玉佛寺，覺光法師則因日軍入侵而離港，曾一度往廣東韶關南華寺親近虛雲老和尚，後又避難桂林，逆境求道，不退初心。

1945 年 8 月，抗日戰爭，日本宣佈投降。覺光法師立即自廣西返港，住在寶靜大師生前留下的粉嶺靜廬（今香港觀宗寺前身）。同時，租用跑馬地黃泥涌道 7 號 2 樓，着手恢復寶靜大師所創辦的淨土道場——香海正覺蓮社，以弘揚大乘教義，傳播天台教觀為己任，舉辦文化、濟貧、放生、禮懺、講經、建設道場、團結信眾等利樂利生的弘法活動。同年，又與海仁法師、筏可法師、優曇法師、靄亭法師、茂峰法師、茂蕊法師、顯慈法師，以及陳靜濤居士、王學仁居士、林楞真居士等共同發起，創立香港佛教聯合會。從此，香港的佛教事業，揭開了新的篇章。

覺光法師年青時曾親炙寶靜大師教誨，盡得天台宗心傳。圖為覺光法師攝於佛教寶靜紀念堂前。

1948 年，佛門尊宿虛雲老和尚（中）來港弘法，蒞臨香海正覺蓮社訪問。

香海正覺蓮社成立後，即發起於每年歲暮舉辦冬賑派米，圖為堆積如山之白米，即將展開施派。

● 領導佛聯　緇素同欽

　　覺光法師從 1966 年起擔任香港佛教聯合會會長，眾望所歸，連選連任逾半個世紀。佛聯會在覺光法師籌劃下，以人間佛教思想為指導，以團結精神聯合四眾弟子，開展了各項服務社會的多元化慈善事業，以多種形式推動弘法工作：舉辦研討會、佛學講座、弘法展覽、清明法會；先後開辦學校、墳場、青少年中心、康樂營、安老院及老人中心，捐資希望工程助學建校，1970 年並落成了香港佛教醫院。此外，講經說法，開壇傳戒，以續佛慧命。

1945 年，覺光法師參與創辦香港佛教聯合會，並於 1967 年遷至駱克道會址。

香港佛教聯合會於 1970 年創建香港佛教醫院

七十年代颱風災難連
年。1972 年，香港佛
教聯合會啟建本港雨
災及海陸空罹難超度
法會。

　　數十年來，覺光法師以香港為弘法基地，傾注全力投入弘法利生事業，悲
願宏大，每事躬親，盡形事佛，永不言倦，深受社會各界的尊敬與愛戴。皈依
弟子數十萬，幾乎遍及全球。覺光法師德望崇隆，實乃當代稀有的一位高僧。

　　覺光法師不斷探索紹隆佛種、培育僧才之道。香港佛教僧伽學院的創辦，
既承載着佛教健康傳承的重要責任和使命，也體現了歷史的必然和時代的召
喚。香港佛教僧伽學院建成後，覺光法師被公推為首任院長。

　　在弘揚佛教文化方面，覺光法師早在 1960 年即聯合松泉法師、元果法師
發起創辦《香港佛教》月刊，至今出版了七百五十餘期，成為香港佛教歷史上
辦得最早、延續最長、影響最大的佛教月刊。

● 推展慈善救濟事業

　　覺光法師幾十年推展佛教事業，服務社會大眾，夙夜匪懈，從未間斷。覺
光法師不僅對香港佛教的發展作出卓越貢獻，多年來於弘法之餘，亦積極推動

慈善救濟事業，尤其在護耆安老方面傾注了大量心力。

　　覺光法師本着「不為個人求安樂，但願眾生得離苦」的精神，時刻以弘揚佛法、利益眾生為念。除了安老服務之外，覺光法師於五十年代百廢待興，民生艱難之期，就開始成立慈善組，開展贈醫施藥，救災濟貧、冬季賑困等慈善活動。在各個年代、不同區域發生天災人禍時，覺光法師總是不辭辛勞，竭力呼籲賑災救難。如南亞地區海嘯、緬甸風災、四川地震發生時，號召全港佛教徒及愛心人士發揚佛陀慈悲精神和人道主義精神，慷慨解囊，救濟災民，並舉辦罹難者超度法會，希望生者得救，亡者以安。

　　覺光法師宏願廣傳，自強不息。他始終堅信：凡是有益於老人的一定有利於社會。目前，香港佛教聯合會和香海正覺蓮社轄下辦有十餘間安老院、護理院及社區老人中心為院友提供專業的醫療保健，護養社工及日常生活照顧等全面服務，令長者得以安享晚年。

1995 年與信眾及孩子攝於七秩晉六榮壽

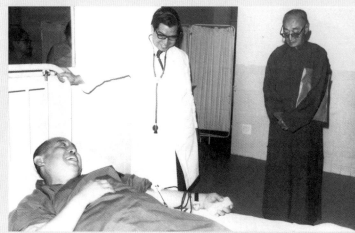

覺光法師（左）於六十年代往
紅十字會捐血

覺光法師（中）早年與巨贊
法師結佛緣。圖為 1982 年
10 月 20 日，中國佛教協會
副會長巨贊法師率代表團應
邀訪問香港。

覺光法師（中）首次當選佛聯
會會長

● 創辦佛教學校

古德云：「人能弘道，非道弘人。」覺光法師矢志續佛慧命、弘法佈教、作育英才、續焰慧燈。數十年來，在覺光法師擘劃下，佛聯會和香海正覺蓮社創辦了中小幼學校數十間，均以規模宏大，設備完善著稱。佛教學校一貫推行德、智、體、群、美、靈六育並重的教學宗旨，貫徹佛教圓融無礙的智慧理念和平等博濟的慈悲精神，以及以人為本的實踐準則，啟發在學青少年之智慧，陶冶其性情，使其具備健全人格及人生觀，更希望學生在佛陀精神感召下，以佛教三寶為依止，弘揚佛法，服務社會。覺光法師曾開示佛化教育的目的是：淨化人心，泯除邪惡，使年青一輩，從少年開始學佛。在自利方面，是摒除煩惱，潛心學習，達到啟發智慧，轉迷成覺。利他方面，是愛護生靈及敬奉三寶，度己度人，饒益眾生。

● 參與香港回歸

香港回歸祖國前後，覺光法師始終秉持「興教願問政，問政不參政」的宗旨，團結和帶領香港佛教界人士，積極為香港的平穩過渡與順利回歸出謀獻策，處處顯現出超然的智慧，為保持香港的繁榮穩定，發揮了重要作用。覺光法師在1984年獲邀參加中英聯合聲明簽署儀式；翌年赴北京出席香港基本法起草委員會會議；1992年覺光法師赴京接受香港事務顧問聘書；1995年覺光法師出任特區籌委；1997年6月30日在會展中心出席香港回歸祖國大典。他堅信回歸後香港宗教有充份自由，亦多次公開呼籲佛教徒應該明確自己的責任，在回歸後積極參與淨化社會的工作。

香港回歸前，覺光法師先後被政府委聘為基本法起草委員及港事顧問。

● 促進宗教交流

覺光法師愛國愛港，始終不渝；為教為人，言必行果。數十年來發揚佛陀在人間的精神，致力於加強香港與內地佛教界的聯繫，致力於世界各國佛教之間的溝通與協作，為推動社會和諧與世界和平而不懈努力。覺光法師不僅重視本港佛教弘揚和發展，同時十分關注並積極參與世界佛教的整體發展而貢獻智慧，為推動社會和諧與世界和平而不懈努力。

覺光法師的另一個重要貢獻，就是聯合香港六大宗教，使包括佛教、天主教、孔教、伊斯蘭教、基督教和道教這六個宗教能走在一起，增加不同信仰的教友、善信對各宗教的教義、始創、演變及其文化背景等的了解。六宗教領袖座談會成立以來，六宗教同人相互尊重、互相欣賞，教派雖異，義理則一，均屬以利世益人為目的。

● 實現佛誕公假

覺光法師早於上世紀六十年代港英當局統治香港時期就已積極倡導佛誕節成為香港的公眾假期，多年來他帶領弟子多次發動群眾簽名，團結各界支持，向有關當局爭取佛誕假期，可是一直被擱置。1996 年覺光法師聯合四眾之願力，收集了全港八十多萬佛教徒和市民的簽名，鄭重向當局提出請求將佛誕列為公眾假期。苦心人，天不負，宏願畢竟得圓滿。1997 年 7 月 1 日香港回歸後，經過覺光法師長期為佛教的尊嚴和四眾權益，四出奔走，多番游説。特區政府終於於 1999 年正式立法明定每年四月初八佛誕為公眾假期。法師領導佛教界，成功把佛誕列為公眾假期，見證了他的耐性與堅持：「目的純正，應剛則剛，應柔則柔，應強則強，很有分寸。」

● 迎請佛舍利來港

　　1999 年 5 月，香港開埠以來第一個佛誕公眾假日正式實施。這是佛聯會
數十年聯合全港佛教徒和爭取社會各界努力支持的結果，香港近百萬佛教徒從
此有了真正的佛誕假日。為慶祝這個具有里程碑式的神聖日子，香港佛教界成
功向中央政府申請批准北京西山八大處靈光寺佛牙舍利迎請來港供奉。5 月 21
日至 29 日，前後共 10 天有近三十萬人前往瞻禮，影響深遠，轟動寰宇。

覺光法師多年來努力爭取將佛誕列為法定公眾假期

1999 年佛牙舍利瞻
禮大會開幕典禮，
左起：時任國家宗
教局局長葉小文先
生、董建華先生、
覺光法師、時任中
國佛教協會會長趙
樸初居士。

　　2004 年，香港社會面臨多事之秋，加之去年沙士肆虐，市民中瀰漫着一種悲觀焦躁的情緒。值此人心惶恐不安之際，香港佛教界同人仰仗覺光法師的聲望和指導，經過社會各界的共同努力，於當年佛誕期間，成功迎請陝西扶風法門寺佛指舍利來港供奉。前後 10 天，近百萬名香港市民及海內外信眾誠心瞻禮，盛況空前，令港人同沐佛恩，同沾法益，同享安樂。佛指舍利的圓滿供奉，在那段特殊的時期裏，真正起到了以佛安心、以法療心的殊勝作用。

2003 年，全城灑淨抗SARS，淨化人心。

2008 年 5 月 21 日，香港佛教聯合會為四川汶川地震啟建護國息災冥陽兩利祈福法會。

2012 年佛誕期間，香港多喜臨門：佛誕公眾假期 13 週年、第三屆世界佛教論壇、佛頂骨舍利瞻禮祈福大會。國寶級聖物佛頂骨舍利於 2013 年 4 月 25 日至 30 日首次出境赴港供奉。「佛牙、佛指、佛頂舍利對於國家來說是至上國寶，對於佛教來說是無上聖物，我們雖未能生在佛在世時，但兩千多年後還能親睹佛陀舍利，見舍利即如見佛。」說起這些，覺光法師歡喜心溢於言表。

● 功在佛教　名垂青史

覺光法師駐錫香江七十餘年，放眼全球，廣結十方善緣，社會資源，帶領佛教四眾同人致力於佛教弘法及文化建設，興辦佛教教育，拓展佛教安老善業，推行佛教醫療福利，開闢佛教墳場喪葬服務、廣作佛教慈善救助等善業，建樹頗豐，厥功甚偉。

2007 年及 2013 年，覺光法師先後榮獲香港特別行政區政府頒發金紫荊星章（GBS）和大紫荊勳章（GBM），以表彰他長期以來積極參與公益事業，為香港社會所作出的重大貢獻。其中 2013 年頒授大紫荊勳章時，特區政府嘉許語稱：「釋覺光長老長期熱心服務社會，表現卓越，尤其致力帶領香港佛教聯合會弘揚佛教，以及推動社會慈善服務，貢獻良多。作為香港一個主要佛教組職的會長，釋覺光長老領導香港佛教聯合會提供多元化的社會服務，包括醫療、教育、幼兒及安老服務等。該會與其他地區之佛教團體及國際機構保持緊密聯繫及交流，就提升香港在海內外佛教界的地位方面，貢獻良多，殊堪表揚，現獲頒授大紫荊勳章。」

法師於 2014 年 11 月 16 日（歲次甲午閏九月廿四日）清晨 4 時 51 分住世緣盡，安詳捨報示寂，世壽九十五歲，僧臘八十三載，戒臘八十三夏，法臘七十六秋。

2013 年，覺光法師（右）榮膺香港特區政府頒授大紫荊勳章。

覺光法師以弘法為己任，悲深願切。

大光法師
悲深願大　德厚流光

大光法師（1920 － 1997）原籍山東省泰安縣，生於 1920 年 12 月 13 日（農曆庚申年十一月初四），俗姓汪，名炳寅。因其出生時屋內放光，故別號大光。法師 6 歲時於泰安太清寺禮心廣和尚出家，法名源澄，字清峰，15 歲於濟南玉露護國禪院恆齋長老座下求授三壇大戒，24 歲畢業於北京中國佛教學院，25 歲任青島湛山寺內堂知客，親近天台宗第 44 代祖師倓虛老法師。

大光法師法相

● 南下香江　惠澤社區

1949 年，大光法師受倓虛老法師之命南下香港，協助老法師於荃灣弘法精舍創立華南學佛院，兼學兼教，教學並進。1950 年，法師主持華南學佛院印經處編校事務，同年孤身踏入調景嶺難民區，創建南普陀寺，為區內民眾提供信仰禮拜的道場，並創辦觀音義學，以教育難民子弟。1963 年，法師又在調景嶺創辦觀音中學及兒童教養院，從事教育及賑濟工作十餘載，嘉惠一方，充份展現了法師大慈悲的願行和大無畏的精神，若非乘願再來的大菩薩，又怎能完成如此艱鉅的工作。

　　大光法師活躍於香港佛教界數十年，熱心推動本地善業及佛教發展，堪稱戰後復興香港佛教事業的功臣之一。早在 1950 年，法師就開始參與香港佛教聯合會會務工作，歷任第 6 屆至第 8 屆理事會理事、第 9 屆至第 42 屆董事會董事、常務董事、總務主任、秘書長、香港佛教聯合會佛教學校校監及校董等諸多要職。1963 年，法師與優曇法師等教界大德共同創辦香港佛教僧伽聯合會，並出任該會第 2 屆副會長。1964 年，法師又發起創建千華蓮社。

　　上世紀六十年代，香港人口激增，醫療設施嚴重不足，香港佛教聯合會計劃興建一所佛教醫院，服務廣大市民。時任香港佛教聯合會秘書長的大光法師，肩負起統籌及執行董事會決議的工作。由覓地、圖則規劃、籌募、興建到開幕，法師無不全身心投入，常常親身到地盤監督及巡視興建工程。

　　在香港佛教聯合會的領導下，香港佛教界在上世紀六十年代間啟建了一系列前所未有的法會，包括 1960 年為跑馬地賽馬意外死亡者超薦法會；1963 年在花園道差餉物業估價署內超薦亡靈，同年為解除旱災在跑馬地舉行祈雨法會；1967 年為祈禱世界和平舉行息災法會；1974 年應運輸署請求在該署舉行超薦法會等。這些法事，尤其是在政府公署舉行的兩場法事，在當時佛教並未受社會所重視的背景下，堪稱開社會風氣之舉。大光法師在這些既能弘揚佛法，提升佛教在社會上的聲望，又能利樂眾生的活動上積極擔負起聯絡、籌劃等工作，並在佛事中擔任維那、悅眾等，為法忘軀，貢獻卓著。

　　上世紀六十年代末，有一位善信發心捐出一生大部份積蓄，大光法師不假思索便安排將善款全數捐予香港佛教聯合會。這筆善款原本是要建一所小學，但因捐款人遺產問題久拖不決，到問題解決時，該款僅足夠建一所幼稚園，這便是佛教金麗幼稚園（為紀念捐款人鄭金麗女士而命名）。

1957 年 3 月 17 日，位於荃灣芙蓉山的太虛大師舍利塔竣工，大光法師（前排左三）陪同恩師倓虛老法師（前排左四）出席典禮。

1971 年 3 月 12 日，香港總督戴麟趾爵士（右二）應邀主持香港佛教醫院開幕典禮，大光法師（左二）陪同嘉賓參觀。

● 遠赴海外　弘揚佛法

　　香港佛教聯合會積極與世界各國宗教界進行友好交往和宗教文化交流。舉凡接待佛教及不同宗教人士、外國訪問團、政要、學術人物等活動中，或是率團到海外參訪，大光法師都作為香港佛教聯合會代表團主要成員之一。1977年，香港佛教聯合會與韓國佛教信徒會結盟，大光法師擔任秘書長。法師思想開明，能接受不同見解和宗教。據弟子廣琳法師憶述，大光法師早在香港六宗教領袖座談會成立之前，便曾應邀為天主教神父和修女講解香港佛教的情況；又應邀與天主教徐誠斌神父共同主禮一對新人的婚禮。廣琳法師形容師父是佛

教人士到監獄探訪和弘法的先驅者，他並應邀加入電檢處，為社會推出的資訊媒體守門把關。大光法師經常作為佛教代表致辭，他個性爽朗隨和，快人快語，演講時聲音洪亮，妙語解頤，莊嚴中不失風趣，往往給聽眾留下深刻印象。

大光法師駐錫香江數十年，度眾利生，席不暇暖，更多次應邀遠赴海外弘法，足跡遍及美國、加拿大、新加坡、馬來西亞、印尼、台灣、越南、日本、韓國、印度等國家及地區，隨機說法，廣結善緣。法師早於上世紀六十年代將佛教帶入回教國家馬來西亞沙巴州，帶領當地信眾創立山打根佛教會及普濟寺，歷任導師及永遠名譽住持等。現今東馬佛教興隆，大光法師居功甚偉。

大光法師學養廣博，通達佛法，兼能說能寫，平易近人，扶掖後學不遺餘力，並常以「弘法為家務，利生為事業」的修行宗旨勉勵徒眾。法師年青時好行腳，獨自參訪國內名山大川，觀機說法，不拘形式，晚年致力於「看破、放下、自在」的行持，瀟灑隨緣遊化。

1979 年 12 月，星雲法師（前右）率領台灣佛光山朝聖團訪港，大光法師（前左）、覺光法師（前中）和星雲法師相談甚歡。

法師外出時，總是手持錫杖，披搭袈裟，威儀俱足。前排左起：智開法師、元果法師、大光法師和覺光法師。

齒德俱尊　永留典範

大光法師率直敢言，從不以佛法做人情。當香港社會在上世紀七八十年代爭議是否應廢除死刑時，有報章記者訪問法師，問其看法，法師毫不諱言「殺人者死」。法師此番見地是要使人明白到佛法上因果要自己承擔的道理，當時語驚四座，在香港社會引起廣泛迴響。

大光法師擔任香港佛教聯合會總務主任一職時，香港佛教聯合會的規模尚在創立階段，職員人手不足。由添置佛像法器到採購紙張等，事無鉅細，都由法師一手包辦，親力親為。自六十年代起，香港佛教聯合會每年都舉辦清明法會，大光法師以獨到的眼光，建議在法會期間增設「金榜題名」攤位，並負責其事。該攤位一方面為法會增添熱鬧氣氛，讓施主得到心安祝福，另一方面，又為香港佛教聯合會籌募善款開闢源頭，可謂一舉兩得。

大光法師身形高大，聲如洪鐘，性格爽直，富正義感，具長者風範。法師生前說法無數，多次為香港佛教聯合會主持大型佛學講座，及應邀到政府單位主持開光說法。圓寂前半年，法師仍愍念眾生，為使大眾消除業障，修行無礙，拖着虛弱的身體前往香港佛教聯合會文化中心公開傳授準提咒修法，參加者座無虛席，這是法師最後一次公開弘法，亦是最後一次參加香港佛教聯合會舉辦的弘法活動。

1997 年 2 月 28 日（農曆丁丑年正月二十二日），傳天台宗第 45 代傳人大光法師度生法業圓滿，於香港瑪麗醫院安詳示寂，享世壽七十七歲，僧臘七十一秋，戒臘六十二夏，法臘四十載。

大光法師生前曾為其恩師倓虛老法師編寫《影塵回憶錄》、《念佛論》等，此外還有《絲陶瓷路與佛教》、《藏傳佛教與活佛轉世》等著作流通於世。大光法師圓寂後，其高足廣琳法師感懷師恩，組織編撰《大光老和尚圓寂週年紀念集》共五冊，內容包括老和尚的弘法事蹟、文章和圖片等等，藉以緬懷恩師二三事，永留典範在人間。

松泉法師
毅似青松　慧如湧泉

● 齠年披剃　宿具慧根

　　松泉法師（1920 － 2002）原籍江蘇海安縣西場鎮仲莊村，俗姓仲，乃孔子得意門生仲由（字子路）後裔。法師自幼深植善緣，事親至孝，15 歲時，因悟世事無常，唯佛法是度，遂投海安縣角斜鎮東嶽禪院，禮果清和尚披剃出家，法號常蠻，字松泉。隨後赴無錫南禪寺受具足戒，並參學於江南一帶各大叢林，後又赴南京棲霞古寺律學院進修，親近若舜老和尚，自此德學日進。

松泉法師法相

● 南下香江　法雨繽紛

　　1941 年，松泉法師追隨若舜老和尚遊化來港，初居荃灣鹿野苑，助理苑務，後因內地戰火烽起，交通隔絕，不久山河易幟，法師唯有留居香江，暫住避難於慈航淨院，此乃時節因緣也。

　　1945 年，弘法機緣成熟，陳寬囪居士發起，太虛大師題字，於跑馬地創辦出岫軒，由陳寬囪居士慈母陳李寬彥居士主辦，禮請松泉法師擔任住持兼佛學導師，其後租黃泥涌道 25 號 3 樓，作為弘法之所。1952 年，由太虛大師入室弟子竺摩法師在澳門創辦的《無盡燈》雜誌遷移至港，發行部就設在出岫軒，

松泉法師任發行人。1958年，法師以淨資購得銅鑼灣百德新街新址，並改出岫軒為法雨精舍，佛法弘化更為鼎盛。

法雨精舍坐落於港島銅鑼灣的鬧市中心，雖說是鬧區，但所處位置卻頗清靜，而且交通方便，具備種種在都市弘法的條件。數十年間，松泉法師不但躬行清修，在弘道方面亦堅持不懈。依仗法雨精舍位於市中鬧區的特點，法師堅持定期開辦基礎佛學及專題講座、念佛晚會等，禮請教內大德演經說法，為佛教培養了不少弘法人才。其中，曾請印順導師等演講佛學，竺摩法師宣講《維摩詰經》；增秀和尚講《大佛頂首楞嚴經》；定西法師講《勸發菩提心文》；演培法師講《妙慧童女經》；超塵法師講《佛說盂蘭盆經》；聖一法師講《地藏菩薩本願經》……法雨精舍當年每月定期舉辦放生活動，可說是開教內護生功德的先河。

1968年，佛教大雄中學校舍奠基典禮上，時任港英當局教育司憲簡乃傑（William David Gregg）（左二）與松泉法師（右一）握手致意。

1966年，松泉法師與覺光、優曇、寶燈、永惺、元果和洗塵等法師，發起成立香港佛教僧伽聯合會，團結香港僧侶，成為繼香港佛教聯合會之外，香港佛教界又一重要組織。香港佛教僧伽聯合會先後

1992年5月15日，香港佛教聯合會代表團拜會中國佛教協會，圖為松泉法師（右）與時任中國佛教協會會長趙樸初居士（左）合影留念。

在香港創辦多間中學，而首間佛教界主辦的大專能仁學院亦由其開辦及運作。法師亦為香港佛教聯合會第 9 屆至第 18 屆董事會董事。

● 悲智雙運　流通書經

松泉法師法輪大轉，弘法創意亦與時俱進，而且注重以印經及文字宣揚教化。早在 1960 年，松泉法師就聯合覺光法師、元果法師等，以法雨精舍為基地，每人捐助 10 萬元港幣，共 30 萬元作開辦經費，發起創辦《香港佛教》月刊，成為香港佛教歷史上辦得最早、影響最大的佛教月刊。松泉法師長期擔任《香港佛教》發行人一職，深得各界護持，一紙風行，六十多年來從未間斷，以文字般若宣揚妙法，被譽為東方之珠醒世寶筏。1997 年始，《香港佛教》成為香港佛教聯合會轄下的弘法刊物之一。

1982 年 7 月，法師又以法雨精舍為基礎，開辦香港佛學書局，以布施佛法、流通法寶為使命，尤以經典印製之精美，為教內所稱頌。佛學書局內常備各類經書、法器及僧眾必備之物以廣結佛緣。時至今日，書局已提供近萬種佛書供社會各界人士請讀。

● 弘展海外　化及英倫

上世紀九十年代初，松泉法師弘化法務已遠屆海外。1992 年，法師應英國信眾之請，赴英弘法遊化。法師當時雖已年逾古稀，尚為教化眾生而奔波海外，慈悲之情，可足證之。

1994 年 9 月，法師發廣大心，秉佛陀之慈願，施法雨以濟世，乃於英國伯明翰購地興建法雨禪寺，弘揚佛法，接引眾生，廣作有相佛事，成就無量功德。

法雨禪寺為英倫三島上第一間中華佛教寺院。法雨禪寺的創建，既滿足了當地華人善信多年之祈求，亦啟發了英國本土乃至歐陸各國有緣人士的向佛之心，又為雲遊國外的華僧提供了一個難得的掛單之所，確實功德無量。2000年2月，《法雨之友》季刊正式發行，為善信提供佛學常識及法會活動消息等，使佛法在英國更為受人信奉。

● 覺行圓滿　一代高僧

松泉法師桑梓情深，雖然身居香港，始終心繫祖國，懷念家鄉。在上世紀九十年代中期，當法師聽說家鄉正在進行教育佈局，撤併了一批學校，以致家鄉學子求學路途遙遠，不堪奔波之苦，法師毅然慷慨解囊，拿出其多年積蓄港幣150萬元，在家鄉海安縣西場鎮仲莊村捐資興建延壽小學。為彰其功德，學校以松泉法師先考「延壽」命名，校內還建有松泉法師紀念碑。學校的建成，既方便了家鄉學子，也成全了法師多年的心願。

2002年3月22日，松泉老法師覺行圓滿，於江蘇省如東市捨報圓寂，僧臘六十七夏，戒臘六十二秋，住世八十三載。法師一生盡形壽身命，為教勤勞，攝化世人，度眾無量。其法系徒眾，秉承先師遺志，致力光大道場，丕振宗風。

2002年4月11日下午，香港佛教聯合會同人暨全港各大道場四眾，假香港東蓮覺苑舉行松泉長老追思讚頌法會，教界同人對這位戒行精深，德望崇高的耆宿大德，同致景仰和惜別。

洗塵法師
放下身心是洗塵　妙法無邊大智燈

洗塵法師（1920 － 1993）曾任香港佛教聯合會第 9 屆至第 32 屆董事會董事、常務董事等職。法師生平以續佛慧命、弘法育才為己任，座下得度弟子不計其數，尤以推動僧侶教育及社會教育，更是不遺餘力，堪稱緇門法將，毗盧傳人。

洗塵法師法相

● 幼入法門　聰慧過人

　　洗塵法師生於民國九年（1920 年），歲次庚申三月二十五日，俗家姓宋，遼寧復縣人，祖籍山東黃縣，上代移民東北，落籍遼寧。祖業農，父為儒士，五代同堂大家庭，兄弟姊妹八人，法師是最小的一個。洗塵法師自幼聰慧過人，以跳班的方式，僅用三年時間就完成了六年的小學教育，且歷次考試總是名列前茅。惟幼年多病，群醫束手。經父母在佛前許願病癒後送他出家為僧，竟不藥而癒。後因父母難於割捨而未還願，數年之後，舊病復發，一度危殆。父母乃再度許願，病又痊。如此反覆十餘次，父母堅信因緣難違，於是在法師 11 歲時，將他送到縣內的潮海寺，依照同老和尚出家，法號思賓，號洗塵。

出家後，洗塵法師對於早晚功課及佛事唱念無不洞悉，不久即擢升維那職事。為進一步深造，法師於 1936 年考入東北瀋陽萬壽寺附設佛學院精研三藏。三年後，從佛學院畢業，各寺爭聘，兼任復縣龍鳳寺、潮海寺、清泉寺三大寺院的總住持。法師身肩重任，初露鋒芒，統理四眾，圓融無礙，對於教育及社會福利等事業，無不竭力推行，其卓越才能，為僧俗所敬服。1942 年，哈爾濱極樂寺住持定西老和尚在長春般若寺傳戒，因緣成熟，洗塵法師前往長春，在般若寺受三壇大戒，同期受戒僧人有永惺法師。這時倓虛老和尚已在青島創建湛山寺，所舉辦的湛山佛學院遠近聞名。洗塵法師遂於抗戰勝利後南下，考入青島湛山佛學院深造，親近倓虛老和尚。

● 移錫香江　演教弘宗

不久，時局不靖，內戰復起，湛山佛學院師生紛紛南下。洗塵法師於 1948 年經上海、廣州抵達香港。抵港之初，掛錫於荃灣東普陀講寺，潛修密行，歷盡艱辛。1950 年，法師有感於港島中區缺少禮佛道場，新界僧眾赴港島辦事或就醫時，沒有落腳之處，食宿均感不便，遂聯合同參金山法師，在中環樓梯台創辦妙法精舍，演天台教，修淨土行，結夏安居，留單接眾，為僧侶解決困難。同時，舉辦念佛共修，開設佛學講座，法緣頗盛，聲譽日隆，聞

1967 年 6 月 23 日，香港佛教聯合會同人應邀參加港府舉行的遊園會，圖為時任佛聯會常務董事洗塵法師（左二）和時任港督戴麟趾爵士（右二）互致問候。

1970 年 9 月 10 日，覺光法師（右）、洗塵法師（中）和泰國普淨法王（左）一起出席香港佛教醫院門診部啟用典禮。

風來問道者，與日俱增，以至人滿為患，精舍場地不敷應用，洗塵法師和金山法師便發起到新界找一塊更大的地方接待更多信眾。說來奇妙，據聞兩位法師當時走到屯門藍地張苑（妙法寺現址），竟出現晴天打雷的現象，二師深覺因緣殊勝，便於 1960 年購下張苑，改建成佛堂，命名妙法寺，不分宗派接引十方善信。寺內設安養院一所，收容年老無依無靠信女，念佛養老。經過洗塵法師等多年的悉心擘劃，慘澹經營，妙法寺成為香港佛教名剎，十方信眾摩肩接踵，絡繹不絕。在辦安養院前，洗塵法師與香港諸大德，共同發起籌辦香港佛教醫院，這不僅是香港佛教一件大事，亦是整個佛教界一件大事。

● 興教辦學　四眾尊崇

　　洗塵法師創立妙法寺後，把眼光投向長遠的教育事業。1961 年，該寺落成之初，得內明書院敏智法師之支持，將內明書院從大嶼山東涌遷至妙法寺承

辦，仍由敏智法師擔任院長，洗塵法師任董事長。雖然只辦了兩期，但亦培育了不少僧才，如淨真法師（曾任香港佛教僧伽聯合會副會長、香港菩提學會副會長、香港佛教聯合會名譽顧問等職）、智海法師（後任美洲佛教會理事、舊金山佛山寺般若講堂住持）和暢懷法師（後任佛教青年協會導師兼永久董事）等，均曾在此就讀。其後內明書院轉型為中學模式，於 1993 年遷往元朗天水圍，命名為「妙法寺陳呂重德紀念中學」（現名圓玄學院妙法寺內明陳呂重德紀念中學）。

1968 年 1 月，香港佛教界同人鑒於本港人口劇增，高等教育學位奇缺，不能滿足有志青年獲得高深學術的求知慾望，以及社會人心頹廢日趨嚴重，於是籌劃興辦香港佛教書院，由香港佛教僧伽聯合會主辦，洗塵法師親自主持其事。1969 年 4 月，香港佛教僧伽聯合會聘請港府前任助理教育司黃國芳先生為香港佛教書院名譽院長，洗塵法師為校監兼總務長，覺光法師為院長。

1969 年 9 月，香港佛教書院租用九龍福華街 39 號居禮英文書院作為校舍正式開課，並得香港政府註冊為專上學院。1971 年，在荔枝角道購得三幢舊樓，拆除後，興建七層大廈，並將香港佛教書院改名為香港能仁書院，遷入新校舍。2014 年 4 月，香港特別行政區政府批准香港能仁書院升格為香港能仁專上學院，正式成為一所可頒授四年全日制學士學位的高等院校。

1973 年，洗塵法師發現當時新界的女生讀書機會不多，認為要做好家庭教育，應該先從母親的教育開始，於是發心於妙法寺旁創辦內明英文中學，亦即現今妙法寺劉金龍中學的前身，這是當年少有的佛教女子文法中學，其後才陸續有其他佛教學校的出現，由此可見當年洗塵法師的高瞻遠矚，以及法師對本港教育界的貢獻。

● 推陳出新　丕振宗風

1966 年，香港佛教僧伽聯合會推舉洗塵法師為第二任會長。法師認為，要改變當時出家人普遍不受社會尊重這種習氣，就得讓大眾了解和體驗出家人的生活，便想到以夏令營形式，邀請大眾到寺院小住數日。1971 年夏，法師倡導由香港佛教僧伽聯合會主辦一年一度短期出家，開創中國佛教短期出家之弘法先河。當時參加者眾，每屆約有二百多人，到八十年代更增至四百多人，這種短期出家猶如培訓，藉體會方外的生活與心境，淨化自己的身心。這種做法對於以「剃度為一世的事」的傳統思想而言，實屬「新奇」，也由此贏得一些開明法師的讚嘆。如今內地、香港、台灣等地區短期出家已趨流行，令無數在家信眾亦能親身體驗剃度出家的清淨生活，對佛教弘化影響至為深遠，洗塵法師的功德誠屬不可思議。

1972 年 4 月，洗塵法師創辦佛教高水準刊物《內明》雜誌，由敏智老和尚出任社長，洗塵法師為創辦人兼督印人。這份刊物內容充實，印刷精美，為世界各地佛教人士所稱道。1978 年，紐約成立世界佛教中心，洗塵法師是創辦人之一，並被推為秘書長。1980 年 5 月，洗塵法師親手創辦的妙法寺萬佛寶殿落成開光，設供千僧大齋及開光法會，當時是一件轟動佛教界的事，佛教四眾盈門，極一時之盛。

● 示疾苦空　捨報歸真

1982 年，洗塵法師以多年為法忘軀，積勞成疾，四大開始失調，在妙法寺養病。為免病情惡化，遵照醫師囑咐，謝絕一切無謂之探訪，得以禁足靜修。在病中，他以三願訓示弟子：一者為昌隆佛教，要興建大道場；二者為續佛慧命，要興辦僧侶教育，兼及社會教育；三者為發揚佛教慈悲精神，要廣設社會福利機構，發揮佛教淨化社會、改善人心之效用。他又常以「煩惱以忍辱為菩提，

是非以不辯為解脫」的叢林要則警策門人，務求不失釋家本色。

1993 年 5 月，洗塵法師病情加劇，延至 5 月 24 日（夏曆四月初四）安詳捨報，享壽七十四歲，僧臘六十三春，戒臘五十一夏。6 月 5 日移靈世界殯儀館誦經迴向，6 月 10 日上午舉行公祭，恭請時任香港佛教聯合會會長覺光法師主持圓寂封棺說法，時任香港佛教僧伽聯合會會長寶燈法師主持靈柩舉火說法。法師曾任香港佛教僧伽聯合會會長、香港佛教聯合會常務董事、世界佛教僧伽會理事、世界佛教華僧會董事、東林念佛堂董事、香港能仁書院創辦人兼校監、內明書院（妙法寺陳呂重德紀念中學前身）創辦人兼校監、香港妙法寺有限公司董事長、妙法寺劉金龍中學創辦人兼校監，以及香港佛教聯合會多間學校校董等職，職事繁重，成就斐然，各方共仰。

1983 年 4 月，香港佛教僧伽會暨妙法寺同人歡迎世界佛教僧伽會高僧蒞港弘法，洗塵法師（右二）致歡迎辭。

達道法師

達本登上壽　道高度群生

達道法師（1921－2013）自幼生長於佛化家庭，出胎茹素，童真入道。早年參學於國內名山寺院，接法於南京千年古剎棲霞山寺。上世紀四十年代末，法師移錫香江，建寺安僧。法師曾執教於佛教黃鳳翎中學多年，作育英才，續佛慧命；又榮膺香港鹿野苑方丈數載，住持正法，普度眾生。在長達七十餘年的出家生活中，法師精研佛學，修心養性，持戒精嚴，解行並重。法師除曾任香港佛教僧伽聯合會董事、佛教慧遠中學校監等職，為佛教的發揚光大傾注了畢生心血，尤其是為棲霞法系的法脈傳承，作出了積極的貢獻。

達道法師法相

● 出家皈依　成績卓越

　　達道法師原籍南京，1921 年 8 月 27 日生於南京江浦縣蘆塘村楊氏府中，祖上世代務農。因父母信佛，自少嚮往佛門。1937 年 16 歲時於江浦中學畢業，時逢日軍侵華，其家被焚，一無所存，只得避難於附近深山獅子嶺兜率寺，每日同家人上山砍柴，維持生計。半年後，時局稍微安定，方返回鄉間，安身種田。

1939 年，達道法師年十八，慧根顯發，心欲求學，無奈環境不許。一日獨自離家，逕投獅子嶺兜率寺披剃出家。次年於江南律宗第一道場——寶華山隆昌寺受具足戒，戒後攻讀於棲霞山寺律學院，後轉至鎮江焦山佛學院求學，深入三藏，智慧如海。三年後，法師以優秀的成績畢業，先後獲焦山佛學院聘為維那、監學。1944 年，又獲棲霞山宗仰中學聘任管理帳目。1945 年，法師重返棲霞古寺，成為棲霞法系繼承者之一。

1946 年，鹿野苑（南京棲霞古寺下院）開山祖師若舜和尚之高徒明常法師重建鹿野苑於香港荃灣，闡揚宗性，依者逾千。因緣際會，1947 年，達道法師與同門法兄抵達香港，駐錫鹿野苑。1951 年，法師以同等學歷考入新亞書院大專部哲學教育系深造，師從國學大師錢穆教授。1955 年畢業，獲文學士學位。此後，法師執教於香港佛教聯合會主辦的佛教黃鳳翎中學，擔任佛學導師長達八年之久。其間曾任《香港佛教》月刊主編。法師對教理深有研究，曾定期於香港大會堂舉辦佛學講座，以無礙辯才，演說佛法，啟發愚蒙，度人無數。

● 辦學弘化

1957 年 4 月，法師於獅子山舉辦菩提內院念佛道場，專弘淨土念佛法門。1969 年 4 月，達道法師與洗塵法師、寶燈法師和覺光法師等發起創辦香港能仁書院，並擔任創院董事。香港能仁書院創校碑文記載：「香港佛教僧伽聯合會為弘揚佛陀教法，光大佛校文化，及興辦教育慈善社會福利事業為宗旨。由洗塵，寶燈，覺光，達道等發起組成能仁書院；幸一時碩彥，識見遠大，悲願弘深，合以戰亂而還，世道衰壞，佛法式微，為承如來家業，肩負教化重任，繼往開來，責無旁貸，爰有創立佛教大學，以發展佛教教育，培植弘法僧材之議；庶幾薪火相傳，慧命得續。」

左起：達道、超塵、法宗和悟一法師攝於香港鹿野苑（圖片提供：南京棲霞古寺）

達道法師（前排右二）與新亞書院哲學教育學系同學同遊香港鹿野苑（圖片提供：香港中文大學）

　　1989 年 10 月，法師以深孚眾望，陞座為香港鹿野苑方丈，名山得主，衣缽有歸。法師住持鹿野苑法席期間，致力荷擔如來家業，振興正法道場，以自身禪淨造詣，領眾薰修，策勉後學，樂此不疲，誨人不倦，遠近佛子，聞風而至，法師之聲名遠揚四方，禪門宗風由是大振。

　　達道法師為人隨和低調，沒有架子和分別心，對任何人一律平等。法師常開示弟子：「出家人這口飯不容易吃，但是要吃得好，要懂得因果，懂得因果就懂得修行」、「出家人生活要簡單，吃的要簡單，用的要簡單，甚麼都不要想」、「甚麼因緣都不會缺少，只要踏踏實實，不講空話就可以了」、「不攀緣，踏實念佛」等等。

2003 年 3 月 25 日，香港佛教聯合會董事演慈法師（左二）、廣琳法師（左四）、溫綺玲居士（左五）、余潔冰居士（左六）和崔常祥居士（左七）等前往香港鹿野苑探訪達道法師（左三）。圖為達道法師展示清乾隆帝五幸棲霞行宮時御賜的「紫衣袈裟」。

● 造詣學養　德隆望尊

　　達道法師不僅佛學學養豐厚，於書畫亦有高深造詣。法師退居後，除修學參禪之外，潛心丹青，並以筆墨方便，廣結善緣，以書畫藝術喚醒眾生的佛心。法師之畫作多以梅蘭、山水為題材，清新樸實，空靈明淨，禪機閃爍，深得兩岸佛教四眾弟子喜愛。法師書法則多以佛語、格言、經句為內容，如「事念理念唯一念，佛心人心無二心」，「聖賢豪傑名聲在，富貴榮華皆是空」。法師又以耄耋之年，將畢生書畫作品結集成冊，並擇機展出，以字幅啟發眾生善根。

　　2013 年 4 月 8 日（農曆二月二十八日）晚上 10 時 12 分左右，臨濟正宗第 48 代傳人，香港鹿野苑退居住持達道法師度生緣盡，安詳示寂於南京棲霞古寺，世壽九十有二，戒臘七十二夏。

　　「達本心源錫振香江禪意透出丹青筆，道盡真詮雲歸故嶺梵音縈回極樂天。」達道法師德高望重，勳勞卓著，法音遠播，教界同人公推為一代高僧。法師圓寂後，香港、台灣和內地一些道場寺院，以及法師的家鄉紛紛發來唁電、信函，或敬獻花圈、花籃，表示悼念和慰問。根據達道法師遺願，靈骨歸葬於南京棲霞古寺祖師塔林。

　　早在 1949 年，戰亂頻仍，時局動盪。時任棲霞古寺住持志開法師秘密囑咐達道法師將一件印有「清乾隆帝五幸棲霞行宮御賜金龍袈裟永鎮山門」字樣的袈裟帶往香港，保存於香港鹿野苑。達道法師圓寂前，囑人將這件珍藏了六十多年，繡有 133 條龍的傳世之寶重新送歸棲霞古寺。

　　達道法師戒行精深，德隆望尊，數十年如一日刻苦修行，秉持以佛法引導人心向善的信念，慈悲育化，愛教愛民，享譽兩岸三地及東南亞，深受教界四眾推崇。祈願法師上升兜率，蒙佛授記，不捨眾生，乘願再來！

聖一法師
聖解凡情空花影　一任逍遙自在人

聖一法師法相

聖一法師（1922 － 2010）是享譽海內外的一代高僧、佛門泰斗和禪門尊宿。法師早年遊學參師，遍歷南北，戒律精嚴，道心堅固，曾親炙一代宗師虛雲老和尚，禪律同修，悲智俱足，深入經藏，飽參飽學，宗說兼通，辯才無礙，深受虛老器重，納為嗣法門徒。法師一生謙和低調，平易近人，以戒為師，以法為依，力倡老實念佛，培育龍象無數，尤以建寺安僧、傳戒度眾、修橋建路、恤苦憐貧……巍巍功德，不勝枚舉。

聖一法師，字玄機，廣東新會人，生於1922 年 11 月 13 日，俗姓陳，祖父始辦米行，父繼祖業。法師出生時天呈瑞相，人見天門開。家中耆老云，此子他日必成大器。

● 悲心滿載　皈依佛堂

法師慧根早發，悲心尤重。幼年時見同伴鬥蟋蟀捉小鳥，便花錢買來將其放生。家中燉好雞湯過節，法師則在一旁哭泣。過年時則將待殺的鯉魚偷放回江中。一次法師得病，父親給錢讓他去看病，當走到市集，看見有人在賣田雞。於是對田雞說：「今所得錢，唯能買有緣者。我以錢相擊作聲，若聞聲望我者，買汝放生。」法師傾其所有看病的錢買下田雞放生，回家後病已不治而癒。

　　法師宿具佛緣，16 歲時偶獲贈佛書，開始奉佛茹素，漸萌出塵之志。19
歲時，時值日軍侵粵，廣東淪陷，米行結束，法師避走香港東普陀講寺，復往
荃灣西竺林寺禮信求和尚薙髮出家，從此開始了長達七十餘年的出家生活。法
師出家後，專志苦修，食人所不食，為人所不為，常坐不臥，一心念佛。

　　戰亂期間求戒艱難，法師落髮三年仍未受戒，心中不免苦悶。適逢禪宗泰
斗虛雲老和尚道場開戒，遂步行前往韶關求戒，於 1942 年 11 月抵達南華禪寺。
正值老和尚至重慶建息災法會，南華常住安排法師於庫房春米及任職行堂。翌
年春戒期，法師依虛雲老和尚受三壇大戒。

　　受戒後，法師住南華禪寺，為復仁大和尚衣缽侍者，兼理財務，常得機緣
親近虛雲老和尚。一日，老和尚慨嘆佛法衰落之時，法師堅定地說：「不會！
佛即心，誰能滅心！心不能滅，那又如何滅佛？」

聖一法師（左）與中國佛教協會前會長一誠法師（右）早年同受具於
虛雲老和尚座下，親炙禪法，深得奧義。

上世紀四十年代初的中國，內憂外患，民不聊生。南華禪寺亦隨時面臨斷糧的危機。法師在虛雲老和尚的鼓勵之下，獨力承擔起籌備糧食的重任。他不負重望，在極其艱難的歲月中，確保了寺院米糧的供應，初顯弘教護法之心。

其時，虛雲老和尚兼任廣東省佛教協會會長，因法務繁忙，乃派聖一法師代理，兼充理財之職。時省內有不如法出家人，法師有意清理，豈料整頓不來，更惹官非。自此深感以制度律人之艱難，還是以佛法教化攝引為妙。

● 北上求經　再回香江

1945 年初，法師求道心切，離開南華禪寺，前往廣州六榕寺參學。數月後與巨贊法師等六人經香港乘船至上海，於上海玉佛禪寺佛學院修讀兩學期，時值太虛大師在玉佛寺中往生，圓寂時法師隨侍在側，助念彌勒佛號。1947 年冬，法師從鎮江乘船至焦山定慧寺，於焦山佛學院潛心修學。1948 年，法師自感在焦山因緣已盡，即經上海取道汕頭回香港，駐錫荃灣西竺林寺後山祇園精舍，一心念經之餘，亦常應邀至各道場講經。

1951 年，法師有感於弘揚淨土者甚眾，而禪門冷落，遂發心丕振宗風。正值復仁和尚住東涌地塘仔法林禪院，法師與同參震天、性空、慈祥、明鏡、紗境等法師前往親近，於法林禪院打禪七。從此以後，法師常住大嶼山、地塘仔、昂坪一帶用功參禪辦道，期有數年。

1958 年，虛雲老和尚託人轉告聖一法師：「恐明年汝不復見吾爾。」聖一法師聞即會意，立即返回江西雲居山求法，接法於虛雲老和尚為溈仰正宗第九代法嗣，得承心印，賜名宣玄。老和尚將自己平時使用的紫衣傳給法師，以示為溈仰正統傳人。法師住雲居月餘不願離去，從虛雲老和尚參禪悟道，真修

實證，日出勞作，隨心攝念，夜深人靜，趺坐安禪，恪勤篤志，勇猛精進。老和尚以法師因緣應於大嶼山，遂囑法師回港弘傳戒法，接引後學，續佛慧命。法師回港前至九華山、五台山、普陀山、峨嵋山等佛教名山參拜，後回法林禪院，繼續參禪辦道。

● 樂助內地　援修道場

　　1960 年，聖一法師在寶蓮禪寺擔任維那及西堂之職，常見一苦行僧在地塘仔和昂坪之間的小路上淘沙擊礫，砌石成室，大有興叢林之勢。如是往返三年，從無間斷。一日，法師上前詢問：「您常年如此辛苦，到底是為甚麼？」苦行僧答道：「起道場。」法師遂將平時所得供養，悉數用於完成苦行僧悟明長老建寺安僧之宏願。所建道場，即為今日之寶林禪寺。一年後，悟明長老往生，法師應大眾所請，接管寶林禪寺。自此，法師長期駐錫寶林，遠紹宗門洙泗，繼振六祖家風。

　　1979 年，內地宗教政策落實後，法師朝禮浙江普陀山，有感於祖庭道場殘破失修，遂出錢出力資助各道場重興，凡有功德無不興崇，凡有艱苦無不樂助。受助道場如雲居山真如寺、九華山祇園寺、盧山東林寺、西安臥龍寺、成都昭覺寺、山丹縣大佛寺、五台山普壽寺等。法師悲心深重，不憚辛勞，為全國各道場供應金箔，莊嚴佛像無數，法師因而有「護法金剛」之盛譽。

　　1982 年 6 月，香港寶蓮禪寺為迎請中國佛教協會贈送的清刻《龍藏》，組成以聖一法師為團長的迎請大藏經代表團前往北京參訪，受到國家領導人的親切接見。法師在歡迎宴會上致辭時強調指出：「祖國內地是我們香港佛教徒的根本，我們雖然出家了，但我們並沒有出國。我們可以名正言順地說，香港佛教徒也是中國佛教徒。」他表示：「一定要以此次來京迎請大藏經的盛事為

增上緣，加強同祖國內地佛教徒的友好聯繫與密切合作，為使正法久住世間，為促進世界和平與人類幸福而並肩前進。」法師即興作偈兩首：「歡天喜地入京城，迎得龍經無上榮；中原有福邊夷樂，四海同歌不絕聲。」「香港信徒望佛經，幾回夢到北京城；今朝蒙賜大龍藏，白馬南飛利有情。」

1983 年，寶蓮禪寺兩序大眾以法師德望崇隆，推舉為該寺第五代住持。正月十七日晉院，陞座時風雨大作，有雷震萬鈞、傾湫倒嶽之勢。法師在位時，秉行古風，領眾熏修，三年一次傳戒如期舉行，並精心籌劃，促成天壇大佛工程得以圓滿開光，大佛雄坐於大嶼山木魚峰之頂，接引十方人士皈心向佛。

● 退居寶林　安詳示寂

法師襟懷坦蕩，舉重若輕，心堅行苦，老而彌篤。1990 年，法師自寶蓮禪寺退居後，重返寶林禪寺，興殿堂，行祖訓，課徒眾，禪風淳樸，規制嚴正。法師引導大眾修行，堅持早晚課誦，寺內僧眾人人皆須出坡勞動，春耕秋收，自給自足，冬參夏學，嚴淨戒律，農禪並重，清淨修行，道風所播，遐邇景從，為十方所稱道。時至今日，寺內僧眾仍依法師昔日教誨，日用儉樸，以柴為炊。法師律己以嚴，待人以寬，捨己為人之精神，可見一斑。

法師心量廣大，誓願宏深，從無門戶之見，親疏之別，遇同修道友處境艱難，率皆伸出援手，助其安頓身心。法師中興祖庭，遍及全國，弘化道履，遠至海外。法師平日言語不多，但句句中肯，切中要點。曾有弟子問法師：「他日往生，如虛老生兜率否？」法師答：「無一定，如流水般，隨緣而去。」言談之間，盡顯一代禪師風範。

2010 年 8 月 3 日（農曆六月廿三日）凌晨 2 時 46 分，傳為仰正宗第九代祖、香港大嶼山寶蓮禪寺第五代方丈、寶林禪寺第二代方丈、一代高僧聖一法師，

所作皆辦，功行圓滿，在四眾弟子念佛聲中，安詳示寂，享壽積閏九十二歲，僧臘六十九載，戒臘六十七夏。法體即日奉安香港世界殯儀館。8 月 15 日（農曆七月初六）上午，在大嶼山昂坪依佛制荼毗。

1987 年 4 月 4 日，香港佛教聯合會於佛教大雄中學啟建丁卯年清明思親法會，恭請聖一法師（左一）等高僧大德主持大壇。

1989 年 10 月 13 日，舉行天壇大佛圓頂灑淨儀式，時任中國佛教協會會長趙樸初居士、天壇大佛籌建委員會主席胡仙博士等數百名嘉賓與善信出席慶典，時任寶蓮禪寺方丈聖一法師（中）主法灑淨儀式。

妙蓮法師
妙跡示娑婆　蓮心顯悲願

妙蓮法師（1922－2008）童真入道，宿具善根，早年由中國內地來港，卓錫香江三十餘年，秉承蘇州靈巖山祖庭印光大師念佛持戒、持戒念佛之家風，長年閉關修持，日夜解行精進，奠定一代高僧之器識與學養。法師移錫台灣後，篳路藍縷，開山建寺，恢復叢林古制，弘闡淨土法門，為眾生廣開智海，依正教大轉法輪，以種種善巧方便引導全民同修淨業，法音宣流五大洲，接引善信皈投無數，令佛種菩提深植人心，實乃人天眼目，堪為眾生福田。

妙蓮法師法相

妙蓮法師祖籍安徽省巢縣，俗家姓張，1922 年出生，為家中獨子，自幼氣宇非凡，佛緣俱足。9 歲（1930 年）即於家鄉小廟捨俗出家，依師父誦經禮佛，撞鐘擊犍，學習佛門儀軌。20 歲（1941 年）時於「律宗第一名山」——南京大寶華山隆昌寺受具足戒後，即赴蘇州靈巖山寺參學，入念佛堂念佛，以淨宗為依歸，飽參飽學，接受正規叢林訓練。

1949 年 2 月，妙蓮法師辭別蘇州靈巖山祖庭，經上海、杭州，再到江西、湖南，然後沿着粵漢鐵路到廣東，其間專程前往韶關南華禪寺親近虛雲老和尚，

當時虛雲老和尚正在傳最後一次三壇大戒。在廣東停留半個月後，1949 年 4 月底，法師輾轉抵達香港。

● 來港遇佛逆　閉關苦行

妙蓮法師抵港之初，人地生疏，語言不通，遭遇到許多佛逆之境，吃了不少苦頭，以致無法安心辦道，好在吉人自有天相，幸得覺光法師的大力護助，最終順利渡過難關。法師初時在荃灣東普陀講寺掛單，慨生命苦短無常，慚愧道業未成，生死難了，又感福慧不足，度生艱難，乃先後於大嶼山法華淨苑和青山村佛慈淨寺閉關潛修達 20 年之久，並由香港佛教領袖覺光法師親自主持封關及開關儀式。掩關期間，除廣閱經律論三藏經典，精進持戒念佛，同時虔修常人難及的「般舟三昧」苦行十次。所謂「般舟三昧」，乃是每修持一次，於為期 90 天中常行不坐、不臥、不睡，24 小時皆在經行念佛、繞佛或拜佛，無有間斷。每天除日中一食外，完全將身、口、意融入念佛中，誓證念佛三昧。法師出類拔萃之卓絕苦行，贏得佛教界一致推崇和欽仰。

● 重編佛經　再渡台灣

1968 年 11 月，妙蓮法師出關後，念念不忘讀誦大乘般若經論，繼而發起編修重印《大智度論》。法師嘔心瀝血，耗時數載，詳細精心校對、編排，以流通法寶，利樂眾生，可謂功德無量。

1975 年，妙蓮法師為《大智度論》重新排版、改新式標點事宜，孤僧萬里渡海赴台，其間觀察寶島山岳雄壯、氣勢靈秀、人心忠厚、民情樸實，各大專院校設有佛學社團，青年學子學佛參禪蔚然成風。

1979 年，妙蓮法師再度赴台時，眼見內地來台之老一輩法師日漸凋零，

其講席法座往往後繼乏人。一則因出家風氣尚未形成，故使僧伽命脈難能延續，佛法難以弘宣；再則缺乏健全古叢林制度之大道場以栽培僧才，致令僧眾無處參學，解行不專。此情此景，常令法師憂心不已。法師不忍眾生長劫受苦，乃一改其「閉生死關」之初衷，立願創建十方大叢林，培育僧才，紹隆佛種，俾使正法傳承，三寶久住，以轉五濁惡世為人間淨土。

1981 年，妙蓮法師移錫台灣後，常應南北各地道場之請，廣開法筵，逢緣即勸人念佛，遇根機適合者，即度人出家，聞者莫不對往生西方淨土深具信願。經云：「一佛出世，千佛護持。」法師一心延續叢林宗風，受到廣大佛弟子的愛戴與支持。經數年之奔波勘察，1984 年，法師見因緣成熟，在十方善信之大力護持下，於台灣南投縣埔里鎮購地興建靈巖山寺。

妙蓮法師創建台灣靈巖山寺，第一是為了延續僧寶。若無僧寶則佛法如何弘揚，眾生靠何人度脫？因為弘揚佛法度眾生，要賴出家僧寶住世方可。法師為使十方信眾亦有機會參加共修，長年累月舉行精進佛七，以利全民同種西方淨業之因，感應將來同生西方之果。又每年春傳授戒法，期能使人人依佛戒法，虔誠奉行，得大利樂、大解脫，參加的戒子至為踴躍。而每年開山週年紀念，舉行萬人朝山大會，參加的善男信女更是人山人海，萬眾一心至誠禮拜，同申慶祝。妙蓮法師又大力提倡千人念佛會、萬人念佛會，深得各佛教團體的支持與響應，各處時有舉辦，藉此以期除惡戾之氣，消弭災禍，國家富強，社會祥和，人人安樂。

妙蓮法師自修勇猛，說法度眾更是精進，常應邀至海內外各地弘宣正法，法化遍及美國、加拿大、澳洲、中國內地及台灣地區、日本及東南亞各地。法師為佛教發展及佛法命脈之傳承，可謂不遺餘力，為法忘軀。其無盡悲心，感動海內外無數佛子，紛紛誠心祈請興建道場，積極發心捐地建寺，襄助法師於

台灣及香港地區、美國、加拿大、澳洲、日本等地，成立十多處護法分會，興建靈巖山寺分院道場，以培育僧團人才，普化眾生共修念佛。同時，還成立財團法人靈巖山佛教基金會、急難救助基金會，辦理各項公益慈善救助事宜，並出版開示叢書、錄音帶、錄影帶流通，以文教度生，德風普被。

1991 年，台灣中部發生九二一大地震，靈巖山寺建築嚴重毀損，妙蓮法師為求順利重建靈巖道場，並為迴向法界眾生離苦得樂，復於 2003 年，以 82 歲高齡，再度閉關長達 3 年。出關後，除特殊佛事出來與信眾開示外，平時則深居簡出，但仍時時關照道場法務推展。

● 安詳示寂　往生極樂

「靈巖得道一高僧，弘揚淨土己力行；世緣已盡西方去，乘願再來度眾生。」2008 年 6 月 25 日下午一時許，妙蓮法師身無病苦，安詳示寂，世壽八十八歲，戒臘六十八載。教界遽喪長老，淨宗痛失導師。海內外逾百萬信眾紛紛湧至台灣靈巖山寺，念佛恭送老法師往生極樂世界。寺方遵奉法師生前遺囑，不發訃聞，不舉辦傳供、讚頌會等儀式。法體茶毗後，由靈巖山寺住眾念佛 49 天，再將遺骨舍利以海葬方式，與水族眾生結緣。

法師念佛境界甚深難思，已超五濁重圍，生死關鍵來去自如，非凡人可測，故而在圓寂前叮囑：「我自己念佛，自己去西方，去到西方，決定上品上生，不是還等你們來助念了才去。老和尚隨去隨來，都沒有離開你們。」法師生前更以阿彌陀佛的四十八誓願為基礎，立下四十九大願：「凡見過我面，聽過我法，乃至聞我名號者，我皆度令同往西方極樂世界；若其此生未生西方者，我必再來化度，直至生西為止！」

1975 年 4 月 10 日，香港佛教聯合會於佛教黃鳳翎中學啟建清明思親報
恩法會圓滿。圖為妙蓮法師（前排左二）等高僧大德出席法會送聖儀式。

妙蓮法師佛學精湛，辯才無礙。圖為 1997 年 5 月 12 日，法師（中）應香港佛教聯
合會之邀請，於香港伊利沙伯體育館舉行佛學講座，一連三日均座無虛席。

悟一法師

悟道明心　一代高僧

悟一法師（1922 － 2003）籍隸江蘇，系出棲霞，童真入道，飽參飽學，先後親炙太虛、志開、虛雲、印順、倓虛、法舫等碩德尊宿，習宗門法要。上世紀四十年代末，因緣際會下，避居香江，掛搭荃灣鹿野苑，曾受學於新亞書院錢穆、唐君毅諸國學大師門下，為港九僧眾就讀社會大學首開風氣。畢業後，由香港移錫台灣，住新竹福嚴精舍依止印順導師，研習佛典義理；嗣後住持台北善導寺，致力弘法及教會工作，勞心勞力，建樹良多。綜其行誼，自披薙出家於蘇北，至溘然示寂於海外，70 年間，隨緣遊化於祖國內地、香港及台灣地區，並遍及南洋、澳洲、北美等地，時時以弘揚佛陀正法、淨化世道人心為念，幾坐道場，法緣殊勝，為傳佛心燈，續佛慧命，鞠躬盡瘁，令人讚仰。

悟一法師，法名體周，字悟一，原籍江蘇泰縣北鄉，生於民國十一年正月十四日（1922 年 2 月 10 日），俗姓陳，家中世代奉佛，父母都是虔誠佛教徒。1933 年，時年 11 歲的法師奉雙親之命依泰縣淨業庵禮了因、了如二師披剃出家。

悟一法師（右一）與達道法師（左一）、超塵法師（左二）和法宗法師（右二）等早年共同接法於南京棲霞古寺大本、覺民、志開諸禪師，是為中興棲霞第五代傳人。圖為四位法師攝於香港鹿野苑。（圖片提供：南京棲霞古寺）

13 歲時，法師往泰縣首剎光孝寺佛學研究社就讀初級佛學班，18 歲冬期受具足戒於寶華山隆昌寺，19 歲負笈鎮江焦山佛學院入預科班及高級班。1944 年畢業後，法師任鎮江佛教會秘書。

● 南下香江　慕名深造國學

1947 年，法師得南京棲霞古寺大本、覺民、志開諸禪師傳法授記為禪門臨濟宗第 48 代傳人，承嗣臨濟正統，丕振祖師家風，不久兼任棲霞古寺監院。1949 年，時局動盪，戰亂頻仍，法師乃南下香江，移錫棲霞古寺下院鹿野苑，其間因仰慕國學大師錢穆之名，考入香港新亞書院深造。1953 年底，得續明法師之援引，赴台灣新竹福嚴佛學院研究班繼續深造。

上世紀五十年代初，國民黨元老鄒魯居士將台北北投一塊地皮供養鎮江金山江天禪寺住持太滄老和尚作精舍。因悟一法師曾接太滄老和尚的法，以此因緣，老和尚委任悟一法師督建金山分院（以鎮江金山江天禪寺為總院），另設有太滄幼稚園。

1956 年，印順導師出任台北首剎善導寺住持，推舉法師為監院。印順導師在自傳《平凡的一生》中，對法師讚譽有加：「悟一是香港鹿野苑的四當家，曾在淨業林管理庶務，有過一年多的共住時間。由於淨業林共住，所以在鹿野苑紛擾而混亂的情況中，經續明的推介，我為他辦理手續來台的，來台就住在福嚴精舍。從（民國）四十五年（1956 年）一直到我離開善導寺，悟一始終是領導寺眾，早晚上殿，一起飲食，不辭勞苦。寺裏有了餘款，在取得我的同意之下，就用來修飾房屋，添置必須的器具。總之，悟一年富力強，有事業心，在民國以來，以辦事僧為住持的原則下，這不能不說是難得的人才！」

此後十餘年間，悟一法師先後輔佐演培、默如和道安等歷任善導寺住持，綜理寺務，殫精竭慮，頗著勞績。1963 年 12 月，台灣中國佛教會第五屆理監事改選，道源長老膺選理事長，聘法師為總幹事。此後，法師眾望所歸，連任台灣中國佛教會第六至第十屆常務理事。1967 年 10 月，道安法師自善導寺住持退居，由悟一法師繼席。1974 年底，悟一法師退居，轉任北投金山分院住持，親近白聖老和尚聞法習禪，深受白老倚重。

1969 年 11 月，由南懷瑾先生創辦的東西精華協會（East-West Essence Society）中華總會於台北正式成立。不久，因租用的臨時會址改建大樓，南懷瑾先生有意承租台北蓮雲禪苑四樓作為新會址，蓮雲禪苑住持妙然尼師深感為難，表示除非有佛教界的領導人士從中溝通，才可以免除外界的批評。後來，在悟一法師的威德感召下，東西精華協會順利搬到了蓮雲禪苑四樓。《禪門內外：南懷瑾先生側記》一書中記載了悟一法師和妙然尼師之間充滿禪機的對話：「悟一：『南懷瑾先生希望租用你們這裏的四樓，作為講堂，請你答應好嗎？』妙然：『南先生是在家人，我們這裏是出家人，又是比丘尼，恐怕惹人批評，反而不妥。』悟一：『雖說男女有別，出家在家形式也有不同，但佛經上說，觀音菩薩還有卅二相（表示以不同形式出現），外表應該不成問題吧！』妙然：『既然大師這樣說，我無條件把四樓借給南老師用，不收租金。』」

● 熱心佛教文化與教育事業

悟一法師喜文墨，精佛典，重修持，博學多聞，樂說無礙，尤其在經懺梵唄、焰口法門以及水陸法會等佛事儀軌方面學有專精，曾執教於南投靈巖山寺佛學院及佛光山叢林佛學院，汲汲營營於後進之提攜，光大佛教弘法人才，更將大乘懺法風氣大興海內外。後來，法師的弟子們為報師恩，專門在加拿大關

室，建悟一長老紀念館，陳列法師生前精心保存的佛教前輩大師的墨寶和一些文化名人的字跡書畫。

悟一法師熱心佛教文化與教育事業，早年常為佛教刊物撰文，冀望藉由文字般若，攝化眾生，喚醒世人。1964 年 8 月，為紀念鎮江焦山佛學院創辦人智光老和尚，悟一法師與南亭法師、星雲法師於台北永和共同創辦佛教私立智光高級商工職業學校，作育英才無數。

1987 年 4 月，香港鹿野苑方丈法宗法師退居，悟一法師陞座接任後，不避艱辛，克志中興，荷擔如來家業，維繫棲霞法脈，廣弘經教，大轉法輪，十方歸仰，苑務日隆。

悟一法師終其一生以修行度眾為己志，法雨遍灑海內外，門下弟子不可勝數。現任東蓮覺苑榮譽主席何鴻毅先生與悟一法師早年在港結緣，受法師影響甚深。在何先生看來，除了童年時代受祖母張蓮覺居士影響初涉佛教外，真正引領他皈依佛門的則是悟一法師。法師深入淺出的開示，使他認識到佛教哲學的偉大，體悟到佛學的博大精深。「這是悟一法師了不起的地方，我非常感激他。」何鴻毅先生如是說。

悟一法師幹練豁達，處事圓融，為法為教，勤勉躬行，深受各方推重，屢膺社團要職。法師曾任世界佛教華僧會副秘書長、世界佛教僧伽會中文秘書長、中國佛教會駐會常務理事、台北善導寺方丈、香港鹿野苑方丈、香港東蓮覺苑董事、中國佛教會影印卍續藏經委員會常委兼總務組長、太虛圖書館館長、金山分院院主等職。

1969 年 4 月 5 日，香港佛教聯合會為籌募香港佛教醫院及佛教中小學新校舍經費，於佛教黃鳳翎中學啟建清明超薦水陸大齋吉祥法會。左起：悟一法師、樂果法師、明常法師和明觀法師。

1970 年 4 月 3 日，由香港佛教聯合會發起的世界佛教弘法大會於香港舉行，來自全球 26 個國家和地區的數百名佛教代表應邀出席。覺光法師、永惺法師、大光法師、元果法師、松泉法師和智開法師等歡迎蒞港出席大會的悟一法師（右三）。

● 弘法利生　葉落歸根

　　晚年的悟一法師，由於長期為法忘軀，健康狀況每況愈下。2003 年秋，法師從澳洲返回美國時，忽感心肌衰竭，自知時至，同年 10 月 8 日凌晨於美國洛杉磯漢鼎頓醫院（Huntington Memorial Hospital）安詳示寂，世壽八十一歲，僧臘七十年，戒臘六十三夏。這位心繫中華佛教再興，為世界和平、眾生教化傾注畢生心力的大德高僧，遽然撒手西歸，噩耗傳出，群倫哀悼，萬籟聲悽，鶴林含悲⋯⋯有詩悼曰：「業風吹到洛磯城，浪捲段落幻化身；仰仗彌陀相接引，再來人間度群生。」

　　2003 年 11 月 7 日，悟一法師圓寂追思讚頌法會隆重舉行，海內外諸山長老、四眾同人共聚一堂，緬懷法師德澤，追思法師行誼。與悟一法師相知相交近半個世紀，道情法誼非同一般的淨良法師代表台灣中國佛教會恭讀至情懇切、字字真實感人的圓寂追思讚頌法語：

　　中華民國九十二年十一月七日，中國佛教會理事長淨良率全體理監事謹以香花果品敬致於金山堂上圓寂比丘悟一大和尚覺靈之前曰：

訏哉悟師	今歲春節
向您賀年	精神尚旺
雖語不清	行動不便
神智清明	意志堅強
時值春夏	知您去國
尚遊雪梨	活絡體能
心寄祝福	願您康復
留得青山	安樂為王

詎知生滅　　在呼吸間
世事無常　　幻化難測
您忽捨報　　世緣業盡
耗音傳來　　師友默然
惜途遙遠　　難睹遺容
憶您生時　　從港來台
復由福嚴　　監理善導
由是因緣　　才智轉運
共創華僧　　順利成功
誰知時乖　　禍起蕭牆
後籌世僧　　中途磔多
我為助您　　幾使師嫌
時也命也　　夫復何言
諸多隱事　　我可留言
您既放下　　無須掛礙
若您有願　　早日再來

　　2009 年，悟一法師的靈骨舍利歸葬南京棲霞古寺祖師塔林，完成了法師葉落歸根的遺願。

樂渡法師
樂說法要普攝中西
度化眾生共證菩提

樂渡法師（1923 － 2011）原籍安徽，少歲出家受具足戒，發心宣揚佛法教義，砥志修行，悲智雙運，博覽群經，解行並重。法師早年遭逢戰亂，南下香江，顛沛流離，為法為教，難行能行。上世紀六十年代初，法師承襲恩師倓虛老法師先志，遠赴北美，建寺安僧，弘法度眾。他悲深願切，高瞻遠矚，率先翻譯漢傳佛典，闡揚大乘要義，胼手胝足，著作等身，直至 2011 年 9 月度生緣盡，捨報示寂。樂渡法師不貪名聞，不求利養，一心一德，始終以弘揚漢傳佛教、建設人間淨土為己任，為促進中美、中加佛教友好交流作出了積極的貢獻。

● 少有遠志　早懷出塵

樂渡法師，安徽省蕭縣人，生於 1923 年 5 月 17 日，自幼多病，其母多次向觀音菩薩許願必送佛門，方得治癒。10 歲時，依蕭縣龍泉寺雪峰老和尚剃度出家；16 歲時，於徐州雲龍山興化寺依效周老和尚受具足戒。1940 年遠赴山東青島，考入湛山寺佛學院深造，深入三藏，淨治身心，學經受教，助轉法輪，畢業後留寺擔任執事。1947 年，法師受命前往香港籌備湛山寺開山住持倓虛老法師赴港弘法事宜。

樂渡法師法相（圖片提供：加拿大佛教會湛山精舍）

弘化香江　難行能行

　　1948 年 4 月上旬，應香港佛教聯合會之邀請，74 歲高齡的倓虛老法師偕樂渡、大光、寶燈等十餘位弟子來港，駐錫荃灣弘法精舍，創辦華南學佛院。倓老出任華南學佛院院長兼主講，致力作育僧才，續佛慧命。樂渡法師時年 26 歲，重入學佛院就讀。1952 年，第一屆學僧畢業，樂渡法師仍隨侍倓老左右，照顧生活起居，協助各項法務。

　　1954 年，樂渡法師受倓虛老法師之命，在九龍荔枝角創建天台精舍及諦閑大師紀念堂。1958 年，又協助倓老於九龍界限街創辦中華佛教圖書館，搜購各種版本大藏經，以及各種散裝經典、語錄著述等二萬餘冊，圖書館全日開放，任人借閱。

1952 年 3 月 23 日，香港華南學佛院第一屆師生暨董事合照。前排右起為黃杰雲居士、樂果法師、倓虛法師、定西法師、王學仁居士和吳蘊齋居士；第三排右三為樂渡法師。

早在 1945 年抗戰勝利之後，樂渡法師曾聽一位教授演講時提到美國極需要佛教，北美佛教的發展，潛力無限。法師聽後印象頗深，立下將來到海外弘法的大願。在倓老身邊時，樂渡法師一有空暇，即苦讀英文。有人打「小報告」給倓老，說樂渡學英文「不安好心」。一日，倓老把法師叫了去，問：「有人說你在嘰哩咕嚕念東西，你在學甚麼？」樂渡法師：「啟師父，我在學英文。」倓老又問：「你讀英文的目的何在？」答曰：「如有機會，到國外弘法。」倓老說：「哦，是這樣。好好學吧！」後來，倓老還給他們聘請了一位英文老師，但堅持學下去的，只有樂渡法師一人。

● 振錫北美　四眾雲從

1962 年，有護法居士禮請樂渡法師前往美國三藩市講經，法師徵得倓老同意後，欣然應聘，辦理赴美手續。1963 年 1 月，樂渡法師離港赴美前，拜別隨侍二十多年的恩師，師徒臨別，離情依依。倓老耳提面命，諄諄教誨，叮嚀法師說：「海外弘法非易，凡事多吃虧，多忍耐。忽忘出家本願。爾今去，希望佛法流傳到西方。不要惦念我，回來再見！」詎料此別竟成永訣。不久，倓虛老法師圓寂。樂渡法師雖未能見上恩師最後一面，但恩師語重心長的開示，常常在耳邊迴響，伴隨了他一輩子。

法師定居三藩市後，主持正善佛道研究會，成為繼妙峰法師（時任紐約中華佛教會會長）、宣化法師（美國法界佛教總會創辦人）之後，第三位前往美國本土弘法的中國比丘，傳為北美佛教史上的佳話。

美國佛教會的創辦，首先應歸功於樂渡法師。法師於 1963 年抵美後，見美國崇尚自由，追求真理，油然而生將佛法介紹給新大陸的理想。法師的理想，因緣際會，得到了一眾大德居士的支持。1964 年，在多位護法居士的熱心護持

下，法師在紐約布朗士區租得一處所，篳路藍縷，因陋就簡，設置佛堂，以供善信學佛及講經說法之用。同年 10 月，美國佛教會作為一非營利佛教團體，經紐約州政府核准正式成立，樂渡法師膺選為創會會長。繼之美佛會創立了大覺寺，樂渡法師出任首屆住持。這兩項職位，法師連任十年。在他的大力推動下，美東地區的信眾日益增多，佛法日益昌隆，為美佛會後來的發展壯大奠定了堅實的基礎。

1967 年，樂渡法師邀請他早年在香港弘法精舍的同學性空、誠祥二位法師前往加拿大弘法。翌年，三位法師促成創立了加拿大佛教會，是為中國佛教弘化於加拿大之始。

倓虛法師（前排中）與眾弟子攝於香港弘法精舍門前。後排右三為樂渡法師。

1973 年，加拿大湛山精舍成立，成為多倫多首座中國式的寺院，為當地華人提供了一處學佛修行的絕佳道場，性空法師、誠祥法師和樂渡法師擔任加拿大湛山精舍首任住持。三位法師秉承恩師倓虛老法師的遺志，建寺安僧，講經說法，弘揚聖教，光大佛門。由此因緣，加拿大佛教信眾從無到有，香火從初有苗頭到一派興盛。

● 含辛茹苦　譯著等身

樂渡法師淹通佛法，熟諳英文。作為漢傳佛教出家人在北美譯經的第一人，法師早年發心前往美洲大陸弘揚佛法，不僅是希望在北美推動建立現代化的寺院，更立願要將中國經論譯成英文，在以英語為主要語言文字的地方流通。

樂渡法師譯著等身，其著作廣為歐美大學的佛學課程選作教材。1974 年 9 月，法師辭去美國佛教會會長及大覺寺住持職務，在紐約另行創辦美國佛教青年會，專心從事最初來美的志願——譯經、弘法。法師寄望佛教在美國本土扎根，因此發起成立了美加佛經翻譯委員會。在幾位英文能力極佳的弟子協助下，法師埋首翻譯經典三十多年，將中文佛書譯為英文者，達數十種之多。法師更發願在有生之年，傾盡心血完成 40 卷《大涅槃經》的英譯本初稿。這是一項極其巨大而精細的工程，繁雜而磅礴，具有相當大的影響力。

所有的譯著，皆由樂渡法師親手組織、親筆翻譯。從一本漢語經論，到一本英文譯本成書，中間環節很多，譬如，譯成草稿之後，歷經打字、校對、證義、反覆辯難、文詞修飾，而後設計、排版、印刷、裝訂，直至成書。每一過程，法師必親力親為或直接過問。法師對其譯作也不保留任何版權，只要發心都可以印行流通。世界各地的圖書館、大學、團體乃至個人，只要來信索取譯著，法師立即打包郵寄，免費寄遞，無償贈送。法師幾十年如一日，樂此不疲，吸引了不少孜孜不倦的義工協助寄送和助印譯著。

● 高山仰止　緇素咸欽

2011 年 9 月 2 日下午，天台宗第 45 代傳人、佛教界泰斗、佛經翻譯家、大乘佛教在北美的弘法先驅、美國佛教與加拿大佛教的創始人之一、美國佛教會創會會長、加拿大湛山精舍開山住持樂渡法師娑婆圓滿，在四眾弟子念佛聲中，於紐約捨報圓寂，往生西方極樂淨土，享年八十有九。法師畢生修行法門以念佛為主，兼修止觀禪修。彌留之際，法師手持念珠，念念不忘誦持阿彌陀佛聖號，念念不忘提醒四眾弟子執持聖號。

樂渡法師圓寂後，海內外各大佛教組織和僧俗四眾紛紛表達悼念和惋惜，並給予極高的評價與讚譽，無不稱揚他是佛教界的譯經泰斗，是菩薩再世、人天師表，並祈願他不捨眾生，早日乘願再來。來自中國、與樂渡法師僅一面之交的陳姓居士這樣寫道：「加拿大佛教會痛失一位具德恩師，北美民眾痛失一位心靈嚮導，中國佛教痛失一位高僧大德，世界人類痛失一位文化巨匠！在漫漫生死長夜中照亮眾生前行、通往菩提的道路上又一盞法燈熄滅了，這該會在多少人心中帶來沉痛、感悟與自省⋯⋯」

中國佛教協會發來唁電稱：「長老一生勤修精進，發大悲願，行菩薩道，人天讚嘆。長老早年親近倓虛等高僧大德，於二十世紀中葉赴美國、加拿大弘法，以深切的悲心與不凡的智慧，先後創辦美國佛教會、美國佛教青年會並美加譯經會，將漢傳佛典近 30 種譯成英文，為中國漢傳佛教及中華文化在北美洲地區的弘揚作出了重要的歷史性貢獻。長老還致力於發展美中佛教友好交流，曾率團回祖國訪問，支持祖國佛教事業發展，法誼殷殷，感念至深！」

聖懷法師

聖教闡揚厥功告成歸兜率
懷憫眾生乘願再來入娑婆

聖懷法師（1924 - 2009）原籍東北吉林，自幼慧根獨具，聰睿天成，因緣際會，早慕佛乘；19歲時捨俗披緇，探賾索隱，恆持初心，苦修梵行。法師行走人間八十餘載，卓錫香江六十餘年，畢生以弘宗演教、廣度迷津為己任，上求下化，悲智雙運，德風廣佈，度生無量，實為佛門龍象、教界楷模。法師歷任香港佛教聯合會第 8 屆至第 12 屆董事會董事；香港東林念佛堂第 7、第 9 任住持；香港東林安老院董事；香港佛教僧伽聯合會董事等職。其為法為教永不言倦之德範行誼，備受佛教界及社會人士的讚仰和敬重。

聖懷法師法相

　　聖懷法師俗姓王，名作卿，生於 1924 年（農曆甲子年），原籍東北吉林。1931 年 9 月 18 日，日本軍隊在東北發動九一八事變，並迅速佔領東北三省。在日本侵略者鐵蹄暴政下，生靈塗炭，民不聊生。年輕的聖懷法師目睹外強入侵，兵燹不斷，戰火無情，深悟世事無常，恍如過眼雲煙，遂漸萌出家之念，誓願獻身佛門，窮盡佛法，以匡時濟世，拯救世道人心。1943 年，法師 19 歲時披剃出家並受具足戒，參學於山東青島湛山寺佛學院，親近天台宗泰斗倓虛

老法師，受學天台教觀，刻苦鑽研，造詣日深，深得倓老器重，為天台宗第 45代傳人。

● 華南學佛院首屆畢業學僧

上世紀四十年代末，聖懷法師與達成、性空、樂渡、智開等法師南下香江，時值倓虛老法師秉持紹隆佛種，續佛慧命之悲願，籌劃在港開辦華南學佛院。聖懷法師等一眾年青弟子以師願為願，合力將廢棄多年、荒草叢生的荃灣弘法精舍重新修葺，作為華南學佛院院址。聖懷法師依止倓虛老法師、定西老法師和樂果老法師等台宗耆宿座下，智周萬物，慧解經藏，作解行並運、自益化他之本。經過幾年的勤修苦行，聖懷法師成為華南學佛院首屆十名畢業學僧之一。華南學佛院雖然只辦了兩屆，卻是戰後香港培育僧才最重要的搖籃。畢業學僧日後大都弘化十方，各有所成。不少法師成為中國香港、北美和東南亞佛教界的翹楚和弘法先驅。

1952 年 3 月，華南學佛院第一屆學僧畢業後，定西老法師有意帶領部份學僧結茅念佛，以弘所學，苦於沒有合適道場。幸得當時荃灣芙蓉山南天竺寺住持茂蕊老法師，慈悲捐出其東園菜地作為興建道場之所。在各方善信熱心護持下，聖懷法師等一眾發心追隨定西老法師結茅習靜的學僧，胼手胝足、除草挖泥、挑土填溝，蓽路藍縷，修建淨室，初名「東林淨舍」。

同年 9 月，荃灣驟發山洪，東林淨舍沖毀將半。各方聞訊紛紛施以援手，同年底，淨舍完成復修。翌年，修建大雄寶殿（今極樂寶殿），改東林淨舍名為「東林念佛堂」，並建印光大師紀念堂、舍利塔，巍然一大專修淨土之十方選賢道場。念佛堂以持戒念佛為主，嚴淨毗尼，弘範三界，遠近莫不欣仰，成為當時名聞遐邇的模範寺院。1962 年，獲政府正式批准，成立東林念佛堂有限

公司董事會，永遠董事包括定西、茂蕊、聖懷、永惺、智開、洗塵和淨真法師等，並向香港佛教聯合會備案，開香港佛教寺院之先河。

聖懷法師在擔任東林念佛堂住持期間，教演天台，行歸淨土，開堂弘法，領眾共修，化度有緣，建樹良多。在聖懷法師等歷任住持精心擘劃下，東林念佛堂遠承淨宗初祖廬山東林寺慧遠大師結社念佛之道風，近續東林念佛堂開山祖師定西老法師之宏願，經數十年不斷發展，道場清淨，規模初具，法務日隆，信眾日增。

1961 年，在護法善信支持下，聖懷法師於港島跑馬地鬧市成和道創辦弘化蓮社。由於交通便利，弘化蓮社一度成為跑馬地一帶聚眾念佛的方便道場，十方善信慕名而至者不絕於途。當時，社會民生艱苦，市區樓價高昂，能闢此靜室作念佛、誦經和共修淨業之道場，殊非易事。

聖懷法師性格和善，氣度恢宏，擅長書法、梵唄，喜以音聲作佛事，有「維那王」之譽。法師尤喜好珍藏各式佛像及法器，弘化蓮社內珍藏的明代十八羅漢塑像，神態莊重肅穆，堪稱鎮社之寶。

● 法身永存

2009 年 3 月 20 日晚，聖懷法師世緣告盡，安詳示寂，世壽八十六歲，僧臘、戒臘六十七年。法師往生前兩個月已預知時至，於即安排東林念佛堂住持交接事宜，並自籌資金於念佛堂內啟建祈福安康吉祥水陸大法會七晝夜佛事，以酬念佛堂上諸位祖師之德，並普薦六道冤親眷屬，其慈心悲願，人天感應，四眾動容。

1955 年 2 月 21 日，香港佛教聯合會應港英政府邀請，出席於西灣國殤紀念墳場舉行的祝禱儀式，是有史以來佛教受官方邀請進行宗教活動之始，顯示外籍人士對佛教亦漸有認識和信仰，同時反映佛教的社會地位日漸提高。相右方前排左起：海山法師、覺光法師、聖懷法師和王學仁居士等佛教界代表出席祝禱儀式並主持誦經。

2003 年 5 月 9 日，香港佛教聯合會假香港紅磡體育館隆重舉行香港佛教僧伽學院開幕典禮，覺光法師（左五）、永惺法師（右五）、聖懷法師（右一）、了知法師（右二）、永信法師（右三）、淨因法師（右四）和道平法師（左一）等高僧大德主持剪綵儀式。

1962 年 3 月 18 日，香港東林念佛堂恭請慧僧法師為第一任住持陞座典禮隆重舉行，由東普陀講寺住持茂峰老法師送座。第二排右起：了知法師、智開法師、聖懷法師、永惺法師和洗塵法師；第三排右三起：茂蕊法師、定西法師、慧僧法師和茂峰法師。

圓智法師
圓融一切　智周萬物

圓智法師（1924 － 2014）稚年出家，童真入道，深入經藏，以解資行，畢生修行，惟佛是念，恩澤十方，度眾無數。法師為教界耆宿、天台祖師倓虛老和尚之入室弟子，一生善說法要，廣攝群機，尤以品學兼優，悲智雙運，深受老和尚器重。法師曾任香港佛教僧伽聯合會董事兼弘法部主任、香港湛山寺永久董事、美國佛教會名譽董事等職，先後在香港、山東濟南、加拿大多倫多等地開創文殊道場，荷佛家業，樹大法幢，教觀等持，禪淨雙修，德播中外，譽滿天下，弟子遍及寰宇，沾恩蒙惠者不可勝計。

圓智法師法相

　　圓智法師生於 1924 年，世居山西五台山豆村。五台山為文殊菩薩的道場，自古以來就是佛門聖地，宗教氛圍濃厚。法師生具慧根，敏於常人，6 歲時在五台山古南台之南山寺依含魁老和尚剃度出家；12 歲時，在山西陽高縣雲林寺受具足戒。南山寺是五台山十大寺之一，平時常住有二三百人。法師在南山寺讀書誦經，精勤苦學，博聞專修，轉瞬十年。法師求學心切，遂向師父請求下山讀佛學院。師父見他志向可嘉，不但慈悲應允，還給他準備衣服和路費。

與倓虛老和尚的因緣

　　1942 年春，倓虛老和尚於天津居士林講演《維摩詰所說經》。圓智法師當時掛單北京極樂寺，日夜求菩薩感應，希望得遇名師，聞法得度。聽聞倓虛老和尚蒞臨天津弘法，欣然趨往。及後瞻仰慈容，老和尚法體魁梧，頂有光輝，語言爽朗，聲如洪鐘。法師頂禮時，老和尚合掌曰：「免禮，免禮，阿彌陀佛，同成佛道，同圓種智。」法師歡喜之下，自思明師已遇，豈可失之交臂，從此拜依老和尚座下，不離左右，擔任臨時侍者。1943 年，倓虛老和尚命等慈和尚為天津大悲院第一任住持，代其在天津監修道場，又命法師駐錫大悲院，協助等慈和尚料理院務。一年後，法師蒙倓虛老和尚許可，入青島湛山寺佛學院就讀。進入佛學院以後，法師以深厚的佛學知識基礎和踏實的學習態度逐漸在僧團中脫穎而出，不久就擔任佛學院的副講師。倓虛老和尚生病時，舉凡上殿、過堂、講小座，皆由法師代理。法師滿腹經綸，對天台宗基本教義，曾下苦功，有關天台宗要典，無不涉獵探究，說來如數家珍，尤以剖析精微，設喻適切，妙趣橫生，辯解無礙，有如羅什，舌粲蓮花，常使聽者聞法忘倦。

　　1948 年冬，因內地戰事日烈，圓智法師於是離開青島前往上海。初到上海，舉目無親，法師在杭州彌陀寺掛單，度過舊曆年。1949 年春天，杭州局勢日益緊張，法師預感杭州並非久居之地。一日踱到車站觀望，正好有火車要開，他當機立斷，捨棄了彌陀寺的行李，攀擠到車頂上，隨着火車到湖南。火車到長沙停下來不再前進，在極度混亂的火車站，他攀上另一列火車，數日後到了廣州。下火車後無處投止，打聽得有一座六榕寺，乃步行到六榕寺掛單。法師在廣州住了月餘，聞知倓虛老和尚將到香港辦佛學院，為續佛慧命，乃繼續南下，輾轉抵達香港。未久，倓虛老和尚於香港荃灣弘法精舍創立華南學佛院，法師入學佛院深造，安心研讀經教，探究天台教觀。

● 師恩銘記　篤志堅行

　　圓智法師在華南學佛院讀了兩年餘，尚未畢業而肺病復發，病骨支離，不得已退學在弘法精舍療養。1960 年，弘法精舍的大護法姜黃玉靖居士，在精舍為亡夫超度，法師在誦經行列之中。他唱念俱佳，只是瘦弱不堪，面帶病容。姜黃玉靖居士詢問得知其情況，十分同情，乃於北角錦屏街一幢樓房中購得一處住宅，供法師入住安心養病。後來，法師病體痊癒，遂在該處設置佛堂，命名「文殊院」，自任住持，隨機弘化，以報佛恩、師恩於萬一。法師苦心經營道場，普潤有緣眾生，成就卓著，建樹良多。

　　1963 年 8 月 11 日，倓虛老和尚於弘法精舍示寂，彌留之際召圓智法師於病榻前附囑：「汝自幼出家，不諳人情世故，我無他掛，惟於汝尚不放心，今後務要謙虛自牧，多與諸師兄弟親近，我雖離此世界，亦瞑目矣。」法師發願繼師遺志，篤志堅行，為佛教，為眾生，盡形壽，獻生命，鞠躬盡瘁，死而後已。

　　1983 年，加拿大湛山精舍舉行大雄寶殿落成儀式暨佛像開光慶典。湛山精舍的性空、誠祥二位大和尚是法師的早年同窗，法師前往多倫多道賀，事後為性空、誠祥挽留下來，協助湛山精舍法務。1986 年，因緣成熟，法師在多倫多創建文殊院並任住持。

　　2011 年，法師秉持強烈的愛國愛教之心，發心回國建立一座正信的道場，經過多處考察選址，最終來到了具有深厚歷史和文化底蘊、「五嶽獨尊」的泰山腳下，在山東濟南臥龍峪奠定了泰山文殊院的開山之基。

　　2013 年，法師不忍聖教衰，不忍眾生苦，應信徒之祈請，前往山東青島慈雲寺擔任住持，以其大悲之心，弘化一方，度人無數。

　　2014年10月10日（農曆九月十七日）凌晨2時10分，天台宗第45代傳人、佛教大德圓智法師安詳圓寂於浙江寧波廣福寺，世壽九十二歲，僧臘八十六載。法師一生充滿傳奇色彩，數十年如一日，恆持濟世之念，素懷悲憫之心，為法忘軀，未曾稍懈，為佛教在海內外的傳播作出了突出貢獻。

融靈法師
戒行精嚴　清德遠聞

融靈法師（1924－2022）法名貞山，字融靈，系出曹洞正宗雪庭法脈華嚴嶺分支，嗣法臨濟得名智成，受金剛光明寶戒得名為如。法師原籍察哈爾省蔚縣（今屬河北省）城北黃家莊人氏，俗姓宋，學名林坡，生於民國十三年歲次甲子六月二十六日（1924年7月27日）寅時。父名昌發，母郭氏。3歲時，舉家遷往暖泉縣；10歲喪母，未幾父亦上五台山華嚴嶺法雲寺依瀟栖老和尚出家，法名淳義，字照空。融靈法師由祖母劉氏教養，幼具慧根，善芽早萌。

16歲時，法師投山西省應縣龍首山岫雲寺禮父師照空上人披剃，並隨師伯淳光、淳明二老人課誦習經，道念堅定。因得閱大師伯照通上人留存寺內之一部《印光法師文鈔》，嘆未曾有，立願歸心淨土。

1942年夏，融靈法師於山西省天鎮縣慈雲寺悉知律師座下圓受具戒。期滿回寺禮謝後，即於應縣城中義井念佛堂（碧山下院）靜修。同年秋，往山陰縣東辛寨龍泉寺參加三壇戒期，掛引禮號，親近壽冶、本幻、淨如三位長老。時淨如長老常於應縣佛宮寺釋迦塔宣講《金剛般若波羅蜜經》、《藥師琉璃光如來本願功德經》、〈觀世音菩薩普門

融靈法師法相

品〉，法師往聽受，並任講期侍者。

　　1948 年，融靈法師 25 歲時，跟隨本幻、明觀二長老乘火車南下赴廣東省曲江曹溪南華寺，由代方丈靈源長老及大知客惟因法師接待，並步行到乳源雲門山大覺寺謁禮虛雲老和尚。後本幻長老承虛老咐囑南華丈席，接法陞座，改名本煥。融靈法師亦入住學戒堂，親近本煥長老，並被請為書記，任丈室頭單衣缽。

● 羌山觀音寺廣結善緣

　　融靈法師於 1949 年與同參明真法師乘火車來港，當時時局艱難，經兩日才抵達香港。於沙田下車後，再轉巴士到荃灣，逕上千佛山東普陀講寺掛單，親近方丈茂峰長老。五月初八日，時值東普陀講寺圓通寶殿重修落成開光大典，禮請虛雲老和尚蒞臨，與禪定、倓虛、定西三長老共同主法，而融靈法師則任知客，兼於午齋行堂。同年秋，法師又移住青山覺陰園掛單。同年冬，偕暢懷法師、度輪法師等轉赴泰國參學，其間與當時正在曼谷龍蓮寺講經弘法的教界耆宿海山老法師結緣。返港後，融靈法師繼續在大嶼山鹿湖隱廬修行。一年後，即 1951 年春，時年 28 歲的融靈法師得聞海山老法師在大嶼山觀音寺倡誦《大方廣佛華嚴經》，正召集一班年輕法師辦華嚴法會，於是前往親近海山老法師誦經學習。觀音寺原稱蓬瀛古洞，屬先天道，由葉善開（東姑）始建於前清宣統二年（1910 年），為大嶼山最早之淨室。後因當家歐陽覺蓮（蓉姑）皈依佛教，禮請海山長老為改制後第一任住持，領眾熏修。值此勝緣，融靈法師於羌山安單。1952 年，蔡兆垣居士發起重修殿宇，正名為觀音殿，並募雕一尊約五米高之十一面千手千眼觀世音菩薩聖像供奉。融靈法師當時因患肺疾，在山居靜養，精進用功，並承海山長老請為監院，襄理寺務，廣結善緣。

1961 年，融靈法師參與了洗塵法師、優曇法師、寶燈法師、大光法師和金山法師等發起籌組香港佛教僧伽聯合會。後於 1974 年亦被選為該會董事，自此服務教界，以至耄耋。

● 事必躬親　接引十方信眾

1963 年 8 月 23 日，海山老法師圓寂，融靈法師於 1965 年 4 月 25 日獲諸山長老推舉，陞座為觀音寺第二任方丈，主理寺務，法師時年 42 歲，由寶蓮禪寺方丈筏可長老親臨送位。自此為法為人，從不言倦。法師接任大嶼山羌山觀音寺方丈後，憑着對如來祖業的執着與責任，事必躬親，有求必應，高樹法幢，重振古寺，接引十方信眾，致力光大佛門。1966 年，鑒於觀音殿之樓宇狹小，不敷應用，法師乃發起增修新殿及寮房，禮請明觀長老主持動土儀式。至 1970 年夏四月初八日，新殿峻工落成，禮請筏可大和尚等諸山長老聯合開光，並正式改觀音殿為觀音寺。

1972 年，融靈法師加入香港佛教聯合會第 19 屆董事會擔任董事，至第 68 屆 2022 年往生。此外，法師亦曾任香港佛教僧伽聯合會董事兼會員部主任之職。

2022 年 11 月 10 日申時，融靈法師化緣已畢，安詳示寂，享壽九十九歲，僧臘八十四冬，戒臘八十一夏，法臘三十九秋。

1974 年 1 月，香港佛教聯合會董事就職典禮上，佛教界耆宿樂果老法師（右）向融靈法師（左）頒授董事選任證書。

1997 年 7 月 1 日，香港佛教界慶祝回歸祈福大會於香港大球場舉行，來自新加坡、馬來西亞、泰國、斯里蘭卡、美國以及中國香港各大寺院的千餘名僧人及四萬多信眾，共同為香港繁榮安定、世界永久和平誦經祈福。融靈法師（左一）為其中一位參與灑淨儀式的主法大德。

傳授三壇大戒法會中參與的大德，其中有（左起）：廣霖、寬運、紹根、融靈、道海、永惺、學誠、暢懷、智慧、濟平、健釗等法師。

永惺法師
永劫兆載　惺悟眾生

永惺法師（1925－2016）生於亂世，長於東北，幼承庭訓，宿具慧根，早年歷盡坎坷，始終在磨難中砥礪前行，不退初心。法師出家近八十年，教演天台，行歸淨土，弘法利生，化導人心，譽滿天下，望重佛門，其豐功偉績，高山景行，在香港佛教史上，寫下了精彩輝煌的一頁。

永惺法師法相

● 童真入道　宿具善根

　　永惺法師俗家姓劉，名克勤，生於1925年，祖籍遼寧喀喇沁左翼蒙古族自治縣，在家排行第五，與母親李氏一樣長得臉相飽滿，雙目炯炯有神，性格卻與父親劉德一樣敦厚老實。1937年3月，凌源縣增福寺常修老和尚覺得12歲的永惺法師是可塑之僧才，就帶他出家，法號演霖。出家後，常修老和尚對他愛護有加，經數年悉心調教，永惺法師舉凡誦經念佛、敲擊和執持法器都能如法如律。然而永惺法師並不滿足在寺院裏僅僅從事趕經懺、做法事之類簡單的活動，追求上進的他為了學習佛法，萌生了受戒參訪之心。

　　1942 年，永惺法師受具足戒於長春般若寺。受戒後，法師深感佛法浩瀚如大海，為了真正的領悟，他決定深入經藏，研究佛理，於是前往哈爾濱觀音寺佛學院求學，正式接受佛學教育，直到 1945 年畢業。

　　1945 年日本剛剛投降，內戰硝煙又起。由於觀音寺遭遇百年不遇的水災，迫使永惺法師返回增福寺。途中不幸又染上致命的傳染病，無奈只得回家養病。不料，一天晚上，劫匪進入法師家中洗劫後槍傷母親。不到一個月，常修老和尚也遭遇槍傷，搶救無效。慈母、恩師雙雙離世，使年幼的永惺法師更加篤定本心追求生死解脫之法。

● 參師學道　勵志苦行

　　永惺法師決心南下雲遊四方，先後到過上海普濟寺、舟山定海竹隱庵、杭州靈隱寺。1946 年，永惺法師前往青島湛山寺佛學院，於天台耆宿倓虛、定西兩位老法師座下，攻讀三藏教典。數年間，他親近了無數高僧大德，接受正宗叢林教育，用心參究學佛、研經、修行等之宗旨，一步一腳印走在菩提路上。

　　由於內戰影響所及，青島湛山寺佛學院不久被迫解散，倓虛老和尚遂移師香江，主持華南學佛院。永惺法師在無情戰火中探求生死意義，在艱苦磨難中始終不忘追求佛法。1948 年初，永惺法師南下廣東，前往乳源雲門寺親近虛雲老和尚。後輾轉至香港，進入由倓虛老和尚創辦的荃灣弘法精舍華南學佛院，成為華南學佛院首批 21 名學僧之一，為他後來弘化香江奠定了堅實的基礎。三年後學成畢業，永惺法師立即投入披荊斬棘的辦道歲月，立志開荒創建弘法道場。

永惺法師原來的法號為「演霖」，後改為「永惺」，源於曾在他失意低落時給他開解慰勉的又韜法師的一句話：「在菩提路上要有恆心。」「永」字意為恆定，「惺」字有醒悟、機靈之意，新的法號象徵新生，又韜法師希望永惺在未來的弘法道路上篤定志向，延續佛陀利樂有情的使命。

● 開山辦道　弘化功深

1951 年，永惺法師奉定西老法師之志，在香港荃灣芙蓉山開創東林淨舍，他率領眾學僧挖泥挑土，親自開荒，辛苦了好幾個月才建好淨舍。誰知過不了兩個月，一場無情暴雨引發山洪，沖毀簡陋的淨舍和山坡木屋，幾個月辛苦付諸流水。慶幸的是，各方善信熱心參與重建東林，最終蓋成了兩座石屋，名為「東林念佛堂」，由永惺法師擔任監院，監理內外寺務，一磚一瓦，胼手胝足，把東林念佛堂慢慢發展起來。上世紀六十年代末期，永惺法師更發起創立佛教東林安老院，收容百多位老人家。

1964 年，永惺法師見因緣成熟，於是在銅鑼灣發起成立香港菩提學會，標誌着山林佛教邁向城市佛教發展的一個里程碑。永惺法師主持菩提會務，舉辦了一連串法會、講經、週六念佛會、歲末冬賑，以及各類型的興趣班等。

1962 年，永惺法師在荃灣三疊潭買地籌建西方寺，以慈悲喜捨之願，弘揚正法，普度眾生。由於當時經濟困難，寺院多採用舊木料和鋅鐵等搭建，至 1973 年才建成。多年後，寺院久經日曬雨淋，寒來暑往，白蟻蛀蝕，木料漸漸腐爛，加上信眾與日俱增，殿堂不堪重荷，亟需修建。

為了重建西方寺，永惺法師以 70 歲高齡，晝夜辛勤，宏規碩劃，巨細親躬，大興土木，廣造梵宇，歷時多年，喜見寶相莊嚴，梵剎清淨，士庶瞻依，衲子雲來，成就無量善事。由於建寺所需資金龐大，永惺法師親自發起了八次大型

籌款活動，邀請本港歌星獻唱、舉辦粵劇表演、僧人禪修、水陸法會、義賣活動、大型齋宴，還有獎券義賣及愛心曲奇義賣。重建後的西方寺，莊嚴巍峨，設計精密，匠心獨具。值得一提的是，永惺法師還是一個廟宇建築行家，他親自設計並採購了建築材料，遴選工匠，親自督工，克服不少障礙。西方寺耗資逾億元，浩大工程，一舉而竟全功。

上世紀八十年代，香港人口日趨老化，不少長者無依無靠，缺乏照顧，永惺法師有見及此，於是秉持「老吾老以及人之老」的慈悲精神，發願在西方寺後山興建護理安老院。幾經艱辛籌備，並蒙各界護持，佛教菩提護理安老院於1999 年 3 月正式投入服務。

1967 年，舉行冬賑。

2003 年，西方寺重建落成開光典禮。

● 加入佛聯　團結教界

　　永惺法師於 1966 年起加入香港佛教聯合會，歷任第 13 屆至第 62 屆董事會董事、常務董事、總務主任、副會長等職，由第 61 屆董事會起獲全體董事一致推選為榮譽會長。數十年來，法師默默度化，切切悲心，嘔心瀝血，夙夜匪懈，積極參與拓展香港佛教各項善業：興建佛教醫院、創辦佛教學校、爭取佛誕公眾假期、迎請佛陀舍利蒞港供奉……無役不與，不遺餘力，深受四眾同人擁戴。香港佛教今日之欣欣向榮，永惺法師實在功不可沒。

　　法師亦擔任香港佛教聯合會多間佛教中小學校監、校董等職。此外，還經常代表香港佛教界，率團訪問美國、加拿大、日本、韓國及東南亞諸國，促進佛教文化交流。

　　2011 年，永惺法師榮獲泰國摩訶朱拉隆功大學頒授榮譽博士學位，足證殊榮有自。2012 年，香港特區政府授予永惺法師銀紫荊星章，盛讚法師「多年來熱心服務社會，表現卓越，尤其致力弘揚佛法，備受尊崇」，堪稱實至名歸。

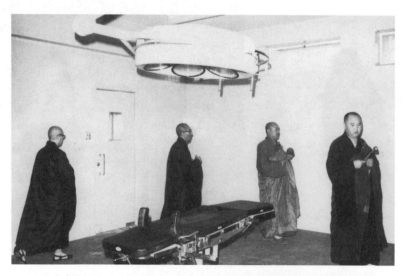

永惺法師（右）於 1970 年參與香港佛教醫院開幕灑淨

● 續佛慧命　興學留芬

永惺法師念念不忘培育僧伽人才。在教育事業方面，按照大學本科制在西方寺創辦菩提佛學院、佛教華夏書院和華夏中醫學院等；與洗塵法師等創辦香港能仁書院；並辦有九龍牛池灣彩輝菩提幼稚園、九龍慈雲山慈正邨菩提幼稚園等多間幼稚園及真理英文中學，更資助內地興辦希望學校數十所，為培植下一代，盡心盡力；另外曾於遼寧海城興辦三學寺尼眾佛學院。

2006 年初，永惺法師接受遼寧省朝陽市有關部門邀請，委託管理朝陽市佑順寺。法師以續佛慧命為誓願，決定發起修復該寺，重建大殿，策劃興建東北佛學院，並與當地著名學府遼寧大學合辦永惺佛學研究中心，計劃將來逐步開展有計劃、有系統的佛學文化研究工作及學術活動，成為與兩岸四地互動之佛學研究基地。

● 德望崇隆　著作等身

文化事業方面，永惺法師於 1986 年3 月創辦《菩提月刊》，內容涵蓋佛法義理、生活應用、寺院介紹、高僧傳記、教界新聞等，圖文並茂。法師還聯合港九大

永惺老和尚（左二）於 2011 年接受泰國摩訶朱拉隆功大學副校長頒授榮譽博士學位，與在旁的覺光法師（右二）和智慧法師（左一）合照，三位法師共同推進香港佛教的發展而合作無間。

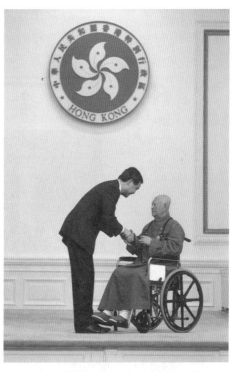

2012 年，永惺法師（右）獲香港特區政府授予銀紫荊星章，圖為時任行政長官梁振英先生（左）頒授星章予永惺法師。

小佛教團體組織「此岸──彼岸」弘法會，舉辦弘法展覽會及大型佛學講座，廣施無畏，普利有情。永惺法師畢生著作甚豐，出版有《菩提文集》、《永惺法師文薈》、《永惺法語錄》、《菩提隨筆》、《佛學問答》、《永惺上人開示錄（一）》、《永惺上人開示錄（二）》、《永惺上人開示錄（三）》、《永惺法師法語集》等。法師慈心悲願，勇猛精進，實為後學之典範。

永惺法師於 2016 年 5 月 6 日（農曆歲次丙申三月三十日）上午 8 時 7 分安詳捨報示寂，世壽九十一歲，僧臘七十八載，戒臘七十三夏。5 月 6 日晚於香港西方寺設靈堂，前往致悼敬禮者不計其數。5 月 21 日上午法師法體送往大嶼山寶蓮禪寺崇恩場舉行茶毗，當日天文台氣象報告為黃色暴雨警告信號，然而出席之法師和信眾延綿數里，善信手持鮮花分批進入海會塔，瞻仰、禮拜老和尚茶毗的莊嚴景象，為老和尚送上祝禱。

弘法精舍後改為由香港佛教僧伽聯合會主辦的能仁佛教書院。圖為永惺法師（前排左四）攝於 1970 年的新春團拜合照。

永惺法師（右）為青島湛山寺學僧講學

永惺法師在香港佛教史上寫下了
光輝的一頁

永惺法師（前排左二）2010 年率團訪問終南山，並到訪法門寺。

淨真法師
心清意淨　斷惑證真

淨真法師（1926－2002）原籍遼寧，宿植德本，應化凡塵，曾參學於香港華南學佛院，親炙一代高僧定西、倓虛老和尚，朝夕請益問道，研習天台教義，旁及大小乘各宗經論，涉獵淵博，腹藏萬卷。法師研經之外，更重視修持，嚴淨毗尼，弘範三界。

淨真法師生於 1926 年 11 月 16 日，俗姓屈，原籍遼寧省遼陽縣人氏，幼具聰慧，及長即本佛志，16 歲在遼陽棲雲寺披剃出家，22 歲在長春般若講寺求受三壇大戒，得戒和尚為天台耆宿倓虛老和尚。戒期圓滿後，法師獲錄取為般若講寺佛學院學員，修學課程包括《大佛頂首楞嚴經》、《教觀綱宗》和《四教儀集註》等。

其後，戰亂動盪中，佛學院停辦。1948 年初，淨真法師輾轉赴青島湛山寺佛學院依止倓虛老和尚修學。1949 年，內地局勢持續不安，法師追隨定西老和尚南來香港，同寶燈、永惺、聖懷等法師於倓虛老和尚主辦的華南學佛院潛修

1952 年 3 月 23 日，香港華南學佛院第一屆師生暨董事合照。前排右起：黃杰雲居士、樂果法師、倓虛法師、定西法師、王學仁居士和吳蘊齋居士；第二排右起：定因法師、大光法師、聖懷法師、淨真法師和智梵法師。

佛學，學習法華、楞嚴等天台宗教法與進修止觀，如是三年解行獲得大益。畢業後，法師協助定西老和尚開創東林念佛堂，以精進辦道，盡心維護道場，深得倓虛老和尚讚嘆，並得其薪傳，傳為天台正宗第 45 代法嗣。

● 發心修持「般舟三昧」

法師少年出家，童真入道，足跡遍及大江南北叢林古剎，苦修度迷，深入經藏，遍參各方，精研教理。移錫香江後，法師矢志恢弘佛法，夙夜匪懈，發心修持「般舟三昧」，不眠不坐不立凡九十晝夜，轟動一時，感應各方，凡佛教中人家喻戶曉，老幼咸知。「般舟三昧」法以九十日為期，在此修持期間，晝夜常行念佛，不眠，不坐，不立。「般舟」一語，本是梵語，漢譯「佛立」，故名「般舟三昧」，又稱「佛立三昧」，或「常行三昧」。「佛立」有三義：佛威力、三昧力和行者本功德力。依此三力能於定中見十方諸佛現立其前，如明眼人清夜觀星，故名「佛立三昧」，在此九十天晝夜中，步行不停，念佛不止，想佛不斷，如此精進修持，三業相應，即見諸佛。若見諸佛時，即明心見性，大開悟解，故此法在佛門修行法中，為最難行持之法。修持此法者，往昔多為祖師聖僧之輩，近代人久已罕有所聞。

1962 年春，在教界大德敏智法師的支持下，新界藍地妙法寺住持洗塵法師將內明學院從大嶼山遷至妙法寺承辦，並改名為「內明書院」，禮請敏智法師為院長。內明書院雖然只辦了兩期，但亦培育了不少僧才，如淨真法師、智海法師等，均曾在此就讀，攻讀唯識宗教義，成為妙法寺內明書院大專部第一屆畢業生。

淨真法師於內明書院畢業後，仍居荃灣芙蓉山東林念佛堂，修持佛法，精研經典，深得天台和法相學之要領。東林念佛堂是專修淨土的道場，法師在擔

任東林念佛堂方丈期間，獲大護法及熱心善長護持，捐資重修東林念佛堂，擴建大雄寶殿、大悲殿、五觀堂諸建築，道場莊嚴，宗風大振。

● 博學多聞　旁徵博引

法師法相莊嚴，嚴守佛戒，平時一門深入，專修淨土，而法師主持講座，總是稱性而談，方便善巧，旁徵博引，俯拾皆是，以無礙之辯才，作深入淺出之詮釋，且引述甚多佛門之通案，亦莊亦諧，扼要精簡，信手拈來，無非妙諦，聽眾座無虛席，無不肅然起敬。

淨真法師一生胸襟恢宏，不囿於門戶之見，教演天台，行歸淨土，博學多聞，道高德重，曾任香港佛教僧伽聯合會副會長、香港菩提學會副會長、東林念佛堂方丈、東林安老院院長，以及香港佛教南洋中學佛學講師等職。法師還曾應請長期在香港大會堂及道慈佛社等處主持講經弘法大會，參與香港佛教聯合會歷年清明思親法會大壇主壇，普度有情。法師更以十年心血完成六十萬言之《楞嚴經釋解》，並出版流通，普利群生。

淨真法師本其宏願，數十年如一日，講經說法，著書立論，從未少懈，而參與僧團，弘興佛教，以言傳身教引導後學，更是不遺餘力，為之奉獻了畢生心血。尤其是在擔任東林念佛堂第六任住持期間，為法忘軀，憂心勞力，建樹良多，貢獻卓著，終以積勞成疾，於 2002 年 9 月 3 日（農曆七月二十六日）化緣功滿，捨壽歸西，趺坐示寂於方丈室內，世壽七十七歲，僧臘六十一載，戒臘五十五年。法門頓折砥柱，教海慟失津梁。香港佛教四眾同人仰懷法師德範，組成讚頌委員會，助念送行。香港佛教聯合會致送輓聯：「東林道場古今顯蹟公承師訓賡續慧命真龍象；香江弘教遐邇傳聲眾沾法益持名念佛盡皈依。」

1968 年 9 月 19 日，台灣佛教領袖白聖長老蒞港訪問，覺光法師、永惺法師、淨真法師（前排左四）、大光法師和洗塵法師等一同前往香港啟德國際機場迎接白聖長老。

1986 年 4 月 4 日，香港佛教聯合會假座佛教大雄中學啟建丙寅年清明思親法會，圖為大壇主壇法師淨真法師（前）等高僧大德繞場灑淨。

1997 年 7 月 1 日，香港佛教界慶祝回歸祈福大會於香港大球場盛大舉行。高僧雲集，共祈佛光普照，國泰民安。前排左一為淨真法師。

智開法師
嚴持戒律　和藹可親

智開法師（1927 － 2008）生於 1927 年 11
月 5 日，山西五台縣東茹村人，俗名劉全
榮。1933 年，由於家境貧寒，年僅六歲的智開
法師，被家人送到五台山尊勝寺當小和尚，
依恩師藏峰老和尚剃度出家，法號靈春。他天
資聰慧，虔修佛學。1940 年在北京拈花寺亮圓
戒和尚座下得受三壇大戒，受戒後被推薦前往
北京正覺寺和青島湛山寺佛學院深造，親近
倓虛老法師，深入經藏，精進修學，深得倓老
的喜愛。

智開法師法相

● 培育學僧

　　1946 年，智開法師於青島湛山寺佛學院畢業後，因正處戰亂，無法回歸
故里，被迫流落天津、上海、廣州，歷盡人間坎坷。1949 年初，在倓虛老法師
引薦下，智開法師偕同師兄弟聖懷、性空、樂渡、達成等法師來港協助倓虛老
法師籌辦華南學佛院，並於倓老座下繼續深造天台教典。

　　華南學佛院沿用青島湛山寺佛學院的辦學方式，以三年為一期，共辦了兩
屆。學僧經過幾年的勤修苦行，第一屆於 1952 年 3 月畢業，畢業生包括智開、
永惺、暢懷、聖懷、淨真、大光、智梵、妙智、寶燈、法藏、濟濤、河清、圓智、
明遠、妙境、達成、樂渡、性空、誠祥等法師。他們後來分別在兩岸三地及海

外各地弘宣法化，大轉法輪，傳續天台法脈，成為香港佛教一股中興力量。

坐落於銅鑼灣鬧市區的香港菩提學會，於 1965 年 2 月正式成立，由茂蕊法師、永惺法師和智開法師等，與一眾大德法師居士，組成第一屆董事會，以佛陀慈悲喜捨之利他精

1998 年 1 月 21 日，智開法師參加香港公益金百萬行活動。
前排右起：崔常祥居士、智開法師、廣琳法師。

神為宗旨，致力弘揚淨土思想，推動人間佛教理念之落實。此外，智開法師先後創辦香港佛經流通處、法喜精舍等，對傳播佛教文化作出了重要貢獻，深受香港佛教四眾弟子的崇敬和愛戴。

1974 年智開法師加入香港佛教聯合會第 20 屆董事會董事，至 2006 年第 52 屆為止，此外，法師亦為香港菩提學會永久董事、香港佛教僧伽聯合會董事、東林念佛堂永久董事等。

● 重修故鄉寺廟

智開法師雖身居香港，但對故鄉山西及五台山佛教事業夢魂縈繞，念念不忘。1984 年，法師回到闊別數十年的山西五台，重返祖庭尊勝寺。然而，由於歷史原因，寺內殿堂頹廢，廟貌殘敝，無一佛像。法師發願重新修葺祖庭，恢復五台山尊勝寺昔日的輝煌。為此，他主動擔任重修尊勝寺發起人，並聯合與他同出一寺，曾任香港佛教僧伽聯合會董事的金山法師，籌集資金，先後捐款數百萬元用於重修工程。從 1986 年開始，智開法師等勞心勞力，歷時十年，使

一座破敗不堪的舊廟，變成一座巍峨壯觀的巨剎。其間，他每年回尊勝寺一次督促檢查，解決工程難點。經過幾年修繕，寺內四百餘間殿宇樓閣，煥然一新。

法師還從香港購進各種供器、法器、藏經、玉佛、幡幔等四千餘件，並解決了寺院電燈照明、自來水和交通等問題。1991 年 9 月，時任中國佛教協會會長趙樸初得知智開法師、金山法師捐資修建尊勝寺的事蹟後，欣然命筆為該寺題詞：「捨生通往東亞取經誓度群迷，文殊大悲無盡千秋尊勝招提。」

經過十多年的艱辛努力，在智開法師宏誓願力的感召下，在香港以及海內外佛教四眾弟子的鼎力相助下，1995 年，祖庭尊勝寺恢復一新，功德圓滿，並於同年隆重舉行了盛大的寺院重修圓成諸佛菩薩聖像開光大法會。

2008 年 4 月 10 日上午 10 時 30 分，智開法師世緣已畢，安詳示寂，世壽八十一歲。遵照法師遺願，法體在香港大嶼山荼毗後，靈骨移往山西五台山尊勝寺塔林安放。

2000 年 11 月 14 日，智開法師出席香港佛教聯合會成立 55 週年誌慶聯歡聚餐活動，主持幸運大抽獎環節。

2000 年 5 月 21 日，中國佛教協會會長趙樸初居士因病於北京圓寂，香港佛教界組成以覺光法師等高僧大德為首的弔唁團，前往北京廣濟寺與樸老告別。

暢懷法師
戒行精嚴 堪為典範

暢懷法師（1928－2019），俗姓王，名記德，1928 年 11 月生於河北省武安縣康二城鎮洞上村，全家以務農為業，幼年家貧，從小放牛拾柴，參加勞動，只上過一年學。河北為二次大戰時期日本侵華最早及最主要的戰場，早於1933 年，長城抗戰已爆發。時局動盪，人心惶惶，憂愁卒歲。1942 年，又逢天大旱。當時只有 15 歲的王記德為謀一條生路，投奔自己的親舅舅、武安縣管陶鄉禪房寺崇性和尚，在其座下披剃出家，法名親極，字暢懷。

暢懷法師法相

　　1943 年，法師於北京廣濟寺受具足戒，後往房山縣上方山遍參 72 茅蓬，逗留三月餘回京。之後住安養精舍，入法界學院為學僧，因而得親近慈舟大師。當時大師力主辦學，教育僧才，提倡戒律，弘揚淨土法門，普攝群機。慈舟大師之言行，成為法師年青時代之立身正範。法師經三載修習後結業，因緣際會，南下上海，入圓明講堂，親近圓瑛法師，於楞嚴專宗學院修學三年。

● 深究法華奧義

　　1949 年，時局不靖，法師南下廣州，繼而移錫香港。當時香港佛教式微，法師蒙教界大德茂峰法師慈悲接單，掛搭東普陀講寺，不久即偕融靈法師等轉

赴泰國參學，歷半年後返港，駐大嶼山觀音寺靜修。1952 年，由天台宗泰斗倓虛大師創辦的華南學佛院招收第二屆學僧，法師考進該院研讀，三年後畢業。其間承倓虛大師授記付法，傳持天台正宗，為第 45 代傳人。此後法師持戒精嚴，為法忘軀，力弘天台，深究法華奧義，行菩薩道，弘法利生，皆深受大師之影響。1958 年，法師考入香港妙法寺內明書院（大專），主修佛學、哲學，三年後畢業，又於易通英專攻讀英語課程四年。1966 年，法師接任九龍樂富邨佛教普賢學校校監，同時兼任九龍界限街倓虛大師所創之中華佛教圖書館館長。自法師接掌中華佛教圖書館，印贈佛籍數百萬冊，為初機之士燃無盡法燈，識者咸以大士目之。1975 年，法師於元朗開辦佛教普賢書院，校舍三層，學生八百多名，法師自任校監，主理校務，成就卓著。

1977 年，法師獨具慧眼，洞悉振興佛教應藉青少年之力量，毅然允諾佛教青年協會之請，借出中華佛教圖書館為該會會址，更應邀出任協會導師兼永久董事，之後相繼擔任天台精舍住持、圓明寺住持，領導弘法活動，成為佛教界一股新力量。1997 年 5 月，法師應香港佛教僧伽聯合會之邀請，接任司庫一職，後亦擔任顧問一職，另兼任香港能仁書院校監，再度踏足教育界。法師梵行高潔，對佛法有精湛領悟。而一向謹遵祖師大德在悟不在立的原則，治事待人，都能圓融善導。

● 節儉與慷慨

暢懷法師一生自奉儉約，慈悲喜捨而平易近人，深受信眾擁戴。《溫暖人間》引述法師徒弟的描述：「日常，師父總是穿着一件縫縫補補的大袍，裏面再穿一件利工民內衣，內衣也是破舊的，也許穿了超過十年。記得有一次，有一位居士看在眼裏，就買了兩件新衣送他，他老人家歡歡喜喜收下了，隔了一段日子居士再來到，見他仍然是穿着破布衣，就問他為什麼不穿新的呢？他說，

出家人穿百衲衣，很好啊！新衣已經送給早前來探訪他的僧人，他認為對方比較需要，八、九十年代時，社會未夠富裕，到訪的人都能感受到老和尚的關懷；了解他的信眾都預知，無論供養老和尚的物資多貴重，他都會轉送給有需要的人。廣修供養，就是我們的老和尚。」

暢懷法師喜歡以法供養，每次受人供養，法師均會藉着機緣，以法供養之！他的話題很廣，涉及天南地北，各地的風俗人情、過去官侯將相、詩人墨客奉佛的歷史故事等都在其話題當中。而法師陞座說法，舌粲蓮花，深入經藏，圓融無礙，更是頗得人望。在法師慈教熏陶下，皈依座下弟子不可勝數。

法師以悲願宏深，為普度群萌，風塵僕僕輾轉於祖國內地、香港地區，以及美國、加拿大等地敷演正法，每作無畏布施，辦放生法會，撫慰病人；或遇緣謝娑婆者，念佛助其生西；又常法施於難民營、監獄，隨緣度眾，不退而恆。

法師肩負紹隆佛法、培育青少年之責任，數十年間，透過授皈依、八關齋戒、辦短期出家班，更不辭勞苦，遠赴海外講經傳戒，指導禪修，從者如流，法緣殊勝。此外，法師以自身修持為依皈，先後出版了《靜坐講義》、《釋暢懷學佛文集》等十多種著述，為弘宗演教，嘔心瀝血，席不暇暖。

● 以法供養四方

內地改革開放後，法師不忘桑梓，愛國愛教愛家鄉的情懷愈老彌堅，多次帶領香港信眾返回家鄉武安，一方面探親祭祖，一方面修復佛寺，先後在武安開山興建了龍泉寺、極樂寺、佛光寺等道場。除長期擔任佛教青年協會導師外，法師還曾任河北武安龍泉寺方丈、香港諦閑大師紀念堂住持、香港佛教僧伽聯合會董事、靈峰佛陀教育弘化基金會榮譽主席、佛教護生會創辦人兼永久導師。

　　暢懷法師於 2019 年 6 月 21 日下午 5 時 30 分，安詳捨報，世壽九十，僧臘七十八載。法師一生，事佛以誠，接眾以慈，領眾熏修，身體力行，講筵不絕，法緣殊勝，德化所及，緇素景從。其出家及在家四眾弟子眾多，受法師影響或託囑，在不同領域弘法及服務眾生，對佛教界貢獻至大。

上圖：2006 年 5 月，暢懷法師出席佛誕傳燈法會。

右上圖：2006 年 5 月，暢懷法師與覺光法師、融靈法師擔任皈依導師（前左至右）。

右下圖：2009 年 5 月 1 日，屯門區慶祝佛誕吉祥大會，大會主席暢懷法師（右）向主禮嘉賓、時任新界鄉議局主席劉皇發 GBM, GBS 太平紳士（左）致贈紀念品。

元果法師
盡瘁佛門　碩果長存

元果法師（1929 － 1998）俗家姓陳，名日燈，原籍福建南安豐州，12 歲隨祖母於泉州崇福寺依止福禪法師出家，師祖妙月法師親自剃度，15 歲求具足戒於鼓山湧泉寺，18 歲移錫香港。

元果法師德相

● 駐錫香江　大轉法輪

為化度有緣，普濟十方，元果法師於 1958 年在香港北角開創福慧精舍。教界耆宿倓虛老和尚主持精舍開光典禮，並作慶賀詩一首：「福慧精舍法緣昌，初展規模日日張。挽轉世風弘佛化，竟將東土現西方。釋迦如來裝金色，觀音大士色金裝。地藏菩薩金色相，三身四智放祥光。迦葉阿難同侍佛，韋馱菩薩護蓮邦。善男信女來獻供，吉日一時放佛光。七竅玲瓏光普照，六根清淨喜洋洋。諸山長老同居士，慶賀光臨太相當。」老和尚透過此詩，熱情地讚揚了福慧精舍佛像莊嚴、信徒踴躍的興盛景象，殷切地期望福慧精舍在弘揚佛法、普度眾生的事業中功德圓滿。

法師一生以普賢菩薩為修行準繩，為了佛法的弘揚而鞠躬盡瘁，在精進修行的同時不忘慈悲濟世，把佛法與醫學結合起來而救度苦難者。他一生專研醫學，尤其在跌打損傷方面特有造詣。法師曾發起創設佛教福慧慈善基金會和中

國新醫針灸學院，分別擔任會長和院長等職，為病苦者免費贈醫施藥，又興辦社會慈善事業，扶危濟困、修橋鋪路、建校助學、放生護生等，以出世的精神作入世的事業，實踐弘法利生慈悲濟世之行願。

● 創辦佛刊　弘化功深

元果法師為香港佛教聯合會第 11 屆至第 19 屆董事會董事、常務董事；第 26 屆至第 44 屆董事會董事、常務董事，他非常推崇佛教文化教育，先後參與創辦《香港佛教》月刊，發起影印《卍字續藏經》，廣為流通，令大眾皆有開智慧的機會。

為了啟迪眾生明白佛教的道理，弘揚佛教文化事業，元果法師於上世紀六十年代中與覺光、松泉二位法師合力創辦《香港佛教》月刊，三人各籌資十萬元作為基礎，並由覺光法師擔任社長，松泉法師擔任發行人，元果法師擔任督印，各自職司分明，運作無阻，經費不憂，好評如潮。在三位高僧的擘劃下，《香港佛教》猶如茫茫大海中一座燈塔照射四方，以文字般若弘法，令法水得以流傳，度眾無量。創刊至今出版，從未間斷。元果法師更曾一度挑起編校重擔，為《香港佛教》弘法宣傳作出了巨大貢獻。《香港佛教》月刊今日的發展壯大，離不開包括元果法師等先賢大德的辛勤付出。如今《香港佛教》在諸佛菩薩、十方善信的護持下愈辦愈好，深受各方好評。海內外讀者將永遠緬懷元果法師等大德高僧的無量功德。

● 迎請佛經　續佛慧命

《龍藏》是我國最後雕刻的一部大藏經，以其經板尚存，彌足珍貴，也是世界佛教之寶貴遺產，廣大佛教徒視為聖物。為迎請中國佛教協會贈送的珍本《龍藏》，香港佛教界派出以寶蓮禪寺方丈慧命法師為名譽團長、聖一法師

為團長、元果法師為秘書長的 102 人寶蓮禪寺迎請大藏經代表團，於 1982 年 6 月 7 日前往北京進行為期一週的迎請佛事和參訪活動。這一活動是改革開放後香港佛教界組團回內地進行參訪活動中規模最大、人數最多的一次。代表團在北京期間，受到了中國佛教協會及各有關部門的熱情接待，時任中國佛教協會會長趙樸初居士

1982 年 10 月，中國佛教協會派出以副會長巨贊法師率領的《龍藏》護送團，護送《龍藏》抵達香港。《龍藏》護送團受到了香港佛教界的隆重歡迎和熱情款待。前排左起：巨贊法師、黃允畋居士、元果法師。

親自主持贈經儀式。中國佛教協會向香港佛教界贈送珍本《龍藏》，是一件震撼香港佛教界的大事，它結束了兩地佛教界之間 30 年中斷往來的歷史局面，揭開了兩地佛教友好交往的新篇章，意義極為深遠。

● 愛國愛教　建寺安僧

　　元果法師畢生愛國愛教，曾在祖國內地發生地震時，集中人力物力財力積極參加抗震救災。他亦積極組織力量恢復福建泉州崇福寺、菲律賓的崇福寺和廈門白鹿洞寺等。

　　始建於五代與宋初交替之際的泉州崇福古寺，千餘年來，歷經興廢。民國年間，崇福寺延請著名高僧妙月法師為住持。妙月法師身懷南少林武功，擅治跌打損傷，南渡菲律賓行醫化緣，回來後對崇福寺進行全面修建，古寺重光。

文革期間，崇福寺遭受重創。改革開放後，1980 年開始，元果法師和新加坡常凱法師、常覺法師積極籌措資金，大規模重興崇福寺，先後修復大殿、鐘鼓樓、天王殿。在社會各界的大力支持，一座風貌清新的古禪林，完整地展現在世人面前。

元果法師住持廈門白鹿洞寺後，以中興祖庭為己任，扶剎竿於既倒，興伽藍於廢墟，擴建殿堂樓閣，新塑諸佛菩薩金像，鋪砌石級、石欄，裝修樓台亭閣，今日白鹿洞寺儼然為一座宏偉的佛教道場。

● 積勞示疾　捨報西行

1998 年 9 月 24 日（農曆八月初四），元果法師化緣已畢，安詳示寂於香港福慧精舍，世壽六十九歲，僧臘五十七年，戒臘五十四年。10 月 3 日（農曆八月十三）辭靈出殯，由時任香港佛教聯合會會長覺光法師說法封棺，時任香港佛教聯合會總務主任永惺法師舉火荼毗，時任香港佛教僧伽聯合會會長紹根法師致悼詞，諸山長老逐一於靈前致哀。元果法師為人隨和、寬厚仁慈，總是手持念珠默默念佛，精進修持，深得四眾弟子的敬仰。他一生弘揚正法、化導群迷，對香港佛教貢獻良多，尤其門下弟子均能秉承恩師慈悲喜捨拔苦予樂的精神，在祖國內地興學育才捐建校舍數十間，為山區兒童改善學習環境，同時在當地捐建醫院多間，把恩師利樂人群的慈悲大願發揚光大，造福人群。

1982 年 6 月 11 日，全國人大常務委員會廖承志副委員長在人民大會堂會見香港寶蓮禪寺迎請大藏經代表團全體成員。前排右七起：代表團秘書長元果法師、時任國務院宗教事務局喬連升局長、代表團團長聖一法師、廖承志副委員長、代表團名譽團長慧命法師、時任中國佛教協會會長趙樸初居士、時任寶蓮禪寺監院智慧法師等。

紗境法師

法雲共登十地住　紗境同證一真常

紗境法師（1930 － 2003）原籍東北，童真出家，志慕佛乘，遍參各方，解行並進，早年專研台宗，次深究賢首，後精心般若，獨厚唯識，貫徹性相二宗，洞明大小三藏，繼而弘化中外，杖錫住持道場，涵育十方僧眾，先後住持香港東林念佛堂、美國法王寺及美國法雲寺等道場，統理大眾，廣宏如來正法，暢演大乘妙義，獨樹僧伽教育，匠成弘法人才。

紗境法師法相

紗境法師俗姓王，黑龍江省龍江縣人，生於 1930 年 1 月。8 歲至 16 歲於私塾研習《四書》、《古文觀止》等，為後來研讀漢文佛典奠定了相當扎實的根基。16 歲後轉讀正規中學，接受英數理化、世界史地等現代課程的熏習。

法師之家人多虔信佛教，樂善好施，其二叔出家，法號覺道。法師常至二叔常住之寺院隨眾作課，故接觸佛教的因緣甚早。18 歲時，法師在二叔的引導下，至吉林市觀音古剎佛學院參學，心遊教理，深入經藏，對各宗妙理，多所契悟。同年底，依止惺如老法師薙髮出家，法名妙智，號仁奇。1947 年 3 月，法師赴長春般若寺戒會，依倓虛老法師受具足戒。1948 年初，輾轉到青島湛山寺佛學院依止倓虛老法師學習，發願云：「願精通三世佛法，對千部論師說

之無愧！」在青島時，同學中有人亦名妙智，倓老乃為法師更名，以《妙法蓮華經》十妙中第一之「境妙」，取其義而反其字序，法師從此即以「鈔境」為名。

● 沉潛自修　對外弘法

　　1949 年，法師與同學數人南下至香港新界荃灣，入華南學佛院首期研究班就讀，力究天台教義，兼修南山律宗，研習《法華文句記》、《摩訶止觀》等，並在倓虛老法師指導下，抄錄蕅益大師《法華會義》之科。1953 年，法師赴芙蓉山東林念佛堂依止定西老法師，其間讀蕅益大師《楞伽經義疏》、永明大師《宗鏡錄》等，深感坐禪功德殊勝，對聖道生起欣願，故於 1956 年至大嶼山獨住用功。此後十數年間日誦《般若經》，廣習佛法，從天台、中觀、唯識，

鈔境法師（左）和早年在華南學佛院參學的同窗樂渡法師（中）、智梵法師（右）歡喜重聚。

到大小乘義理普遍的深入研究，加上不曾間斷的止觀靜坐，依聞、思、修的學習次第，思想逐漸圓熟，確立中觀空義，抉擇如來藏理，肯定唯識中道，對於漢傳大乘佛法有了更深刻信解，並建立起以「大乘四念住」為中心的修學理念與次第。

法師行持篤實，善說法要，28歲時應體靜老法師邀請，宣講《妙法蓮華經》。此後除沉潛自修，亦不斷對外弘法。卓錫香港期間，法師曾在東林念佛堂宣講《法華文句記》、《大佛頂首楞嚴經》、《大方廣圓覺修多羅了義經》；在弘化蓮社講〈觀世音菩薩普門品〉、《淨土十疑論》；在九龍佛海蓮社講《維摩詰所說經》；在普慧蓮社講《觀無量壽佛經》；在華嚴蓮社講〈維摩詰所說經·文殊師利問疾品〉，以無礙辯才，引經據典，聞法者皆如沐春風、法喜充滿。1964年始，法師於東林念佛堂領導居士研習《大乘起信論》，所結法緣甚廣。

1969年2月，法師接任東林念佛堂第三任住持，在法師苦心經營下，東林念佛堂山門清淨，頗有百丈之遺風。1972年1月，法師以深孚眾望，再獲董事會一致推舉，連任東林念佛堂住持。1973年，為成立東林美國分院之故，法師移錫美國加州，於奧克蘭（Oakland）創辦法王寺。此後開始深入研習唯識經論，讀《瑜伽師地論披尋記》，背誦《維摩詰所說經》，其間深居簡出，日閱三藏教文，夜則禪坐靜修，但仍應請宣講《攝大乘論》、〈菩提道次第略論·奢摩他章〉、《佛陀的啟示》等，並赴加拿大宣講《金剛般若波羅蜜經》，返香港講《舍利弗般若》、《菩提道菩薩戒論》等。

法師於佛法中韜光沉潛、養深積厚，涵泳二十餘年。自1980年起，法師逐漸走入人群，但其志不在蓋大廟廣興人間福業，也未欲多度弟子光大門庭，除了主辦禪七、佛七及大悲懺法會外，主要以說法接引眾生為重。

紗境法師（後排右五）駐錫香港東林念佛堂時留影。前排右二為定西法師，後排左五為永惺法師。

1969 年 2 月 9 日，香港東林念佛堂第三任方丈紗境法師（右）陞座大典隆重舉行，恭請時任香港佛教聯合會名譽會長筏可老和尚（左）主持典禮。

● 一心唯為修道

　　1990 年 2 月，法師於美國三藩市附近的丹維爾（Danville）近郊，創辦美國法雲寺。此後又往來於溫哥華、香港及台灣地區、馬來西亞、新加坡、新西蘭等講經弘法，為法忘軀，不辭勞苦。

　　為了長期栽培領眾修行及講經說法的人才，法師於 1995 年開始籌辦佛學院，同年 10 月中舉辦四十九日禪，得禪悅者眾，其中多人因而留下修學，即為學院開辦後第一屆學員。1996 年 3 月 14 日，美國第一所以漢傳佛教為中心的佛學院——法雲寺佛學院——正式開學。法師全心致力於僧才教育，提倡修四念處趣求聖道，主張全面弘揚大乘佛法，著重經論之深入學習及專精思惟，強調由此建立佛法正知正見，並以之為修習止觀、調伏煩惱的根本依據。

　　法師時時以佛法慧命為念，事事以眾生苦樂為着眼，常感慨弘揚大乘止觀者少，願求聖道者稀，正法不彰，思想混亂，佛教貌似興盛，但實未具應有之莊嚴。法師唯望更多人學習佛法，故無論資歷、年齡，凡發心向學者，皆可隨時就學。他常開示大眾：「有出家人共住的地方，就應該是佛學院。但由於現前佛教客觀環境所限，不得不採取佛學院的方式，提供出家人學習佛法的機會。」

　　2000 年 4 月，法師於台灣法雲禪寺傳三壇大戒會中，任羯磨阿闍黎，諄諄教導新戒學子出家後要建立正知正見，調伏煩惱。同年 8 月底，法師捨棄繁華便利的加州環境，將美國法雲寺佛學院全體遷至偏遠、高寒的新墨西哥州山區。有人不解此舉，法師云：「高寒之地的氣候環境，及所生長的穀物，對於禪修是有幫助的，所以選此地為院址。」同時將佛學院更名為「禪學院」。法師一心唯為修道，自在放捨之大行可見一斑。

　　隨着年歲日增，法師時為腿疾所苦，而心臟、血壓也層出狀況。自美國法雲寺佛學院開辦以來，法師於繁忙的教務中事必親躬，學生、信眾凡有所求，無不慈悲隨順而滿其願。每年春秋二季學生放假，法師仍應台灣及香港地區、美國、加拿大各地之邀，罔顧時地差別之不適，馬不停蹄地於海內外巡迴說法、主持禪會。弟子們勸請法師多休息，勿再奔波勞頓，法師笑言：「我應該學着對人說『No』。」

　　2003 年 4 月 17 日（農曆三月十六日）晚 7 時 30 分，美國法雲寺禪學院創辦人紗境法師因積勞成疾，世緣已盡，安詳捨報，正念往生，世壽七秩晉五，僧臘五十七載，戒臘五十六。法師示寂七日後荼毗，得各色舍利子及舍利花無數。

紹根法師
善業隨身　就是圓滿人生

● 幼年離家　伽藍為宿

紹根長老（1931－）出生於廣東省佛山市，族姓龔，父母從事批發生鹽與雜貨生意。七歲入學不久，因逃避戰亂，隨父母逃入西樵山之頂。數月後，聞見大局平靜，長老一家才敢返回佛山繼續做批發生意，但當時各行業市況一落千丈。其時，百物騰貴，糧食短缺，有些人捱飢抵餓，生活十分困難。

1945年九月初一，父親將紹根長老送往陽春縣親近祺康老和尚，長老當時才14歲。祺康老和尚其時在陽春縣一間叫「三廟」的精舍靜修。本來老和尚想供他讀書，但村內並無學校，要往鄰村才有學堂，因此老和尚便親自教他讀

楞嚴精舍住持紹根長老，當年獲是幻法師的邀請，到市區開展弘法工作。

經識字。第一次學讀的經句是：「大慈大悲愍眾生，大喜大捨濟含識，相好光明以自嚴，弟子至心皈命禮」這幾句，之後繼續教其他經文。

● 高僧攝引　剃度出家

1946年的一天，長老在祺康老和尚座下剃度出家，其後被送往鼎湖山受戒。長老離開三廟精舍，在鼎湖山過起了比丘的生活。由於物資非常貧乏，當

時正值發育期的長老，覺得每天都在捱餓，不到半年，他就生起了退心，並將
想法跟老和尚說。祺康老和尚批評他業障太重，才會受不了。不過，他還是非
常關心小徒弟。同年，拜託澳門的慧因法師把紹根長老接到澳門。那時正值國
共內戰，很多難民去了澳門避亂，澳門的生活雖然好一些，但社會不太安定，
慧因法師叫他留在寺院內，不要亂走。這樣一住就是十年。

● 勇猛精進　勤修善法

　　1956年，紹根長老到香港求學。他在出家前斷斷續續讀了四年書，其中
三年在私塾，讀《三字經》，還讀了一年正規學校，讀四年級。在澳門的十
年，紹根長老沒有停止學習。他寫得一手好書法，能畫水墨畫、文人畫和宗教
畫，都是在澳門學的。當時內地有不少書法家和畫家逃避戰亂，去了澳門，他
們在普濟禪院定期聚會，研習書畫。著名的嶺南畫派代表關山月和國畫大師鄧
芬都是座上常客。其時，年青的紹根長老一邊協助他們的聚會，一邊自學書

左圖：長老寫得一手好書法

右圖：本煥老和尚(左)103歲大壽時，請紹根長老(右)
寫一個佛字給他作賀禮。

畫。鄧芬見過長老畫的佛畫，大讚他有天份，就叫長老跟他學習。長老沒有正式拜師，只在鄧芬到寺院時，請他指點。

　　長老本希望進入華南學佛院學習，不過，還未入讀便遇上困難，一來學佛院自 1954 年起已改為研究性質，學僧以自修為主。其次，長老不懂國語，而導師和同學都是說國語的，他因而遲疑了。這時有道友建議他上大嶼山找海仁老和尚求學經教。

● 苦讀楞嚴　學佛證道

　　1957 年，紹根長老到寶蓮禪寺掛單。幾天後，筏可大和尚從美國夏威夷回港，安排紹根長老見海仁老和尚。首次見面，海仁老和尚便留住他。海仁老和尚教長老的第一部經是《大佛頂首楞嚴經》，他每日按老和尚要求，熟讀經文，次日早上便要覆經。可能基礎不好的緣故，法師當時感到壓力非常大，經常頭痛，腸胃也常常不好。一年多後，覆了一部經後，他便選擇下山去了。

　　紹根長老在市區認識在佛教黃鳳翎中學任教佛學的源慧法師，他鼓勵長老不要放棄學習經典的機會。於是長老重新上山找海仁老和尚。在海仁老和尚的耐心教導下，長老深入經藏，孜孜不倦，研習佛法，如此過去了兩三年。後來，他被邀請加入寶蓮禪寺董事局，任知客和尚，負責對外聯繫。

● 弘法利生　永不言休

　　年青又懂經教和書畫的紹根長老，受到佛教界很多前輩的欣賞。其中同樣來自鼎湖山的是幻法師，在北角英皇道 856 號建立楞嚴精舍，邀請長老加入董事局。長老認為在市區可以接引更多信眾，便欣然接受，開展了長老到市區弘法的工作；而寶蓮禪寺也挽留他，他便兩處奔波，參與山上和市區的佛事。後

紹根長老探訪希望工程受助兒童

來，香港佛教聯合會和香港佛教僧伽聯合會均邀請他加入董事會。他認為自己
與覺光長老有緣，覺光長老每次出外或與政府開會都喜歡找他一起去。

　　九十年代，紹根長老應慈恩基金會的簡耀光居士邀請，跟隨到貴州山區探
訪學童，他見到開放後的中國內地仍有很多山區學童不能上學，心裏起了很大
的起伏。於是，長老決心要在內地興學辦校，幫助貧困的山區學童。

　　回港後，紹根長老坐言起行，立即在佛聯會的董事會提案，但可能很多董
事對希望學校的認識不多，第一次提案得不到太多董事回應。在接下來的第二
次董事會，長老又以書面詳細陳述內地山區的辦學需要。這次，董事會終於接
受方案，批出 100 萬港元開展內地的「希望學校」計劃。雖然，佛聯會撥款建

校，長老繼續發願，利用自己作為寶蓮禪寺董事的身份，在寶蓮禪寺董事會也提出建希望學校的要求，結果寶蓮禪寺也同意支持。那時長老每年回貴州和廣西山區二三次，在交通不便，遍地泥濘的土地上奔走勞碌，為有需要的地區籌款建校，轉眼就是十多年。長老亦以身作則，在貴州丹寨捐款設了一間中學，取名「丹寨紹根希望中學」。

2011 年，香港佛教聯合會起步發展中醫服務。年屆八十的紹根長老幫忙籌得善款百萬元，捐助佛聯會發展中醫善業。為感謝長老的慈悲，佛聯會在中環香林大廈開設第二間中醫診所，取名「香港佛教聯合會紹根法師綜合中醫服務中心」。紹根長老認為人口老化令醫療需求大增，很多長者都相信中醫，中醫又確能幫助長者，他希望香港可以有更多系統和設施完善的中醫診所。

● 設立基金　助學扶貧

隨着內地的經濟快速發展，貧窮問題很快得已改善。紹根長老亦減少到內地建立希望學校，但他沒有停下來。2015 年，他成立紹根長老慈善基金繼續幫助貧困學子。基金並非只捐款，因為學子需要幫助的其實不止在金錢上。長老的弟子中有企業家、社工和其他專業人士，他就着弟子組成義工隊，探訪學校推薦的申請人。他們發覺有些申請人家裏一貧如洗，但不知道可申請綜援；有住在茶果嶺木屋的學生，家訪時木屋正巧被颱風摧毀，義工隊便首先幫助他重建家園。

● 寄望能仁　發揚光大

上世紀六十年代起，當時學校少，求學者多，時任香港佛教僧伽聯合會會長洗塵法師創立了香港能仁書院，依台灣學制成立，頒發獲台灣承認的學士、碩士和博士學位文憑。香港能仁書院在 2014 年獲香港教育局認可資格，成為

香港第 18 間可頒授政府認可四年全日制學士學位課程的專上學院，改稱「香港能仁專上學院」，作為學院申請期間的校監，紹根長老居功不少。後來，隨着香港出生率減少，學校急增，學院收生率急劇下降，紹根長老歷盡艱辛，仍努力為學院籌募資金。

長老回應：「不論做甚麼事，尤其辦教育事業，只有付出，沒有進賬。不求有功，但求之無過就安心了。」

長老回憶：「當年在董事會上，沒有一位董事願意擔任校監一職，但亦沒有董事提出把校舍結束。」因此長老認為既不想把前輩的心願畫上句號，就要把前輩的大願發揚，期望有朝一日把佛教精神發揚光大。長老因而自己擔任校監一職，邀請教育界前輩幫助，把書院升格為專上學院。近年私立專上學院競爭激烈。長老把佛教僧伽聯合會的教育事業交給下一代的有心行者，繼往開來，把利樂人群的善業發揚光大。

● 紹根長老簡介

1931 年出生

1945 年離家跟隨祺康老和尚學習經典

1946 年於鼎湖山慶雲寺剃度及受戒，同年於澳門普濟禪院掛單

1957 年於香港寶蓮禪寺掛單

1970 年起任楞嚴精舍住持

2015 年成立「紹根長老慈善基金」

現任：世界佛教僧伽會副會長、香港佛教僧伽聯合會會長、香港佛教聯合會副會長、香港能仁專上學院校董會主席等職

2005 年，紹根長老（中）率領香港佛教聯合會南亞地震海嘯災區慰問團到印尼為災民送上關愛。

2009 年，紹根長老（前排右三）率領佛聯會同人到四川進行地震災後考察。

紹根長老（左）出席新加坡佛教研究員座談會時，與覺光長老
（右）抽空前往拜訪時任新加坡總統納丹（中）。

2012 年，紹根長老（中）出席斯里蘭卡世界佛教僧伽會，拉賈
派克薩總統（左）贈送佛像予長老。

智慧法師
出世為僧　入世為將

智慧法師（1933 － 2019）於 1991 年加入香港佛教聯合會第 37 屆董事會，歷任董事、常務董事、總務主任、副會長等公職；2014 年，覺光法師圓寂，智慧法師獲董事會推舉接任第 60 屆會長的餘下任期；次年，法師再當選為第 61 屆會長；其後兩年連選連任，至 2018 年因健康問題，退任為榮譽會長。智慧法師為大嶼山昂坪寶蓮禪寺的常住法師，自 1966 年起出任該寺董事，參與籌建天壇大佛，增建萬佛寶殿，在寶蓮禪寺的建設和發展方面，功高卓著。

智慧法師法相

● 艱難童年　侍奉至親

　　智慧法師，南海西樵人，俗家姓潘，名智遠。法師生於 1933 年，其父在他三歲時因病往生。他隨母來港，寄居舅舅筏可大和尚主持的寶蓮禪寺。

　　法師來港定居後，與母親、哥哥及阿姨同住在寺旁的小屋慈悲苑。因為貧窮，一家人經常捱餓。法師七歲那年，母親病倒，從此由他負責服侍母親，洗衣、倒茶、做家務。

　　母親往生後，法師與姐姐相依為命。他們的生活就靠着姐姐上鳳凰山斬柴，然後揹着重重的柴到大澳售賣維生。這時期是抗日戰爭時期，法師還當起了小鬼通訊員。當日軍來時，他老遠看到就會通風報信，掩護躲藏在寺中的游擊隊員。日本投降後，寺院生活仍然清貧，又旋即發生國共內戰。北僧南渡來港避戰亂，寺院住了許多出家眾，大家一起吃大鍋飯。法師就在寺中，負起種稻、種菜、放牛、拉柴等工作。

● 校役生活　學習管理

　　18 歲的時候，智慧法師離開了寶蓮禪寺，在屯門的興德學校當校役，自力更生。在興德學校工作的時候，法師晚上去讀夜校，不過只讀了兩年。後來，他又轉到了佛教黃鳳翎中學工作。雖然校役是低下層工作，不過，法師很留意學校內的行政和管理，並把所觀察和學習到的謹記心頭。

　　29 歲那年，法師回到寶蓮禪寺，依筏可大和尚出家，並負責照顧他。由侍者開始做起，一直到 2005 年成為寶蓮禪寺第七代住持。法師運用他在佛教黃鳳翎中學觀察到的那一套管理方法來管理寶蓮禪寺。他把寶蓮禪寺當作一所學校，分門別類，讓每個人發揮自己所長。他很尊重寶蓮禪寺內不同崗位的人，他曾說：「不是我做得好，而是大家做得好，如果沒有他們的幫忙，寶蓮禪寺甚麼都做不成。」

　　當校役的經歷，加上年輕時曾侍奉母親及筏可大和尚，令智慧法師更明白，生死及教育的重要性。法師曾在談起自己辦學過程時說：「我曾經照顧母親和老和尚，又看過寺內一些人往生後，因戰亂沒人幫忙處理後事，所以我希望辦一間老人院，以及興辦學校，讓老有所依，少有所學。」

　　1976 年，大嶼山出現第一間老人院筏可療養院；後來，寶蓮禪寺又與香港佛教聯合會合作，興辦大嶼山第一間中學佛教筏可紀念中學，這正是歷任住持和智慧法師踐行佛法的成果。

　　智慧法師由一名放牛拉柴的小牧童，到寶蓮禪寺董事、第七代住持及董事會主席，在大嶼山寶蓮禪寺度過了八十多個年頭。雖然有着與眾不同的經歷，然而，作為一個修行人、一個經歷過極度貧困和重重苦痛的人，他說過，無論是吃飯還是做人，他都只知道「簡單」兩字。「我沒參學，讀書不多，做人甚麼都不懂，只懂得放下。」

● 愛國愛教　堪為典範

　　智慧法師雖出家為僧，但以出世心修菩薩行，一直熱心服務社會，愛國愛港。寶蓮禪寺地處香港離島昂坪，是該區最大的社區組織之一。為更好地服務當區居民，智慧法師參選昂坪村村代表選舉，晉身新界鄉議局，擔任新界鄉議局執行委員和大澳鄉事委員會副主席等職務。2000 年至 2011 年，獲政府委任為離島區議會區議員。其間，法師積極參與區議會工作，聆聽區內居民的聲音，為他們排憂解難，以入世心成就眾生。

　　中華人民共和國對外開放後，智慧法師亦是最早期與內地佛教交流的香港佛教人士。1979 年，以智慧法師等為首的香港佛教僧團一行 20 人訪問中國佛教協會，受到該會時任會長趙樸初居士等人的熱烈歡迎。是次訪問意義重大，是內地宗教界與外界中斷聯繫三十多年之後重開交流，被形容為內地與港澳佛教界的破冰之旅。

　　1990 年 12 月，時值中英政府就香港回歸事務展開談判之際，智慧法師被中央政府委任為區事顧問，就香港回歸之相關地區事務向中央提供意見。1998

年至 2008 年十年期間，智慧法師當選第九屆及第十屆港區全國人大代表，在歷次人大代表會議中，他積極發言，積極擁護「一國兩制」，為香港繁榮、祖國富強發展建言獻策。

智慧法師一生熱愛國家，數十年來帶領寶蓮禪寺四眾，積極地為祖國經濟發展添磚加瓦。根據寶蓮禪寺出版的《智慧法師紀念冊》記錄，以法師為首的寶蓮禪寺同人，在內地貧困地區先後捐建了三百多所希望學校。法師還協助內地一些地區修橋補路，解決民眾出行困難。在法師的大力推動下，寶蓮禪寺在 1997 年於廣東和平縣捐建了兩座大橋，以促進當地經濟發展。1998 年又在江西省的寧都縣及石城縣各建大橋一座；2000 年，廣東省高州市根子鎮一座重要的大橋被洪水淹沒，嚴重影響了當地的交通經濟，甚至危害到民眾的生命，法師聽聞此況，以寶蓮禪寺名義捐資為當地重建大橋，幫助當地經濟重振。

● 世事無常　隨順因緣

2008 年的一天，智慧法師可能因為出席活動時，陽光太猛烈，暴曬一段時間後，翌日不幸中風。法師看得開，認為生死有命，唯有隨緣。他說：「生死本是複雜事，不容易理解。我只有一顆信仰心，在醫院留醫的時候，我念菩薩咒。當身邊一個人都沒有的時候，我耳邊好像聽到一把聲音跟我說：『不要停下來，繼續念誦吧！』」聲音溫柔而慈悲，就像菩薩在回應，法師笑說：「每次大病，我都會念大慈大悲觀世音菩薩，一念就無懼。」經過醫護的悉心照顧，加上法師頑強的生命力和意志力，法師在不久後痊癒，身體還顯得愈來愈健康。

2015 年，智慧法師接下覺光法師的傳教火炬，擔任香港佛教聯合會會長。同年，退任寶蓮禪寺方丈。多少新舊變化，或進或退，法師都沒有為此而動搖「將此身心奉塵剎」的心念。「少説話，多做事，凡事本着學習的心，學到老，

做到老」，是法師經常強調的一句話。事實上，對法師來說，走過百載寶蓮心路，沒有甚麼是要眷戀不放，緊緊抓着的，包括名與利。

2015年，智慧法師（右）當選香港佛教聯合會第61屆董事會會長，接任覺光法師（左）的職務，弘揚佛法。

2019年7月13日（歲次己亥六月十一日）下午9時30分，智慧法師住世緣盡，安詳捨報，世壽八十六歲。智慧法師出世為僧，入世為將，領導教界，勇猛精進，弘法利生，不遺餘力。作為一個修行人、一個經歷過極度苦難的人，智慧法師的每一段人生經歷，都是最好的勵志故事。

● 智慧法師主要公職

1966年　開始出任寶蓮禪寺董事。

1976年　在香港佛教聯合會參與籌建大嶼山第一所中學——佛教筏可紀念中學。

1979年　組織港澳佛教界代表團訪問北京，恢復港澳與內地中斷了三十多年的宗教界聯繫，被視為宗教界的破冰之旅。

1980年　寶蓮禪寺發起籌建天壇大佛，出任籌建大佛工程召集人。

1990年　獲香港政府頒授社會服務勳銜（BH）。這年開始，積極投入內地希望工程建設，先後助建希望學校三百多間，救助因家庭貧困而失學的兒童重返校園。

1991 年　加入香港佛教聯合會第 37 屆董事會，歷任董事、常務董事、總
　　　　　務主任和副會長等職。

1996 年　獲頒大英帝國員佐勳章（MBE）。

1997 年　當選為第九屆港區全國人大代表。

2000 年至 2011 年，連續三屆被委任為離島區議會議員。

2002 年　連任第十屆港區全國人大代表。

2005 年　榮獲香港特別行政區政府頒授銅紫荊星章（BBS），成為首位獲
　　　　　此殊榮的僧人。

2012 年　獲泰國摩訶朱拉隆功大學頒授榮譽博士（佛學研究）學位。

2014 年　在其領導和多年努力下，寶蓮禪寺的萬佛寶殿正式落成。

2015 年　獲香港特別行政區政府頒授銀紫荊星章（SBS）；當選香港佛教
　　　　　聯合會第 61 屆董事會會長，其後續任第 61 屆及第 63 屆會長。

2018 年　退任香港佛教聯合會第 64 屆董事會榮譽會長。

2006 年，智慧法師在首屆世界佛教論壇上發言。

2007 年，寶蓮禪寺萬佛寶殿奠基儀式上，左二為智慧法師。

2014 年 10 月，寶蓮禪寺萬佛寶殿落成開光慶典上，智慧法師（左三）與時任中聯辦主任張曉明（左二）、時任行政長官梁振英（右三）和前任行政長官曾蔭權（左一）等人擔任剪綵嘉賓。

2015 年 5 月，智慧法師（左）往北京訪問中國統戰部，與時任局長趙學義（右）會面。

2015 年 9 月，在宗教界慶祝國慶活動中，智慧法師（前排右）與時任行政長官林鄭月娥（前排中）敬茶。

覺真法師
博覽古今　學貫中西

覺真法師（1934 － 2015）2000 年應時任香港佛教聯合會會長覺光法師邀請，來港擔任香港佛教僧伽學院副院長。法師愛國愛教，信仰堅定，其佛學造詣之深厚深受佛教界尊崇。法師和藹可親，平易近人，對香港市民面對的重重俗世煩惱，總能給予透徹的分析開示，在佛教徒心目中有崇高的威望。法師博覽古今，學貫中西，其著作豐富，作品常將儒學、古文、比較宗教學、心理學、管理學等融會貫通，精闢開示。

覺真法師法相

　　覺真法師，俗家姓李，名中流，1934 年 9 月 9 日出生於江蘇省南通市。11 歲小學畢業，正為抗日戰爭最艱難的時期，全家疲於逃難，居無定所。作為家中唯一的兒子，法師的童年生活幾乎是在顛沛流離中度過。後來，父母將他送到當時南通著名寺廟──如皋定慧寺，在諦融法師座下剃度出家。童年時期的覺真法師資質聰穎，好學不倦，遍閱三藏，通達經論。他先後就讀於如皋中學、南通中學。高中畢業後，考入上海靜安寺佛學院，親近持松法師、白聖法師等大德，與聖嚴法師、了中法師等高僧結下了深厚的同窗法誼。

　　中華人民共和國成立後，法師因政治環境而還俗。他先後就讀於華東軍政大學、廣州中山大學等高等學府，學成後長期在高等院校任教，曾任上海同濟大學、青海西寧大學等高校教授。後來，內地落實了宗教政策，法師毅然回歸

佛門，經昔日靜安寺佛學院的同窗、前世界佛教僧伽會會長了中法師的牽線，依止茗山長老（曾任中國佛教協會副會長、江蘇省佛協會長）為師，再次剃度出家，追隨茗山長老在蘇、浙、粵、滬等地講經弘法，飽參飽學，融會貫通。

● 親力辦佛學院

上世紀九十年代末，香港佛教界有感僧才短缺，認為培養僧才是關係佛教前途的根本大事。2000 年初，覺光長老將善信捐贈的沙田明論佛堂改建，籌辦香港佛教僧伽學院。覺真法師在 2001 年初欣然接受香港佛教聯合會的邀請來港，為香港佛教僧伽學院的開辦展開一系列的籌備工作。

在香港辦佛學院要面對的困難比內地及其他國家都要多。首先是缺乏有經驗而又願意擔任全職教學的佛學導師。當時，覺真法師憑着豐富的經驗和廣闊的人際網絡，協助佛聯會聘請多位法師及專家教授，組成了學院第一批教師團隊，為確保教學質素奠定了扎實的基礎。佛學院面對的另一個大問題是生源問題。為了解決這個問題，佛聯會得到國家宗教事務局、中國佛教協會的協助，在內地公開招收品學兼優的學僧來港修學。為了確保生源質素，覺真法師以耄耋之年，不辭勞苦，親自到內地接見學生，更親自護送他們來港入學。僧伽學院於 2001 年 6 月正式開學，這是香港佛教界培育僧伽人才的重大舉措，是香港佛教史上具有里程碑意義的重大事件。在學院的籌備過程中，覺真法師勞心勞力，功不可沒。

覺真法師為人親切和藹，笑口常開，儉以自奉，厚以待人。在學僧心目中，覺真法師既是導師，又兼具家長和監護人的角色。法師與學僧們同吃同住，一起上課、做運動。為減少學僧的思鄉情緒，法師還經常參與編排學僧齋菜的工作，並督促學僧寄信予親朋。法師也會帶着學僧一起出席各種佛教活動，還會帶他們一起逛書展，選購參考書等。

覺真法師（中）在香港書展佛聯會的攤位內，為善信解答問題。

2004 年 開 始，覺真法師於佛聯會擔任宗教事務監督，為佛聯會各項弘法事務，作出了重要的貢獻。覺真法師高才博學，通古識今。他多次代表佛聯會主持香港六大宗教舉辦的宗教思想交流會，亦經常舉辦講座，主持法會，參與籌備世界佛教論壇等，不時陪同覺光法師參與各項宗教聯絡事務。每逢香港道場有重大儀典，諸如住持陞座、佛像開光或長老圓寂等等，都會恭請覺真法師擔當顧問，提供寶貴意見。

● 慈悲心度人

法師每天早上由沙田的僧伽學院步行二十多分鐘下山，在沙田火車站乘車到位於灣仔的佛聯會辦公，除了開門的工友外，他總是第一個回到辦公室。法師非常關懷辦公室的同事。同事有困難時，都愛找法師傾訴，法師會耐心聆聽並很有技巧地開解同事的心結。法師具有悲天憫人的宗教家情懷，慕名前來佛聯會找法師開示或解惑的信眾很多，法師總是有求必應，盡力幫助他們解決生活中遇到的各種困難。

有一次，一位吸毒者致電佛聯會找到法師，表示正準備自殺，法師約他到僧伽學院見面，並為他作了一番開示。其後法師給了這位吸毒者 2,500 元，要他

好好利用，並改過自新。工作人員都認為法師受騙了，這種人是不會改過自新的。覺真法師笑着對同事說：「我就是給了他一次機會，如果我不給他錢，他不會來聽我的說話。他能改過最好，不能改過的，希望他有時會想起我的說話。」

2011 年，法師因年事已高從佛聯會退休靜養。其時，永惺法師正與遼寧大學合作籌建永惺佛學研究中心，該中心隸屬遼寧大學，向畢業學僧頒授政府認可的學士學位。中心設於朝陽佑順寺，由於人才難求，永惺法師禮請覺真法師擔任院長，兼任永惺法師在香港的東林念佛堂首座和弘法部主任。其間，法師又應寬運法師邀請，擔任《世界佛教論壇》期刊總編輯。

法師一生，博聞強識，才華橫溢，儒釋道三學、經律論三藏在他口中信手拈來，如話家常。法師嚴謹治學，誨人不倦，筆耕不輟，著作等身，出版專著二十餘種，海內外發表文章數百萬字。出版的專著包括《心的大學》、《和諧人生》、《快樂人生》、《感知人生》、《有容乃大》、《享受人生》、《當管理遇到佛學》、《活出禪智慧》、《素往來》等。

● 學問僧　可敬師長

覺真法師修持高潔，戒律嚴明，信仰堅定，佛學造詣精深，不僅在佛教界和佛教信眾中享有崇高威望，對於儒學、古文、哲學、心理學、比較宗教學、管理學等，均有深入研究，並擅長以佛法智慧，詮釋現代經營管理。二千年代初，法師在長江商學院、北京大學、清華大學、上海交通大學、西南交通大學等高校主講佛學智慧與人生管理等系列課程，深受學員歡迎。

法師時常開示弟子，佛學就是生命管理學，就是心學，是做人的學問。學佛，就是讓我們管好自己的生命。管好生命，就要盡自己的責任，盡生命角色

的責任。法師善於把佛學與現實生活乃至企業經營管理結合起來,容易懂,又實用。每次演講完畢,法師總會留一些時間給在場的聽眾隨意提問。面對信眾提出的一些極為少見、不易回答的問題,這位慈眉善目的長者,會微笑着用一個個小故事,或者簡短的幾句話就將一切難題化解於無形。他在答疑解惑中,引經據典,因時契機,巧妙破題,盡顯思維的嚴密與敏捷,令人心悅誠服,如飲醍醐,如沐春風,深感受益匪淺。

覺真法師不僅是享譽兩岸四地的講經法師,而且是一位學貫中西、博古通今的學問僧。他講經說法,舉重若輕,意蘊深邃,演講中旁徵博引的詩詞、典故,甚至是數學方程式,都讓人體悟佛法於生活的無窮妙用。他的文章沒有學究氣,亦不故弄玄虛,總是情理兼融,以通俗、生動、深入淺出的風格,令人愛不釋手,回味無窮。

在弟子們的眼中,覺真法師不僅是一位卓越的佛教學者,更是一位可敬的師長,一位可親的益友。他謙虛好學,勤於寫作,以筆墨結佛緣,以字幅啟善根,孜孜不倦地啟迪後學心智,點亮弟子們心中慈悲、智慧的明燈,讓前行的路,充滿光明。

覺真法師晚年多次應邀到美國、日本、韓國、東南亞、台灣地區等講經、傳戒和開展學術交流活動。2014 年 5 月,法師受邀擔任鑒真佛教學院特聘教授、研究生導師。作為一位傾注畢生心血於佛教教育的大德法師,覺真法師坐言起行,親執教鞭,登台授課,循循善誘,度人無數,堪為菩薩道行之表率,佛子行誼之楷模。

2015 年 3 月 16 日上午 11 時,覺真法師安詳示寂,世壽八十三歲,僧臘七十二年,戒臘六十一夏。

源慧法師
源本溯天竺　慧命續千秋

源慧法師（1934－1982）曾任香港佛教聯合會第 10 屆至第 12 屆、第 23 屆至第 28 屆董事會董事、常務董事；香港寶蓮禪寺第二屆董事會主席；香港佛教僧伽聯合會董事；香港童軍總會宗教導師，以及香港第一間佛教傳統文法中學——佛教黃鳳翎中學講師、《香港佛教》月刊「青年園地」主編等職。法師一生住世四十九年，弘化十方，為法忘身，賢勞卓著，才德堪欽，講經無數，濟世度人，方外交遊甚眾，教界普皆推崇。

源慧法師法相

● 幼而岐嶷　弱齡慕道

　　源慧法師法諱隆法，原籍廣東順德，生於 1934 年，俗家姓盧，家族從商，乃順德勒流望族。1954 年，法師 20 歲時禮筏可大和尚剃度出家，並於同年 9 月受具足戒於香港寶蓮禪寺。法師為人聰明好學，1953 年至 1954 年間依止大嶼山內明佛學院敏智長老學習唯識及三論要義。1955 年親近海仁老法師，學習《楞嚴》、《法華》、《梵網》等大乘經論，深入經藏，窮研妙理，解行並重，辯才無礙。

　　1955 年，美國夏威夷佛教善信發起成立中華佛教總會，同時創立了第一所華人佛教寺院檀華寺。創立之初，即禮請筏可大和尚蒞檀講經。1956 年 7 月

下旬，筏可大和尚由源慧法師隨侍，飛抵檀香山。兩位法師駐錫檀香山八個多月，深受當地信眾歡迎。1957 年 3 月，源慧法師陪同筏可大和尚返回香港。師徒二人雖然未能長駐檀島弘法，但已在島上播下菩提種子，源慧法師亦成為香港青年僧伽赴美弘法第一人。

● 悲心至切　法戒精嚴

　　源慧法師戒行精勤，廣演言教。自美國返港後，源慧法師於新界青山（今屯門）創辦安養精舍，經常假香港大會堂、大同中學、道慈佛社等宣講佛學。法師具深刻見地，引經據典，即事即理，以本具之慈悲，度群迷於苦海，講經説法二十餘年，深受四眾同人愛戴，每次均是座無虛席，聽眾濟濟。

　　源慧法師待人熱心誠懇，處事認真細心，雖細微末節，無不親力親為。他對弟子要求甚嚴，偶不中規矩，必嚴加申斥，決不稍假辭色，然而他的眼神，卻時時射出慈悲的光輝。

　　源慧法師學養深厚，滿腹經綸，樂育為懷，教澤廣被。他擅詩文，工書畫，以文章弘道，以書畫怡情。法師出版有《佛説八大人覺經記》、《維摩詰所説經簡介》等著作，文字深入淺出，處處引人入勝。法師生前留下不少墨寶，皆為上乘之作；所繪佛像，妙相莊嚴，盡顯才情橫溢。

● 宗教交流　和諧共融

　　1972 年至 1976 年間，香港六大宗教團體（佛教、天主教、孔教、伊斯蘭教、基督教、道教）透過「拜訪—回拜」的形式頻繁互動，彼此的接觸逐漸密切，互相的開放亦日益擴大，各宗教間的共識油然而生：倘若六宗教只着重在社交層面的接觸，便會流於表面的交談，無法有深入的對話和交流；如要深入交談，

非從教理與心靈持修的思想上開始不可。因此，1977 年初，六宗教分別選派一至兩位代表組成宗教思想交談會籌備委員會，着手商討思想交談的可能性及推行方法。佛教界推舉源慧法師和永惺法師擔任籌備委員，其間合共舉行了四次會議，確定了宗教思想交談會的組織、目的和舉辦方法。六宗教思想交談會以促進參與者之間互相尊重、彼此了解、共同欣賞和接納為基本目的，為不同信仰的教友善信提供更廣博的知識交流，增加了大家對各宗教的教義、始創、演變及其文化背景等的認識和了解。

● 破冰之旅　史冊流芳

　　1978 年底，中國開啟了改革開放的大門，為香港和內地佛教界之間的友好交流提供了前所未有的殊勝因緣和大好契機。1979 年 3 月 21 日，以源慧法師為團長、智慧法師為副團長，以及澳門佛教界代表健釗法師等一行 20 人組成的港澳佛教界代表團前往內地訪問，受到時任中國佛教協會會長趙樸初居士等人的熱烈歡迎。在歡迎儀式上，源慧法師雍容大度地說明三點來意：「第一，許多港澳佛教同人想來祖國參觀訪問，特別是從內地去的港澳佛教同人，很想回來探親訪友。但還有些顧慮，不了解內地情況和對他們的態度。我們這一次來，是做個開路先鋒。今後還有許多人要來的；第二，有些人想來朝拜四大名山，但不了解情況：能否來？怎樣去？希望有關方面給予協助和方便；第三，我們聽說祖國正在向四個現代化努力。我們這次來，準備向國際投資。通過我們投資引起政府對佛教的重視。」他又談到香港佛教界在香港先後開辦了 22 間小學、14 間中學和一間大學（內分工科、文科院系），校內設有佛學課；又辦有一所佛教醫院，還辦了些旅遊服務事業。

　　這次訪問，恢復了港澳與內地佛教界中斷了三十多年的聯繫，當時被各界視為兩地佛教界的破冰之旅。代表團在北京訪問期間，遊覽了象徵「天圓地方」

的世界文化遺產——天壇，親身感受到與宇宙法則共鳴的殊勝境界。後來，由寶蓮禪寺籌建的莊嚴宏偉大佛，以佛陀為「天中天」、「聖中之聖」，而天壇是祭天的地方，因而構思以「天壇」為基座來承托大佛，這是天壇大佛得名之由來。代表團離開北京之後，先後參訪洛陽白馬寺、上海玉佛寺等。源慧法師、智慧法師和健釗法師等初次瞻禮洛陽龍門石窟佛像，讚嘆之餘，建造天壇大佛之心愈切。

● 倡建大佛　策劃周詳

早在 1973 年，日本佛教曹洞宗邀請智慧法師、源慧法師諸位法師訪問日本，法師們對鎌倉大佛之莊嚴肅穆印象深刻。其後諸位法師又訪台灣，目睹彰化大佛之雄偉壯觀，遂想到苟凡佛法宏開之地，無不矗立具象徵性的佛像；而以佛像弘揚教義，更是值得發揚的傳統（佛教在古代曾被稱為「像教」），諸位法師於是發願為香港修建一尊大佛，以期透過佛像體現的穩定祥和，予大眾以精神慰藉，淨化心靈，使眾生惶惶惑惑的內心有所依歸，共趨和平之境。

興建大佛的意念，得到各界人士熱烈回應，寶蓮禪寺於 1981 年 12 月 26日正式成立寶蓮禪寺籌建天壇大佛委員會，時任港英政府布政司鍾逸傑爵士（Sir David Akers-Jones）出任籌建委員會首席贊助人，時任中國佛教協會會長趙樸初居士、時任香港佛教聯合會會長覺光法師任名譽主席、時任行政立法兩局議員王澤長居士出任籌建委員會主席。委員會專責研究籌建工作，包括審定佛像藝術造型、建築材料及施工細則等。同年 12 月 29 日，天壇大佛動土典禮正式舉行。源慧法師以寶蓮禪寺董事會主席兼寶蓮禪寺籌建天壇大佛委員會執行委員的身份主持記者招待會，確定堅持筏可大和尚遺願，興建天壇大佛，並首次出示大佛構思圖。

　　源慧法師生前大力倡建天壇大佛，廣邀各界參與寶蓮禪寺籌建天壇大佛委員會。在社會各界的鼎力護持下，歷經 12 年的艱辛建設，1993 年 12 月 29 日，坐落於海拔 482 米的香港大嶼山木魚峰上的天壇大佛落成開光，成為當時全球最高的戶外青銅坐佛，寓意香港穩定繁榮，國泰民安，世界和平。同時，作為香港重要的地標和特色景點之一，天壇大佛每年吸引眾多海內外善信和遊客前來朝拜觀光。

● 天妒奇才　英年早逝

　　天壇大佛動土之後僅四個月，1982 年 4 月 21 日（農曆三月廿八日），源慧法師遽然示寂，世壽四十九歲，僧臘戒臘二十九年。荼毗之日，時任寶蓮禪寺方丈慧命大和尚親自舉火，並開示法師一生行狀：「具正知見，有大辯才，一生為法為人，到處運智運悲，大弘妙法，挽教海之狂瀾，丕振宗風，為佛門之砥柱；尤願久住娑婆，上弘下化，豈料世緣已畢，大夢俄遷，對寶蓮禪寺有未竟之功，於諸眾生有不捨之念⋯⋯」

　　源慧法師圓寂後，時任中國佛教協會會長趙樸初居士致電寶蓮禪寺，對法師的逝世表示深切哀悼，唁電全文如下：「驚悉寶蓮禪寺董事會主席源慧法師因病逝世，靈耗傳來，無任震悼！法師學識淵博，悲願宏深，為法為人，嘉猷待展；何期英年早逝，折我棟樑，誠為法門一大損失，曷勝悲慟！謹此致唁。祈願法師高登蓮位，不捨眾生，乘願再來！」

香港佛教聯合會主辦、香港寶蓮禪寺贊助，在大澳興建佛教筏可紀念中學。奠基典禮於 1977 年 6 月 9 日隆重舉行，源慧法師在典禮上代表寶蓮禪寺致辭，概述贊助經過。

1980 年 6 月，時任中國佛教協會會長趙樸初居士（左二）率團訪問香港，標誌着內地與香港兩地佛教界友好交流的歷史翻開了新的一頁。圖為源慧法師（右二）、黃允畋居士（左一，時任香港佛教聯合會副會長）等陪同趙樸初居士參訪。

1982 年 3 月，源慧法師（前排左二）出席香港六大宗教同人新春團拜。

健釗法師
認真做事　創造奇蹟

健釗法師（1946 － 2018）出生於澳門，祖籍廣東中山。13 歲到智心堂喜遇住持智圓和尚，即依止出家。1963 年，17 歲的法師到大嶼山寶蓮禪寺，禮筏可大和尚受三壇大戒，法名健釗。少年時的健釗法師已感悟無常，喜獨自思，沉默少言。1987 年，法師在丹霞山別傳寺接本煥長老法脈。

　　健釗法師受戒於物質貧乏的六十年代，後留在寶蓮禪寺，一切全憑自學，曾隨老師上過幾堂工筆畫課，就開始繪畫佛畫，以「枯禪」作印。法師也寫得一手好書法，他曾因盂蘭法會要寫榜文，躲到房裏在地磚上練字。八十年代電腦流行，一次法師在藏經樓閱藏時，發現高僧大德的開示錄音帶沒有用編碼登記、《龍藏》也沒有目錄，便到深水埗黃金電腦商場買參考書，背誦口訣、部首，自己錄入文章，甚至用英文寫電腦程式，成為香港佛教界自己編程的第一人，寶蓮禪寺也因而成為第一間使用電腦的寺院。法師亦隨念真法師深造梵唄瑜伽。不久，智圓法師來港成立智心佛堂，健釗法師任當家，1976 年接任住持。

● 籌建天壇大佛東奔西走

　　1983 年，健釗法師出任寶蓮禪寺籌建天壇大佛委員會執行委員。自此，法師一直協助時任方丈聖一長老和大佛籌建工程召集人智慧長老，代表寺方擔負行政、商議，乃至決策、執行的重任。2004 年，智慧長老發願興建萬佛寶殿，健釗法師奔走於港、澳、內地之間，全力協助。由於萬佛寶殿內第四層是禪堂，第五層是全港唯一的戒堂，且禪堂須依照高旻寺的規格，戒壇則依《戒壇圖

經》規格，這些建築師都不懂。於是，曾自學電腦的法師，決定用繪圖軟件 AutoCAD 親自繪製圖紙，交給建築師施工。

萬佛寶殿自 2007 年籌建到 2014 年竣工，健釗法師從繪製設計草圖、監督施工進展到挑選一磚一瓦、查閱佛經典籍等每一步工作，全都事必躬親，以至當時淨因法師笑說：「健釗法師現在都快變成建築專家了！」七年時間內，雖然萬佛寶殿在修建的過程裏遭遇了諸多困難，但是在健釗法師等法師的努力下，這些問題最終都得到了妥善解決。為了解決這些問題，他們和相關專家不斷開會研究、討論，

健釗法師在大佛建造現場

會議常常要從早上 10 點開到下午 6 點。健釗法師在回憶這段經歷時，不禁感慨道：「最初我們請了香港大學的教授畫了外觀，但怎樣把這個外觀實現出來卻成了難題。香港工務局不接受古建築的建造理念，所以只能給現代化建築穿一件古建築的外衣，即靠裝修去完成我們追求的外觀。我們花了很長時間尋找既懂古建築又懂現代建築的設計師，他還要清楚香港的要求和行情，所幸最終在內地找到了這樣的人才。」

佛教筏可紀念中學是智慧長老以筏可老和尚名義興建的大嶼山第一間中學。1977 年創建以來，由於地處偏遠，學生來自不同國家，這所學校曾經歷過「殺校」的危機。惟智慧長老鍥而不捨地堅持資助外，健釗法師也一直親力親

為，與學校師生迎難而上，敢於實踐「有教無類」的教學理念，重視向下一代播種美善的種子。近年，佛教筏可紀念中學的學生們在「毅行者」、「佛你跑」、舞獅、粵劇等活動中屢獲殊榮。學校還推動種子計劃，全校師生踏足專業舞，演出「一畝心田」音樂會。

1988 年，健釗法師（左二）陪同蘇州佛教協會代表團視察佛教筏可紀念中學。

● 推動澳門佛教發展

　　1994 年，健釗法師重返澳門，任菩提禪院住持，積極致力於弘法事業。澳門佛教的傳承與中國內地佛教特別是嶺南佛教的歷史有着千絲萬縷的聯繫，是中國佛教不可或缺的組成部份。自葡萄牙侵佔澳門四百餘年來，澳門佛教界向無聯合會組織，各佛教團體各自為政，各自發展。雖然能夠和合友善發展弘法事業，但因缺乏一個團結教界的機構，澳門佛教界始終難以統籌策進，以滿足日漸增多的信徒和社會大眾的需求。

　　1995 年，重返澳門的健釗法師，看到澳門佛教界的境況很是痛心疾首。他本着企盼能夠使澳門佛教發展有長足進步，不負佛陀「不為自己求安樂，但願眾生得離苦」的度生大願，多方奔走，發起成立澳門佛教總會，健釗法師被推選為理事長，負責該組織的全面統籌工作。此後，長老一直致力凝聚和推動澳門佛教界發展，分別於 1999 年及 2009 年主辦澳門回歸祈福大會。2012 年，法師主持迎佛舍利到澳門。2017 年，健釗法師獲得泰國朱拉隆功大學所頒發的榮譽博士學位。

在健釗法師的倡議下，澳門佛教總會每年都在菩提禪院舉辦靜修營，幫助澳門的佛教信徒了解佛法。為了讓更多澳門民眾接觸和了解佛教，健釗法師所住持的菩提禪院每個月都會舉行一場大型共修法會，並且在法會期間提供齋飯，以增加對民眾的親和力。法會不僅滿足了民眾拜佛求福的需求，還針對大眾的具體情況，持續開展佛教基礎知識教育，藉以提升大眾的佛教信仰水平，積極號召大眾參與社會慈善活動，不斷引導大眾趨向正信的佛教。1997 年 7 月 15 日，健釗法師創辦了澳門佛教界自己的刊物——《澳門佛教》雙月刊，成為澳門佛教界和內地佛教界文化交流的重要橋樑，為澳門現代佛教的發展作出了積極的貢獻。

在葡萄牙殖民時代，健釗法師的師父智圓老和尚就一直想通過做慈善來回報社會。健釗法師以菩提禪院的名義着手重拾師父的慈善夢。2011 年，在澳門特別行政區政府的大力支持下，菩提社會服務大樓終於動工興建。建成以後，菩提社會服務大樓可供 260 位老人常年居住，同時讓 60 位老人於日間接受慈善服務，晚上回家居住。大樓的最高層是青少年教育場所，通過佛學等相關知識教育，這些青少年逐漸成長為可以服務佛教慈善的生力軍。

健釗法師歷任澳門佛教總會會長、世界佛教僧伽會副會長、澳門菩提禪院住持、荃灣南天竺寺住持、寶蓮禪寺座元和尚兼都監、香港佛教聯合會第 29 屆至第 36 屆董事、常務董事。法師為推動市民身心靈全人健康，倡導越野跑賽事——「佛你跑」，且曾以 71 歲的高齡，參加「樂施毅行者 2016」，並完成全程賽事，以此鼓勵市民保持運動，關注身心健康。

2018 年 7 月 5 日下午 1 點 28 分，健釗法師在香港仁安醫院安詳示寂，享壽七十三歲，僧臘六十二年，戒臘五十六夏。7 月 13 日上午，健釗法師示寂追思法會在香港寶蓮禪寺大會堂舉行。海內外高僧大德、佛教四眾弟子共三百餘人齊聚寶蓮禪寺，共同追思法師，送別一代高僧。

健剑長老在寶蓮禪寺萬佛寶殿
開光慶典歡迎晚宴上致辭

從 2015 年到 2017 年，健剑法
師（中）連續三次主持並參加由
寶蓮禪寺主辦的「佛你跑」越
野跑賽事。

妙光法師
修學並重　道念堅定

妙光法師（1954 － 2023），法名素明，族姓鄧，祖籍廣東中山，1954 年 2 月 15 日出生於香港。法師幼承庭訓，慧根早萌，立願歸心佛法。1974 年夏 4 月，21 歲的素明依觀音寺方丈融靈大和尚剃度出家，成為融公之男眾首徒。同年冬 10 月，融靈長老親送妙光法師往台灣台中霧峰萬佛寺演培長老座下，求受三壇大戒。圓具後，融老再親送法師往高雄佛光山星雲大師創辦之叢林大學院入讀，乃為學院第一屆學僧。1978 年回港，法師繼續於香港佛教僧伽聯合會主辦之香港能仁書院大專部哲學系就讀四年，自此游心法海，德學日臻。

妙光法師法相

　　妙光法師生性沉潛，不喜奢華，乃山居靜修，依止恩師融靈長老，隨侍瓶巾，親受耳提面命，道念堅定。眾望所歸，請為監院，分擔常住大小事務。法師因山居之便，經常就近親炙心明、旭林、道海、聖一、初慧、源慧、智慧、能慈等諸山長老，凡有所示，虛心受教，故而深得諸老器重，由是德業日進。

　　1998 年，妙光法師任香港佛教聯合會第 44 屆董事會董事，其時，佛聯會正籌備迎請供奉在北京靈光寺的佛牙舍利來港供奉。甫加入董事會，妙光法師便被董事會委任為弘法工作委員會副主任，與時任主任的衍空法師一起，協助

被委任為籌委會總統籌的永惺法師，開展迎請的法務工作。佛牙舍利在港供奉期間，各場法會均見妙光法師的身影。時任會長的覺光長老又以法師年輕有為為由，推舉法師進入青年活動管理委員會擔任副主任，協助時任主任智慧法師管理香港佛教聯合會青少年中心。此外，法師亦於同年加入了佛教林金殿紀念小學擔任校董，此為法師擔任校董的第一間學校。法師服務佛聯會至 2015 年第 64 屆董事會，其間擔任董事兼副總務主任。

在董事會服務期間，法師積極參與香港佛教聯合會各項對外會務。2000 年 8 月 11 日，妙光法師代表香港佛教聯合會，聯同一眾佛學老師加入成為 2003 年佛學科新會考課程編寫小組成員。同年 11 月 9 日至 13 日，第二次世界佛教弘法會議在泰國召開，覺光長老應邀出席會議，妙光法師與另外四位代表陪同出發，參與會議。

● 親訪海嘯現場慰問災民

2004 年 12 月 26 日，南亞多國遭受印度洋海嘯影響，死傷人數達數十萬之眾，尤以斯里蘭卡和印度尼西亞最為嚴重。2005 年 1 月 19 日至 22 日，香港佛教聯合會董事會派出妙光法師、衍空法師、梁僑英居士前往斯里蘭卡災區，秘書處張毅平、林錦邦和曾昭光三位同事陪同，組成香港佛教聯合會—南亞地震海嘯災區慰問團往賑濟及慰問災民。根據佛聯會董事會當時的指示，慰問團在當地法光法師的帶領下，直接向災民家庭派發現金，如有特別需要支援的項目，則回港後商議。四日行程中，代表團走遍各災民聚居處，開展派發現金的賑濟行動。由於當地大量建築物倒塌，除留在賓館外，外出用膳很難找到素食，行程第三天上午，妙光法師因到訪一間名為「椰子島」的道場時，喝了不潔的飲品而嚴重腹瀉；其後兩天，法師病情並無好轉，但仍堅持與大隊同行，完成該次出訪的任務。回到香港機場時，法師面容憔悴，身體已非常疲憊。

作為香港佛教聯合會弘法工作委員會副主任兼董事會副總務主任，妙光法師於香港佛教聯合會每年在香港體育館或香港會議展覽中心舉行的大型佛誕慶祝活動中，均擔任核心的統籌角色。法師言辭簡率、待人真誠，每於大眾意見不一時，法師均會提出「以法為師」，提醒工作人員：「想想佛經有沒有這樣的要求？」繼而令大眾放下執念，將困境解開。妙光法師亦精擅梵唄唱念，法會期間擔任維那一職，全以圓潤之聲腔，領眾調攝身心。

● 助信眾建立正知見

法師於中印佛法體悟會心、東西哲學旁通兼攝，因而經常受請下山弘化，常應港九海外佛團之邀。法師歷年均有參與香港佛教聯合會舉辦的主題系列講座，如 2004 年 10 月 2 日，妙光法師在香港佛教聯合會「淨化人心」系列講座中，以「如何過一個真、淨、智、樂的人生」為題開示；2006 年 9 月 30 日，法師參與「智慧人生」系列講座，以「如何活得安祥、慈和與真淨」為題開示。除歷年的系列講座外，在佛聯會每年為新皈依三寶的信眾設立的佛學導向課程中，妙光法師每年開講「佛教儀規篇」，受惠弟子不計其數。開講時，法師每能配合現代思潮，常以淺近契機事理，接引來學，總令聞者信受讚許。

除服務於香港佛教聯合會，妙光法師亦鼎力護持教界法務，曾任香港佛教僧伽聯合會董事、寶蓮禪寺董事、樂生蓮社董事，及多間佛教學校校董、佛教團體顧問等職，並積極參與社會公益，廣結善緣。

法師晚年雖示現病行，卻從不生怨尤之意，並常以正念開導身邊照顧起居之弟子，當以因果律己、佛法學修為重。世緣已盡，於恩師融公圓寂九旬之際，舐犢情深，乃於 2023 年 2 月 10 日（癸卯年正月二十日）酉時安詳往生，隨師而去。世壽七十歲，僧臘戒臘四十八年。

妙光法師視弘法為家務，利生為事業，常應四方邀請，說法利生，悲心宏願，
不遺餘力。

為了讓新皈依三寶的信眾多增見聞，建立正知見，香港佛教聯合會每年設立
佛學導向課程。圖為 2008 年 3 月 8 日，妙光法師 (中) 與一眾弟子，於佛學導
向課程謝師宴留影。

第二章 ———

比丘尼

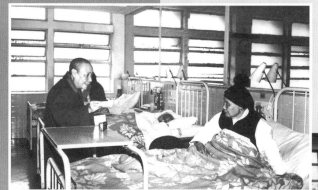

智林法師
德風流轉　悲心濟世

智林法師（1888－1970），原籍廣東鶴山黃洞鄉，宿具慧根，幼即深受佛法熏陶，篤信三寶，10歲時投禮廣州如來庵宏願上人披剃出家，深獲宏願上人器識，勖勉有加。1917年，前往江蘇鎮江，依金山江天禪寺方丈青權禪師座下求受具足戒，得受法益。1918年，法師追隨宏願上人移錫香江，協助上人創辦慈航淨院，此後弘化香江半個多世紀，始終秉持出家初衷，努力精進辦道，刻經印藏，令法寶流通；護持道場，令僧寶免難；悲心濟世，令老幼安養；佈教講經，令正法久住；興學育才，令薪火相傳……

智林法師法相

　　早在上世紀初，香港慈航淨院還是一處位於山丘上的小村屋，屬新界沙田區大圍新田村村民所有。村前曾有三支河流交匯，後方和左右有群山拱衛，城門河上游從右前方蜿蜒流過，風景之勝，環境之幽，不啻為人間仙境。當時由廣州南下香港弘化的宏願上人途經此地，為優美風光所吸引，流連忘返，遂於1914年購入此屋，發心創辦女眾道場，起名「慈航道場」，弘揚佛法，接引眾生，是沙田區最早出現並延續至今的佛寺。

　　慈航道場初創時，住眾以務農為生，種植蔬菜、花卉和稻米，生活異常清苦，經濟拮据時要製作糕點到大圍市集販賣。1932年，開山祖師宏願上人圓寂，

慈航道場便由智林法師接任住持。此後近四十年，法師繼承恩師遺志，篳路藍縷，勤儉自持，中興道場，歷盡艱辛。

智林法師自荷擔如來家業後，每日法務繁忙，仍親自領眾共修念佛、開示法理，而殿宇寮房破舊狹小，場地日漸不敷使用。為擴建道場院舍，法師不畏艱辛，帶領四眾弟子，克服種種困難，開源節流，披荊斬棘，一磚一瓦親躬其勞，胼手胝足，夙夜匪懈。為了籌募經費，智林法師更帶同弟子瑞通法師前往新加坡籌得 7,000 元坡幣，但仍捉襟見肘。幸於 1941 年獲慈善家胡文虎、胡文豹兄弟慷慨資助，前後化了整整十年光景，擴建工程才告圓滿，道場面貌煥然一新，並易名為「慈航淨院」。淨院體制較前更趨完備，常住大眾無不安心辦道。當時，淨院內的一切日常運作，都是由當家法師作主，例如產業的買賣。當家師一旦圓寂，所有寺產就可能變成私人遺產，甚至進一步徹底喪失。有見及此，在智林法師擘劃下，慈航淨院於 1963 年成功註冊為有限公司，並成為非牟利慈善機構。

● 戰亂時期　廣開佛門

1941 年 12 月，香港淪陷，一時秩序大亂，智林法師為維持寺內清修，確保寺院不致毀於刀兵劫火，煞費苦心。由於日軍侵佔香港，很多由內地來港參加淨院開光法會的高僧大德，被迫滯留香港，暫棲淨院。故此，一直為女眾道場的慈航淨院，在淪陷期間曾破例收留避難的男眾法師。

日佔時期，慈航淨院為了保赤安民，發揚觀音菩薩大悲救度精神，廣開佛門，不僅收容男女眾，更有不少鄰近村民入院避難，淨院不分性別年齡，一律收容。隨着住眾日增，食糧不繼，有人便提出遣散這些避難者。悲心愍切的智林法師力排眾議，坦言：「有粥喝粥，有飯吃飯，不得有分別心。」如此艱難維持到香港光復，淨院才逐漸恢復為女眾道場。

　　創院以來，慈航淨院一直秉承祖師遺教，以弘揚正法為宗旨，歷年迎請諸山大德，如禪宗耆宿虛雲老和尚、教界尊宿海仁老法師等蒞院講經，登座說法。據史料記載，1948 年春，虛雲老和尚曾應請於慈航淨院為四眾弟子講說《金剛般若波羅蜜經》，以無礙口才、深入淺出之語言，廣佈法音，大轉法輪。隨後，又應智林法師之請，特地主持佛七一期，每日開示，重點講說三皈五戒。

● 興辦學校醫院

　　慈航淨院除弘揚佛法外，亦致力興學育才。1953 年，智林法師有感於新界沙田鄉村學校闕如，村童失學者眾，乃發起倡辦小學，為胡文虎先生嘉許支持，捐助經費，翌年 9 月創辦慈航義學，供當地村民子弟就讀，收容一般貧苦無力求學之兒童逾千名，為新界鄉村第一所完全小學。初期只有課室四間，其後得以擴展，直至 1982 年向政府申請於沙田圓洲角興建慈航學校，成為政府津貼全日制小學。今時今日，該校不少畢業生已學有所成，為社會大眾服務。

智林法師攝於慈航淨院大雄寶殿前（圖片提供：慈航學校）

1959 年 7 月 18 日，慈航義學校監智林法師（前排中）與義學第一屆畢業生合影。（圖片提供：慈航學校）

上世紀四十年代末，智林法師以望重教界，獲聘為香港佛教聯合會第二屆理事會理事。香港佛教四眾同人有鑒於當時香港社會貧病者眾，為弘揚佛陀慈悲精神，解除眾苦，遂於 1958 年冬發起籌建香港佛教醫院，推選俠虛法師、筏可法師、覺光法師、優曇法師和智林法師等 27 位高僧大德為發起人小組委員，負起建院大任。法師為籌募香港佛教醫院建院善款，勞心勞力，奉獻良多。

1970 年 10 月 11 日，智林法師度生功德圓滿，在緇素四眾弟子虔誠誦念佛聲中，安詳寂滅於慈航淨院，世壽八十二歲，四眾頓失依怙，佛門空失龍象。10 月 30 日上午於淨院舉行出殯儀式，靈柩隨後發引至香港柴灣歌連臣角火葬場荼毗，恭請佛教大德明常老和尚舉火說法，四眾弟子前往拈香致祭者絡繹不絕。

智林法師終其一生，事事以道業為重，不謀私利，不慕名聞，任勞任怨，克勤克儉。課徒領眾，堅持農禪並重之家風；濟世度人，秉承冬參夏學之傳統。德風所及，皆令緇素馨香致敬，實乃佛門高德、尼眾典範。法師生前對興學育才始終念茲在茲，一直發願興辦一所佛教中學，以佛法陶冶青少年，為社會造就有德有才之棟樑；惜於籌備階段，法師緣盡謝世。法師圓寂後，其師弟智海法師及其徒瑞通法師等為完成其未了之宏願，與慈航淨院智通、瑞洪等法師出錢出力，會同香港佛教聯合會，向政府申請創辦一所中學，寄望學校師生能以「布施、愛語、利行、同事」為修身指南，為弘揚佛法、造福人群而努力。蒙香港教育當局撥給校舍，香港佛教聯合會多方支持，矗立於港島西區山道 70 號的佛教慈航中學於 1981 年創校，由時任香港佛教聯合會會長覺光法師擔任首任校監，同年 6 月 12 日舉行正式開幕禮，從此成為香港佛教聯合會弘揚佛法、作育英才之一分子。

此後，佛教慈航中學不斷發展壯大，教育當局體察需要，批准將學校遷移至新界大埔區，於 1989 年遷到新址。為紀念智林法師，學校特設立智林法師

獎學基金，將學校禮堂命名為「智林法師紀念堂」，又將校名更名為「佛教慈航智林紀念中學」，以彰盛德，以垂永遠。

　　智林法師畢生孜孜矻矻致力於宏宗演教，普度眾生，興辦善業，光大佛門，深受佛教四眾同人欽敬。法師弘化香江五十餘年，一直秉承佛教慈悲喜捨之精神，致力踐行人間佛教，以慈善福澤社會，以教育淨化人心，引導眾生進入佛法大門，覺悟人生真諦，又在祖國內地捐建中學、開辦老人院、籌建醫院等，其明理嚴教，和悅謙卑，默默為教奉獻，一生嚴以律己、寬以待人之種種菩薩心行，實為佛教四眾弟子菩提道上之典範。

1991 年 1 月 25 日，佛教慈航智林紀念中學開幕，時任香港佛教聯合會會長覺光法師（左）為「智林法師傳略碑記」揭幕。

寬慧法師

寬澤萬世　慧照千秋

寬慧法師（1897 － 1965）生於滿清末年，出身名門望族。早年皈依禪門尊宿虛雲老和尚座下，後追隨老和尚剃度出家，勵志苦行，廣弘佛道，克己修持，護法護教。法師深具睿智和熱忱，主持志蓮淨苑法席期間，身肩重任，高樹法幢，廣栽桃李，普攝眾生，舉凡興教辦學、安老恤幼等，致力固多，成就尤著。同時，對於香港佛教聯合會各項福利建設，如香港佛教墳場、香港佛教醫院、佛教中小學等興建，法師均熱心參與，鼎力贊襄。法師曾擔任佛聯會第 4 屆至第 7 屆理事會理事，第 8 屆至第 12 屆董事會董事及常務董事。

寬慧法師法相

寬慧法師，生於清光緒二十三年（1897 年），祖籍廣東省順德縣，俗家姓張，家庭為順德望族。法師慧根宿具，德性早圓，幼即仰慕沙門，志求佛法。青年時虔誠學佛，平素對出家二眾，廣修供養。舉凡建塔造廟，救災濟貧，一切慈善事業，廣行布施，毫無吝嗇。

1935 年底，禪宗巨匠虛雲老和尚應香港東華三院邀請，卓錫香江主持水陸法會，壇設東蓮覺苑。法師久慕老和尚道風，遂邀同修數人，前往求受皈依，觀本老法師為引禮師。1946 年 9 月，虛雲老和尚於廣州六榕寺建水陸道場七晝夜，追薦抗戰陣亡將士及死難人民。寬慧法師代表香港佛教界前往廣州恭請老和尚蒞港弘法。師徒一別十年，老和尚之慈祥和藹、諄諄訓誨、親切之情，令法師深受感動，當下即生出家之念。迄至 1947 年，因緣具足，法師毅然赴廣東南華，依止老和尚座下，落髮受戒，法號寬慧。戒期圓滿後，法師追隨老和尚參禪修淨，旦暮依侍，親炙師教，慧行俱進。法師勤奮踏實，任勞任怨，加以慈悲為懷的胸襟，包容謙和的個性，深受虛雲老和尚器重，得老和尚親自傳法授記。不久，法師又奉老和尚之命，重修無盡藏庵，俾便尼眾熏修。庵堂重建將近完工時，因香港佛教界諸公再三敦請，乃回港接任志蓮淨苑監院之職。

● 重興志蓮淨苑

二次大戰之後，香港社會生活千瘡百孔，佛教界亦百廢待興。1949 年，寬慧法師受志蓮淨苑董事會邀請，出任該苑監院及志蓮義學校長。其時該苑方劫後餘生，房舍殘破，殿宇傾頹，僅有偏小破陋殿堂兩楹。法師接任後，目睹頹垣敗瓦之建築，岌岌可危，即以正法久住為念，以荷擔如來家業為務，大興土木，重修梵宇。當時淨苑經濟拮据，幸得苑內同人胼手胝足，齊心協力，並得善長仁翁之大力支持，所有檀施，悉為淨苑建設，先後興建了大殿、藏經樓、五觀堂、報本堂、觀音殿、普同塔、妙寶塔等。

法師在擔任期間，弘法方面亦積極辦理，禮聘筏可大和尚、顯慈法師、定西法師、海仁法師、聖一法師等高僧弘經演教，領眾熏修。當時志蓮淨苑常住

清眾七八十人，法師秉承祖訓，重整叢林規制，並得教界大德海仁老法師指導，制訂「共住規約」，僧眾和合，秩序井然。

1950 年，在寬慧法師大力爭取下，志蓮義學獲教育司署批准為政府津貼學校，為附近貧窮家庭的兒童提供教育機會，法師並擔任校監一職。1951 年繼之增建課室、新校舍及操場，完善教學設備。1954 年，寬慧法師發願倡建安老院，值時代因緣，得善長胡文虎陳金枝伉儷護持，協助向政府申請撥地並捐建院舍。1957 年，佛教志蓮安老慈幼院落成啟用，收容無依老婦及孤女。1964 年 4 月，善長何耀光居士為酬念母恩而捐建的志蓮安老院何貴榮夫人紀念院落成啟用，收容無依無靠的老人。當時新舊院舍共可照顧 150 位長者。志蓮淨苑於 1963 年正式註冊為有限公司，並成為非牟利慈善機構。

1958 年，香港佛教聯合會醞釀在人口稠密、佛教信徒達五十萬眾的香港建立一所佛教醫院，寬慧法師身為籌建醫院發起人小組委員會委員之一，宏規碩劃，率先行動，次年即在志蓮淨苑舉辦虛雲老和尚追思法會，籌得善款 12,000 元全數作為香港佛教醫院建院基金。1964 年清明節，籌建香港佛教醫院的第一次大規模籌款活動萬善緣法會在志蓮淨苑舉行。法會七晝連宵，設六大壇場，禮請全港高僧大德宏施法事，第十七世甘珠活佛也乘過港之便參與勝緣，主持密壇。其間適值佛舍利經港往日本供奉，香港佛教聯合會安排迎請至志蓮淨苑法會壇內，供大眾瞻禮一天，法緣殊勝。僧俗海會雲來，法會圓滿日統計善款已達 125 萬元。香港佛教醫院的籌建歷時十餘年，得到全港各界鼎力支援，終成善舉。香港佛教醫院於 1971 年隆重揭幕，服務對象以方便各界貧苦大眾為根本，並不限於佛教人士。

● 不滅的供養心

　　寬慧法師隨虛雲老和尚皈依，屢蒙教誨，耳提面命，受益良多，師徒情深，心意相通。法師於 1949 年接任志蓮淨苑監院後，惜因法務纏身，復以南北阻隔，致與師尊睽違十一載，未能親聆教益。1959 年 8 月 17 日，即虛雲老和尚寂滅前不到兩個月，法師聽聞老和尚在江西雲居山法躬欠調，即急急摒擋一切，由港啟程，上山親侍。師徒見面，歡喜之情，難以言表。寬慧法師在〈朝雲居山謁師日記〉一文中回憶道：「（老和尚）隨問：『志蓮現在住眾多少？各人是否都很用功？常住的開支夠不夠？』老人的慈愛，真是無以復加……不久，我和航師又進去。老人向航師說：『難為寬慧數十年的供養心，從沒退過半點。我的弟子多了，只有她一直發心到現在，真是難得。她現已年老，兼身體不好，你要繼承她的志願啊。』」1959 年 10 月 13 日，老和尚於江西雲居山真如禪寺安詳示寂。寬慧法師驚聞噩耗，哀痛逾恆，即召集兩序大眾商討追思紀念，並於 10 月 21 日起，於志蓮淨苑啟建觀音法會十日，隨喜念佛之善信達數千人。以此功德，祈願老和尚上品上生，乘願再來。法師又捐出土地二萬餘呎，聯合港九佛教同人於新界荃灣芙蓉山興建虛雲老和尚紀念堂和舍利塔，以垂永思。法師還致力於編印《虛雲和尚法彙》，晝夜辛勤，難行能行，藉報師尊法乳深恩。

　　寬慧法師住持志蓮淨苑凡 16 年，統理大眾，弘揚正法，披荊斬棘，含辛茹苦，將志蓮建成為一座規範完整的女眾十方叢林、九龍名勝道場，為志蓮淨苑後來多元化的發展奠定了堅實基礎。法師對環境生態尤為重視，淨苑內外修整得井井有條，進行園林綠化，景致怡人，不僅附近居民常來休憩納涼，也吸引當時香港的文人雅士前來撫琴作畫，聚會雅集，文化氣息甚為濃厚。法師身兼多職，勞心勞力，精神時感不濟，但仍為法忘軀，對於紛繁苑務，事無鉅細，無不悉力以赴，其普濟眾生之善性、艱苦卓絕之精神，夙為各方敬佩。

1956 年 7 月 1 日，香港佛教聯合會假座東蓮覺苑舉行第 8 屆董事就職典禮。前排左一為寬慧法師。

1965 年 2 月 9 日，香港佛教聯合會假座佛教黃鳳翎中學大禮堂舉行第 12 屆董事就職典禮暨新春團拜，圖為時任香港佛教聯合會常務董事寬慧法師籲請佛教四眾同人踴躍捐建香港佛教醫院。

　　1965 年 11 月 27 日晚，寬慧法師淨業圓滿，突患腦溢血症，在緇素四眾弟子虔誠念佛聲中，於志蓮淨苑捨報寂滅，世壽六十九歲，僧臘十九秋。一代大德比丘尼遽然西歸，逕赴蓮池，教界四眾，同深悼惜。佛聯會以寬慧法師勤於佛事，勞苦功高，以致積勞成疾，中道圓寂，為追念法師勳勞，決議公推筏可大和尚、覺光法師、優曇法師、大光法師和黃允畋居士等高僧大德組成治喪委員會，於志蓮淨苑舉行追思大會，諸山長老、緇素大德前往拈香弔祭者甚眾，並舉行誦念佛經儀式，備極莊嚴肅穆。法師遺體隨後奉安於香港佛教墳場。

　　綜觀寬慧法師一生，修持高潔，戒德莊嚴，不謀私利，不慕名聞，秉持入世襟懷，維繫佛教香火，重興志蓮淨苑，大闡佛門宗風，慈悲濟世，利益眾生，勳業昭著，仁聲廣被，梵俗共仰，四眾尊崇。法師一生行誼之豐，非筆墨所能簡述。「不為自己求安樂，但願眾生得離苦。」這不僅是法師一生的宏願和教誨，也是她一生的寫照和修為。今日志蓮，宗風丕振，梵剎清淨，士庶瞻依，衲子雲來，寬慧法師之功實不可沒！我等後學，毋論出家在家，皆當以法師之志為志，法師之行為行，續佛慧命，自度度人，是則名為真紀念，亦為真供養也。

慈祥法師
女中豪傑　法門龍象

慈祥法師（1911－1999）是香港佛教聯合會發起人之一，歷任第 1 屆至第 7 屆理事會理事、常務理事；第 8 屆至第 45 屆董事會董事、常務董事等職。

慈祥法師法相

● 出家因緣

慈祥法師生於 1911 年，廣東順德縣人，俗姓郭，父母曾於越南經商，家境富裕，有弟妹二人。法師天資慧敏，青年時甚為活躍、好動。16 歲畢業於廣州女子師範學校，繼往執信學校攻讀。1928 年夏，她約一班同學同往香港一遊，原定旅遊後返回廣州攻讀國立中山大學哲學系課程，但她來港後改變了初衷，放棄了升學。因為當時適逢肇慶鼎湖山慶雲寺笑航大師在蘭若園（即今大埔墟馬窩村定慧寺）講經，笑航大師遣人通知她來聽經。她隨喜參加，聞法之後，深感甚契哲理，頓萌出家求道之念。幾日後，便在新界錦田凌雲寺依笑航大師剃度出家，法名覺因。

1929 年，法師 18 歲時受戒於南京棲霞寺，得戒師為融通和尚。在此期間，法師順道參禮各大叢林名剎，如天台山、九華山等，一邊講經，一邊參學。法師講經舌粲蓮華，聞者歡喜信受。1935 年，慈祥法師於佛山講經，有一位法師

參座聽講，謂她講經層次和條理很似海仁老法師，問是否為其學生，當時慈祥法師只聞有海老，而素未謀面。這位法師於是介紹她到香港大嶼山與海老相見，從此參於海老座下四十餘年，耳提面命，盡得真傳。海仁老法師曾對她說：「每見你態度從容，舉止和善，使我感到清涼。」並賜法師「慈祥」之號。為感念師恩，法師此後即以「慈祥」為名。

● 鄉村義學第一人

佛教大光園位於新界大埔錦山村石鼓壟，佔地 20 萬呎。慈祥法師於 1937 年由香港《大光報》負責人林雨潮先生手中購入該地段，興作佛堂，作為潛修之所。該地原是一片荒山野嶺，巨石纍纍，未經開墾，人跡罕至。法師迎難而上，晝夜辛勤，宏規碩劃，鉅細親躬，因高就遠，審地為基，大興土木，廣造梵宇。數年後，大光園寶相莊嚴，梵剎清淨，佛殿寬敞，茂林修竹，鳥語花香，別有洞天。

1945 年秋，香港光復後，哀鴻遍野，百廢待興。慈祥法師目睹各地失學兒童流落街頭，比比皆是，於是發心於 1945 年 10 月在大光園中撥出祖堂三間作為課室，開設佛教大光義學，收容貧苦兒童接受教育，並自任校長，傾其所有，購置校具，學雜費用概由大光園獨力承擔，且有書籍文具派贈，故名義學。其經費源自法師帶領大光園內僧眾自力更生，把大光園每年所盛產的荔枝、龍眼、鮮花等農產品出售所得，悉撥作辦學經費。為了籌措一些貧苦學生的書簿費，慈祥法師不惜親力親為，不避辛勞在大光園中釀製蜂蜜、種植木瓜，將成品推到市場售賣，微利所得盡數捐助貧苦家庭及學童。如此艱苦經營數十年，迨至政府宣佈全港小學實施免費教育為止。

1947 年，佛教大光義學成為政府津貼學校，但仍屬免費義學，所以每月由大光園代每名學生繳交學費兩元，此項措施，此後二十多年來未嘗改變。經

慈祥法師多年苦心孤詣，艱苦經營，大光義學由一所簡陋義學，成長為頗具規模之完全小學。法師以出世精神做入世事業，行菩薩道，弘法利生，使幼有所學，學有所成，功德巍巍，令人肅然起敬。

法師悲心懇切，為適應地方社會之需要，扶助清貧學生直接升讀中學，繼於 1956 年向政府申請增建校舍開辦佛教大光中學[1]。茲事體大，所遇到的難題，所面對的阻力，前所未有。幸蒙各界熱心捐輸，首期工程於 1962 年 8 月完成，計有大禮堂一座，課室四間。同年 9 月招生，先收中一兩班，嗣後逐年增加，學生踴躍，課室不敷應用，乃擴建第二期校舍，於 1967 年 3 月落成，並獲政府批准為私立受助中學，進而於 1975 年獲政府批准為完全津貼中學。

慈祥法師對於小學學前基礎教育亦相當重視。1971 年春，法師於葵涌石籬新區開辦大光幼稚園，收容區內稚齡兒童，以單元教學方法及遊戲活動為中心，並灌輸淺顯佛化教育，務求學童幼小心靈受到慈悲博愛觀念之熏陶。

慈祥法師行願無盡，大愛無疆。上世紀九十年代中期，法師更將慈善事業推廣至內地，先後在廣東省連山縣捐建中學與小學各一所，分別命名為慈祥完全中學和慈祥小學。

● 一生充滿傳奇

由大光園，到大光義學，再到佛教大光中學，見證了慈祥法師數十年孜孜不倦，無私無我，安老扶幼，入世辦教育的輝煌成就。佛教大光中學是大光義學的延續，大光義學則是大光園的衍生。慈祥法師熱心公益事業，將畢生精力

1　2009 年，佛教大光中學與佛教慈航智林紀念中學合併，並更名為佛教大光慈航中學，由佛聯會及大光園聯合主辦。

1967 年 3 月 5 日，佛教大光中學舉行擴建校舍落成典禮，由時任助理教育司何
雅明先生（左）主禮。時任佛教大光中學董事會主席何善衡博士（中）、校長慈
祥法師（右）陪同。

投入失學兒童的教育工作，對香港社會貢獻甚大，深受教內外人士稱頌和愛戴。
1978 年，法師獲英女王頒授大英帝國員佐勳章（MBE），開佛教界人士獲此
殊榮之先河。

　　1999 年 9 月 14 日，慈祥法師化緣已盡，安詳圓寂，世壽八十九歲，僧臘
七十三夏，戒臘七十二秋。回首法師一生，是信仰篤定、戒行精嚴的一生；是
深入經藏、懷忍行慈的一生；是上求佛道、下化眾生的一生。法師終其一生，
藉教育以匡正風氣，作育英才，續佛慧命，志行高潔，誨人不倦，足為人天師
表，四眾楷模。

瑞融法師
瑞相慈心　融通表裏

瑞融法師（1912－2007），俗姓陳，原籍廣東台山，宿世厚植善根，1930年，19歲的她，投香港慈航淨院禮智林法師剃染出家，法名鏡慧，字瑞融。1935年於廣東韶關南華寺求受千佛大戒。

瑞融法師法相

● 睿智解困

1932年，慈航淨院開山祖師宏願上人圓寂，智林法師繼承恩師遺志，致力寺院擴建工程，瑞融法師奉師命從新界大嶼山蓮華臺下山協辦。

慈航淨院早期擴建過程中，由於建築資金不足，工程舉步維艱。瑞融法師遂自告奮勇，參與策劃設計，親自購買建築材料和督工。為節省建築費用，法師更帶領泥水工人和住眾，一起開山劈土，擔沙抬泥搋石仔。歷經無數波折與坎坷，擴建後的慈航淨院終於落成。可是在大殿開光當天，卻又遇上日軍入侵。日軍欲強徵慈航淨院為軍營，用刀槍指着瑞融法師，強迫法師在契約上簽名。剛巧大殿傳出法師們誦讀《楞嚴咒》的聲音，瑞融法師鎮定地警告日軍：「現在誦經，不能停止，否則日軍會戰敗的。」日軍首領即下令保護全港所有佛寺。法師的聰敏睿智，令香港眾多佛寺在戰亂中躲過一劫。

當時，慈航淨院內的一切日常運作，都由當家師作主，包括產業的買賣等。當家師一旦圓寂，所有寺產就可能變成私人遺產，甚至進一步徹底喪失。有見及此，瑞融法師提議下，與智林法師合力成功推動慈航淨院於 1963 年註冊為有限公司，成為非牟利慈善機構。

1952 年，慈航淨院於新界沙田新田村開辦慈航義學，為失學兒童提供受教育機會，造福社區民眾。義學後來更名為佛教慈航幼稚園，直至 2000 年因故停辦。當時恰逢香港某佛教道場因屋舍傾斜，必須重新拆建。為免浪費寶貴用地，瑞融法師於 2002 年大力促成將空置的慈航幼稚園校舍捐贈予該道場，清拆重建後善加利用，作為舉辦慈善活動之用途。法師更諄諄勉勵該道場志工精進行於菩薩道，讓佛教精神在香港繼續發揚光大。

瑞融法師對興學育才甚為重視，並倡議在慈航淨院開設講經班，致力以佛法陶冶青少年，為社會造就棟樑之才。法師凡事親力親為，以「布施、愛語、利行、同事」為修身指南，為弘揚佛法、造福人群而不懈努力。

瑞融法師早年和香港佛教界大德宏智法師、慈祥法師、文珠法師，以及東蓮覺苑第二任苑長林楞真居士等，都曾追隨佛教耆宿、人稱「楞嚴王」的海仁老法師學習天台教觀。瑞融法師與林楞真居士道情尤為深厚。1966 年，林楞真居士重病不起，瑞融法師毅然在東蓮覺苑發起舉辦楞嚴七法會，日夜誦經，祈其病癒，此即香港市區佛教歷史上第一次楞嚴法會。此後，法師又將這一佛教傳統引入志蓮淨苑，連年舉辦，並延續至今。

志蓮淨苑是香港一座頗負盛名的女眾十方叢林。在志蓮淨苑數十年的發展歷程中，瑞融法師和淨苑同人秉持「不忍聖教衰，不忍眾生苦」的慈心悲願，致力講經弘法，興學育才，安老慈幼，成就卓著，貢獻良多。1965 年至 1985 年，

繼航法師和慈祥法師先後擔任志蓮淨苑監院期間，瑞融法師就已開始參與協助監院法師管理苑務，接引眾生，對志蓮的發展起了重要作用。

● 重建志蓮淨苑的重任

1985 年，瑞融法師接任志蓮淨苑監院。八十年代香港政府重新規劃九龍鑽石山區，瑞融法師在時任志蓮淨苑董事局主席胡仙居士支持及社會各界鼎力協助下，於九十年代大興建設，重建淨苑。1991 年 5 月 2 日舉行重建工程動土典禮，重建過程約七載。志蓮淨苑由一所舊別墅改建的簡陋道場，變身為一座遠近聞名的仿唐大型佛寺木結構建築群，成為香港特色建築及景點之一。

瑞融法師帶領淨苑同人承先啟後，繼往開來，以「無我」出世的精神，做入世濟眾的事業，各項佛教善業蓬勃發展。志蓮淨苑經常禮請高僧大德蒞苑講學，並舉行各種宗教活動，普施法雨。1986 年，瑞融法師倡導建立的佛教志蓮圖書館正式開幕，在收藏佛學典籍，為修學和研究者提供服務的同時，積極開展與海內外大學、研究所及博物館等之間的文化交流和互動。1993 年開辦志蓮中英文幼稚園，從小培養小朋友的慈悲心，進行德育訓練。1995 年成立志蓮文化部，開展佛學研究，出版文化典籍，弘揚佛教及中華傳統文化。隨後成立志蓮夜書院，開辦四年制專上教育課程，廣泛培養人才。在護理安老方面，經多年重建和擴建，志蓮護理安老院成為全港最大的護理安老院，並設有日間護理中心及物理治療中心，為老人提供貼心周到的服務。

瑞融法師一貫熱心香港佛教事業，法師亦是上世紀四十年代香港佛教聯合會創會伊始大德之一。法師曾任佛聯會第 1 屆至第 3 屆、第 5 屆至第 7 屆理事會理事、常務理事；第 8 屆至第 10 屆、第 19 屆至第 39 屆董事會董事。

　　1997 年秋，瑞融法師年高退居，請宏勳法師主持苑務，丕振佛門宗風，續保道場清修。2007 年 7 月 13 日，瑞融法師於香港養和醫院安詳圓寂，世壽九十六歲，僧臘七十七夏，戒臘七十二秋。

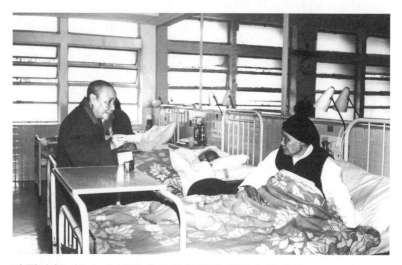

瑞融法師（左）為香港佛教醫院巡院委員小組成員，1973 年 6 月 6 日為該小組第一次巡院。

1978 年 3 月 6 日，時任梵蒂岡天主教廷樞機主教畢尼多里（左一）拜訪香港佛教聯合會，由愍生法師（右一）、瑞融法師（右二）等接待。

誠明法師
事佛至誠　度眾圓明

誠明法師（1917 － 2011）原籍遼寧鞍山，出家辦道七十餘年，以「荷擔如來家業」為己任。法師弘法足跡遍及內地、香港、美國、加拿大等地區，矢志為佛法搭起一座通往世界的橋樑，尤以弘化美、加期間，先後創建美國三藩市觀音寺、加拿大國際佛教觀音寺，為漢傳佛教的發揚光大和東西方文化交流作出了卓越貢獻。

誠明法師法相

誠明法師於 1917 年出生於遼寧鞍山市，18 歲時依止遼寧海城觀音寺本梵法師出家，21 歲時於北京廣濟寺受具足戒。受戒後即隨順因緣至當時東北頗負盛名之營口楞嚴禪寺，就讀於楞嚴禪寺佛學院，親炙樂果老法師等高僧大德，聽經聞法，韜光養晦，冬參夏學，夙夜匪懈，達六年之久。後奉師命返回海城協助重建觀音寺。

1949 年春，國內時局動盪，誠明法師輾轉南下，移錫香港。時值二次大戰之後，香港逐漸恢復繁榮，佛教信眾日增，佛學會、精舍、佛教團體陸續成立。因緣具足之下，法師於北角渣華道創辦華嚴蓮社，並任住持，開單接眾，法緣殊勝，港九信眾慕名而來問法者眾。法師發廣大心，不久又於英皇道創建分社。因地方較大，而且地處通衢大道，交通便利，華嚴蓮社曾一度用作永惺法師創辦的念佛會活動場所。

● 法化無疆

上世紀六十年代末，誠明法師遠赴美國，於三藩市創建觀音寺，禮請海內外教界長老大德赴美講經，饒益眾生。法師曾發起舉辦三藩市第一次比丘尼傳戒大會，力倡尼眾如法學戒、如法受戒，影響至深且鉅。在誠明法師等北美弘法先驅的推動下，佛法漸興於海外，慧日朗照於北美，人天歡喜，僧俗同慶。

八十年代初，誠明法師於加拿大溫哥華列治文市創建國際佛教觀音寺。法師焚膏繼晷，出錢出力，苦心孤詣，難行能行，住持道場二十餘年，終於成就加拿大第一座中國古典佛教寺院——國際佛教觀音寺，成為當時大溫哥華地區最大的佛寺和當地華僑佛教徒的精神寄託所在。國際佛教觀音寺殿宇嵯峨，雄偉壯觀，寺廟仿照北京紫禁城建造，金色與紅色的主色調大氣恢弘，屋頂樑柱飛龍盤旋，檐牙高啄，琉璃磚瓦流光溢彩，交相輝映。法師於國際佛教觀音寺住持任內，領眾熏修，解行並重，除定期舉辦法會活動外，一年一度不分宗教和種族的敬老大會，更是吸引眾多加拿大民眾前往參訪。法師熱心辦道，鼎力護持美國法雲寺禪學院；心繫祖庭，發起重建遼寧海城三學寺，興辦佛學院，作育僧才，續佛慧命。

為了讓佛法的種籽廣佈人間，誠明法師馬不停蹄地奔波於世界各地，多次返回中國內地，行腳參方，朝禮名山聖地、佛寺道場，行大布施，廣結善緣，數十載如一日，始終以紹隆佛法為職志，視名聞利養若浮雲，不因名望自尊，不為利祿所囿，惟以上求佛道、下化眾生為己任，為法忘軀，未曾懈怠。

誠明法師除曾擔任香港佛教聯合會第 16 屆至第 23 屆、第 27 屆至第 35 屆董事會董事、顧問等職外，還曾兼任香港赤柱觀音寺住持、香港菩提學會董事、

1971 年 6 月 27 日，香港佛教聯合會舉行放生靈龜法會。前排左起：大光法師、覺光法師、了知法師、廣琳法師和誠明法師。

1986 年加拿大列治文市的國際佛教觀音寺正式開幕，列治文市市長及市議員在內的數以千計嘉賓共襄盛舉。圖為時任國際佛教觀音寺住持誠明法師（前排左二）在開幕儀式上致辭。

香港妙法寺董事等職。法師畢生致力於建寺安僧、興學育才、弘法度眾,其在道業上的成就及對佛法的貢獻,有目共睹,贏得了教內外人士的普遍尊崇。

● 道心堅固

誠明法師卸任國際佛教觀音寺住持一職後,自 2002 年夏始於加拿大靈巖山寺居山靜養,朝夕默念觀音聖號,潛心靜修,精進念佛,決志求生西方極樂世界。加拿大靈巖山寺為一專修淨土道場,道風嚴謹,不慕俗務,只管清修。有鑒於教界長老大德日漸凋零,所剩無幾,靈巖山寺常住敬重誠明法師畢生致力護法、衛教、弘法、創寺等卓越貢獻,全力護持其安住道場,樂享耆年。

2011 年 6 月 4 日,誠明老法師年高體弱,化緣已畢,於當日上午 10 時 30 分,在緇素四眾弟子虔誠念佛聲中,安詳寂滅於加拿大靈巖山寺,世壽九十五歲,僧臘七十六載,戒臘七十三夏。

誠明法師一生嚴以律己,寬以待人,戒行莊嚴,法化無疆。法師隨緣布施,灑脫自在,為法為教,弘化十方,令四眾弟子永誌懷德,感恩難忘。法師一生行持,以「教演天台,行歸淨土」為宗旨,以念佛往生為依歸,道心堅固,功德巍巍,有聯讚曰:

建寺安僧,興學育才,普化中西,
息心淨土,功行已圓,回入安養。

1987 年 5 月 4 日，香港佛教聯合會假香港伊利沙伯體育館舉行慶祝教主釋迦牟尼誕辰紀念浴佛大會。圖為誠明法師（左）和淨修法師（右）以香湯灌沐太子佛像金身。

淨修法師

淨心淨意　修福修慧

淨修法師（1920 － 2011）早年來港，自幼受家人熏陶學佛，崇尚佛教而皈依佛門。先後親近筏可、敏智等高僧大德，從受戒法，精進修行。1960 年，法師加入香港佛教聯合會董事會，歷任第 10 屆至第 15 屆、第 27 屆至第 53 屆董事會董事，前後長達 37 年。2008 年起，法師轉任香港佛教聯合會名譽顧問直至往生極樂。此外，法師亦曾任佛教寶光精舍住持、佛教菩提學校佛學老師、佛教志蓮淨苑董事兼志蓮安老院副院長等職。法師畢生行願廣大，持戒精嚴，悲智雙運，齒德俱尊，成就無量善事，接引無量眾生。其道範行誼，足為四眾佛子楷模。

淨修法師法相

淨修法師生於 1920 年，俗姓李，原籍廣東番禺。家中十兄弟姊妹，法師排行第七。12 歲時，法師跟隨篤信佛法的姑母移居香港，依止時任香港寶蓮禪寺住持筏可大和尚皈依三寶，於嶼山佛學院（筏可大和尚於 1934 年創辦，延請留港法師、居士任教，不論出家、在家弟子均可報名入讀）參學，安貧樂道，精進修行。

● 自學佛法教理

　　香港淪陷期間，她於書局任職，接觸到大量書籍；一邊辛勤工作，一邊利用幾乎全部工餘時間刻苦自學，深入經藏，好學不倦。隨着涉獵的書籍增多和思想的日漸成熟，法師開始研究佛教對宇宙及人生意義的闡釋。尤其是接觸到真正的佛法教理，了解六道輪迴、人生苦空無常後，法師很快便萌發出家修行的念頭。

　　1951 年，因緣成熟，法師於寶蓮禪寺禮筏可大和尚披剃出家，法名隆行，字淨修。法師曾自撰《出家歌》云：「我今出家離俗塵，除煩惱，常清淨，晚晚對月誦經句，愛佢閒閒靜。皎皎明月照我心靈，心地瑩瑩，又暗嘆：生佛同具妙無窮。唉！早知三界如火宅，悔恨當年太任情呀！」字裏行間，流露出法師對出家人清淨生活的無限嚮往。同年 10 月，寶蓮禪寺舉行秋期傳戒法會。法師禮筏可大和尚為戒和尚，受具足戒。秋期傳戒是寶蓮禪寺為潛心向佛的信眾舉行出家儀式（受戒）的隆重典禮，依例三年傳戒一次，以續佛門慧燈。1952 年，法師喜聞太虛大師之高足敏智老和尚在九龍覺蔭園講經，遂與同學數人，奔投座下，親承教誨；但當學興正濃之時，講經法會卻宣告圓滿結束。當時幾位長老，不忍坐視學僧各散東西，前程茫茫，便請求香港鹿野苑住持明常老和尚興辦佛學院。明老慈悲慨允於新界大埔攝提精舍辦學，命名為「正心佛學院」，供女眾學習佛學，以三年為一屆，明老自任院長，敏智老和尚為教務主任，從學者頗眾。1956 年 7 月，包括淨修法師在內的首屆學僧畢業，正心佛學院也告結束。

1951 年辛卯秋期寶蓮禪寺傳戒圓滿，筏可大和尚（前排坐者）與新戒弟子合照，
後排中為淨修法師。

淨修法師（前排左二）於正
心佛學院求學時，與學院師
生合影。

　　畢業後，淨修法師受聘於香港佛教聯合會佛教菩提學校擔任佛學老師。法師天資聰穎，記憶超群，善說法要，遠近聞名。當年倓虛老法師、定西老法師等外省籍高僧大德在香港各大道場講經時，時常邀請淨修法師擔任粵語翻譯。從大型的佛學講座、信眾交流，到隨緣開示等，淨修法師都能忠於原味，不增不減，將老法師的弘講要義翻譯得淋漓盡致，無懈可擊。

● 慈悲善行

　　上世紀五十年代末，香港佛教界同人痛感人生八苦交煎，最難受者莫過於病苦，於是發起籌建香港佛教醫院。淨修法師為響應籌募建院經費，不僅鼎力護持佛聯會主辦的清明法會，更不辭勞苦，效法先賢托缽化緣的精神，走上街頭勸募，卻屢遭途人不友善對待。蓋因當時社會思想保守，對出家人存有偏見，與今日香港社會對出家人的尊重可謂有天壤之別。儘管如此，法師始終不以為忤，難忍能忍，難行能行。

　　1962 年 3 月，淨修、妙通、文珠等法師有感佛教興衰，四眾有責，而彼時世風日下，道德淪亡，亟需佛教慈悲教化和真理啟示，於是擇址於九龍城衙前圍道發起創辦菩提講堂，定期公開佈教，舉辦佛學講座，以無礙辯才，演說佛法，啟發愚蒙，度人無數。

　　1964 年 4 月，香港股商何耀光居士為紀念其母何貴榮夫人而籌建的志蓮安老院何貴榮夫人紀念院落成啟用，收容無依無靠的老人。淨修法師負責新建安老院的一切事務，照顧入住院內的五十多位老人，當時的安老院沒有政府資助，全靠善信支持。法師在擔任志蓮安老院副院長期間，全職工作，不受薪酬。

　　1974 年，淨修法師秉持「不忍聖教衰，不忍眾生苦」的悲願，發起創辦

佛教寶光精舍，荷佛家業，樹大法幢。法師在擔任佛教寶光精舍住持期間，弘法有道，接眾有方，種種方便普利群生，無有疲厭。

2002 年，在善信的虔誠護持下，淨修法師於九龍黃大仙龍翔中心發起創辦百好素食菜館，推廣素食健康和戒殺放生的功德，不少茹素的名人明星如謝雪心、米雪、陳志雲等都曾是該素食館的座上客。

淨修法師弘化香江數十年，廣行菩薩道，接引有緣眾生。每作無畏布施，辦放生法會，撫慰病苦；或遇緣謝娑婆者，念佛助其生西；又常法施於難民營，隨緣度化，恆順眾生，道心堅固，深受十方信眾尊崇。

淨修法師生前尤為熱心公益、慈善及教育事業，曾透過佛聯會和寶蓮禪寺於福建、貴州等地捐建多所希望學校，包括貴州省岑鞏縣釋淨修希望學校、鳳崗縣龍泉鎮釋淨修希望小學等。

2011 年 1 月 30 日，淨修法師住世緣盡，在四眾同人念佛聲中，安詳示寂，世壽九十二歲。時任佛聯會會長覺光長老盛讚法師一生為法為教，嘔心瀝血，於弘法利生大業及佛聯會各項會務的發展上功勳卓著。

覺岸法師

虔修正覺　樂登彼岸

覺岸法師（1924 － 2007）宿具善根，秉性純孝，喜閱經書，善說法要。早年親近靄亭、虛雲、印順、海仁等高僧大德，精嚴教戒，勤修梵行，深入經論，學問深閎，了三藏奧典，明如來經教，行持究竟，道高德重。法師曾擔任香港佛教聯合會第 5 屆至 7 屆理事會理事；第 8 屆、第 12 屆至第 26 屆董事會董事；寶覺女子職業中學暨附屬小學校長；東蓮覺苑董事等職。

覺岸法師生於 1924 年 12 月 26 日，原籍廣東中山，俗姓高，號摩尼。法師自幼宅心仁厚，受佛化家庭影響，又以生逢亂世，戰亂頻仍，時感生死事大，無常迅速，毅然有出家之志，遂捨俗出塵，遁跡空門，嚴持清規戒律，修習佛門禮儀，攻讀三藏教典，發願續佛慧命。

● 參與製作五會念佛唱片

1939 年，法師求法心切，隻身來港，求學於東蓮覺苑主辦的寶覺佛學社。其時，教界耆宿觀本老法師應東蓮覺苑之邀，於寶覺佛學社宣講《佛說無量壽經》，同時教習念佛梵唄，指導學生「五會念佛」。五會念佛是指眾人會集一處，以五種不同速度和節奏的音聲，由慢而快地和聲念佛。為進一步普廣弘揚五會念佛法門，老法師決意灌錄佛號，以垂永久，於是親自挑選並指導佛學社當中包括覺岸法師的 12 位學生，製作留聲機唱片。在老法師精心擘劃下，五會念佛留聲唱片於 1940 年面世。五會念佛之法，由此深入人心，成為佛教道場普遍應用的一種念佛法門。

1940 年面世的《五會新聲念佛譜》抽印本，覺岸法師曾參與唱片製作。

● 寶覺佛學社高材生　留學日本深造

　　1941 年底，香港淪陷，東蓮覺苑及轄下學校一切活動均告停止，經費不敷，糧食匱乏，苑內同人生活極為清苦。幸得時任苑長林楞真居士及董事會成員四方奔走，共濟時艱，始能設法維持，使苑內教職員得以安然度過三年零八個月之艱苦歲月，不致淪為餓殍。林居士原本想開辦一間中文學校，但當時規定每區只可有一間，可惜該名額已被佔用。由於林楞真苑長精通日語，所以決定開辦日語學校，以教日語為名，行中文教學之實。1948 年，覺岸法師於寶覺佛學社畢業，其後留在校內擔任佛學講師，並協助林楞真苑長處理各種苑務。

　　1949 年，佛學泰斗印順導師移居香港，在香港佛教聯合會的支持下，繼續進行《太虛大師全書》的校對與出版工作。印順導師當時在香港的聲譽、名望及道德學問均廣為信眾所敬仰，林居士邀請印順導師擔任東蓮覺苑佛學導

師，講授《中觀論頌》，覺岸法師等得緣追隨導師學習，進一步奠定了深厚的佛學理論基礎。

　　1957 年，覺岸法師奉派東渡扶桑，負笈日本京都佛教大學，開東蓮覺苑尼眾留學之先河。1960 年獲文學士學位後，繼往東京立正大學研究院深造，研究唯識思想，並於 1962 年 3 月畢業，獲碩士學位。而當時留學日本研究佛學之中國籍人士，在多間大學中僅得數人。

　　1962 年 5 月，覺岸法師學成返港，繼續執教於東蓮覺苑，深受林楞真苑長賞識和器重。1963 年，林楞真居士積勞成疾，退居休養，法師暫代寶覺女子職業中學暨附屬小學校長之職。

1965 年 2 月 9 日，專研梵文之東京立正大學中村瑞隆教授（左）出席香港佛教聯合會新春團拜，右為時任香港佛教聯合會中文秘書覺岸法師。

春風化雨數十載

1966 年 2 月，林楞真居士西歸，覺岸法師正式獲校董會委任為校長。法師精通佛理，修持有素，慈悲為懷，素以作育英才為己任。擔任校長後，法師因應社會的轉變，不斷增加資源投入，大力提升學校教育質素。

1968 年，覺岸法師卸任寶覺女子職業中學小學部校長，仍留任中學部校長。法師獻身教育之精神，乃發自百年樹人之宏願。在法師帶領下，寶覺女子職業中學教育本旨，一如校訓「慈悲博愛」所示的目標，除致力於各學科外，特別着重佛教道德教育，以培養學生德性，孕育學生崇敬佛教、尊師重道的思想為依歸，使學生自小養成勤奮純樸、自愛而不自私、自尊而不自傲的高尚品格。法師以溫良恭儉的慈悲教化，贏得了全校師生的愛戴和尊敬。

1983 年 7 月 15 日，覺岸法師從寶覺女子職業中學校長崗位上榮休，全校師生為法師舉行了盛大的歡送會。時任校董周君令居士在惜別致辭中，盛讚法師服務學校三十餘年，克盡職責，用心辦學治校，悉力教書育人，貢獻卓著。

移錫加拿大弘法

1984 年，覺岸法師移錫加拿大列治文市，任國際佛教觀音寺董事兼佛學導師，開設佛學班，定期宣講佛法，度生無量。不久，法師於加拿大多倫多創辦淨化蓮社，自任社長。法師亦常應各大佛教團體如加拿大佛教會湛山精舍之請，講經弘法。法師能言善辯，牽章引句，稱性而談，所主持的佛學講座場場座無虛席。

法師卓錫北美二十餘年，廣開法席，盛轉法輪，演說法音，栽培後學，為漢傳佛教在加拿大的傳播與發展，作出了重要貢獻。2007 年 3 月 24 日，法師度生法業功果圓滿，仗彌陀慈光接引，安詳往生極樂蓮邦，世壽八十四歲。

覺岸法師（左）和賢德法師（右）攝於加拿大東蓮覺苑

愍生法師
大慈濟世　大悲愍生

● 宿根深厚　智慧天成

　　愍生法師（1926－1993）俗家姓徐，廣東新興人，1926年7月15日（農曆六月初六）生於馬來西亞，10歲時隨父母返回廣東家鄉。法師賦性穎異，少時遍覽經史子集，尤喜讀勸世文一類的善書，由此深信因果。法師有一位姨母篤信佛教，在香港大嶼山寶蓮禪寺當職事。受姨母的影響，法師自幼敬事三寶，常在家誦經禮佛。年歲漸長之後，遂萌出家參究真理之志。

愍生法師法相

● 參師學道　研教明宗

　　1945年8月，日本戰敗投降，第二次世界大戰結束。時年19歲的愍生法師，自家鄉赴港，在姨母引介下，依大嶼山竹園精舍繼航老法師薙度出家，法名常慧，字愍生。當時，被佛教界譽為「楞嚴王」的海仁老法師在大嶼山阿彌陀佛精舍講經說法，法師遂追隨海老深入經藏，遍探教海，專研經、律、論三藏。1948年，法師前往廣東韶關南華寺，依虛雲老和尚座下受具足戒，圓戒後仍回大嶼山潛修。後來因在山上生病，時任東蓮覺苑苑長林楞真居士聞悉後，派人接法師下山，送入醫院治療。病癒後，法師有感林居士厚遇之恩，發願終生服務東蓮覺苑，弘揚佛法。

● 住持東蓮　培育群英

愍生法師到東蓮覺苑後，除協助林楞真居士處理日常苑務外，並陞座說法，弘經演教。後又在寶覺女子職業中學教授佛學。法師宅心仁厚，處世謙和，修持精勤，襄佐苑務，條理分明，深為林楞真居士器重。1957年，經林居士推薦，東蓮覺苑董事會聘請法師擔任副苑長。1966年，林楞真居士捨報往生，法師繼任苑長，主理苑務，同時兼任寶覺佛教書院院長；繼而自 1979 年起，又兼任寶覺女子中、小學及寶覺分校校監。

● 贊襄佛會　迭著勳功

除主持東蓮覺苑苑務及佛教書院校務外，愍生法師為香港佛教聯合會各項善業的發展壯大殫精竭慮，不遺餘力。法師曾任香港佛教聯合會第9屆至第11屆董事會董事、第12屆至第39屆常務董事、司庫；香港佛教醫院管治委員會委員；香港佛教墳場管理委員會司庫；學務管理委員會委員；弘法工作管理委員會委員；會產財政委員會副主任委員，以及香港菩提學會董事、虛雲老和尚紀念堂董事、大光園董事、志蓮淨苑董事、佛教慈濟中醫贈診所董事會副主席等職。此外，法師曾任佛聯會佛教悉達幼稚園校監；佛教筏可紀念中學、佛教孔仙洲紀念中學、佛教大光中學、佛教慈敬學校、佛教曾果成幼稚園、佛教傅康幼稚園等多所學校校董。不僅如此，法師亦曾擔任香港佛光協會名譽顧問、馬來西亞慈航淨苑導師、普門覺苑導師等職，足見法師對香港佛教教育之發展貢獻良多，海外道場亦蒙恩澤。

● 廣弘佛法　著作等身

法師畢生致力弘法佈教，辦學興校，培植人才，桃李滿天下。自 1951 年駐錫東蓮覺苑後，法師不僅在苑中講經，亦屢應其他佛教道場之請，出外講經。

法師任運弘法四十餘年，運廣長舌，作獅子吼，發微妙音，契機契理，辯才無礙，衍演善法，普度眾生，廣為教界所稱譽。她博學多才，善說法要，剖析義理，層次分明，音聲清雅，吐納文采，扣人心弦，聞法者無不歡喜讚嘆，信受奉行。法師所講之經典無數，尤其精於《大佛頂首楞嚴經》、《妙法蓮華經》，宣講的其他大乘經論還包括《金剛般若波羅蜜經》、《梵網經》等。其講經錄音帶流通海內外，道俗歸宗者不計其數。法師篤志好學，鑽研內典，文筆優雅，見解精闢，識見深閎，出版之著作計有《善事太子》、《般若心經講記》、《辨破〈楞嚴百偽〉》、《普賢十願講記》、《勸發菩提心文講記》、《法華經講記》、《佛說八大人覺經講記》等。在繁忙的弘法之餘，法師又虔抄經典，印行者計有《妙法蓮華經》、《六經》（《金剛般若波羅蜜經》、《藥師琉璃光如來本願功德經》、〈普賢行願品〉、〈觀世音菩薩普門品〉、《佛說阿彌陀經》、《八十八佛懺悔文》）。

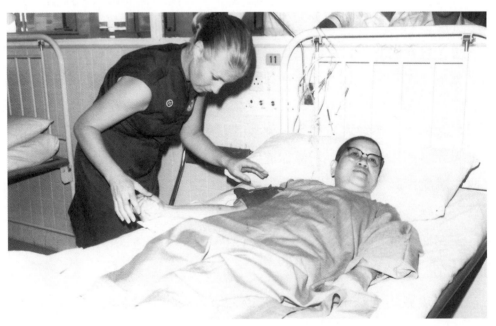

1971 年，愍生法師（右）前往香港紅十字會捐血。

1976 年 10 月 2 日，香港佛教界接待時任梵蒂岡教廷樞機主教畢尼多里訪港，前排右三起：愍生法師、永惺法師、洗塵法師、樞機主教畢尼多里、覺光法師、樞機主教胡振中、黃允畋居士。

● 上求下化　盡瘁佛門

　　1985 年，愍生法師因腎功能衰竭，入院治療。當時病情十分嚴重，四眾弟子以為她行將入寂。惟法師愍念眾生，不忍遽生西土，而是以柔弱之軀，但憑頑強的毅力與病魔抗爭，兼之宏大願力所感，終於轉危為安，病情逐漸好轉，惟每星期仍須前往醫院洗腎兩次。儘管如此，法師仍不辭勞瘁，為法忘軀，抱病弘法，講經不輟，又達八年之久。除如常主理苑務、校務，擔任佛聯會及其他公職外，弘法利生未嘗間斷。此外法師還堅持每日定時念佛經行，以為自行化他之資糧。其上求下化、為教為人之精神，實堪作後學典範。

● 虛空有盡　悲願無窮

1993 年 6 月初，愍生法師病情危急，經醫師診斷，須進行手術，其後一度好轉，惜藥石罔靈，回天乏術，病情再度急轉直下，延至 7 月 4 日（農曆五月十五）凌晨安詳圓寂。一代香江德尼愍生法師，度生因緣既盡，撒手西歸，與世長辭，享年六十有八，僧臘四十八春，戒臘四十六夏。7 月 10 日於香港殯儀館舉行公祭，時任香港佛教僧伽聯合會會長寶燈法師主持靈前上供，時任東蓮覺苑董事會主席何世禮將軍主祭並致讚頌辭，時任香港佛教聯合會副會長黃允畋居士恭讀祭文。公祭完畢後，恭請永惺長老説法封棺。

賢德法師

賢師宣妙諦　德業續千秋

賢德法師（1929 － 2015）原籍廣東雷州，幼植善根，心慕佛乘，童真入道，尚德行仁，勤修道業，通達經論。1958 年，法師東渡日本求學，歷時十載，獲博士學位後返回香港能仁書院任教。1991 年，法師榮休後移居加拿大，杖錫海外，弘化異域，潛心辦道，四眾皈依，直至 2015 年以世緣圓滿，撒手安詳西歸。法師生前除曾擔任香港能仁書院哲學系主任、院長；加拿大東蓮覺苑董事、苑長等職外，還曾兼任香港佛教聯合會第 19 屆至第 21 屆董事會董事等職。

賢德法師法相

1929 年 2 月 15 日，賢德法師出生於廣東省海康縣（今雷州市）沈塘鎮茂蓮村。法師俗姓曾，名少梨，為家中獨女，生而資稟穎慧，自幼深受父母疼愛。先後就讀於海康一小、海康中學，博覽群書，品學兼優。惟因早年家中迭遭變故，相依為命之父親及祖母相繼亡故，深感生死事大，無常迅速，漸萌出家修行之志。慈母遂其志，乃於 17 歲時逕投海康西竺靜室，依止智勝法師披剃出家。

1941 年 12 月，香港淪陷。教界尊宿海仁老法師輾轉回粵，初駐錫於湛江清涼寺，後抵雷州，移錫真如精舍，其間，常應邀到各地講經說法，利樂眾生。

賢德法師聞訊後，求法心切，當即前往參師學道，得以朝夕親承海老之耳提面命，獲益良多。在海老的推薦下，法師於 1948 年由雷州前往香港，親近慈祥法師。此後，華南一帶青年僧尼接踵來港參學者甚眾，而這些僧尼大都直接或間接受海老教化所影響。《海仁老法師紀念堂碑記》中記錄了這段佳話：「中日戰爭，海公避難抵湛江，仍以講經說法為職責，更鼓勵僧青年，研習經教，續佛慧命。戰後又親攜學僧，往港栽培；自此，湛市僧青年，出外參學者眾，今日湛市僧尼，能弘揚佛法，實拜海公之恩賜……」

其後，賢德法師追隨海仁老法師於東蓮覺苑修習《大佛頂首楞嚴經》、《妙法蓮華經》、《維摩詰經》、《金剛般若波羅蜜經》及《教觀綱宗》等經論，深入經藏，精進修持，慧行俱進。1949 年 3 月，法師因仰慕大嶼山道風遠播，遂前往寶蓮禪寺求受三壇大戒。嗣後復從太虛大師門人敏智老法師修習因明學。1958 年，由時任香港東蓮覺苑苑長、香港佛教聯合會創會大德林楞真居士送往日本京都佛教大學就讀四年。1962 年畢業後，轉入京都龍谷大學研究院修讀碩士課程，研究唯識思想。1964 年 12 月，再考入東京立正大學研究院，修讀博士課程，專研華嚴思想，深得時任立正大學校長坂本幸男教授的賞識和器重。1973 年 2 月，台灣法鼓山創辦人聖嚴法師在《敬悼我的指導教授坂本幸男先生》一文中深情回憶到：「……先後出身於立正大學的中國系的佛教留學生，自慧嶽法師為始，連香港的覺岸和賢德兩位尼法師在內，到我為止，據我所知，已有 14 人之多，這些人無一不是在坂本先生的教導及照顧下，進入立大，畢業於立大的……」

● 辦學教化眾生

1968 年 6 月，賢德法師學成回港後，潛心鑽研佛法，志在著書立說。上世紀六十年代末，香港人口劇增，高等教育學位奇缺，香港佛教僧伽聯合會

為弘揚佛法，饒益眾生，由洗塵、寶燈、覺光和達道等高僧大德發起成立能仁書院，肩負教化重任。1969 年 4 月，賢德法師以學識廣博，悲願宏深，獲能仁書院聘請擔任佛學、佛教史及日文科教授。法師曉暢佛理，辯才無礙，講經深入淺出，佈達經中真義，每有敷講，必聽者如雲。香港佛教英文中學（佛教慧遠中學前身）仰慕法師才華，聘其在該校兼職教授佛學，前後長達十年。

1973 年 2 月 10 日（農曆正月初八），香港佛教聯合會於銅鑼灣東院道佛教黃鳳翎中學大禮堂舉行癸丑年新春同人團拜聯歡暨第 19 屆董事就職典禮，前排左三為賢德法師。

賢德法師為加拿大東蓮覺苑首任苑長

1978 年 9 月 29 日，佛聯會同人歡送香港佛教代表團赴日本東京出席世界佛教友誼
會第 12 屆大會。前排左二起：賢德法師、永惺法師、洗塵法師、覺光法師。

● 推廣佛教教育

　　1974 年，賢德法師出任能仁書院哲學系主任。1986 年，升任能仁書院院長，並經常在《法訊雙月刊》、《蓮覺》等佛學雜誌發表文章。1991 年，法師榮休後移居加拿大溫哥華。彼時之溫哥華地區由於世界各地移民日益增多，華人所佔比例亦高，生活安定之餘，亟需道德教育與心靈慰藉。1994 年，香港東蓮覺苑因應時代需要，於溫哥華設立分苑，禮請賢德法師出任首任苑長。在法師主理下，加拿大東蓮覺苑除從事一般社區佛教活動，廣聚當地信眾共修念佛外，同時積極融入溫哥華社區，致力佛教教育的推廣，向普羅大眾推廣佛學。賢德法師在繁重的苑務之餘，還兼任溫哥華彌陀閣住持，廣開法席，孜孜不倦奔波於世界各地講學、弘法，法音流佈海內外。法師一生筆耕不輟，著有《因明學八義概要》、《佛教的宇宙人生觀》、《佛教與人生》、《佛說佛地經講記》等書。

　　賢德法師晚年雖身在異國，卻始終心繫桑梓，時刻關注着家鄉雷州的發展變化。法師不顧年事已高，多次遠涉重洋，專程返鄉探望，反哺故土，為家鄉教育和安老事業慷慨解囊，包括在雷州興建教學樓、老年娛樂活動中心等，安老慈幼，慈雲廣蔭。法師不忍聖教衰，捐資復興禪宗祖庭雷州天寧寺，致力光大佛門；又發心重建雷州西竺靜室，安僧接眾，續佛慧命。

　　賢德法師不辭勞苦，為度生而忘我，為弘法而忘軀，健康每況愈下，終致積勞成疾，久治不癒。2015 年 6 月 24 日，法師因腎功能衰竭，藥石罔靈，住世緣盡，在四眾弟子精進至誠的念佛聲中，於溫哥華安詳圓寂，享壽八十六歲。法師平生慈悲喜捨，廣結善緣，噩訊傳出，教界震動，傷者德之西逝也。2015 年 7 月 2 日上午，法師葬禮於溫哥華高希雲殯儀館隆重舉行，前往拈香弔唁者絡繹不絕。禮台兩側懸掛着弘一大師的偈語：「我到為植種，我行花未開；豈無佳色在，留待後人來。」一語道盡賢德法師生平抱負與菩提宏願。

文珠法師
文字結殊勝因緣　珠網現恆沙世界

文珠法師（1930－2014）生於粵西，早歲受業香江，及長東渡日本。學成返港之後，致力興教辦學，服務社群。上世紀七十年代初，因緣際會之下，遠赴北美洛杉磯，開山辦道，弘化一方。法師曾任香港佛教聯合會第12屆至第13屆董事會董事兼中文秘書、世界佛教友誼會港澳分會執行委員、佛教大華學校校長、內明學院董事、香港教師會委員、香港荃灣區童軍總會執行委員、《覺世》旬刊編撰委員、《大眾日報》編撰委員、《香港工商日報》〈佛學雙週刊〉編撰委員、香港佛教青年會會長、香港佛教青年會學校監督兼校長、美國美西佛教會會長、洛杉磯圓覺寺住持和敏智老和尚紀念教育基金會董事長等要職。

文珠法師法相（圖片提供：美西佛教會）

　　法師平生博聞強識，精通經史，兼通諸子百家，國學功底深厚，佛學造詣精湛。在八十餘年的奉佛生涯中，法師始終嚴持淨戒，依教奉行，道心堅定，盡瘁佛門，以她的行願、懿德、人格和學識贏得了社會各界的普遍尊敬，堪為菩薩道行之表率，佛子行誼之楷模。

● 出家求道　親炙高僧

　　文珠法師生於 1930 年，俗姓詹，原籍廣東湛江。法師出生後身體屢弱，父母一度以為她行將夭折，難以存活，便將當時僅 18 個月的法師送到湛江福壽山玉佛寺庵堂內寄居，由福壽山開山住持遠慎尼師撫養。法師自幼在寺院中禮佛誦經，佛典嫻熟，剃度後更是深入經藏，暢游佛法大海。

　　1946 年，法師於湛江清涼寺受具足戒後，追隨佛教耆德海仁老法師前往香港，潛居大嶼山，專心研習《妙法蓮華經》、《大佛頂首楞嚴經》和天台教觀，前後達六年之久。在海仁老法師悉心培育下，學問大有長進。後因時局影響，道糧不繼，正當困頓無依之際，聽聞太虛大師之高足敏智老和尚在九龍講經，遂與同學數人，奔投座下，親承教誨，飽餐法味，又歷三年，慧行俱進。

● 入世求學　不退初心

　　1955 年，文珠法師獲孟氏教育基金會資助，保送入當時的華僑書院二年級，師從佛學泰斗羅時憲教授，專攻唯識教理。現今佛教界擁有學士、碩士乃至博士學位的僧侶，為數不少，但在六十多年前，以比丘尼身份入大學讀書，而獲學士學位的，則絕無僅有。台灣祥雲法師所著《懺願室文集》〈教海珍聞〉一章稱：「中國第一位大學畢業的比丘尼是文珠法師。1958 年畢業於香港聯合書院社會教育學系，獲學士位。」

　　五十年代中期的香港，經濟凋零，民生艱苦。法師生活亦是極度清貧，全賴友好接濟和稿費維生。有位讀者幾經波折找到法師說：「讀你的文章，以為是一位高僧，原來你是位比丘尼，畢業了，有何打算？」法師答曰：「希望去日本深造。」於是在這位熱心讀者的資助下，法師在大學畢業當年即東渡日本，進入日本京都佛教大學研究院和東京大正大學研究院繼續深造。由一個在庵堂

中寄養的女嬰，到獲得日本知名大學的高
級學位，這固然是因緣和合；而法師個人
的意志和努力，無疑是其道業成就的主要
因素。

弘宗演教　度己度人

　　1961年，文珠法師獲得碩士學位後，
從日本學成返港，受聘出任道慈佛社九龍
學校佛學部主任，展開弘法、教育及文化
工作。先創辦菩提講堂，自任主講，每月
定期於香港大會堂公開佈教，舉辦佛學講
座，以無礙辯才，演說佛法，啟發愚蒙，
度人無數，可謂女中豪傑、佛門砥柱，深
受諸山長老讚許和社會各界推崇。其他佛
學社團也起而仿效，有力地推動了當時社

作為1958年聯合書院社會教育學系
優秀畢業生，文珠法師熱心回饋母校，
捐資設立詹文珠校友明德新民學業優
異獎（法師畢業時名為詹文珠）。（圖
片提供：香港中文大學校友事務處）

會人士的學佛風氣。1962年，法師接管佛教大華學校，自任校長；1963年，
創辦香港佛教青年會並任會長，透過舉辦各種青年康樂活動，接引年青人學佛。

　　1964年，法師參與協助香港政府推展義務教育，於新界葵涌創辦政府津
貼之香港佛教青年會學校，自任監督兼校長。數年下來，成績卓然，被譽為
「太空寶筏文珠第一號」。同年，法師考入香港葛量洪師範學院，接受教師專
業訓練。她關懷社會，熱心公益，學養深厚，能力超群。數年之間，道譽日隆。
1965年，法師當選為香港佛教聯合會董事。1969年，出任世界佛教友誼會港
澳分會執行委員。

● 卓錫北美　接引眾生

1972 年夏，文珠法師應信眾所請，移錫北美洛杉磯。次年 8 月，向美國政府申請註冊成立美西佛教會。籌備過程中，法師歷經種種繁雜的手續，克服種種人地生疏的困難，費盡周折，艱辛備嘗。美西佛教會正式成立後，法師以德望崇隆、悲智具足，獲四眾一致推舉為首任會長。

1976 年，法師發心創建洛杉磯開埠以來第一間弘傳中國大乘佛教的道場——圓覺寺，並於寺內開辦週末中文學校，教導華僑子弟學習中文，定期領導僑胞舉行共修法會。法師於弘法事業中，尤其着重弘揚《大佛頂首楞嚴經》，先後講解此經多次，更於美國舉辦楞嚴經專科班，以培訓後學。

法師不但才智過人，且生性仁慈忠厚，勇於擔當，隨緣樂助。1975 年，法師主持美西佛教會，適逢數百名越南華僑受困難民營，法師發動信眾，出錢出力，將食品、藥物、衣服、日用品等源源不斷分發到難民手中；同時財法雙施，協助難民出營謀生，重建家園，充份發揮佛教慈悲濟世之精神。不獨身受其惠者深受感動，洛杉磯政府亦向法師頒贈獎章及獎狀。由當時全體難民致贈法師的觀音像上，刻有中文以記其事：「幸羅省美西佛教會文珠大師，不時率團宣慰，捐贈藥品衣物，恤助孤苦，或介紹職業，保領謀生，使吾僑重嘗人間溫暖。大師所作所為，好比菩薩心腸，令人欽佩，感頌之餘，特選繪觀世音菩薩真容乙幅，敬奉美西佛教會紀念。時在乙卯仲秋……」

● 淡泊明志　敦品勵行

文珠法師在八十餘年的奉佛生涯中，始終堅守弘法利生、續佛慧命之初衷，出則講經說法，入則閉門修身，心無旁鶩，講學解經，風雨如晦，與世無爭。

　　法師晚年經常應港澳各大佛教團體之邀請，租用政府大會堂、政府文化中心、香港佛教文化中心，以及澳門青年中心等場地，舉辦大型佛學講座，吸引聽眾無數。

　　1991 年 7 月，香港寶蓮禪寺邀請法師出席主持在沙田大會堂舉辦的佛學講座，適值內地華東水災為患，法師率先捐助淨資二萬元，聽眾紛紛響應，即席籌得港幣二十多萬元，全數交給紅十字會賑濟華東災民。

　　1998 年，法師發起成立敏智老和尚紀念教育基金會，積極響應祖國的「希望工程」助學計劃，於貴州等貧窮地區，先後捐建四間中學、六間小學，救助失學兒童，嘉惠莘莘學子；並每年發放獎學金，資助貧苦學生完成學業。

1995 年 5 月 7 日（佛誕日），香港佛教聯合會為慶祝佛誕和五十週年金禧會慶，假尖沙咀香港文化中心舉行大型弘法講座，邀請文珠法師主講，講題為《我們的責任》。

● 悲心無盡　至德堪欽

文珠法師致力透過文化、教育的傳遞，將佛法的真理，播送人間，深入社會，利益大眾。她喜歡以文字接引初機，常於公餘課後，撰寫佛學文章，刊登於當時各大報章與佛教雜誌。晚年更將多種佛經註解，自己手寫輸入電腦，方便讀者閱讀；又將自己數十年游心法海之智慧點滴，刊印流通，廣結善緣，利益後學。法師著有《人性之覺悟》、《佛學與教育》、《正信與迷信》、《般若心經講義》、《金剛經講義》、《觀世音菩薩普門品講義》、《大佛頂首楞嚴經筆記》、《妙法蓮華經講義》、《人間佛教與現代青年》等作品傳世。

文珠法師早年南下香江，嗣後東渡日本，及至中年，弘化美西，建水月道場，作夢中佛事，法流中外，花開滿天，筆路藍縷，精進不息。然而無常空苦，乃世間規律；生老病死，乃人生過程。法師化緣既盡，示現無常，於 2014 年 12 月 2 日晨安詳捨報圓寂，世壽八十五歲。已故中國佛教協會會長趙樸初居士曾撰聯讚文珠法師：「文字結殊勝因緣，廣開法藏；珠網現恆沙世界，無盡莊嚴。」這 22 個字堪稱文珠法師一生行誼的最佳寫照。

永常法師
永懷師恩　常轉法輪

永常法師（1933－2002）佛教大光園創辦人慈祥法師之衣鉢法嗣。永常法師曾任佛教大光園住持；佛教大光園慈善基金會會長；佛教大光義學校長、校監；佛教大光中學校長、校監等職。此外，法師亦曾任香港佛教聯合會第 29 屆至第 39 屆董事會董事；第 40 屆至第 45 屆董事會名譽顧問；第 46 屆至第 48 屆董事會董事、常務董事。

永常法師法相

永常法師生於 1933 年 2 月 7 日（農曆正月十三），俗家姓周，法名仁智，字永常，廣東遂溪縣人氏。法師年幼多病，兄姊早夭，父母愛女心切而四處求神問卜，知愛女非俗人所能撫養，若勉強養之，必早喪。為保全愛女生命，父母無奈往求好友慧良法師收留，時年僅三歲。法師九歲於湛江聽法於海仁老法師，宿慧頓發，有感人生難得、佛法難遇、善知識難求，決志投報沙門，究心經教，遂求請慧良法師慈悲剃度，出家專志修學佛法。

1945 年 7 月，慧良法師圓寂。不久，香港宣告光復。翌年 3 月，海仁老法師由粵返港，經隨行之文珠法師力薦，海老將永常法師薦與慈祥法師，並促

成永常法師於同年 6 月抵港。慈祥法師慧眼獨具，見此小沙彌尼道貌非凡，甚為喜愛，師徒二人由是初結法緣。

1946 年底，永常法師負笈東蓮覺苑，親近苑長林楞真居士及虛雲、海仁、顯慈、法舫、圓瑛、敏智等高僧大德學經，歷四年有餘。1951 年 10 月，適逢香港寶蓮禪寺方丈筏可大和尚開壇傳戒，因緣殊勝，法師欣然前往，禮筏可大和尚為得戒和尚，受比丘尼具足戒。

● 孜孜不倦的求學心

1952 年，教界耆宿敏智老和尚在九龍覺蔭園開筵講經。法師求法心切，遂邀同學數人，聯袂奔投座下，研究唯識及因明。香港鹿野苑住持明常老和尚既賞識敏智老和尚才華，又憐憫一眾青年僧尼有心求學而苦無居所，乃於翌年假新界大埔攝提精舍興辦正心佛學院，專供女眾學習佛學，禮請敏智老和尚為教務主任，以三年為一屆，從學者頗眾。法師於敏智老和尚座下專心鑽研《阿毗達磨俱舍論》、中文及英文，不攀世緣，不求聞達，深入經藏，解行並進。1956 年 7 月，法師完成中學課程，於正心佛學院畢業。時慈祥法師欲邀永常法師任教大光義學，惟法師以學有不足而婉拒，並於 1957 年考入香港聯合書院攻讀中文。1961 年，法師獲聯合書院中文系統一試文憑。慈祥法師求才若渴，再邀永常法師回佛教大光中學任教。自此法師踏上杏壇，教授佛學科，時時以身作則，處處為人師表，各方無不深慶得人。

1966 年，永常法師經兩年復修，以出家人身份榮獲香港中文大學中文系文學士學位，一時傳為佳話。雖如此，法師不為資歷高、利祿厚所誘，一心追隨慈祥法師，隨侍左右，朝夕與共，代勞分憂，察心與行。1978 年 6 月 11 日，慈祥法師於佛教大光中學禮堂舉行嗣法大典，傳師法卷，法師乃正式成為慈祥

1999 年 6 月 11 日，香港佛教聯合會舉行香港佛教界慶祝佛誕迎請佛牙舍利瞻禮大會圓滿茶會。時任佛聯會常務董事兼司庫何德心居士（左）頒贈感謝狀予永常法師（右）。

2002 年 4 月 2 日，佛聯會舉行壬午年清明思親法會啟壇儀式。前排右起：妙慧法師、永常法師和常光法師。

法師之嗣法弟子。1991 年，法師任佛教大光中學副校長，其間事必躬親，戮力協助慈祥法師推展校務，深得上人器重，期許有加。1997 年，慈祥法師因年邁多病退居，永常法師接任佛教大光園住持及佛教大光中學校長等職。法師執教杏壇達四十餘年，慈悲無盡，願力無窮，門下桃李。

永常法師追隨慈祥法師半個多世紀，耳濡目染，深得慈祥法師神髓。慈祥法師的言傳身教、耳提面命，法師念茲在茲，未敢稍忘。1999 年，慈祥法師臨終前囑法師將其私人遺產全部捐出，成立佛教大光園慈善基金會，以濟度貧苦，策勵後學。法師恪遵師囑，先後獨力贊助或透過佛教大光園慈善基金會於國內捐資興建希望學校數十所，包括廣東遂溪永進希望小學及良笏希望小學、廣東淡水慧良希望小學、廣東東源慈祥希望小學、廣東連山慈祥希望中學等。

永常法師畢生為教為人，嘔心瀝血，以致積勞成疾，藥石失靈，於 2002 年 7 月 25 日（農曆六月十六）度生法業圓滿，安詳圓寂於香港佛教醫院，享壽七十歲，僧臘五十九夏，戒臘五十一秋。公祭大殮儀式於 2002 年 8 月 6 日上午舉行，由時任香港佛教聯合會會長覺光長老主持封棺説法。

圓慧法師
教育弘法　恬靜修行

圓慧法師（1931 －）出生於新加坡，十多歲時來港於大嶼山出家。圓慧法師追隨慈祥法師及永常法師四十多年，耳濡目染，深得兩位長老尼真傳。法師現任佛教大光園住持，並由 1995 年起擔任香港佛教聯合會第 41 屆董事會董事至今。法師亦擔任佛教陳榮根紀念學校、佛教慈慧幼兒園校監等，積極推動佛化教育事業。

圓慧法師年輕時的照片

午後的大埔石鼓壟村，行人稀少，與大埔火車站的喧嘩熱鬧形成了強烈的對比。佛教大光園就在石鼓壟村旁的矮坡上，隱藏在一片茂密的樹林裏，襯托着園舍的，除了那種滿番薯和白菜的農田，還有那群自由自在的小貓和小狗，牠們無憂無慮地四處流連，走走停停，呼吸着淡淡的桂花香味。然而，這間佛教小廟，卻成就了很多社會善業。承先啟後，推動這一切的，是年屆 92 歲高齡的圓慧老法師。

記者沒有跟圓慧法師約好一個確實的會面時間，因為法師說：「你甚麼時間來訪都可以。」

到訪園舍，按了幾下院子的門鈴，等了一會兒仍不見有人應門。記者心裏暗暗叫苦，真擔心圓慧法師不在大光園裏，那便白來一趟了。正在菜田裏除草的光道法師看見記者來了，過來幫忙開了大門，並着記者在院子裏坐着等待，又說圓慧法師正在休息。這是她近年的習慣，她每日清晨四時起床洗濯和莊嚴衣履後，便到佛殿做早課，虔心一意，禮佛誦經。這是圓慧法師數十年的生活規律。現在年事高了，午後累了，便會休息一會。

法師沒有外出，這下記者才心定下來，但暗自怪責自己那顆凡心，竟會隨時隨境，如小兔般亂跳亂竄，身處這清靜的佛教道場裏，不禁自愧。

不一會兒，法師從樓梯上走下來，手裏捧着一個紙盒，裏面有道場自製的杏仁餅、花生，還有一壺她泡的桂花茶，桂花是她親自採摘的。原來，法師怕記者肚子餓，剛才已在樓上為記者準備好吃的和喝的。法師的慈悲和細心，令人非常感動。

● 外處俗境　內寄佛心

「法師好，很多人對出家人的日常生活都很好奇，可以分享一下您的日常生活嗎？」記者問。

「沒有甚麼特別的，我年青時就是一位教師，不過是一位出家人教師罷了。」法師答得非常輕鬆隨意。記者卻對一位出家人教師的生活更加好奇起來。

矗立在大光園前的佛教大光中學舊址（現已合併為佛教大光慈航中學），滿載着圓慧法師的回憶。

回顧昔日大光園教育的生活與如今的恬淡日子，圓慧法師笑言，煩惱的時候，最好的方法就是念經。

圓慧法師説，師兄慈祥法師對自己的影響很深。圖為慈祥法師拿着大光園自家種的龍眼拍照，這些農產品，亦是大光義學重要的經濟來源。

大光園興辦義學之初，兼收養孤兒。圖為老師督導孤兒做家課。

1959 年，法師開始在這個地方講學，跟隨師兄慈祥法師，為失學兒童和孤兒提供優質的教育。「慈祥法師經常說，孩子就是社會的未來，只要孩子好，社會一定好。」圓慧法師微笑說。早在 1945 年，慈祥法師看到大埔墟的失學兒童很多，就創辦了大光義學。圓慧法師由 1959 年起常住大光園，之前就在東蓮覺苑讀書及修讀師資課程。

法師在學校的生活，非常簡單，早上七時起來就下山去上課，中午飯後再下山。「出家人當老師，其實和俗家人當老師沒甚麼分別啦！不同的是，他們去酒樓飲茶，我就回人光園吃飯。」圓慧法師笑說。法師有一顆我們常說的「平常心」，她總是將自己的事看得很平常。然而，我們了解到，大光小學及中學內還有一班孤兒學生寄宿在大光園內，一眾法師要日以繼夜地擔承教養他們的責任。

圓慧法師一邊與記者談話，一邊在書架上拿出一本《佛教大光中學 10 週年》特刊，裏面滿載昔日足跡。法師指着一張龍眼樹的照片，說：「當年學校一切雜費學費，都由校方支付，經費的來源，大多依賴園地自力更生，當時，大光園已出了許多農作物！例如龍眼、蜂蜜等等！」大光園裏的每一位法師，是教育家，是孤兒的保姆，是耕作養蜂的農夫。她們以行動弘揚佛法，實踐佛法。

● 每有困難　無我自解

做教師壓力很大，究竟圓慧法師又有沒有這個問題呢？

年青時在學校做老師，日常生活在寺院裏。自九十年代離開學校後，她仍繼續義務擔任佛教大光慈航中學的校董以及佛教陳榮根紀念學校、佛教慈慧幼

兒園校監等職至今。處理俗務，少不免有許多複雜麻煩的事情。

「事情麻煩，人不麻煩就是了。」法師認為，遇上困難的事情時，總有很多有心人，把事情拿出來大家一起商量，用集體的智慧，集體的力量就可以解決問題。「為何一定要大家採用自己的方法呢？為何一定要大家聽自己的呢？這是執着。」法師說。

認識圓慧法師的人都知道，她從不罵人。難道法師真的從不生氣，從不與人意見不合嗎？

法師解釋，世界總有許多事情是不如意的，但站在對方的角度想想，即使不愉快的事，也會很快想得通了。「別人與你意見不合，站在他的角度想想，即使你知道對方是因為自私才做出那件事，你也會原諒對方了，就是他自私罷了，不需要太執着。所以我這輩子啊，都沒有跟人吵過架。不開心時，我提醒自己修行還不夠，就不作聲好了。」

● 世事無常　放下自在

圓慧法師在新加坡出世，母親在她兩個月大左右就往生了。照料她的爺爺常常抱着她到住家樓上聽德修法師誦經。當她一歲多的時候，爺爺就將她交給德修法師，寄望這孩子將來投身佛門。德修法師帶着她去馬來西亞，到她兩歲時再來到香港，她寄住在德修法師於大嶼山的道場裏。當圓慧法師十多歲時，便正式在大嶼山出家。

「您有恨自己的家人嗎？」記者問。
「沒有。」法師回答。

「會否有點責怪？」

「也沒有。」

「從沒有見過父母及親人，這樣的人生，會覺得有點遺憾嗎？」記者嘗試引導法師說出一些對親人的觀感。

「沒有。」但法師總是語氣平和地回答。

法師告訴記者，她時時感恩很多人愛護她，她也愛很多人。法師不被無常的世事纏擾內心，反之法師的經歷，讓她更明白孤兒的生活和心境。「大光義學（即其後的佛教大光中學）收留了不少孤兒，他們都與我們一起住，我負責教書，偶爾也和學生一起摘桂花，嗅花香。」圓慧法師說：「用心陪伴，就是最好的關懷。」

● 閒忙定散　旋收旋放

現在，圓慧法師除了摘桂花，日常還有一項小運動，就是「挖土」。

大光園的兩旁有一些農地，圓慧法師摘完桂花，偶爾會拿着小鋤頭，挖挖土，自己活動一下筋骨，也為農作物鬆一鬆身體。

身體要動，心境要靜，這是法師的養生心得。「當年我居住的大嶼山還是很荒蕪，我得每星期往大澳買日用品，所以習慣走路。來到大光園之後，每星期我也會回大嶼山探望師父，那一條長長的斜路，也得走半小時，所以我習慣了要動，但念佛時我的心很平靜。」

聽起來生活非常艱苦，不過圓慧法師談論往事，卻顯得非常輕鬆。煩惱或悠然，其實存乎一心。做人何不輕鬆一點？當年覺光長老就告訴法師一個樂活

法門：長老每天起床，早課之前，總會喝一杯茶，提神之餘，也讓身心放鬆，迎接新的一天。「長老這麼說，我就跟着學，每天早課之前，喝一杯桂花杞子茶，不容易覺得睏，修行事半功倍。」圓慧法師笑言，自己對食物沒有甚麼要求，都是飯桌上有哪一道菜，就吃哪一道菜，喝茶習慣卻從不間斷。「對了，還有辣椒和咖啡，我也很喜歡。」圓慧法師笑說。

近年，圓慧法師已很少下山，除了要處理一些法務之外，像是每年四月初八，大光園也會宴請大埔墟的老友記吃齋，以示「一天不殺生」。出家人修行，有不同的法門，無論是入世抑或出世，行之正道就是好。圓慧法師也有一個小小的法門：「閒、忙、定、散，不忘佛號」。「無論閒暇、忙碌、安定還是散步散心的時候，都不忘念誦佛號。讓身心平靜，就像放風箏一樣，心念是拋出去的線，我們要學懂旋收旋放。」說罷，圓慧法師帶領記者，遊逛了小小的大光園道場一遍，看看在斜坡上種植的番薯藤；看看道場內，法師簡單的起居室，每天念經、拜佛的地方。所謂境隨心轉，在這裏，心念清淨，感受到的一切事物，都顯得清淨了。

年屆 92 歲的圓慧法師，在大光園教學及生活了大半生，感覺已經很恬淡了，沒有甚麼特別的感想，偶爾有舊生回來探望她，就感到很幸福。或許，感想很簡單就能概括，全在修行之中：「煩惱的時候，就念念經、拜拜佛。」圓慧法師如是笑說。

果慧法師

夙具善根　慈悲濟世

果慧法師法相

果慧法師（約 1950 － 2022）出生於台灣南投一個虔誠的林姓佛化家庭，夙具善根，一出生便茹素，未沾過葷腥。1969 年法師進入台灣第一所佛教中學──慈航中學就讀，其間進一步接受佛教的熏陶及正規佛化教育。1970 年，適逢香港佛教聯合會時任會長覺光長老到台灣弘法，因緣成熟下，法師在覺光長老座下皈依三寶。

1972 年，果慧法師來港參學，入讀大埔佛教大光中學。次年，禮覺光長老出家，法名果慧，字能慧。1977 年 11 月，台灣佛光山舉辦第一次三壇大戒傳戒大典，法師受比丘尼戒。法師沒有放棄學業，繼續在香港的珠海書院深造，完成學士學位課程。其後，法師於香海正覺蓮社主辦的佛教寶靜安老院擔任副院長，亦曾任教佛教英文中學及在香港佛教僧伽聯合會任職。

1987 年，果慧法師受顯明老法師邀請，與同門法兄果文法師往美國紐約州莊嚴寺及大覺寺任職，兩所寺院由樂渡法師及一班善知識於 1962 年創建，也是繼妙峰法師、宣化上人之後，又一個往美國弘法的漢傳佛教道場。果慧法師與果文法師同受教於顯明老法師座下，學習天台教觀。後來，果文法師回港擔任西貢佛光寺住持，果慧法師於 1993 年回流，常住於西貢佛光寺。2006 年，果文法師往生；果慧法師受大眾禮請，擔任西貢佛光寺住持。

● 念佛共修

果慧法師慈悲為懷，待人真誠，處事認真，深得大眾愛戴。法師擔任佛光寺住持期間，接引皈依弟子無數，集大眾力量，弘法利生，秉持教演天台行歸淨土，開示念佛，不着花巧，老實持名。法師帶領弟子於每星期舉行念佛共修會，接引大眾念佛，求生淨土。法師又肩

覺光長老（左）是果慧法師（右）的恩師
（圖片提供：佛光寺）

負起重修佛光寺的重任，主辦數次大型活動，籌募重建經資。在法師的領導下，經數年努力，終將佛光寺打造成一個山明水秀的大乘佛教弘法道場。

2008 年，果慧法師加入香港佛教聯合會第 54 屆董事會，擔任董事，至 2022 年第 68 屆，直至往生。在其擔公職期間，法師熱心參與會中一系列工作，特別是佛聯會的各項社會服務，包括安老、幼兒教育等等。對於佛聯會舉辦的關愛生命、支援貧幼老弱的慈善活動，法師均出錢出力，鼎力支持。果慧法師獲香港佛教聯合會董事會委派多項公職事務，包括慈善及安老服務管理委員會委員、青年活動委員會委員。在教育方面，法師歷任佛教大雄中學、佛教大光慈航中學、佛教何南金中學、佛教茂峰法師紀念中學和佛教沈東福幼稚園等之校董。除投入於香港的種種善業，法師亦關心內地人民的福祉。早在九十年代，法師有見內地山區小朋友缺乏受教育的機會，慈悲捐助，先後在內地建造三所希望學校，讓貧困的小朋友能「就近」接受教育。

果慧法師非常關心長者，2021 年 2 月，新冠病毒疫情期間，法師慷慨捐出二十多萬元給佛聯會採購防疫物資，分發予長者服務單位會員，讓他們得到足夠保護，渡過防疫抗疫的困難時期。同年，法師也慷慨捐出十萬元經費支持佛聯會沙田活動中心的維修，該中心主要供各團體使用於舉辦各類弘法活動。

果慧法師一生慈悲寬容，溫言細語，從不與人爭執，數十年堅持為佛教出一分力，發一分光。法師雖患上糖尿病數十年，但一向身體無甚大礙，惟 2018 年不幸「中風」，健康狀況轉弱，但她堅持奉獻最後的力量，護持佛教三寶事業，盡心盡力。

2022 年 9 月 10 日下午，法師住世緣盡，示現無常，安詳捨報，世壽七十二歲，僧臘四十九秋，戒臘四十五夏。佛光寺眾弟子擇 9 月 29 日下午於世界殯儀館設靈，啟建三時繫念佛事功德道場全堂。翌日上午說法封龕，隨即起龕發引至鑽石山火葬場依律荼毗。

果慧法師在內地推動建立希望學校，幫助芸芸學子。
（圖片提供：佛光寺）

佛曆二五零零年七月一日
考聯合會第八屆全體董事就職攝影紀念

第三章

男居士

譚榮光居士
捨道入佛　三代熱心教育

民國初年，香港佛教事業得以肇興，實有賴僧俗同心，既有高僧大德的開拓弘揚，亦得力於一眾紳商為主的護法居士護持。上世紀二三十年代，捨道入佛的譚榮光居士（1887－1956），先後與友人組織哆哆佛學社；籌建居士道場半春園；出任香港佛教聯合會理事、志蓮淨苑董事等職，多方推動本地弘法事業。譚榮光居士與佛宿緣深厚，三代皆為佛弟子；他和兒子皆曾兼任佛教義學的校董及校長，其孫衍空法師，現擔任多間佛教學校校監或校董之職。

譚榮光居士生於 1887 年 2 月 3 日，東莞博廈人；少時讀漢文，12 歲入讀皇仁書院習英文。譚居士精研文字與音律，著有《粵東鑼鼓樂譜》、《廣東切音捷訣》、《中外拼音字譜》、《粵東拼音字譜》、《英文麻雀譜》、《方白書範》等；以「是但居士」之名所著或編的書有《方白密白兩種書範》、《大悲咒集刊》等。他自創一套粵音拼音字母，方便外省人學習廣東方言、漢字音韻，在當時頗為暢銷。他亦是著名書法家，其所創的方白、密白兩種字體，深為藝林稱許。

譚榮光居士年輕時信奉道教，中年才皈依三寶。（圖片提供：衍空法師）

　　由於好研音律，1907 年 6 月，21 歲的譚居士在一次青年會為西樂部籌募經費的歡聚會上，見黎乙真上師教唱梵音，即深感興趣，此後與友人每至酒樓茶館，必敲碗打南無自樂；若遇親友做佛事亦必往研究，成為日後信佛之因。

● 扶乩問疾　結下道緣

　　譚榮光居士 18 歲中學畢業後，在律師行做通譯工作；28 歲起任職協德洋行司理，做鋼鐵生意。接觸佛法以前，譚居士曾學神打外道；1923 年，擬因岳母足疾，欲求神蒙福，經福安燕梳公司余竹生先生介紹下，前往九龍赤松黃大仙祠求方；當時祠內正在扶乩，譚居士入門時，乩文忽現「先見范蠡緣人」、「譚某為范蠡後身與有凤緣即收為弟子」數字。譚居士在此機緣下始篤信赤松黃大仙，公餘扶乩問事及治病，無不靈驗，其友人黃筱煒（又名黃德煒）亦受其影響，因多次體會扶乩問病靈驗，開始沉迷扶乩之術。

　　當時譚榮光居士與黃筱煒等一些好友除借助扶乩治病問事，還常問及宗教學習的方法。據黃筱煒的說法，乩文多示以日誦《金剛般若波羅蜜經》、《大悲咒》等經咒，其後每扶乩，均訓以「諸惡莫作，眾善奉行」等語。1925 年農曆五月初二，譚、黃等人在大仙乩文點名下，到永利威四樓（黃筱煒經營的酒莊名為永利威）開壇扶乩，據稱其時赤松大仙降壇自稱為「哆哆娑婆訶菩薩」，指示眾人皈依彌陀，並訓示：「現今世界，人心沉淪之極，世風日下之時，非佛法無以挽救。」又明令永禁乩術：「佛本無乩壇之設，應立刻即將乩壇撤收，以符實行佛法宗旨。若再以乩問事，則大背佛道。」乩文解釋因時人根機劣陋，非以靈驗事顯於目前，不足以令人生信，但現今扶乩到壇者多為冒名居多，故須停止以防生出險事。

● 捨道修佛　兼顧義學

　　譚榮光、黃筱煒與友人因而捨道修佛，1928 年，眾人在九龍蒲崗村曾富花園開辦哆哆佛學社，專弘淨土，冀藉此得遇大知識，闡揚佛法，自利利他。黃筱煒還特意把念佛章程寄往上海，請示印光法師可否將哆哆菩薩名號列入念佛儀軌，令此段由道入佛的事蹟，在印光法師回覆的書信中得以記錄下來。

　　開設在市區的哆哆佛學社以持名念佛、弘揚淨土宗為宗旨；每逢週六聚眾念佛，星期日晚則舉行焰口佛事。社內設立閱經、靜修、蔬食、放生等四部。哆哆佛學社是當時活躍的居士組織。據 1934 年 2 月 27 日的《工商晚報》刊載，佛學社聘請觀本法師講經，到會團體及臨時參加者絡繹於道，場面擠擁。1949 年，哆哆佛學社又在大埔墟崇德街 1 號設立贈醫施藥所，每天由中醫師主診，醫療各項所需，均由哆哆佛學社同人負擔。1950 年末，時任哆哆佛學社副社長的黃筱煒捐資在其產業九龍城聯合道 22 號及 24 號地下開設小型義學——耀山免費學校，由哆哆佛學社負責辦學，專收貧苦失學兒童。1954 年，學校搬遷至九龍城嘉林邊道、由政府撥地建的新校舍。譚榮光及其次子譚澤霖皆曾任耀山免費學校的校董；譚澤霖更兼任該校上午班校長。六十年代，耀山免費學校轉由五邑工商總會承辦，改名為耀山學校。

● 建半春園　居士寺院

　　三十年代初，譚榮光、黃筱煒和李亦梅三人，經常定期到黃筱煒位於大埔的家族產業半春園遊園半天，暢談佛學，誦經拜佛。由於三人常有半天遊園之約，園子遂得名半春園。黃筱煒後來將半春園作為正式的禮佛道場，在譚、李二人協力籌建下，辦起居士寺院。半春園內至今仍可見「共證菩提」的牌坊，為當年譚榮光居士所命名。

1952 年 3 月 19 日，《華僑日報》刊登了譚榮光居士到耀山免費學校講學的報道。

譚榮光居士與兩位友人合力籌辦半春園作居士寺院，今名為香海蓮社半春園。

1953 年，黃筱煒又將哆哆佛學社遷入半春園，特別在園內的小樓裏，闢出專供哆哆菩薩的地方，日夕上香拜奉，以感念得結佛緣。哆哆佛學社一直希望邀請印光法師來港弘法，可惜因緣未至；印光法師圓寂後，半春園在五十年代初請得法師的舍利一顆在園內供奉。十多年後，黃居士後人再將舍利從半春園請至荃灣東林念佛堂。

● 廣修淨密　熱心善業

譚榮光居士的佛緣殊勝，據其自傳《華甲回憶錄》所載，除精修淨土念佛法門外，亦廣習密教法門。1930 年秋間，44 歲的譚居士入佛教真言宗居士林，隨黎乙真上師學修密宗法；翌年，黎乙真上師一次開灌頂壇場時，譚榮光居士參與其列，並投花得聖觀自在菩薩本尊。1933 年，省港佛教同人前往上海請得藏傳佛教活佛諾那呼圖克圖上師來粵傳法，其時省港灌頂受法者數千人，譚居士亦蒙灌頂賜法號南嘉但祖，藏文為如意成就之意。

譚榮光居士對於本地佛教事務及教育不遺餘力。四十年代，黎乙真上師在港成立佛教真言宗居士林，譚居士擔任首任董事之一。1945 年，香港佛教聯合會成立後，曾擔任第 5 屆理事會理事。他又兼任鐘聲慈善社免費義學校長一職達 38 年之久，以及體育學校崇德幼稚園、東義堂義學等校校董或校長之職。

譚榮光居士於 1956 年 8 月 23 日辭世，享壽六十九歲。譚澤霖遵從父親生前遺命，把所收的帛金約四千多元作善舉，委託《華僑日報》代轉交不同的慈善團體，包括：鐘聲慈善社（辦學用）、譚氏宗親會（助學金）、東義堂義學、耀山免費學校、東華三院等。

譚榮光居士的著作《華甲回憶錄》（圖片提供：衍空法師）

譚榮光孫兒、譚澤霖兒子、原名譚博文的衍空法師，為香港大學佛學研究中心高級院士。法師在祖父辭世時，只有三歲。1990 年，他在寶林禪寺聖一大和尚座下披剃出家；現為覺醒心靈成長中心主持、香港佛教聯合會執行副會長兼總務主任，以及多間香港佛教聯合會學校校監或校董。

陳靜濤居士
香港佛教先行者

陳靜濤居士德相

陳靜濤居士（1887－1967）是革命時代的殷商，早年經商，熱心國事，皈依三寶後，為太虛大師的入室弟子，畢生竭力於佛教事業；抗日期間，救濟僧俗無數，為華南佛教重要護法；戰後參與創辦香港佛教聯合會、香海正覺蓮社、華南學佛院等，為香港佛教先行者，對香港佛教界的發展貢獻甚大。

　　陳靜濤居士，字靜菴，生於清光緒十三年（1887 年）正月初二，廣東南海人，世代書香。其父為國子監學生，惟太平天國內亂時，棄學從商。陳居士自幼聰穎，6 歲啟蒙，15 歲讀經及古文辭，16 歲在廣州育才書社習「佉盧文」（Kharoṣṭhī，一種古文字，主要用於書寫印度犍陀羅語的佛教經典），後為負擔家計從商，在廣州廣發源行任職英文翻譯及中文文書。民國後，與侄陳知新在廣州創立華美行，主營西藥及文具；往後三十多年，再發展成分行遍及港、粵、滬、台、馬等地區的華美電器行。

● 太虛座下皈依　於港組佛學會

　　陳靜濤居士一生追隨太虛大師門下，初沾法乳，據其撰寫的《靜盦自述年表》記述，乃通過其早年老師、革命黨人潘達微介紹，於清宣統二年（1910 年）

認識法師:「時大師建立佛學精舍於木排頭之獅子禪林,聽大師演繹六波羅蜜,為予入佛之始……」其後禮太虛大師座下皈依三寶,法號慧濤,自此致力推動佛教弘法利生的事業。

據其自述年表所載,陳居士 1914 年來香港的廣發源行工作,並代表華美行與香港商行聯絡;1915 年與侄陳知新及其八弟在九龍深水埔(今深水埗)成立廣民生造船廠,任監理一職。

1916 年,陳靜濤居士與潘達微、陸蓬仙、吳子芹、盧家昌、羅嘯嗷等人在中環創辦佛教講經會,定期舉辦佛學講座及法會,開香港有都市佛教團體組織之始。

1930 年,陳靜濤居士響應太虛大師在各地設立佛學會的號召,與高浩文、李公達、陳廉伯等居士於香港堅道 62 號設立香港佛學會,作為研究及修行佛學的道場,並設有總務、財務、弘法、慈善、學務、編纂、助念、護生、文體、庶務各部門,發展會務。香港佛學會及後編印《香港佛化》季刊,宣傳佛學;並先後延請葦菴、寶靜、顯慈諸法師輪流講經,在港掀起學佛熱潮。1932 年,香港佛學會遷至渣甸山,由陳居士出任主席。

● 邀太虛南來　籲四眾團結

對於護持三寶的工作,陳居士一直不遺餘力。1934 年秋,廣東西北善後委員李漢魂發起重建南華寺,陳居士出力協助,聯絡星、馬、港、澳各地區善信捐獻,又獻議禮請福州鼓山虛雲老和尚主持,數年間,南華寺得以重振宗風。是年,陳居士蒙虛雲老和尚授多分優婆塞戒。翌年 12 月,太虛大師應陳居士邀請第五度來港弘法,此行更種下香港佛教聯合會成立的種子。其時香港佛學

組織及道場多不相往來，因為大師抵港，全港僧眾集合作盛大之歡迎。太虛大師以「從香港的感覺談到香港的佛教」為題致辭，並開講《彌勒上生經》、《八識規矩頌》，由陳居士及韋庵法師擔任傳譯，其間大師讚嘆香港佛教的成就，同時表達對香港佛教發展的期許，呼籲佛教界凝聚四眾的力量，共同弘揚佛法、服務社會，建立起世界性的香港佛教組織。大師的建議為戰後香港佛教聯合會的出現結下因緣。

太虛大師早年與革命人士往來，陳居士便是其中一人。1911 年的黃花崗之役，太虛大師與湖南棲雲法師均有參與工作。事後棲雲法師被捕，囚於南海縣待質囚所，陳居士每月探視，並按月資助，至武昌革命成功、棲雲法師出獄為止。太虛大師因寫有弔黃花崗詩而有革命黨之嫌，同被官廳追捕；陳居士即護送太虛大師往南海老家，託於姻親江孔殷太史公 (即南海十三郎的父親) 府中避難。陳居士是同盟會成員，隨潘達微參與革命。1928 年在上海經潘達微介紹加入國民黨，歷任中央評議員，他的黨政身份及人脈，對於護持三寶均起着積極作用。

● 愛國黨人　發起救濟

陳靜濤居士熱心救國事務，多年來參與各社團工作，對於佛教及體育尤為致力。其商界領袖及佛教徒身份受日人青睞。1934 年，陳居士在其自述年表中透露曾拒日僧招攬：「是年夏，日本發起所謂『汎太平洋佛教青年會』，日僧藤井草萱親來予店訪問，誘予出席參加，並以致送旅費為餌，閩南佛學院教授日僧神田惠雲亦親函敦促，予以日本侵略中華，居心叵測，不願為其傀儡，正言拒絕之……」陳居士事後將此事詳告太虛大師，獲法師極度稱許。

1937 年七七盧溝橋事變，國難當前，擔任香港電器商會主席、華商總會值理、中華廠商聯合會理事等職的陳靜濤居士，於翌年發動同業節食充餉，籌

款獻金支援抗戰，華美電器行冠首。同年 10 月日軍佔領廣州，大量僧俗難民湧港，陳居士再發動佛教界人士組織佛教救濟會，參與者有葦庵、竺摩、墨禪等法師。陳居士亦同時參加其他華人團體的救濟工作。

● 潛伏工作　救濟僧眾

抗戰期間，陳靜濤居士獻議聯合東南亞的佛教國家，共同抗日，其時太虛大師隨政府後撤至重慶，香港是內地對外通訊的唯一要道，陳居士作為港澳地區聯絡工作的樞紐，同時是太虛大師在香港事務的代理人。1941 年 12 月 8 日，日軍進攻香港，陳居士當時受任特務警察長及防空委員，每日當值，至 12 月 25 日香港淪陷，始解除一切職務，並轉為潛伏工作繼續抗日。

日佔時期，日本華南佛教開教總監、淨土真宗日僧宇津木二秀，受命抵港組織香港佛教團體，與陳靜濤居士商議由他出面游說佛教界之領導工作。據其自述年表透露，陳靜濤居士亦想利用佛教工作掩飾身份：「予利用佛教工作，為予特務之煙幕，虛與周旋，旋與約法三章，一、祇任佛教實際工作不擔任何名義；二、有關於政治色彩事項絕不參加；三、盡量弘揚佛法，救濟中國僧尼；雙方協議。」與日本人虛與委蛇期間，陳居士利用關係，向日軍請命，為出家二眾濟以糧食，令當時各道場法師免於飢溺。

陳靜濤居士本着愛國熱忱，不惜以身犯難，繼續敵後工作，但他的特務身份不久亦遭日軍懷疑。1943 年 10 月 8 日，日憲兵到其店逮捕他，把他囚於西區憲兵隊部獄中（舊中央警署）。他的同事奔告宇津木二秀，後得宇津木二秀以其名譽地位向憲兵隊長野間大佐擔保，他才獲得釋放。他共被囚八小時，宇津木二秀告知他，憲兵當局因得情報，指他為間諜故予逮捕。由於秘密工作已露破綻，他自此專注於弘揚佛教的工作，戰後協助開闢道場、興辦社會公益，

為日後香港佛教發展打下重要根基。

1945 年 8 月 15 日，日本宣佈無條件投降，二次大戰結束。香港重光後，宗教活動漸次復興，這一年，首個凝聚四眾力量的香港佛教組織——香港佛教聯合會，在眾緣成就下成立，作為創辦人之一的陳靜濤居士，同時是諸緣生起的重要護法。

● 佛聯會創辦因緣

二次大戰時期，日僧宇津木二秀在灣仔道 117 號興辦西本願寺。及至日本戰敗，他為免寺產被港英政府充公，主動聯絡陳靜濤居士，欲把四層高的木樓寺產無條件轉贈予香港佛教人士，作為佛教事業用途。當時陳靜濤、王學仁與林楞真三位居士，以香港佛教聯合會名義接收寺產，並向政府敵產管理處申請每年以租金一元租用，直至 1963 年辦妥業權手續，才正式歸為佛聯會產業。

當時筏可法師、陳靜濤居士與其他居士，為接收寺產，即時聯合四眾弟子組建香港佛教聯合會，正式向香港政府華民政務司署註冊，成為香港佛教社團。剛成立時，陳居士任佛聯會常務理事，分管會內慈善部，同時擔任中華佛教義學校長。

● 籌集辦學資金　費盡思量

中華佛教義學是佛聯會創辦的第一所平民小學，免費讓失學兒童入讀。陳居士在佛聯會慈善部的主要工作負責籌集資金，以確保辦學、教學，以及行政管理等工作順利進行。隨着學員與教員增長，辦學開支亦不斷增加。辦學第一年，招生 80 人，至 1952 年，班級已增設六年級，學生增至 228 人，需聘教員 10 人。1960 年，義學開始受政府津貼資助，每月僅收學生 2 元 4 角學費。

　　陳慶嘉居士是陳靜濤居士的孫兒、中華佛教義學畢業生。1957 年，10 歲的陳慶嘉居士隨覺光法師座下皈依三寶。覺光法師鼓勵他入讀義學，多讀佛經，深入認識佛法。他從筲箕灣的慈幼學校轉至中華佛教義學讀小四，其時班上同學大多是小販或裁縫等平民出身的子女。據陳慶嘉居士憶述，當年佛聯會財務非常緊絀，他的祖父每月為籌錢支付教師薪金和學校各項開支費盡心思：「阿爺很傷腦筋，他在中華佛教義學、青山佛教義學、志蓮義學都有公職。每月月底，學校的人便會來家中向阿爺領錢，我曾笑稱阿爺是『財神爺』。他為了籌錢很辛苦，例如向教育司署、社會福利署申請補助，當經費不夠時，便去找何東之子何世禮、胡文虎之女胡仙、羅文錦爵士、恒生銀行何善衡、永隆銀行伍宜孫等大善人募捐，才可維持三間義學的經費。」

位於灣仔道 117 號的中華佛教義學在六十年代中旬稱為「中華佛教學校」

● 天天忙不停的超人

　　除了辦學外，陳靜濤居士亦有參與籌建志蓮安老慈幼院、佛教般若安老院、佛教寶靜安老院等。1945 年，陳居士又參與創辦香海正覺蓮社，以及出任東蓮覺苑董事長。香港重光後，陳居士獲委任為國民黨中央評議委員，多年來，陳居士致力以其商紳的社會地位及聲望，推動各項佛教善業發展，其中以代表佛聯會向政府爭取設立香港佛教墳場、籌建香港佛教醫院等重大善業，厥功甚偉，是佛門大護法。

攝於五十年代中華佛教義學畢業禮，第二排有鄧道慧老師（左一）、溫啟憶老師（左四）、陳靜濤居士（左五）、王學仁居士（左六）、佛學課鄧居士（右四）、朱巧玉校長（右三）、何仲蓮老師（右一）。（圖片提供：陳慶嘉居士）

陳靜濤居士（右二）與覺光法師（右六）主持中華佛教義學畢業典禮（圖片提供：陳慶嘉居士）

　　自小與祖父同住的陳慶嘉居士，對祖父每天奔波忙碌的生活印象尤深：「我讀義學時，阿爺當時是校監，要管很多事情，從籌錢到聘請雜工，全部一腳踢。他也是多間學校的校董、校監，為了籌辦佛教黃鳳翎中學，首任校長黃國芳常來家中商討；還有籌辦佛教黃焯菴小學時，叔父陳君儆（陳靜濤居士三子，佛教黃焯菴小學下午校首任校長）也常來。最辛苦是籌辦香港佛教醫院、香港佛教墳場，要到民政廳、理民府去。他為申請執照事宜，天天忙個不停。」

　　陳靜濤居士家住跑馬地黃泥涌道，斜對面是香海正覺蓮社。每逢星期六晚上，他都會步行至香海正覺蓮社聽經及誦經。在陳慶嘉居士眼中，祖父是天天忙不停的超人：「阿爺不管多忙，每天一定要寫日記和早上四五點起床游泳。即使冬天也風雨不改，日記也是天天寫，共寫了六十多本。我非常敬佩阿爺的毅力。」陳慶嘉居士自言深受祖父的做人處事和精神毅力影響，1964 年他經何世禮保薦，赴台灣入讀黃埔軍校，他是該校首名錄取的「僑生」。

● 功在社會　廣結萬緣

　　身型魁梧的陳靜濤居士為南華體育會元老之一。1933 年，他參加南華體育會工作，熱心推動體育事業。戰後百廢待興，陳居士即召集南華體育會元老展開會議，成立復興南華體育委員會。其時陳居士擔任執委副主席兼財務，其後更多次帶領南華足球隊代表香港出戰海外，推動香港早年體育發展。

　　1950 年 3 月擔任執委期間，63 歲的陳靜濤居士不幸遇上交通意外，足脛被輾傷，傷勢不輕，連月於瑪麗醫院接受治療。其間社會政商名流、佛教人士等慰問者眾。據 1950 年 3 月 24 日《華僑日報》報道：「連日華商總會、南海商會、南華體育會，各界人士慰問者絡繹不絕。昨佛教長老海仁、明常、茂峰、茂蕊、速醒、覺光、優曇、印順、知定、寬儀法師等，居士王學仁、林楞真、何心尊、妙吉祥，毛文達等，先後到院慰問者甚眾。」為祈願陳居士早日康復，佛聯會在東蓮覺苑發起法會；東普陀講寺茂峰法師則領全寺僧眾，為陳居士舉行消災延生普佛，求佛加被。經留院 128 天治療，陳居士於同年 7 月出院，轉往香海正覺蓮社休養，至 11 月才可勉強策杖返家。

1945 年，香海正覺蓮社成立，圖為時任社長覺光長老（左）和時任副社長陳靜濤居士（右）。（圖片提供：香海正覺蓮社）

1956 年，香港佛教聯合會舉行第八屆董事就職禮，前排右二為陳靜濤居士。

1957 年 3 月，太虛大師舍利塔於荃灣芙蓉山上落成，陳居士（前左）出席安奉舍利入塔典禮。

舉殯追思　逾千人致祭

陳靜濤居士畢生盡瘁於佛教，從他的晚年日記得知，即使已登耄耋之年，遇事仍每必躬親，為佛教竭盡心力，奔波於教內各種會務、校務、會議等重要決策與商議。1966 年 5 月，陳居士終因操勞過度，在寫蔣介石連任賀儀時中風暈倒，綿頓數月，於 1967 年 2 月 27 日辭世，享壽八十四歲。1967 年 3 月 2 日舉殯之日，靈堂正中掛有「高山仰止」橫匾，下有蔣介石先生輓詞「軫懷耆舊」。當天由筏可大和尚封棺說法，前往致祭的社會賢達、士紳名流、佛門四眾人數逾千。

王學仁居士及
王澤長居士父子
佛門世家　代代相承

王學仁居士（？－1958）是佛聯會發起
人之一，曾任第 1 屆至第 7 屆理事會常
務理事、理事、副理事長；第 8 屆董事會董
事長。其子王澤長居士（1922－1989）則曾
任佛聯會第 4 屆至第 7 屆理事會理事、第 8
屆至第 13 屆董事會董事、第 17 屆至第 35 屆
董事會秘書長。

王學仁居士德相

王氏父子是推動香港佛教發展的重要人
物。早在三十年代，王學仁居士參與利園佛
學會，弘揚佛法。四十年代，參與東蓮覺苑
董事會，並參與發起香港佛教聯合會；協助
興辦華南學佛院和多間佛教義學。其子王澤長居士在七八十年代間曾任香港行
政局、立法局議員，貢獻社會；秉承父志，熱心服務佛教社團，推動佛教發展。

王學仁居士、王澤長居士父子，祖籍廣東潮安。王氏一家為佛化家庭，三
代篤信佛法和持素。根據《工商日報》1935 年 7 月 25 日報道：「本港利園佛
學會會長王學仁君之太翁王少瑜君，比年以來，篤信佛法，除注重修養與精研
佛學外，於護持正法，尤不遺餘力。月之十九日，忽示微疾，即告家人以入滅

時至，翌午竟口念彌陀安詳而逝……」當時虛雲法師、顯慈法師、觀本法師、芝峰法師等人都在香港，聞訊即偕同僧眾往王宅念佛誦經，直至入殮。

● 策劃領導　推展佛教

王少瑜居士有兩子，王學仁居士為次子。王學仁居士為香港股商，曾擔任洛士利洋行（W. R. Loxley & Co.）買辦。他一生茹素，致力佛教弘法利生事業。他在佛教團體擔任的公職，有跡可尋的資料刊於 1935 年 5 月 12 日《工商日報》，報道利園佛學會的消息，王居士為該會會長之一。

1937 年，創建東蓮覺苑的張蓮覺居士訂立遺囑，託付林楞真居士為苑長及寶覺義學校長繼承人，又請王學仁、陳靜濤等居士組成東蓮覺苑董事會。因王居士和陳靜濤居士曾參與東蓮覺苑的創建，故和張蓮覺居士關係密切。1938年，張蓮覺居士逝世。作為東蓮覺苑董事會永遠會董之一的王居士，協助林楞真居士發展苑務及校務。

1945 年二次大戰結束，王學仁居士與陳靜濤、林楞真等居士發起成立香港佛教聯合會。他對佛聯會盡心盡力，由創會至其逝世，一直擔任職務。同年，他又協助覺光法師、陳靜濤居士等人，在跑馬地創立香海正覺蓮社。

此外，王學仁居士亦曾擔任世界佛教友誼會港澳分區總會副會長、志蓮淨苑董事會主席、佛教志蓮安老慈幼院及般若安老院董事長等職。

● 興辦教育　不遺餘力

王學仁居士致力培育學子及僧才，曾任多間學校的公職，例如寶覺義學、華南佛學院、中華佛教義學、佛教志蓮義學、慈航義學等。

　　1939 年，天台宗寶靜法師到香港弘法，黃杰雲、王璧娥等居士請寶靜法師長駐香港，協助東蓮覺苑的弘法精舍創辦弘法精舍佛學院。寶靜法師從寧波觀宗寺和廣東各地招收數十位青年學僧來港深造，當中包括後來成為香港佛教聯合會會長、香海正覺蓮社社長、香港觀宗寺方丈的覺光法師。

　　二次大戰後，1949 年王學仁、林楞真、葉遐庵、黃杰雲、樓能崇等居士，在弘法精舍創辦華南學佛院，誠邀倓虛法師為院長；定西法師、樂果法師後來也來到佛學院任教。1952 年，華南學佛院首屆學僧畢業，定西法師打算帶領學僧到山上結茅念佛，卻惆悵於沒有地方。時任南天竺寺住持茂蕊法師知道後，送出芙蓉山一塊 14,000 呎土地。定西法師遂率學僧淨真、聖懷、永惺、達成法師等人及眾護法居士開荒闢地，建成幾間簡陋木屋，初名「東林淨舍」。同年 8 月，山洪爆發，建築物被沖毀，王學仁、林少彬、盧星階等居士施以援助，在年底復修完成，翌年改名為「東林念佛堂」。

1952 年，王學仁居士（左四）與華南學佛院首屆畢業學僧合照。
（圖片提供：東蓮覺苑）

　　王學仁居士善用人脈籌募善業經費，根據《華僑日報》1954 年 4 月 29 日
報道，王居士在佛教青山義學重建新校舍動土儀式上致辭透露，重建校舍計劃
因籌款不足差點告吹，幸好他想起大慈善家胡文虎，於是介紹時任佛聯會董事
長筏可法師認識對方而玉成其事。

　　1956 年，王學仁居士倡議佛聯會創辦文法中學，其後徵得黃鳳翎居士慷
慨捐款，作為佛教黃鳳翎紀念中學（今名佛教黃鳳翎中學）部份建校經費。
1959 年，佛教黃鳳翎紀念中學落成，該校為本地佛教團體首創的文法中學，也
是佛聯會主辦的首間政府津貼中學。

● 現維摩身　説居士法

　　王學仁居士佛學修為深厚，曾為不同佛教團體講經説法。由於他是潮州
人，故也用潮州語來宣講佛學。1956 年 5 月 17 日佛誕紀念日，王居士應香港
電台之邀作特別演講，闡述佛教教理及意義。在演講中，包括朗讀和解説錫蘭
廣播電台寄來的八節經文「善願」。該經文乃由錫蘭廣播電台為紀念釋迦佛滅
度二千五百週年而分發至各地廣播電台，譯成當地方言播出。

　　王學仁居士信受奉行，主張不殺生。1956 年，英國下議院通過但上議院
否決廢除死刑議案，當時香港為英國管治，社會各界人士十分關注。根據《工
商日報》8 月 13 日的報道，王居士對廢除死刑問題發表意見，他認為佛教人士
絕對贊成廢除死刑，因為戒殺是佛教一個主要信條，而且死刑令犯罪者失去改
過懺悔的機會。「佛教道理，講因果，講報應。今生不報，來世是會報應的。
一個惡人，經過輪迴之後，也會變好，根據因果，好人成仙成佛，走進西方極
樂世界，壞人走落地獄受苦。故佛教宗旨首先戒殺，廢除死刑也是佛教的主要
主張。」

　　1958 年 1 月 26 日，王學仁居士在跑馬地山光道寓所病逝，遺下三子二女。翌日舉行大殮，由筏可大和尚主禮，定西法師主持三時繫念。2 月 3 日出殯，由定西法師說法舉火。

　　佛教大德王學仁居士，一生積極推動香港佛教發展；其子王澤長居士時刻謹記父親訓勉，努力為佛教界服務。王澤長居士曾擔任多個佛教團體公職，例如志蓮淨苑董事會主席、東蓮覺苑董事長、香海正覺蓮社董事、寶蓮禪寺董事等。他亦曾任香港行政局議員、立法局非官守議員，造福社會。七十年代獲委任為非官守太平紳士，以及獲頒大英帝國員佐勳銜（MBE）、大英帝國官佐勳銜（OBE）；八十年代，獲頒大英帝國司令勳銜（CBE）。

● 學生時代　嶄露頭角

　　1922 年 9 月 19 日，王澤長居士在香港出生，籍貫廣東潮安，曾就讀聖約瑟書院和崇蘭中學，1939 年入讀香港大學，攻讀電機工程，後因二次大戰爆發而輟學。二次大戰結束，在香港大學轉讀政治經濟系，積極參與學生會活動。他對戰後重組港大學生會，貢獻甚大。在重組兩年來，曾擔任文學會主席、學生會秘書、社會服務組主任、學生會刊編輯等職。1949 年當選香港大學學生會主席。1950 年畢業後再考獲教育文憑，在皇仁書院任教兩年。

　　其後，王澤長居士卸下教職，於 1952 年在希士廷律師行任見習律師；1954 年往英國考試，翌年得悉合格，在英國和香港獲得執業律師資格；1958 年開設王澤長律師行，成為香港第 25 所律師樓。1973 年至 1975 年，他曾出任香港律師會會長。

● 任重道遠十二載

王澤長居士由五十年代起成為執業律師，學以致用，造福社會。1970 年，他獲政府委任為非官守太平紳士；1976 年至 1988 年獲委任為立法局非官守議員。1976 年，他作為新任立法局議員時表示，過去十多年從事社會工作，對市民相當了解，他希望市民盡量向議員提供意見，以便向政府當局反映市民的意向。當年，他的身份亦為香港佛教聯合會秘書長、香港佛教醫院監督。佛聯會設齋筵慶賀他榮任立法局議員，他對同人表示：「為社會服務，不過秉遵佛陀訓示，盡個人天職，此次政府委任為立法局議員，自維才輊任重，希望各位，廣賜南針，俾能對社會作更多服務。」1986 年至 1988 年，王居士獲委任為行政局議員。

王澤長居士德相

王澤長居士出任議員十多年以來，以其法律專長，對政府施政提供很多專業意見。與社會民生有關的事項，包括 1979 年要求政府在政府醫院普通

1976 年，佛聯會設齋筵慶賀王澤長居士（右一）獲委任為立法局非官守議員，右二為覺光法師，左一為黃允畋居士。

1979 年，佛聯會設齋筵慶賀秘書長王澤長居士（前排左六）獲頒大英帝國官佐勳銜（OBE）及常務董事黎時煖居士（前排右六）獲頒大英帝國員佐勳銜（MBE）。

病房安裝空氣調節設施，促政府擴充免費法律援助；1980 年促請政府在救護車安裝空調設備；1982 年建議增加護理安老院宿位、發高齡市民證、籌辦第三間大學等等。他擔任議員期間，還被委任為複雜商業罪案檢控及審訊特別委員會主席、香港教育委員會主席，以及多個官方事務小組的委員。

● 竭力盡心　護持佛教

　　王澤長居士自幼隨父親王學仁居士學習佛法，禮顯慈法師皈依三寶，全家持素。王學仁居士為香港佛教聯合會創辦人之一，王澤長居士追隨父親步伐，自 1950 年起服務佛聯會，至 1989 年往生，長達 39 年。1986 年，王居士獲頒大英帝國司令勳銜（CBE），佛聯會設齋筵慶賀，時任佛聯會副會長黃允畋居士致辭：「佛教醫院創立，即蒙出任籌建委員及歷任管理委員……今日佛聯會與醫院之略有成就，王議員之功誠不可沒。」

　　《香港佛教》已故資深總編輯秦孟瀟於 1986 年 12 月號《廣角鏡》撰寫的〈覺光法師、王澤長與香港佛教〉描述：「覺光法師說：『他（王澤長居士）懂得不少經論，能談、能寫，還在修持，把佛陀的教誨，付之實踐，自利、利他，可以說，他是一個正信的佛教徒。』」文中秦先生又提及王居士的德行：「……在百忙中還能為香港佛教善業盡義務，如他的律師樓裏，設有專人為佛教辦理有關訴訟案件，因為出家人多數不懂法律問題，找律師要花好多錢，凡是僧人找他辦事，多數是免費的。」

　　1981 年 12 月 29 日，寶蓮禪寺天壇大佛動土禮上，作為天壇大佛籌建委員會主席的王澤長居士致辭。根據當年的《工商日報》報道：「他本人幼受其先父王學仁公的宗教精神，因其先父曾追隨寶蓮禪寺筏可大和尚，共同致力提高香港佛教發展，他出任寶蓮禪寺董事，及籌建委員會主席，足以表現出兩代的交誼，精誠真摯。寶蓮禪寺此次動用了廣大的人力、物力，興建此座天壇大佛，為表達對佛陀的虔誠敬意。」可惜未待天壇大佛於 1993 年開光，王居士已於 1989 年 9 月 22 日因病離世，享壽六十七歲。當年的政務司廖本懷與王居士相識多年，他對王居士的逝世感到可惜，並表示「他是一位傑出的議員，在各方面的貢獻很大」。

葉福靈居士
備極賢勞　功成不居

上世紀香港佛教發展迅速，二次大戰前，中外大德來港弘化，帶動都市道場組織的廣泛成立；二次大戰重光後，佛教團體大力興辦福利事業等，均走在時代的前沿，同時彰顯佛陀悲智利生的精神，造福廣大市民，直接提升佛教的社會地位。香港佛教的成績和經驗成為現代世界佛教的重要參考，這當然得力於各位大德無私的努力，也與本港作為中外商貿和文化交匯平台的獨特社會環境有密切關係。

葉福靈居士德相

近二百年來，香港奉行西式法規與通行英語。加上，上世紀初，適值中國結束兩千年傳統帝制進入現代共和制度，社會發生千古未有的大變局。部份人士來港暫歇或定居，尤其各地僧侶來到這莞爾小島欲開展弘法事業，大展拳腳，卻受制於現實環境，因此能溝通華洋、熟識法規運作的橋樑便顯得相當重要，而葉福靈居士（約 1890 － 1976）正是其中一位代表人物。

葉福靈居士母梁太夫人生有六名子女：福靈、華齡、金齡、松齡、潤卿、潤瓊，他為長子。青年時就讀港島皇仁書院（該校是香港首間官立英文中學，旨在培養中高等人才，成為能溝通華洋的社會精英），在當時均是家境豐裕的

子弟方有機會入讀，也側面反映了葉居士的家境和學養。

● 專業知識助佛法推展

葉福靈居士畢業後持續學習，因精通英文得投入羅文錦律師樓任職，長年協理法律事務，累積廣泛的官商人脈，及對本港法制知識有深厚經驗。

中年時，因遇虛雲老和尚來港弘法，皈依門下，法號寬福。自後向佛之心日趨篤誠，並與佛門同道參禮諸位大德。二十年代末，寧波觀宗寺寶靜法師經常到廣東弘法，穿梭粵港兩地，1933 年香港信徒特意組織佛學會社，延請寶靜法師常駐領導，於是由曾璧山居士聯同李公達、周佛慧、葉福靈等居士發起籌備成立香海蓮社。須知道上世紀初，除了個別工商機構向政府登記註冊外，華人民間會社大多依傳統值理會方式設立，因架構疏散，易生流弊，尤其宗教組織經常引起金錢糾紛，引致政府於 1928 年訂立《華人廟宇條例》，規管華人傳統宗教單位，到 1932 年再修訂《公司條例》加強管理。顯然該等法規對於佛門來說是千百年來從未遇過的嶄新運作模式，然而，欲在本港開展長久的佛法事業，就必須符合當時法規要求，但普遍華人對西式法律認知有限，還有語文隔礙及手續繁瑣等，對大部份大德來說，實在是很難解決的障礙。

而葉福靈居士因工作關係，熟悉法律運作，自然是不可多得的助力，於是許多佛教組織和活動也延請他出任發起人、董事、法律顧問等職。就好像 1936 年中，本地僧俗信徒響應中國佛教領袖太虛大師的呼籲，籌組成立香港佛教總會，葉居士即擔任籌組委員，可惜翌年受中日戰爭影響而停歇；又如 1947 年太虛大師圓寂，香港弟子發起迎請其舍利來港並建塔供奉，原擬選址在東普陀講寺，但因法規問題未能如願。事過八年，本地信徒值大師週年忌辰，重新籌組建塔委員會，葉居士應邀為建塔委員，居中協調，梳理申請文件等，只消幾

個月時間即獲港府批准興建工程，四眾同人無不雀躍，於是太虛大師舍利塔得以在 1957 年完竣開光。至於如太虛大師五十華誕祝壽會、明觀法師治喪委員會等個別項目的邀請，更是多不勝數。

香港重光之初，社會亟待復原，尤以福利救濟事業最為急切，其時香港佛教聯合會剛剛成立，即託請羅文錦律師（東蓮覺苑董事，後來晉封爵士）為代表處理各種法律文件，及後十多年，亦有賴羅爵士運用他在政商界的影響力，替香港佛教界向政府爭取開辦津貼中、小學校、佛學會考及香港佛教墳場等事業，當中也得力於葉福靈居士的協助。四十年代末，葉居士加入香港佛教聯合會成為第 2 屆董事會董事，及後任第 4 屆至第 7 屆董事會董事；第 8 屆至第 22 屆董事會董事、常務董事，長年協理會務。

1967 年，佛聯會新購灣仔駱克道 338 號樂友大廈物業作為會址，而葉福靈居士於 1966 年底在律師樓榮休後，以居住北角熙和街之便，即長駐佛聯會擔任義務工作，經常朝九晚五，準時蒞會辦公視事，督導各個部會規章和文檔。

● 備極賢勞　功德無量

五十至七十年代，正是當代香港佛教發展的關鍵時期，一方面要藉福利服務接濟普羅市民，緩解生活苦困。一方面要爭取政府和公眾的信任，以提升佛教的社會地位和權益，以奠定久遠的發展，而葉居士長年以來運用他的專業知識貢獻教界，尤其在羅文錦爵士離世後，他便在幕後默默擔起為佛門把關的角色，貢獻極為巨大，只因他性格和藹，待人以誠，作風低調，只求付出，功成不居，故不易為人察知。這也側面引證他的高尚品格和修為。

七十年代，本港的基礎教育急待擴展，而佛聯會正欲開辦第二間幼稚園回

應社會需求。葉居士即予支持,由其哲嗣葉斌居士捐助 5 萬元,資助在屯門青山新區第三座開辦佛教鄭金幼稚園,藉此追念祖母懿德。該幼稚園於 1972 年開校,每年可提供 528 個學額,造福新界偏遠地區學子,亦是功德無量。

1976 年 11 月 26 日,葉福靈居士因年老捨報,積閏八十有餘。殯禮後奉葬柴灣香港佛教墳場。

時任香港佛教聯合會會長覺光長老、淨真法師、洗塵法師、茂蕊法師、永惺法師、寬如法師、寬榮法師、葉福靈居士、崔常祥居士、陳寬屏居士一同到香港啟德國際機場迎接白聖法師。

沈香林居士
護持佛教善業　不遺餘力

沈香林居士（1892 － 1960）為上世紀聞名港澳之殷商，少時家貧，憑刻苦勤儉白手興家，深切體會社會疾苦，故常懷助人之心，對救助貧苦大眾不遺餘力。沈居士早年皈依三寶，慈悲喜捨，為佛門大護法，晚年響應香港佛教聯合會倡建香港佛教醫院，當仁不讓，捐出沙田白田村地段六十餘萬呎作建院基金，大力護持佛教善業。

沈香林居士德相

沈香林居士祖籍福建，生於光緒十八年九月十五日（1892 年 11 月 4 日），名學桓，字祥偉，號香林，先代世居澳門望廈，家中世代書香。惜少時家貧，沈居士 15 歲喪母，年約 10 歲即隨叔伯出城謀生，曾於麵筋廠當學徒，輾轉做過不少工作。

沈香林居士自小生性懂事，年紀尚輕已知孝親。年少出城打工，半年才發薪一次，為解家中經濟窘迫，私下借得 10 元託人帶回家鄉。惟其父收到後勃然大怒，疑是不義之財並加訓斥，後得悉緣由，方對兒子孝心大感安慰，可惜沈父於沈居士 14 歲時過世。

● 家貧苦幹　白手興家

少年時代的沈香林居士，因緣際會經黃鳳翎居士、黃焯菴居士之父——怡和公司買辦黃炳謙介紹當海員，在「行船」中歷盡苦頭，不時連續四天不得睡覺，平日要擠身船上貨倉內狹小的床舖休息。

憑着刻苦耐勞及勤奮表現，沈香林居士獲晉升為買辦，及後更出任怡和輪船公司華經理。他多次行船途經日本，認識當地生產蚊香的機器運作，啟發他立志以蚊香創業。他在澳門不斷嘗試改造機器，最後成功了。1919 年，他和四位合夥人於澳門創辦保血蚊香有限公司。1921 年，保血蚊香有限公司在香港註冊並設置廠房。其後，四位合夥人退股，沈居士獨力經營公司。其公司產品暢銷泰國、新加坡、越南、印尼等南洋一帶，且出口至美國、古巴、印度等地。

● 施粥接濟　為善有方

沈香林居士年少時打拼受盡艱困，令他深知低層疾苦，常懷以誠助人之心，對濟弱扶貧之善業無不盡心盡力。日佔時期，澳門受戰火影響，物資運輸受阻；蚊香材料來源不足，加上生意不景氣，沈居士的廠房因而停產。當時食物匱乏，米價飛漲，為救助饑民，他把廠房原用作磨椰子外皮的打磨機，改用來磨穀殼，施粥賑濟饑民。以穀殼粉末和米混合煮成的粥，可增加粥內的維他命 B，減少貧民患腳氣病。沈居士與傅老榕、何賢、高可寧等社會賢達出錢出力作此善舉，每天施粥 300 人次，維持至戰爭結束。

上世紀初，不少中國人出於家貧，多到南洋謀生，飄洋過海做苦工；中日戰爭後，沈香林居士主動接濟流落在南洋各地做工的鄉親及其孤兒寡婦，到澳門蚊香廠宿舍供養。對於慈善救濟工作，沈居士亦處處顯出智慧，1958 年 2 月 22 日，《華僑日報》曾刊出沈居士的函件，提及時值寒冬，社會環境不佳，失

業流離比比皆是，遂擬出救貧棉衣新式樣。棉衣內層加入防潮膠質層，不但可禦寒風雨，且能耐久使用，盼公開設計可讓各方善長採用，讓受施貧民獲益。

沈香林居士經商凡五十餘年，長袖善舞，建樹宏大，早年曾任香港佛教聯合會名譽顧問、東華三院總理、澳門鏡湖醫院值理等職，對社會福利事業，孜孜不倦，尤愛護佛教，恭敬三寶，大力護持佛教善業。

● 籌建醫院　捐地護持

早期香港佛教之醫療善業多以贈醫施藥形式為主，規劃不大；戰後佛聯會開設西醫贈診所，是戰後最早的醫療服務。1958 年，佛教同人鑒於香港貧病者眾，社會欠缺為佛教人士服務的醫院，本着佛陀慈悲精神，以及配合政府擴充醫療政策，遂發起成立籌建佛教醫院發起人小組委員會；及至 1960 年，再改以佛教醫院籌建委員會統籌興建事宜，先向政府申請撥地作為院址。其時沈居士率先響應，發下大宏願，把沙田白田村地段六十餘萬呎，全部捐贈佛聯會倡建佛教醫院；同時允許如該地段有對建院不適當之處，可將地轉讓，所得若干全數撥出；又先撥出 30 萬元，作為整理地段手續用款。

六十年代所繪的沈香林居士沙田捐地地形圖，前為城門河。

當時沈香林居士屬意在九龍市區興建佛教香林醫院，在沙田區建佛教香林療養院，另建莊嚴大佛堂一幢，以闡揚佛法，和樂眾生為原則。

後來，政府於 1965 年批出九龍老虎岩（今樂富）的公地，供建院之用，並改街名為杏林街。惜沈居士於 1960 年 12 月 19 日辭世西歸，未能親見 1970 年香港佛教醫院的落成。但彌留之際，沈居士仍再三叮囑眷屬，建設佛教醫院一事，務必早日完成，才不負其生平願力。

● 建居東覺台　廣結善緣

沈香林居士晚年潛心向佛，與沙田萬佛寺開山住持月溪法師為知交，常向法師請益佛法，不時在寺內小住數天。一次傾談之際，沈居士提及正覓地建居別墅，其時有鳥東飛，月溪法師遂示意可往東邊尋找。其後沈居士在東面的西林寺上方尋得理想地段，興建別墅名曰「東覺台」，意謂東邊覺悟之地。

1950 年，沈香林居士舉家從澳門遷往香港沙田東覺台（今道福山祠所在地）。其別墅依山而建，佈局精妙，正門初進是祖先堂；向上行有古式金頂、綠瓦的兩層樓房，供子侄居住；再繞石級而上到達主樓，主樓旁有游泳池及園林，林中的鐵籠內飼養了動物；繞山路上經過聚龍亭，然後再上至專供親友來訪留宿的群賢閣。太極大師吳公儀及民國時期的陸軍中將古鼎華，也曾在此作客。沈居士逝世多年後，因政府要鞏固山坡護土牆，而沈家後人多已遷往市區居住，最後便將東覺台出售。

● 開放私邸　與眾共樂

據 1962 年《華僑日報》刊載九龍婦女會同人遊覽沈香林的別墅，文中形容：「該別墅園景，花木扶疏，沙田景物一望無遺……由幽荷徑，確為遊覽勝地。」

東覺台雖為私邸,卻為新界著名的郊遊景點,每逢週日免費開放予公眾遊玩。曾有到訪遊人見身穿唐裝的沈居士在鋪砌假石山上的石灣陶瓷,以為他是施工工匠,便問他工錢多少。沈居士打趣説:「沒有工錢,不過老闆包食、包住,待我很好,還有白蘭地飲。」從中可見沈居士不拘小節、幽默隨和、事事親力親為的一面。

沈香林居士少失怙恃,一直遺憾未能終養父母,但時刻不忘盡孝之心,每年均長途跋涉乘小舟往返偏遠的福建銀坑拜祭雙親;遷入東覺台後,沈居士再把父母改葬於東覺台能眺望遠山的墓地,俾能每天舉目可見,以時刻記念父母生養之恩。此外,東覺台的後山亦安葬了沈居士的第一任夫人沈譚志珍。沈夫人生於光緒二十四年七月六日(1898 年 8 月 22 日),終於 1955 年 5 月 10 日。譚氏賢良淑德,持家有道,姑丈乃中國著名鐵路總工程師及發明家詹天佑,可惜譚氏早年因腦溢血離世,享年五十八歲。

● 辭世舉殯　四百餘眾誦經

沈香林居士為善低調,不尚賢名;晚年印送佛經,廣結善緣,知交廣遍,常與香港佛教聯合會馮公夏、黃允畋、顏世亮等居士同遊。1960 年 12 月 19 日,沈居士壽終於東覺台私邸。佛聯會為表揚沈居士生平護持三寶,愛護佛教,特於報章刊登通告,廣召港九、新界各寺院、靜室、精舍、諸山長老高僧、在家出家四眾弟子於 12 月 23 日沈居士出殯日,集體前往東覺台為其舉行送往生誦經,並於翌日由佛教諸山長老、大德、高僧在東覺台義務誦經禮懺一天。當日僧伽來往車資悉由佛聯會支發,以感念沈居士生前捐地資助籌建佛教醫院之宏願;到訪參加誦經儀式的四眾弟子共四百餘人,創下佛教一頁新紀錄。佛聯會感念沈居士一生護教功德,致贈輓聯:「軫念窮民疾苦,廣結眾生善緣,常懷悲憫於中,即今輿頌載歌欽令德;虔修我佛菩提,立建醫院宏願,幸喜繼承有後,佇看慈航普渡慰英靈。」

● 生前致力公益　基金會延續善業

　　沈香林居士生前積極參與本地社會善業，為地方謀公益，包括在 1954 年參與及資助建委會建設沙田區的鄉村學校校舍；資助創辦於 1928 年的小瀝源牛皮沙新村之挽根學校建正式校舍，新校舍於 1955 年落成；1950 年，又與父老鄉紳倡建大圍積輝街 15 號的沙田公立學校，資助建委會建課室及禮堂，後獲時任教育司署資助及大埔理民府撥地，與村代表籌建學校，校舍於 1954 年落成。

　　此外，沈香林居士生前亦發心將沙田白田村六十餘萬呎土地撥捐佛聯會，作籌建佛教醫院之用。其後佛教醫院經費再獲各方善長響應募款，共襄善舉，得以興建落成。佛聯會為妥善運用沈居士當初的捐地善款，於 1973 年成立沈香林基金會，1974 年 1 月斥資 710 萬元購入中環干諾道中 23 號大廈，作為佛聯會永久會產。其後佛聯會把該廈改名「香林大廈」，而命名典禮則於 1976 年 6 月 28 日舉行，藉此表彰沈居士的善德並永留紀念。

● 後人秉承興學育才遺志

　　沈香林基金會善款先後造福多項辦學及社福項目，包括 1978 年興建的佛教沈香林紀念中學、1982 年興建的佛教沈東福幼稚園、1993 年興建的佛教沈馬瑞英護理安老院。沈居士一生勤儉興家，愛人以德，後人秉承沈居士慈悲為懷精神，尤以繼配沈馬瑞英居士長年熱心社會公益，鼎力支持佛教善業，亦曾任佛聯會第 18 屆至第 41 屆董事會董事、常務董事等職。兒媳沈張婉居士曾任佛聯會第 38 屆至第 55 屆董事會董事、常務董事等職，現任名譽顧問，捐辦佛教正行長者鄰舍中心，以及長期捐助弘法使者獎學金計劃，並於內地捐資助學。

右圖文字：

香港佛教聯合會通告

本會名譽顧問沈公香林老居士生平樂善好施熱心公益對佛教會佛
遠佛教醫院大力支持捐助鉅款沈公於本月感曆初二日遽爾西歸同
人等瞻沈公平素臨佛教精神決定於初六日正午十二時十五
分月屬佛教同人不論出家在家四眾佛子屆時齊集尖沙咀火車站乘
搭十二貼四十分開行之火車專程前往沙田東覺台即（西林寺）後背
沈公是日下午二時在該台發引出殯佛教同人抵達沙田時集游經之
鄙行途往誦經隨懺一天（僧伽如來往車資由佛聯會支發）以示銘感沈公生
前資助佛教舉辦醫院恩德軍閾時囹會卒除登報通知外恕不一一發
函屆時凡佛教四眾依時涖前往參加為荷

左上圖：沈香林居士在私邸東覺台的園林中闢建共樂台，供大眾休憩。

左下圖：沈香林居士（右）和沈馬瑞英居士（左）

右圖：1960 年 12 月 21 日，香港佛教聯合會於《工商日報》刊登沈居士出殯日誦經的召集通告。

毛文達居士

斯文斗望　以筆行善

毛文達居士（約 1899 至 1900 － 1978）是上世紀文化界、報界聞人，宣揚寺院有加，被喻為教中喉舌。憑其妙筆，為東普陀講寺大力宣傳，投稿報章刊登消息，籌募經費以協助流亡僧眾，使該寺成為當代知名寺院。毛居士具俠義心腸，即使家中有 17 個子女要供養，但仍盡綿力救助苦難者。

毛文達居士生於上世紀初，廣東中山人。他在 14 歲於家鄉石岐加入報界工作，17 歲來港，獲《晨報》聘為文房總管。上世紀二十年代中，他與黎金容女士（後改名黎燕馨）共諧連理，兩人均篤信三寶。毛夫人婚後年年生子，共有 17 個子女。毛居士最小的兒子、排行第 14 的毛偉倫（原名毛東炎）說：「父親經常念《爐香讚》，我聽得多，也會念呢！父親在我小時候，常帶我去佛門地方，所以我從小已認識洗塵法師、永惺法師等人。」

毛文達居士（左一）與茂峰法師（左二）、知定法師（左三）攝於東普陀講寺大殿前

● 俠義心腸　不吝為善

1961年道慈佛社慶祝父親節，以毛文達子女成群、供書教養，平日又多行善事，遂推舉他為「父親代表」。當年6月21日《華僑日報》報道他的生平，讚賞他有一副俠義心腸，待人和藹可親，每有苦難者求助，他定必誠懇施以援手。有一次，一位婦人帶着兒子從中山出省城，尋找丈夫討米飯，但因丈夫失業，故他們被逼折返中山。他們搭船途中停在佛山容奇港，有壞人趁婦人熟睡時拐走她的兒子上岸。婦人醒來後不見了兒子，她在丈夫失業和兒子被拐的雙重打擊下，生起厭世之心，欲投海自盡。毛居士剛巧同船，上前安慰婦人，還答允為她想辦法。上岸後，毛居士代她出錢發電報，請求各方進行攔截，終為婦人尋回兒子。

又有一次在尖沙咀火車站，一個準備前往廣州的乘客，請鄰座乘客幫忙代看行李，然後下車買香煙。不料返回月台時，火車已經開出。毛文達居士剛好遇見，就去找站長，請他致電前站攔截行李，更代該乘客僱車趕往前站。報道稱，日佔時期百物騰貴，毛居士經常捨己助人，「生養死葬之事，暗做許多」。

● 寫稿宣傳　關護僧眾

毛文達居士跟荃灣東普陀講寺緣份殊深。香港重光後，東普陀講寺的開山祖師茂峰法師，召集僧徒掃除瓦礫，重整山門。該寺的圓通大殿在戰時受損嚴重，經建築師估算重修費用約需二十餘萬元。當時毛居士與佛教界眾多位護法如岑學呂、林警魂、陳靜濤、陳知新、黃人龍、林楞真、王學仁等人，建議茂峰法師發起重修，恢復大殿之莊嚴，終獲各方響應捐助，玉成美事。1949年，東普陀講寺舉行重修大殿落成暨重塑觀音金身開光典禮，毛居士與眾知賓擔任招待。

　　上世紀四十年代國共內戰期間，大量僧侶南下至香港，無處容身。茂峰法師請毛居士在各大報章發放東普陀講寺大開山門、廣納僧眾的消息。不久，大批僧侶湧至，連同寺院原有僧人，竟達三百多人，但旋即面對糧食不足的問題。覺光法師在〈茂峰法師與香港佛教──慶祝東普陀講寺成立六十週年〉一文憶述：「幸好那時有位毛文達居士跟報館熟悉，將東普陀嚴重缺糧的訊息報導出來。就在最後一餐的當兒，突然有護法居士發心送來十幾包糧食了……數年來，寺內從未斷過一次道糧，真是佛門中的奇跡。」糧油源源不絕送至東普陀講寺，讓僧眾能夠安心掛單，茂峰法師也因此贏得「慈悲王」稱譽。

　　毛文達居士經常投稿報章，大力宣傳東普陀講寺。其兒子毛偉倫說：「我們當時住在中環威靈頓街，我常為父親拿稿往《華僑日報》（報社位於荷里活道 110 號），所以也認識報社的人。」五六十年代，東普陀講寺聲名遠播，教科書和雜誌把東普陀講寺列為旅遊景點。當時不少團體參觀該寺時所拍攝的照片，不難發現毛居士的身影。

1960 年，毛居士（右二）出席佛聯會的活動。

除東普陀講寺外，毛居士於 1948 年至 1966 年間歷任香港佛教聯合會第 3 屆至第 7 屆理事會理事、第 8 屆至第 12 屆董事會董事。佛聯會籌辦佛教公墓一事因香港淪陷而擱置，直至 1958 年才重啟計劃，港府擬撥出柴灣山地交予佛聯會興建佛教墳場。翌年，佛聯會派出毛文達居士在內的六名董事視察公墓地點。

被兒子形容為十分善良、一生為佛門奔走的毛文達居士，於 1978 年 5 月 23 日病逝，積閏享壽七十九歲。5 月 25 日大殮，由時任香港佛教聯合會會長覺光法師、時任董事了知法師及永惺法師等主持灑淨禮，念佛送毛居士往西方極樂世界。

何善衡博士及
何李寬德居士伉儷
以誠待人　無私行善

恒生銀行創辦人之一的何善衡博士（1900－1997），與夫人何李寬德居士（？－1991）多年來對教育及社會善業的捐助不勝枚舉，受惠者遍及中外及社會各階層。社會地位顯赫的何善衡伉儷作風低調，其施恩莫望報的行善原則，至今仍深深影響着家族後人。

何善衡博士帶領恒生，由銀號發展成華資大銀行。（圖片提供：何善衡後人）

　　祖籍廣東番禺的何博士自幼家貧，6歲時父親離世，14歲為賺錢養家，不得不從私塾輟學，赴廣州謀生。他早期於鹽館當雜工，每月工資微薄，後轉到金舖學做生意；由於勤奮及聰明，22歲升任金舖司理；其後自立門戶，與友人在廣州開設匯隆銀號。

● 出身寒素　白手創業

　　1933年，何善衡博士與好友在香港合資開設恒生銀號（恒生銀行前身），經營買賣黃金、匯兌及找換的業務。何博士任董事長後，憑藉豐富的營商經驗

及獨具慧眼，帶領銀號業務蒸蒸日上，並於 1960 年註冊為有限公司，正名「恒生銀行」，成為六十年代本港華資銀行之翹楚。恒生銀行發起創製的恒生指數，作為股市升跌的參考系數，以其科學性和權威性而為世界所認受，並且一直沿用至今。

何善衡博士處事忠誠盡責，長袖善舞，涉足的業務廣泛，除銀行之外，還有貿易、酒店、地產及航運等領域，曾任大昌貿易行（現為大昌行集團）、美麗華酒店、新世界發展、新海康航業（現為保利置業集團）等多家大企業董事長。

● 待人以誠的企業文化

恒生銀行在何善衡博士掌舵下，訂立了一系列以誠待人的服務守則，把中國人誠懇、守信等為人處世之道，確立為企業文化。他深信服務最高原則是處處能替客人着想，徹底了解客人需要，是以早期的恒生都像街坊銀行，與客人關係親近。何善衡博士教導員工以心待人，他亦處處為員工着想，用心打造舒適的工作環境，提供包伙食福利，聘請最好的廚師，每天餐單還包括老火湯。他會和員工一同用膳，彼此建立起如家人的關係，大家都親切地稱呼他善伯。

何善衡博士還把多年立身處世及待人接物之道，先後寫成《閱世淺談》及《閱世淺談續篇》，派發給每名入職的員工，傳授自己從社會打拼中得來的實戰經驗。他在書中第一章談論「涵養」中提到：「涵養的要訣，應以『忍』『恕』兩字為不二法門。」「世間之事，很難盡如人意，遇到拂逆之事，首先要容忍，以免為着小小誤會，而引起磨擦……恕字為如心二字合成，朱子：『推己及人之謂恕。』意即以待人之心，一如待己之心，既可減去自己驕矜之氣，對人也特別容忍和體諒了。」

● 重視教育善業

由於何善衡博士早年失學，故他深明教育的重要性，發跡後非常重視對教育的捐助。1970 年，成立何善衡慈善基金會，向多所高等院校捐款；其間他又建議成立一所全日制非牟利學府培訓商界人才，何善衡慈善基金會及後於 1980 年夥同恒生銀行董事，創立恒生商學書院（後升格為香港恒生大學），為有志從商之優秀中五畢業生免費提供商科課程，為香港銀行界培育英才。

舉凡與教育及民生福祉相關的善業，何善衡博士無不大力支持，受惠的院校及機構遍及本港、內地與海外，多不勝數。何善衡博士的社會成就獲各界肯定，屢獲的殊榮包括大英帝國 MBE、OBE 及 CBE 勳銜、泰國白象勳銜、日本瑞寶章、香港大學榮譽法律博士、香港中文大學榮譽社會科學博士，以及中山大學榮譽博士等。1983 年，何博士年事已高，辭去恒生銀行董事長一職，但仍擔任名譽董事長，每天如常辦公，並將高額的酬金全數撥作教育和慈善事業經費。

● 為善不欲人知　後人作風低調

何善衡博士及夫人何李寬德居士均以行善為志業，但作風低調，何博士甚至婉拒捐助機構頒發的紀念品，表示一句多謝已經足夠，寧願把製作紀念品的開銷用於慈善。何李寬德居士同樣低調，每逢出席公眾場合均拒絕接受特殊待遇。孫女何美莊表示：「祖父是非常無私的人，很樂意去幫助其他人，常說『取諸社會，用諸社會』，但同時要施恩莫望報，為善不欲人知。」祖父在何美莊眼中是位勤奮的「巨人」，自學不倦，生活克己節儉，不尚奢華，家中電器用品，只要不壞就不會更換，「祖父亦鼓勵子女儉樸，不要浮誇，他長年慣於節儉自己，慷慨別人」。

何善衡博士於 1997 年 12 月 4 日以 97 歲高壽辭世。後人承繼了他的慈善基金會的管理工作，繼續資助本港及國內外教育、醫療及福利機構，延續造福社群的慈善事業。家族後人不但受到何善衡博士的仁風善行熏陶，並且繼承了他低調的作風，向來甚少於公開場合露面。

何善衡博士是傑出的銀行家，以及熱心公益的慈善家，亦曾任香港佛教聯合會第 12 屆董事會顧問，善業美名遍及中外。其夫人何李寬德居士對匡助本地佛教，更是不遺餘力，慨捐私人產業護持香港佛教醫院之籌建，並設立佛教何李寬德慈善基金會，持續造福社群。

何李寬德居士，原名李怡顏，宿植佛緣，早年皈依虛雲老和尚，法名寬德；其後參師於覺光法師門下，受優婆夷戒，法名果賢。李居士慈悲喜捨，秉持菩薩行願，熱心護持佛教各項善舉。1945 年覺光法師創立香海正覺蓮社，李居士即為創社董事之一，財力兼施，翊贊香海正覺蓮社開展廣大之弘法與濟助善業。諸如 1966 年興辦佛教寶靜安老院、1978 年捐辦佛教寶靜護理安老院，乃至 1980 年落成的觀宗寺等，何氏伉儷均予大力支持。

● 慨捐樓產　重視教育

1970 年，為響應香港佛教聯合會開辦香港佛教醫院善業，李寬德居士特意捐出石澳怡廬洋房一幢，作為佛教醫院基金嘗產。何善衡博士由於早年失學，深明教育對社會的重要，因此尤其重視興學育才，扶掖後進，受夫人影響，對於佛教辦學善業亦愛護有加。1962 年，何博士和夫人捐辦佛教正覺中學，以及現已停辦的佛教何礪峰紀念學校。1983 年香海正覺蓮社設佛教何李寬德慈善基金會，主要作為推動教育、發放獎學金、印送佛經、推展老人福利、救濟孤苦，以及施濟受災的苦難人士。

李寬德居士德相

1967 年 3 月 21 日，邵氏兄弟（香港）有限公司舉行《觀世音》電影慈善首映，為香港佛教醫院籌措經費。前排左一為何善衡博士，後排左二為李寬德居士，左三為飾演觀世音的李麗華小姐。

● 常懷善念　多行善舉

何氏伉儷宅心仁厚，對佛聯會各項善業護持有加，平素常懷助人之心，經常乘節慶之便多行善舉。何博士和夫人金婚紀念的一年，兩人捐資佛聯會在葵涌填海區興建中學；1973 年落成的佛教善德英文中學，校名即取自何善衡之「善」字及夫人李寬德之「德」字合併而成。除捐建學校外，每年李居士生日，擁有不同宗教信仰的家人，這一天必定一同茹素，並廣設素宴，宴請親朋及佛教友好，與眾結茹素之善緣；李居士亦會私下捐出夫婿送贈的慶生利是，用作香海正覺蓮社印製經書及其他慈善用途。

何善衡博士雖非佛教徒，其善德、善行卻無異於菩薩精神，每當有需要，無不傾囊相助。長年貼身照顧何氏伉儷的吳姑娘，對此憶起一段日常小事。一天晚上，李居士提及覺光法師出家以後從未返鄉，正打算回家鄉一趟。何博士

聽後，因為知道出家人沒錢，擔心法師路費不足，於是連夜把家中各人手上的現金即時集合起來，請司機送到法師手中，「當晚掛着八號風球，何老先生擔心風球一除下，法師便會啟程，所以連夜派人送去，覺光法師非常感動。何老先生就是這樣，時刻將別人的事放在心頭。」

● 信佛至誠　作風隨和

李寬德居士信解行持，向佛至誠，不時前往大嶼山寶蓮禪寺小住月餘，在寺中清修。平日修持佛堂早課，每天風雨不改，即使身體違和仍堅持在床上讀經；晚年發願讀誦全本《金剛般若波羅蜜經》及《地藏菩薩本願經》，其間健康狀況欠佳仍無間斷，終以數月如願達成。吳姑娘日常陪伴李居士出入佛堂聽經拜佛，最敬佩她誠信待人、堅毅自強，「何老先生、何老太太兩人生活相當低調隨和，對食物從不要求，很有『衣食』。何老夫人從來不肯接受任何特殊照顧或特別待遇。」待人以誠的李居士，賢聲備受佛教內外稱頌。李居士經常說「生不帶來，死不帶去」，對死亡表現得無所畏懼。

1991年，李寬德居士身體略感不適，似預知時至，親書囑示家人遵其意願，依照佛教規儀安排身後事，並託覺光法師代為啟辦及主持七七四十九天的功德法事。此舉其實另有用意，李居士的出發點並非為了自己，她希望啟辦法事的錢可以用來為佛教做善事。同年 6 月 7 日，李居士捨報往生。

1973 年 2 月 27 日，佛教善德英文中學奠基禮。左起：主禮嘉賓時任新界民政署署長黎敦義（Denis Campbell Bray）、覺光法師、何氏伉儷。（圖片提供：何善衡後人）

1973 年 12 月 3 日，何氏伉儷出席佛教善德英文中學落成開幕典禮。（圖片提供：何善衡後人）

1989 年 12 月 1 日，佛教寶靜安老院落成典禮，左一及左三為何氏伉儷。（圖片提供：何善衡後人）

馮公夏居士
融攝各家　印證佛理

上世紀五十年代，香港戰後佛教活動復甦，佛教團體與海外接觸機會日增。世界佛教友誼會港澳分會創辦人馮公夏居士（1903 － 2000），多年來積極代表香港出席國際佛教交流活動，促進多方交流；他也是引入瑜伽術到香港的第一人。馮居士學貫中西，涉獵多方，融攝各家，是早期嘗試以西方前沿科學印證佛理之學者。

馮公夏居士德相

● 引進新奇士橙至港

馮居士祖籍廣東新會，1903 年出生，世代書香，父親馮少麟（又名馮禎祥）早年為深造英文來港定居，學成後經營洋行。馮父少麟平素奉佛，是虔誠的佛教徒。根據 1962 年 10 月 8 日《華僑日報》馮父往生的報道：「查馮老先生原籍新會……對社會公益莫不悉力以赴，尤其訓子有方，其哲嗣公夏、啟基等，博學多才，克紹箕裘……」

馮居士受父親熏陶，對英文和佛學俱感興趣。早歲隨父親投身洋行雜貨貿易，其後創立雄德公司。他是首位引進美國新奇士橙至港並取得獨家代理的商人，同時從事歐美各國進口生意，是本地著名紳商。

　　由於通曉外文，馮居士對世界局勢有所了解，常受邀分享國際資訊。例如1941 年在聯青社聚會上，馮公夏演講講題為《戰爭與物價》，根據當時美國各財政刊物及華爾街物品交易之市價報告，比較兩次大戰的物價情形，指出戰時物價上漲原因。1949 年戰後馮居士又親往日本調查當地的商務情況，深得華商同業依重。

● 學貫中西　修習密法

　　馮居士不僅精通英文，其國學造詣同樣深湛。他幼年師從大儒何恭第修讀國學，又隨前清太史、翰林院編修區大典研習易學，14 歲開始潛心研究中國道家「金丹」學說，對《周易》的精深義理有透徹體證，來港後亦常與《周易疏義》的作者韋達研究易卜之學，並著有《周易簡易占卜》一書。

　　馮居士在父親影響下，同時研讀佛學。1929 年，香港佛學會邀請密宗黃教上師榮增堪布來港傳法，傳授「彌陀長壽合修法」，馮居士前往參加。1937年，榮增堪布再度來港弘法，馮居士在此年皈依榮增堪布並修習密法。

　　馮公夏居士學貫中西，舉凡一切天人修業之學，無不窮其究竟。根據1965 年 1 月 14 日《華僑日報》專訪馮居士，提及他早年道佛同參，後體會到佛學性理更上乘，「道家以延年卻病為初階，以出陽神為進一步收穫，但究竟仍以煉虛合道為大成。還虛一節以佛學性理最為上乘。先生因更研究佛學，請名師演講佛法，道佛同參，各有妙諦。」

● 興辦佛教團體

　　五十年代開始，不少大德居士紛紛在市區興辦道場，展開新式弘法及社會善業。馮公夏居士先後協助劉銳之創立研修密法的香港金剛乘學會，又助羅時

1960 年 6 月 5 日，香港佛教聯合會舉行董事就職典禮，馮居士（右一）和黃允畋居士（右二）接待時任華民政務司麥道軻（John Crichton McDouall）。

憲教授創立佛教法相學會，弘揚法相唯識。他多年來膺任香海蓮社董事長；香港佛教聯合會第 7 屆至第 12 屆理事、董事及常務董事；世界佛教友誼會港澳分會（現稱世界佛教友誼會港澳分區總會）創會副會長、會長及名譽顧問等職務。

　　1950 年成立的世界佛教友誼會的總會設於錫蘭，每兩年召開一次大會。1952 年，馮公夏居士受法舫法師之請，在港成立世佛會港澳分會。為此全港佛教團體代表和佛教知名人士於同年 6 月，在新界清涼法苑召開籌備會議，當時出席者同意通過會章和規則，一致推選印順法師為會長，馮公夏、陳靜濤、王學仁、林楞真各居士為副會長，韋達為英文義務秘書。1961 年，馮公夏居士代表香港出席高棉（今柬埔寨）第六屆世佛大會時，更獲推選為世界佛教友誼會的副主席。

● 講學弘法　興辦教育

　　馮公夏居士對佛教善業不遺餘力，除了延僧講經，也為香海蓮社、世佛會港澳分會、佛教法相學會、佛學班同學會、聯青社、證道學會、西區扶輪社等不同機構講學弘法。1961 年，佛教藝術文化協會和佛聯會在香港電台推出全港

首個佛學廣播節目「佛教文化講座」，他在當年 7 月 22 日的一集節目中，主講「佛教與中國文化」，其中特別聲明：「佛教並不是迷信宗教，而是具有破除迷信的無上智慧宗教。」他又向聽眾介紹幾個佛學基本原理，包括佛學的法性說、法界與三界、輪迴與因果律，從而令聽眾對佛學有正確的認識。馮居士在六十年代中旬移居加拿大溫哥華，1968 年與當地熱心佛教的大德創立世界佛教會，繼續在當地弘揚佛法。

1956 年，佛聯會蒙黃鳳翎居士慷慨捐資 35 萬元，經同陳靜濤居士、黃允畋居士、馮公夏居士、林楞真居士、羅文錦爵士等人策劃，於 1959 年開辦了佛教黃鳳翎紀念中學及佛教黃焯菴紀念小學，馮居士出任中小學校的校董。此外，他亦在香海蓮社義學授課，更擔任該義學和哆哆佛學社創辦的耀山學校校董，以及崇蘭中學校董會主席、慈恩學校校監、孔教學院司理等職務，熱心參與教育事務工作。

● 申辦醫院及墳場

馮公夏居士在 1954 年至 1966 年間歷任佛聯會董事，在該會興辦佛教中小學、佛教醫院、佛教墳場等事務上，均擔當主事者角色。例如 1960 年 6 月 5 日，他在該會董事會會議上提出兩個議案：「一、是關於佛教墳場，亟應立刻組織管理委員會。二、佛教醫院事項，宜速即組成籌備委員會。」結果墳場方面，即席推選黃允畋居士為主任委員、馮公夏居士為副主任委員，其他委員還包括筏可、覺光、寬慧、瑞融等法師，以及陳靜濤居士、王澤長居士，林楞真居士。

申辦佛教墳場方面，根據 1959 年 11 月 13 日《華僑日報》報道：「香港佛教聯合會籌辦公墓一項，戰前曾由陳靜濤居士及已故王學仁居士等發起……公推：馮公夏、黃允畋，兩董事向華民司憲及市政衛生局接洽一切……」

　　1960 年，覺光法師、優曇法師、茂蕊法師、陳靜濤居士、黃允畋居士、馮公夏居士等再次向政府爭取，獲原則上同意撥港島柴灣山地約 30 萬呎作為墳地，其後政府確認把該地交予佛聯會開闢佛教墳場。

　　據 1960 年《香港佛教》第二期刊載，馮居士談及興建佛教墳場之初衷，「據馮公夏對記者談稱：關於一切地契問題，刻正與當局洽商中，儘速於短期內展開墳場地基工程，在生者猶感寄身無地的今天，想代死者尋一遍近市區埋骨之所勢所不能，今蒙當局批准，佛教人士咸感安慰，今後舉行儀式，可以採用純佛教儀式，而收費將儘量低廉，並極力提倡火葬，將設墓塔多所，以符合佛教宗旨，將來由佛教聯合會成立管理委員會共同負責，並由佛教熱心人士捐資興建墳場牌坊、永別亭等，俾孝子賢孫拜掃有地。」

　　1964 年，香港佛教墳場啟用，筏可法師、覺光法師和馮公夏居士擔任香港佛教墳場管理委員會主席。

● 屢赴海外交流

　　上世紀五十年代，經歷戰火後的佛教在世界全面復甦，其中 1950 年成立的世界佛教友誼會，是當代最有影響力的世界佛教徒國際組織。馮公夏居士是其港澳分會的創會副會長，多年來積極參與海外佛教交流活動，多次出席世界佛教友誼會的世界佛教大會，包括 1952 年於日本東京、1956 年於尼泊爾加德滿都、1958 年於泰國曼谷、1961 年於柬埔寨金邊舉行的世界佛教大會，以及 1963 年出席西德政府主辦的世界文教報道大會之佛學研究會等。

　　通過佛教海外交流活動，可以讓世界了解香港佛教的最新動態，同時讓香港佛教界掌握各地佛教界發展的趨勢，促進交流互助。1956 年 12 月，馮公夏

居士出席尼泊爾舉行的世界佛教友誼會的世界佛教大會歸來後，於 1957 年 1 月應香港佛教聯合會之邀請，在東蓮覺苑對此行作出詳細的報道。他認為佛學趨勢「將由以往的紛歧而復趨於一致，把各派的理論統一而簡化之，使一切有情易於了解，易於實行⋯⋯」馮居士又特別提到海外交流有利佛理研究，因佛學傳入中國後，經文總有失漏或不清楚之文字，如今因國際交通及文化交流，使這問題容易作出解決。

在報道會中，馮公夏居士以親身經驗為例說明，他曾在《俱舍論》、《大毗婆沙論》及《瑜伽師地論》中，欲對佛經的普通名詞如法界、三界、輪迴等找尋切當的界說和解釋，「但語焉不詳，故只得一個模糊印象；後來研究吠檀多學說及印度瑜伽哲學，乃得其詳細註釋。繼而能夠對一切大乘的心性理論，有正確的領會。」

● 以科學印證佛學

馮公夏居士學貫中西，通攝華梵，多方涉獵之下，同時着重理論與修行實踐，不但解行相應，亦擅長以西方科學解釋及印證佛理，破除佛教予人盲目迷信的錯誤印象。據 1981 年 4 月《慧炬》刊載馮居士的〈佛學與近代超常心理學之關係〉一文內提及：「佛教今日最重要的工作，應採用新途徑。經過科學實驗，用完整邏輯方法，來解釋人生真諦，與人類在三界生死流轉之實際情況，宣揚佛教之基本原理──因果律與輪迴律。」他又指出：「超常心理之研究，對佛學有極大助緣。佛學之五通，不過是超常心理現象之表現。」馮居士與歐美近代超常心理學家一直有密切聯繫，在宣揚佛法數十年間，嘗以科學引證佛學，博得歐美研究佛學者的悟證，亦透過講學引度無數中外佛教徒。

● 引入瑜伽第一人

馮公夏居士在 1956 年參加尼泊爾世界佛教大會後，與代表團成員順道遊覽印度佛陀遺留聖蹟、遍訪各瑜伽道院，因緣際會拜會瑜伽大師施化難陀（H.H. Swami Sivananda）。1957 年 8 月，馮居士成立香港瑜伽學會，出任主席，並邀請施化難陀首徒威信化難陀（Swami Vishnudevananda）來港傳授瑜伽術，開啟香港修習瑜伽的普及風氣。

瑜伽是一種科學化而易得實效的身心修養方法。馮居士認為印度瑜伽術「其立論與中國性命雙修學說頗為相近」，「故從淺近方面說，可以令行者保持康健，卻病延年，但從高深方面說，可以解脫生死，證悟本性。」（1957 年 8 月 4 日《華僑日報》）他又指出修習瑜伽術與佛學兩者能夠貫通：「（瑜伽）雖然在佛學裏，常有提及；但多語焉不詳，不知者多以為係多道而排斥之……其實，瑜伽學發展至今，已成為一個科學化的肉體與心性之修練體系，適合于（於）各種人士的練習，無論其信仰何種宗教，均可修習瑜伽，并（並）無衝突。因為瑜伽的最高境界，與佛教及其他宗教，是沒有大分別的。雖然有真我、涅槃，及上帝等不同的名相，其實是同指一個真實的境界耳。佛學的瑜伽師地論，為唯識宗的寶典，其內容實係把瑜伽學與佛學兩者之精髓融會而貫通之。」（1957 年 8 月 5 日《華僑日報》）

香港瑜伽學會成立短短三年間，會員已達六百人，曾學習瑜伽者超過三千人，瑜伽班在港蔚然成風。馮居士推廣的不但是瑜伽運動，還是一種瑜伽哲學。他相信瑜伽是完善的身心修養科學，「可以與其他道德修業方法，並行不悖，為現代青年之最好道德修養階梯也。」由此香港瑜伽學會積極計劃在學校中推廣瑜伽訓練；1964 年學會獲得教育司署許可，將瑜伽術推廣成學校體育訓練的一部份。

● 晚年移居加拿大　創世界佛教會

馮公夏居士樂善不倦，熱心社會公益，不但先後膺任世界佛教友誼會港澳分會創會副會長及會長、香港佛教聯合會董事、香海蓮社董事長，亦曾任東華三院總理及顧問、世界文化協會香港分會會長、香港聯青社副社長、德教紫青閣及慈心閣顧問、孔教學院司理等多個宗教組織的善業公職。六十年代中旬，馮居士結束香港的貿易業務，並卸下香港的公職，移居加拿大溫哥華。

定居加拿大後，馮公夏居士於 1968 年與溫哥華熱心佛教大德合作，在溫哥華創立世界佛教會，並購下及改建一座小教堂，命名為「佛恩寺」，這是當時溫哥華規模最大的佛教弘法道場，成為當地佛教的精神標誌。

晚年的馮公夏居士曾不時返港，順道講授佛學，亦長年在加拿大佛恩寺內講解佛法，任溫哥華世界佛教會講師數十年。

據李潤生教授悼念文章〈悼念馮公夏老師〉（《蓮覺》第 16 期）憶述，「馮公夏老師的可敬處，其學問修養與道德文章自不待言，最堪稱道者厥為其對多元文化推動的識見與鍥而不捨的精神。」馮居士在世界佛教會策劃的學術活動同時兼設多元化的傳統文化講座，又「運用現代西方的靈魂學與電子科技的知識，以會通與詮釋佛家心識活動的理論，使與會者能清楚看到傳統佛學與現代科技接軌的實況。按此時的馮老師已是倫敦靈魂學會的成員，可見老師學貫中西，與時偕行。」

馮公夏居士晚年致力宣講佛法外，對養生亦有心得，曾以瑜伽學理為基礎，自創健康長壽功。2000 年 4 月 24 日，馮居士因膽管癌病逝，享壽九十八歲，遺體火葬後撒於當地海域。

何耀光居士
慷慨布施　功德無量

在中國文化中，儒釋思想融為一體，故此，「平生服膺儒家學說」的何耀光居士（1907－2006），也信仰佛教，護持佛、法、僧三寶。曾在上世紀七十年代擔任香港佛教聯合會董事的何居士，早在五十年代起，已經常捐款支持佛教道場、慈善團體及助學扶貧。何居士是香港著名的建築實業家，曾擔任香港佛教聯合會第 23 屆至第 25 屆董事會董事；香港建造商會主席、會長；何氏宗親總會理事長等公職。1966 年，獲港英政府頒授員佐勳章（MBE）。

何耀光居士德相

● 凝聚業界　關愛宗親

　　何耀光居士原籍福建，生於廣東。何居士幼年父母先後離世，全賴母親的金蘭姊妹撫養成人。他在少年時隨兄長何耀全來港讀中學，其後回內地讀中山大學一年。早期在香港的建築公司任職工程師，31 歲創辦福利建築公司，承辦建屋、馬路、渠務等政府工程。

　　何耀光居士有一腔愛國情懷，1941 年日軍侵佔香港，炸毀啟德機場後，擬請他的公司修復。他不欲為日人做事，隨即把公司關門，舉家匿藏，捱了一段艱苦歲月。

五十年代石硤尾寮屋大火後興建的 H 型徙置大廈、六十年代興建的伊利沙伯醫院等項目，他的公司都有參與承辦。

何耀光居士擔任香港建造商會與何氏宗親總會公職期間，策動籌辦建造商會學校（1957 年落成）並親任校董會主席，另開辦何氏宗親總會慈愛學校（1962 年落成，後改名為親恩學校）及診所。他熱心公益，身兼多項公職，曾獲政府委任為工業教育及職業訓練常備委員會委員，又擔任香港建築業協會首屆會長、東華三院癸巳（1953 － 1954）年總理、元朗博愛醫院總理、灣仔街坊福利會會長、傑志體育會會長、南華體育會永遠名譽會長、鐘聲慈善社永遠名譽社長、香港著名鑒藏團體敏求精舍主席、佛教志蓮小學校董等。

● 熱心公益　樂善好施

何耀光居士在其個人著作《至樂樓立身要旨處世經驗漫談》中表示，立志要「幫助發展慈善事業」。他認為「世人每以己不作惡便不須為善。這是錯誤的觀念。須知不作惡是為人的本份，為善是個人對社會的責任」，他認為做人要做好本份和責任。而且，「為善須發乎慈悲，本乎人性，毋求福報。更不要人知。蓋人類互助，乃是天職……」

1956 年 11 月 27 日，何耀光居士偕同建築公司職員一行 17 人，於凌晨時分攜帶棉衣 500 件，前往港島西區、中區、灣仔的貧民區，向露宿街頭的貧苦大眾派發棉衣；12 月 1 日，則在九龍區派發 500 件棉衣。他除了親力親為外，一直捐款予東華三院及香港保護兒童會等機構。他經常響應《華僑日報》讀者救童助學運動和多項救災籌款活動，還捐贈八和會館義校課室等，所作善事，不勝枚舉。1966 年港英政府為表揚何居士熱心公益，欲向他頒授太平紳士名銜和員佐勳章（MBE），原來背後有一段小插曲。因當時獲此榮譽的人士一般為

何耀光居士的個人著作
《至樂樓立身要旨處世
經驗漫談》

何耀光居士（右）與夫人郭佩珍女士（左），育有五子五女。
（圖片提供：何世柱）

英籍人士；擁有愛國情懷的何居士，不願放棄國籍，打算不領取此榮銜。最後
港英政府在此榮銜加上「榮譽」兩字；在不用放棄中國國籍下，他才欣然接納。
當年《華僑日報》的相關報道，讚揚「何先生多年來領導富有建設性的博愛慈
善工作，對各項善舉，尤其為醫院，孤兒院與街坊會，出錢出力」。

八十年代，何耀光居士捐贈 140 萬港元，在廣州市郊新滘區興建何貴榮紀
念中學，以紀念其父親，並為家鄉培養人才。他曾向中國內地教育機構贊助數
千萬港元，九十年代捐 350 萬港元予廣州市海珠區社會福利院，該院後來以其
母親名義命名為「海珠區何貴榮夫人福利院」。

● 護持東林念佛堂

何耀光居士堪稱東林念佛堂大護法，他在五十年代協助該道場修建大雄寶
殿、地藏殿、韋馱殿、客堂和僧寮等，出錢出力。東林念佛堂初名「東林淨舍」，

根據其網站記載，1953 年修建大雄寶殿（現為極樂寶殿），「又得何耀光、黃炎槐、陳步煒⋯⋯發心，獻金獻力，改淨舍為『東林念佛堂』」。1956 年 6 月 25 日《華僑日報》報道，東林念佛堂大雄寶殿落成，6 月 24 日由何居士主持啟鐘禮，定西法師、茂蕊法師親自招待，出席嘉賓逾千人，場面盛大。何居士在堂內立碑誌意，在碑文中略述東林念佛堂的成立與修建歷史，並表達了一眾護法的心願：「倘得莊嚴梵宇，具萬年不拔之基，靉靆慈雲，蔭十方無量之眾。人因地而法益宏，地因人而緣益廣。法輪常轉，化戾氣為和氣；禪淨雙修，易妄心為佛心，豈獨一人之願已乎？」

何耀光、黃炎槐等人又於六十年代捐建東林念佛堂的殿宇，1965 年 11 月 16 日，東林念佛堂為殿宇落成啟建法會 21 天。根據當年的《華僑日報》報道：「又承福利建築公司，及諸檀越，發心捐建亭式殿宇一間，裝飾華麗，古色古香，安奉接引彌陀，韋馱聖像；並將大雄寶殿，加蓋綠瓦，粉飾四壁以壯觀瞻，而本堂西方三聖釋迦世尊接引彌陀韋馱菩薩重新裝金，莊嚴殊勝。」

● 熱心安老善業

何耀光居士支持的不少善業都和安老有關，他對長者十分關愛。他曾說「我很喜歡給別人以快樂，我更喜歡為別人解除痛苦，原因是人沒有了痛苦，自然感覺快樂」。他認為，未必人人有能力做到解除別人的痛苦，但不給人痛苦卻是人人可以做得到的，例如保持良好的服務精神，不要做任何損人利己的事。在能做的範圍內協助他人和予人方便。六十年代初，何居士捐善款 12 萬港元予佛教志蓮安老慈幼院，興建一座 8,000 平方呎平房，該平房有佛堂、靜室和 3 間收容長者的宿房，可為該院多收容 50 名長者。1964 年，該平房落成，命名為「何貴榮夫人紀念院」，以紀念何居士之先母。

同年代，東林念佛堂的永惺法師、達成法師等人秉承定西法師遺志，議決開辦安老院，並發起組織佛教東林安老院籌建委員會，公推何耀光居士為籌建委員會主席。1966 年 6 月 4 日，何居士親臨東林念佛堂勘察安老院地盤，適值何居士農曆六十歲大壽（1966 年 6 月 8 日）將至，東林念佛堂全體僧伽齊集大雄寶殿，為他舉行延生普佛祝福。

佛教東林安老院於 1970 年 12 月開幕，有睡房 16 間，並設有佛堂、閱讀廳、飯廳、病房、診療所等，可容納百位男性長者。院內一切設施，都經過何耀光居士與永惺法師的精心研究，務求讓長者居住舒適。

● 與永惺法師的因緣

何耀光居士與已故的香港佛教聯合會榮譽會長、佛教東林念佛堂監院、西方寺開山住持、香港菩提學會創辦人永惺法師有着深厚的因緣。他在其著作《至樂樓立身要旨處世經驗漫談》中，於 1977 年 5 月 22 日的紀錄提到了他與永惺長老的其中一件事情：「上星期之初，因香港天久未雨，旱象十分嚴重，菩提學會住持永惺法師發起求雨法會，聚眾誠心念誦求雨龍王咒（祈雨龍王咒）。祈求大雨降臨，果然在法會開始翌日，即烏雲密布，甘霖驟降，兩日後，一夜大雨中，得水七十五米釐。自此則每夜俱有雷雨。這種情形確實不可思議。雖可說是偶然之事，但未必繼續天陰有雨，至十餘日之久也。」何居士相信宗教的存在對人類生活具有很高的價值，亦對人類罪惡的發生起到阻止的作用。

1977 年春末夏初，本港連月天旱，久未下雨，水塘存水量銳減，水務局在三星期內可能實施制水。永惺法師暨同人於 4 月 28 日起，假香港菩提學會銅鑼灣會所內舉行祈雨法會 21 天，每日由四眾同人持誦《大方廣佛華嚴經》及「祈雨咒」。永惺法師呼籲全港佛教道場響應，各自舉行祈雨法事，以冀誠格天心，早降甘霖澤潤眾生。

● 享壽百歲　十全老人

　　何耀光居士在朋友之間有「十全老人」的雅號，以其育有五子五女，一生無憾之故。他在晚年接近百歲，作為一個健康老人，自有其養生心得。他的要訣首先是「清心寡欲，保養精神」，他認為生活淡泊寧靜才能減少許多煩惱和憂慮。其次，他推崇清淡飲食，除了每週兩天素食外，平時亦以清淡簡單的膳食為主。他分享吃素的經驗，每當素食當日，睡眠較為寧靜而恬熟，翌日醒來較早，而且精神倍覺爽快。他推崇素食，還因為他認同佛教所言「戰爭災禍是由人類殺業造成」，人類不應為口腹之快而殺生。

　　何耀光居士曾出版《黎明集》、《至樂樓立身要旨處世經驗漫談》、《做世詩五十首》等書籍，分享其人生觀及做人之道。他曾表示要在這個娑婆世界中建立起極樂的天堂，他「希望來生繼續為人，為最有權力的偉人。把世上的人通通給智慧與能力，使他們和樂共處，永無仇怨爭奪的事情發生……過着和平美滿的生活」。

2002 年，廣州大學聘任何耀光居士（右）為名譽院長、何世柱大紫荊勳賢、太平紳士（中）為名譽教授。（圖片提供：何世柱）

2006 年 10 月 12 日，何居士離世，積閏享壽一百零三歲。10 月 19 日公祭，靈堂中央的兩旁有「敬老扶助護持道場善緣廣結歸極樂，仁慈好施普脩供養福慧無量往西方」輓聯，當天社會賢達與數百親友到場致祭，極盡哀榮。

● 後人秉承慷慨氣節

何耀光居士遺留的家財中，包括一批自 1952 年開始收藏的中國歷代珍稀書畫。他不忍國寶飄零海外，多年來斥資鉅款搶救這些文物，並以其至樂樓書齋名義收藏，當中大多是明末清初書畫。他特別鍾情明遺民作品，欽佩其展現之民族氣節。2018 年，他的長子何世柱大紫荊勳賢、太平紳士徵得家族同意，捐出 355 件總值最少 38 億港元的中國歷代書畫藏品給香港藝術館，作永久收藏。2021 年，何氏家族前後再度捐出 10 件藏品，包括明四家（明朝四大畫家）之一仇英的作品。

對於人世間的財富與地位，他看得淡泊，他教育子女亦如是，故其子女在 2018 年捐出鉅額書畫藏品予香港藝術館。他認為個人的富貴是上天的賜福和特別照顧，所以自己要盡力報天恩，要順其好生之念，行其好生之德。他說：「一個人得天之祐，有了財富或權勢或二者俱備，就必盡量使別人歡樂。尤其是必須使貧窮的人和痛苦的人以及孤寡的人得到歡樂，這才不負天之厚汝⋯⋯」這就說明了為甚麼何居士一生為善，在佛教界、社會福利界處處留下為善的足跡。《寶行王正論》云：「若人恆行善，是所得安樂；於自他若等，此善樂圓足。」何居士一生行善，視己若他，平等對待眾人，其所得安樂、富貴、健康、長壽，是佛教因果法則之必然也。

陳榮根居士及
區碧茵居士伉儷

慷慨善業　廣修佛緣

陳榮根居士（1907 － 2001）、區碧茵居士（1911 － 1992）伉儷均為佛教徒。陳居士祖籍深圳市寶安區沙井鎮衙邊村，區居士祖籍廣東省南海西樵松堂村。二人品性仁厚、情繫家鄉、關顧社群；畢生自奉節儉，以工商業營運所得，慷慨善業，廣修佛緣。

● 情繫家鄉

　　陳榮根居士在家鄉致力興學，為社會打造向上發展的根基。區碧茵居士偕同支持，兼顧醫護事務。

　　1978 年 12 月 18 日，領導人鄧小平提出「對內改革，對外開放」。當年回鄉設廠營商者眾，陳榮根居士一片赤心，在貧困的家鄉創辦學校。

陳榮根居士伉儷鶼鰈情深，是香港佛教界重要的大護法。（圖片提供：陳榮根、區碧茵後人）

他親自來往兩地，主動聯絡，逐步供款，興建校舍，增添設施，補貼開支，給與獎勵；加上師生的感恩與勤奮，該校終於成為廣東省一

級名校。他的貢獻備受褒揚，廣泛報道。以下述錄自 1992 年 10 月 16 日《大公報》專題特寫：

衙邊村的教育一直在全鎮名列前茅，這與該村旅港同胞陳榮根先生的關懷與支持分不開。自 1981 年以來，先後捐資港幣二千二百萬元，興建了一所佔地五萬多平方米，建築面積一萬餘平方米的學校。為表彰陳榮根先生和夫人熱愛祖國、熱心家鄉教育事業的精神，鎮政府通過將新學校命名為「榮根學校」。

1999 年，當局建陳榮根紀念樓，記錄其長年慷慨付出的事蹟以及陳榮根居士所獲榮譽，包括 1991 年獲廣東省頒發熱愛兒童獎章、1992 年獲委任為寶安縣僑聯會名譽主席、1993 年榮稱深圳市榮譽市民。

醫護建設方面，因見醫院設備較差，陳、區居士於 1982 年陸續向家鄉贈送救護車、超聲波診斷儀、心電圖機、高壓消毒爐、多用途顯微鏡等。1985 年再捐款，將沙井區人民醫院的舊產院重建成一座新型的婦兒醫院，取名為「區碧茵婦兒院」。

1982 年，陳榮根居士（右三）和區碧茵居士（右一）於深圳的榮根學校奠基禮上。（圖片提供：陳榮根、區碧茵後人）

● 關顧社群

　　區碧茵居士在香港帶動二人善業，體現佛緣。她歷任香港佛教聯合會董事、常務董事，以及各大慈善團體要職，包括保良局副主席，以及多屆總理。陳榮根居士隨同慷慨付出，落實善舉。晚年更念及未來，設慈善基金，長遠為慈善事業籌策。

　　教育方面，1946 年，時任寶蓮禪寺方丈筏可法師，與陳靜濤居士等人復辦青山佛教義學，命名為「青山佛教學校」，校舍由陳氏伉儷慷慨捐建成。1989年，鑒於該校已停辦，於是資助佛聯會興辦學校，命名「佛教榮茵學校」，以作永誌。到了 2008 年，該校下午校轉為全日制，慈善基金捐助另建新校，以「佛教陳榮根紀念學校」命名。此後，基金每年資助兩校課外活動，促進教學發展。

　　醫護方面，1988 年，資助香港菩提學會，創辦佛教菩提護理安老院。1986 年至 1990 年，每年資助永惺法師老人院。1989 年，捐款香港佛教醫院，增添醫療設施。區碧茵居士更於1988 年至 1989 年間，一再慷慨捐款保良局，將列為三級歷史建築的前西區消防局改建為保良局陳區碧茵護理安老院。該局立紀事碑，表彰區居士功德。

保良局為表彰區居士功德而立紀事碑（圖片提供：陳榮根、區碧茵後人）

佛事方面，陳氏伉儷長期參與並資助佛教活動及建設，寶蓮禪寺已故方丈智慧法師曾表示：「戰後百廢待興，幸蒙區居士雪中送炭，對修寺及寺務，一直貢獻良多。」1990年，寶蓮禪寺天壇大佛鑄成，大佛的蓮花座共有36片花瓣，其中兩片為兩人所捐獻。2000年，該寺增建萬佛寶殿，兩人再捐獻龍柱。

自上世紀六十年代開始，每年佛聯會清明法會，區碧茵居士例行資助四大部洲焰口法事（佛教宇宙觀中，以須彌山為世界的中心，四邊鹹海之中有四大部洲，為眾生的居所；「焰口」原指口吐火焰的餓鬼，後人稱向餓鬼施食的儀式為「焰口」）；又資助寶蓮禪寺水陸法會，令冥陽皆得利樂。此等捐獻，陳、區居士身後，慈善基金仍持續至今。

● 工商營運

陳榮根居士早年隨從父輩定居香港，在家業基礎上，畢生從事工、商業，歷任思遠堂投資有限公司、步陞鞋業有限公司、永安盛船廠董事長。

香港日佔期間，陳榮根居士隨父親避居澳門，光復後回港，積極參與發展船廠。當年只有三兩艘輪船來往省港澳，當中的大來號，正是這船廠建造的。現時香港海事博物館，還展出大來號的模型，以及1951年下水禮照片。陳居士同時參與發展的鞋業公司，於五六十年代擁有具相當規模的廠房，員工過千。

區碧茵居士幼年來港，自行創業，曾經營食品、家俬、鞋業等，兼且一直從事房產投資。以其商業頭腦，不乏成就。

陳、區居士自奉節儉，從事工商業，皆取諸社會，用諸社會。

● 品性仁厚

　　區碧茵居士戰前已經遊歷日本，精通日語，予人印象是精明能幹，精力旺盛，經常忙碌，挽着大手袋，來去頻頻。儘管如此，在陳氏大家庭中，很顧及親屬之間的禮數，恪守傳統；更視侄輩如子女，關愛有加。她言辭講究，看來有點嚴肅，交談之下，發覺平易近人，對後輩每多鼓勵和嘉許。

　　陳榮根居士沈厚寡言，不高談闊論。主持業務無為而治，甚得人心。在其業績當中，例如創立投資公司、在家鄉辦學等，尤其顯得有遠見。在家庭、在業務，儘管輩分最高，然而十分謙和，從未見指責人。與人見面，總是從內心感到高興，不論對方的年齡、性別、身份、貧富、階層，一視同仁。天性喜歡給與，有求於他，必樂意幫助，從不計較回報或償還。

　　陳榮根居士、區碧茵居士伉儷，二人同心，盡現佛教慈悲精神。區居士於1992年往生，享年八十一歲；陳居士於2001年往生，享年九十四歲。二人畢生善因深種，一起留下芳名：

<blockquote>
榮根在地，枝幹向天；
送蔭遮風，花果長獻。
碧茵襯托，展蓋四沿；
呼應如來，青綠無邊。
</blockquote>

楊日霖居士
護持佛社　造福社群

香港呢絨疋頭業殷商楊日霖居士（1910－1982）虔奉佛教，護持的道慈佛社在五十至七十年代發展蓬勃，啟建免費附薦法會，賑濟貧苦，興辦教育，造福社會，在香港佛教史上寫下輝煌一頁。

　　楊日霖居士生於農曆庚戌年十月十六日，祖籍廣東順德，有一兄一姊。他自小隨長兄楊日煊來港經商，二人創辦多間公司，包括大明呢絨疋頭公司、利益疋頭有限公司、友生疋頭公司、聯光疋頭公司及百和置業有限公司等。楊居士早年皈依虛雲老和尚座下，法號寬莊。他與夫人譚婉芳育有一子一女，兒子楊鑑仁後來更成為道慈佛社董事會主席。

這照片攝於 1971 年，前排右三為楊日霖居士。

● 道慈佛社　成立緣起

　　五十年代，楊日霖居士偕西藥行張錦記的張玉階、張玉麟等人創立道慈佛社，一同主持社務。已故香港佛教聯合會副司庫崔常祥居士為張玉階弟婦，她曾憶述當年往事：「楊日霖的友生疋頭公司位於中環永吉街 12 號，張錦記在 10 號，陸羽茶室在 8 號。我大伯張玉階和楊日霖因鄰舖關係，故成為好朋友，他們在永吉街不遠處租了一層樓做精舍，原是供奉呂祖先師的。」精舍設立於五十年代之前。

　　崔居士續說：「有一次，我們為過世的老爺（張祝珊）做冥壽，大伯的陸羽茶友毛文達為我們介紹妙法精舍住持洗塵法師來放焰口，這是第一次請法師來到精舍。其後，張玉階和楊日霖租了西環鐘聲游泳棚對面的『達性園』，於是把精舍遷往達性園。後來先夫張玉麟遇難逝世，毛文達就介紹東林念佛堂住持定西法師到精舍為我們拜懺 21 天。定西法師第一天來到，對楊日霖說：『應

西環域多利道道慈佛社山下的門樓，有定西法師於 1955 年的題字：「道修上乘離偏小，慈運無緣度有空」。

該把精舍改為三寶道場，正殿供奉佛菩薩。』於是楊日霖等人誠心禮懺，奉移
呂祖先師至護法殿，及後精舍改名為『道慈佛社』，主要由我奶奶（張郭常壽）
及楊日霖兩人負責社務。」

● 佛社濟貧興學

後來楊日霖居士出任道慈佛社社長，而張郭常壽居士一直是該社的大護
法。楊居士致力弘法及發展社務，不斷迎請十方高僧大德講經說法，如洗塵法
師、大光法師等；啟建免費附薦法會，供廣大市民超度先靈，費用全由社友承
擔，大眾反應熱烈。此外，佛社長期舉辦念佛法會和放生會，舉辦大型敬老慈
幼大會，更發起商界捐款、訂製棉衣賑濟貧苦、贈醫施藥等。

道慈佛社亦推行平民教育，1957 年在佛社內建課室開辦識字班。道慈佛
社後來獲政府批准津貼興辦學校，1961 年成立道慈佛社九龍學校，由楊居士擔
任校監。1964 年和 1966 年，道慈佛社張祝珊小學及道慈佛社張祝珊第二小學
相繼成立，楊居士擔任校董。1971 年，楊居士捐出巨資興辦道慈佛社楊正培學
校，以紀念其先翁，並親任該校校監。

● 菩薩心腸　護法護生

楊日霖居士菩薩心腸，總是會急人之難。1965 年，《香港佛教》創刊五
週年之際經費告急，為籌集刊印經費，發起「一元運動獻金」籌募活動，並廣
徵訂戶。楊居士認為「月刊業務實不易辦，香港百餘年今只有一間，是教中至
需要之機構」。於是慷慨助印，解救月刊燃眉之急。《香港佛教》於 1960 年
面世，由覺光長老（香海正覺蓮社）任社長、松泉長老（法雨精舍）任督印人、
元果長老（福慧精舍）先後擔任發行人及主編。1997 年 7 月 1 日起，《香港佛
教》移交香港佛教聯合會接辦，而楊居士早在 1956 年起已擔任香港佛教聯

1960 年，楊日霖居士（左）出席佛聯會的董事就職典禮，他由時任華民政務司麥道軻（右）手上取得選任證書。

合會第 8 屆至第 28 屆董事會董事、常務董事之職，至 1982 年往生，服務長達 26 年期。

根據 1958 年 2 月 8 日《華僑日報》報道，楊居士常勸人戒殺放生，廣結善緣。一次，他在中環經過一間酒家，看見酒家門前陳列着待宰的「野味」，他生起悲憫心，立即斥資買下，把牠們帶返道慈佛社，由法師和全體社友為牠們說三皈依法，再駕車送到新界銀禧水塘附近的馬騮山（金山郊野公園）放生。

● 遵循古禮　提倡孝道

六十年代的《華僑日報》，不時刊載楊居士於法會或活動的致辭內容，不難看見他為人嚴以律己，遵循古禮，廣弘佛法與孝道。1965 年 2 月 23 日，該報刊載楊居士在道慈佛社團拜上的致辭：「本社同人追慕古禮，無以重見，謹秉釋迦如來遺制，每年歲首和年終，舉行供奉三寶諸天兩次，以報佛光注照之

德，上天覆蔭的恩……我們為甚麼要在今晚起至明晨整夜舉行儀式呢？因為經義有講：諸天在早食如來午應供，所以供天必在早晨；供佛不過午，否則是為非法不敬，福亦不滿。為着大眾福果週（周）滿，是以要整夜行禮。」

楊日霖居士積極提倡孝道，其主持的道慈佛社早在五六十年代已慶祝西方的母親節及父親節。1978 年，楊居士為擴大道慈佛社屬校慶祝父親節活動，發表了專文。該專文以佛陀教孝為主旨，「佛陀能夠成佛，端從孝始，為人子女者，要知我身從何處得來，皆由父母給與，自幼而長，父母之愛，無微弗至……」

1982 年 2 月 15 日，楊日霖居士在寓所病逝。2 月 21 日大殮，由時任香港佛教聯合會會長覺光法師主持封棺說法，安葬於柴灣香港佛教墳場。覺光法師總結楊居士一生：「緬維居士，秉性溫良謙厚，一生積善……以慧根早植，皈依虛老座前，敬侍三寶，熟研佛理持名勤修，悲願廣溥，創道慈佛社參董佛聯會，四十年來，恆無少懈，弘法利生，襄勷至力，四眾深仰其賢，而居士樂育英才，青年惠澤良多……」1982 年，道慈佛社楊日霖紀念學校和道慈佛社楊譚婉芳幼稚園相繼成立。現由道慈佛社主辦的學校只餘前者而已。

陳道生居士
善法正人心

上世紀六十年代，世道衰微，人心躁動，當時國學名宿陳道生居士（1914 － 2008）在電台主持一個六分鐘的晨間節目，以古今中外聖賢警句，勉人立身行道，深得聽眾擁護。陳居士不僅博古通今，亦精通儒佛。他與明慧法師是莫逆之交，六十年代加入法師創辦的明珠佛學社；1980 年起擔任該社社長，往後一直秉承明慧法師遺願，發揚明珠社務。陳居士於 1984 年至 1992 年間亦曾擔任香港佛教聯合會第 30 屆至第 38 屆董事會董事，熱心護持佛教善業。

陳道生居士，廣東番禺人，1914 年生於香港。他自少在澳門接受教育，就讀英文書院，並隨塾師學習中國古文，打下深厚國學

陳道生居士德相（圖片提供：明珠佛學社）

基礎，尤其對《論語》、《易經》、堪輿學、人相學等研習甚深。17 歲在澳門英文書院畢業後，到香港學習營商，並於旭龢洋行（R. H. Kotewall & Co.）任職。

● 見佛歡喜　巧結法緣

陳道生居士早歲記憶中，有母親晨起虔敬禮佛誦經之音，寒暑無間；每歲除夕，父親必攜他往觀音堂祈福。日佔時期，為避戰火，陳居士偕妻兒至韶關

定居。閒來無事，他趁機遍遊南華寺、丹霞山各大叢林，見四大金剛、五百羅漢、三寶佛之慈眉銳目、法相莊嚴，皆生歡喜心。

1945 年香港重光，陳道生居士來港，得知虛雲和尚弟子寬讓法師隱居粉嶺靜修禪院；為求聞法，他與友人羅時憲居士同往參謁，得法師開説《金剛般若波羅蜜經》及《六祖壇經》。1951 年農曆七月初十日，寬讓法師遵照禪宗古皈依開壇，為時年 37 歲的陳居士皈依三寶。法師開示勉他以出世正因，弘揚佛法，廣度眾生。1967 年他在寶林禪寺聖一法師座下再度皈依；同年，受五戒。

● 得師知遇　發心護持

常言佛緣不可思議，1953 年陳居士一次遊大嶼山寶蓮禪寺，初遇當時任職寺方知客的明慧法師，兩人一見如故，一夕清談，成為莫逆之交。法師為人通脱，不拘世務，對原始佛教之空義與《妙法蓮華經》開權顯實之理有確切悟解。1966 年，法師為弘揚正法，以「破邪顯正」為宗旨，在砵蘭街一間約 500 呎單位創辦明珠佛學社，創社元老有梁隱盦教授、黃家樹居士、陳道生居士等人。

明珠佛學社創立之初，矢志弘揚佛陀原始正法，教以因緣要義，以解脱為修行主旨。為摒除迷信俗習、封建教規，明慧法師立下「五不」章規：

一. 不可設香油箱；

二. 不可向外攀緣；

三. 不可向人募捐；

四. 不可邀人入會；

五. 不可做任何法事及做佛誕以謀取利益。

陳道生居士等佛學社同人深知法師苦心，發心大力護持，例如在 1972 年開辦第一屆佛學班，資金一絲一毫均由社友捐助，從創社至今，所有佛學班開支都是由社友彼此默默分擔，以善心護法。

● 擔起託付　發揚社務

明慧法師矢志開辦佛學班，弘揚正法，可惜在籌備期間病倒。1971 年，法師預知時至，先立下遺書，指名交託陳居士為執行人，並推舉他遞補其在明珠佛學社永遠會員董事的名額。法師再三囑託同人不可違背五不宗旨，或巧立名目而籌款。這個須恪守原則下發揚社務的重任，法師將之慎重地託付予陳居士，遺書曰：「我與陳道生先生是道義之交，不涉俗利，我最親之人等皆不可反對。」

1953 年陳道生居士（左）初遇明慧法師（右），兩人日後成為莫逆之交。（圖片提供：明珠佛學社）

明慧法師翌年辭世後，明珠佛學社社長之職先後由梁隱盦教授和陳道生居士繼任。陳居士於 1980 年起擔任明珠佛學社第三任社長，不負明慧法師所託，佛學社在他的帶領下得到進一步擴展，其任內重要大事包括遷址何文田冠華園、興建佛教明珠學校、重修淨隱居等。

● 大氣電波　儆世勸善

　　五六十年代，學識淵博的陳道生居士，曾在麗的呼聲主講相學研究節目；其後又在香港商業電台及香港電台撰講《座右銘》、《日日新》等節目，以淵博學識，介紹古今中外聖賢豪傑或經史典籍中，適用於當世的名言警句、金石良言，從而勉人立身行道，進德修業。陳居士透過電台節目向社會傳遞正知正見，儆世勸善，以正人心。

《日日新》廣播節目原在香港商業電台開播，1982 年及 1995 年陳道生居士以同名節目兩度在香港電台開講。（圖片提供：明珠佛學社）

　　陳道生居士是受人尊崇的國學導師，儒佛雙修，談吐溫文爾雅，英語流利；其中西學問皆廣泛涉獵，尤善於旁徵博引，融通知識，舉一反三。他的電台節目廣受聽眾喜愛，主講的《座右銘》節目便長達 13 年。七十年代，陳居士每以電台撰講人身份受邀到其他機構主講國學，其廣泛結下的善緣，亦有利於往後明珠佛學社的順利拓展。

　　1980 年 8 月，陳道生居士膺選為明珠佛學社第三任社長。往後 28 年，他一直盡心竭力帶領佛學社擴大發展規模，並在艱難條件下，逐一落實創辦人明慧法師設校弘法的遺志。

1962 年起，陳道生居士於香港商業電台主持《座右銘》節目，長達 13 年。（圖片提供：明珠佛學社）

● 力主遷址　擴展社務

明珠佛學社創立初期，位處砵蘭街一間五百餘呎的細小單位，佛殿與講室同在一處。每逢週日講課，社員為了讓出地方給佛學班上課，都要擠到門口，甚至外面走廊、樓梯等處工作。佛學社儘管環境狹小，但學習氣氛良好，是當時少數有系統地開辦佛學研究課程的地方，其時由黃家樹校長主理。佛學社於1968年開辦夜間佛學進修班；1972年開設佛學初階班；隨後又開設為期兩年的進修班、經論班、佛史專修班等等，讓學員得以由基本教理入手，進而深入教史與教義。隨着師資及課程優良的口碑，佛學班收生反應熱烈，每屆修業學員均有增無減，由最初的十數人，數年間已遞增至逾百人，令地方愈來愈不敷應用，社內乃有遷址之議。

鑒於明慧法師的「五不」遺訓，時任社長梁隱盦教授擔心社友難有足夠財力遷址，更擔憂將來規模擴大後經濟難以負擔。當時大力主張遷址的是時任執委陳道生居士，得力於他積極物色新址及發起社友籌款，終在1978年購入現址冠華園，成為佛學社擴展社務的關鍵。往後數十年，隨着佛學班長期開辦，社友人數穩定增長，經濟情況亦漸見好轉，可見陳居士當年力主遷址是高瞻遠矚的決定。

● 設校弘法　捐資辦學

陳道生居士擔任社長後，竭力恪守不向外攀緣的原則下，積極發展社務，其中一件大事當屬1984年創辦的佛教明珠學校。陳居士在1982年的新春法會上，透露世界佛教友誼會港澳分區擬與明珠佛學社合創一間佛教小學的意向：「佛教界之事業為『弘法』，教育與弘法息息相關，想同人必予贊同。」上世紀六十至八十年代，是香港人口增長的黃金期，對教育需求尤見殷切。佛學社希望通過捐辦學校，令年青一代更早親近正法，自利利他，同時亦進一步繼承佛學社設校弘法的宗旨。

　　1983年，社長陳道生居士代表明珠佛學社向時任香港佛教聯合會會長覺光法師提出捐辦學校的意願。經過佛聯會董事會商議，接納由佛學社捐資，作為佛教明珠學校的開辦費。在覺光法師的助力下，向教育署申請撥出沙田秦石邨一所樓高七層的小學校舍，為新遷入沙田新市鎮的學童提供二千多個學額。佛教明珠學校於1984年開辦，成為佛聯會創立的第11間小學，由覺光法師出任校監、黃家樹居士出任校長、陳道生居士出任校董之一。

　　作為佛教護法，陳道生居士亦曾協助其恩師聖一法師為寶林禪寺向政府註冊，並出資買地，定為十方堂口的修行道場。此事可見於1980年寶林禪寺大殿重修所立的碑記。寶林禪寺由悟明法師於1955年開創，1956年悟明法師往生後，寶林禪寺由聖一法師接管。

佛教明珠學校於1984年開辦，1985年舉行開幕禮，圖右為陳道生居士。

陳道生居士（左三）於八十年代主持佛學班結業禮（圖片提供：明珠佛學社）

修淨隱居　社務終生不忘

陳道生居士長年投身明珠佛學社社務，不僅善於籌劃，而且勞心勞力，事事親力親為，出錢出力。1986年，佛學社接收了日久失修的東涌淨隱居，翌年開展修葺工作，經費悉數由陳居士和淨覺法師捐助。陳居士不但出錢，每天還親臨淨隱居視察工程，並偕同全部工作人員午飯，歷時數月，修葺才告完成。位於羅漢寺旁的淨隱居如今仍用作靜修之地，二樓為佛堂，也是舉辦禪修營的場地，利益眾生。

古人有言：「若智而用私，不若愚而用於公。」常在電台以聖賢警句勉勵世人的陳道生居士，原來亦嘗引《呂氏春秋》以自勉，也是他長年為佛教善業及社務殫心竭力的寫照。

「深感知遇之恩，時以社務為念。」1990年，明珠佛學社25週年，陳道生居士重讀明慧法師遺書時，寫下對亡友當初託付的感言，表達力求拓展社務的心志，時刻不忘。陳居士擔任社長之職自1980年以來便從未卸下，直至2008年捨報往生為止，享年九十五歲。

李世華居士
富而不吝　廣種福田

李世華居士（1916－1975）為香港十九世紀末華人首富李陞之孫，篤信三寶。上世紀四十年代末，李居士曾擔任保良局總理；五十年代參與創辦香港金剛乘學會，弘揚西藏密宗寧瑪派；五十年代末，擔任香港佛教聯合會第 9 屆董事會董事，六十年代初擔任第 11 屆董事會董事。他又與馮公夏居士等人發起成立香港瑜伽學會，出任副會長，並邀請印度瑜伽大師施化難陀來港，教導大眾學習瑜伽，蔚然成風。

李世華居士德相

● 加入警隊　保家衛國

　　1916 年 12 月 12 日，李居士在香港出生，祖籍廣東新會。其父李雨農（又名李寶光）是香港富商李陞的長子。李世華居士童年就讀家塾，習漢文、武術，後於皇仁書院讀書，畢業後到關祖堯律師樓學習法律。李居士愛好運動，游泳、武術、騎馬等皆通。20 歲左右，曾於啟德機場的遠東航空學校學習駕駛飛機。

　　李世華居士於二次大戰前加入後備警隊（後稱輔助警察隊），升至助理警司。上世紀四十年代初，太平洋戰爭爆發，他參加香港保衛戰；後來日軍佔領香港，他協助同袍逃往內地，周濟有難友好及其家屬，直至香港重光。1947 年，

他獲委任為後備警察副警司，帶領後備警察第三隊。

後來，李世華居士正職從商，繼承祖父留給其父的高陞戲院等產業。二次大戰後，大量難民從內地湧入香港，住屋需求殷切。李居士洞燭機先，成立興華有限公司發展房地產，開拓北角地段。當時香港業權通常是以整幢樓宇的形式計算，李居士靈活變通，擬分層立契約出售，在關祖堯律師協助下獲田土廳接納此議。

● 虔敬三寶　心繫藏密

李世華居士生具佛根，早年曾迎請高僧格賴活佛供養，後隨荃灣棲霞淨苑明常法師皈依三寶，顯密雙修，持戒不懈。對於中西佛典，均能融會貫通。

1953 年，他與劉銳之上師、高大添、馮公夏、梁公範、李福衡等人創辦香港金剛乘學會，並出任會長。該會創辦初期以李居士堅道祖居的其中一層為會址，弘揚寧瑪派密宗，提倡密宗毗盧七支坐法，並經常舉辦灌頂法會、佛學講座和靜坐止觀班等。

1972 年，西藏紅教法主敦珠寧波車訪港，舉行會供；李世華居士在香港金剛乘學會的會供後，接受最高級別的四級灌頂。

根據 1982 年台灣出版的《金剛乘季刊》第 13 期，談錫永（另有筆名王亭之，佛學家及專欄作家）所撰寫的〈追思李世華師兄〉一文中提到，李居士逝世前有籌建西藏密宗圖書館的弘法大計，可惜壯志未酬。在他的構思中，圖書館有閱覽室、錄音帶室和播映室，方便大眾閱覽密宗書籍、收聽密法講解，以及觀看修習密法的卡通片。他認為修密最大難關是觀想，例如生法宮、三脈四

輪、壇城等，修行人未必能如法觀想圓滿。若以卡通片形式將這些觀想分集攝製，內容由毗盧七支坐法開始，可讓弟子先觀摩卡通片，然後才修法，就容易如法觀想，收事半功倍之效。

● 資助編印《佛經選要》

　　李世華居士對於佛教大德來港弘法，總是供奉周到；在供養修行人和捐印佛學典籍方面更是有求必應。密宗瑜伽士陳健民上師（1906－1987）在北印度閉關二十多年，生活艱困，李居士曾經向他供養齋糧。他先後出資印行多本密宗典籍和文集，更參與發起修訂捐印《中華大藏經》。

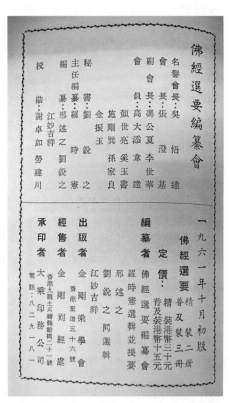

《佛經選要》版權頁，出版者為金剛乘學會，地址堅道 56 號則為李世華居士的祖居。

　　1957 年，李世華居士與劉銳之擬迎請貢噶上師蒞港弘法，剛發聘書，就傳來上師圓寂的消息。當時美籍藏傳佛教學者、紐約新學院（The New School）哲學系張澄基教授將途經香港前往印度，李、劉二人從陳健民上師來函得知張教授曾事貢噶上師多年，得「大手印」（藏傳佛教的修行法）精髓，於是邀請張教授在港開示演講。

　　張教授倡議編修「佛教聖經」，希望從《大藏經》精選經文，由淺入深，集結成書。李居士和議，與劉銳之、馮公夏、高大添等人組成《佛經選要》編纂會，聘請羅時憲教授為主任編纂，劉銳之、

邢述之、江妙吉祥為編纂。他們在李居士的堅道祖居進行編纂工作，1961 年編成付印，李居士是主要資助者。

1975 年 12 月 16 日，李世華居士在瑪麗醫院病逝，終年五十九歲。12 月 20 日《華僑日報》刊載李居士當天舉殯的報道：「先生雖生於富厚之家，惟持躬謹慎，謙撝逾人，和靄（藹）可親，海內外交遊頗廣，今赴修文，聞者咸表悼惜。」

香港金剛乘學會傳法上師黎日光憶述：「我 17 歲時在學會見過李居士，他是一位和藹可親、斯文、謙虛的長輩。」這也引證了當年報章上所寫的李居士為人。

傅波居士
早結佛緣　一生行義

傅波居士（1919－2005），南海佛山人，上世紀香港傳奇的飲食業家。傅波居士少年時已與佛結緣，具菩薩心腸。青年時在內地捐助孤兒；事業有成仍持續布施；老年時捐款興辦教育及長者中心；往生前預留若干遺產做善業。

青年時代的傅波居士（圖片提供：傅永昌居士）

● 奇異佛緣　行善終身

傅波居士生於 1919 年 5 月 20 日，少年時只在佛山讀過兩三年私塾，約 12 歲被父親傅康要求停學，協助打理茶葉舖。這舖是傅康與弟弟所經營，名為「永珍茶莊」。

有一次，一位老和尚來到茶葉舖化緣，為傅波居士看掌贈言，指他與佛有緣，並勸他信奉佛教，因此 13 歲的他皈依了老和尚。老和尚教導他做人道理，他一直遵照老和尚的教誨，虔誠侍佛。

傅波居士每天在舖內工作 15 至 16 小時，買貨、賣貨、製茶等工作，均親自處理。兩年間將一間小舖發展成為佛山最大的茶葉舖，盈利倍增。傅居士有八個子女，其三子傅永昌居士說：「爺爺後來和叔公分家，爺爺只拿走了茶葉

舖的招牌，另行租舖做茶葉生意。爺爺很信任爸爸，將生意都交給他。豈料有一年年尾，他將茶莊所賺的錢，幾乎全部捐作善事，最後被爺爺大罵了一頓。」

傅波居士事業得意，但他的生活一如既往，省吃儉用，慷慨他人。在日軍侵華期間，佛山有很多孤兒流浪街頭，有比丘尼開辦孤兒院收容孤兒，傅居士熱心施以援手。傅永昌憶述說：「爸爸一個人養起這間孤兒院。有一次，他到孤兒院巡視，大家列隊歡迎他，並齊聲大叫：『老竇早晨！』爸爸很開心，笑說一下子有了百多個子女。」那時的傅居士只不過是 20 歲的小伙子而已。

● 來港創業　不怕艱辛

五十年代，傅波居士除在佛山經營茶莊外，又在廣州開設富華酒樓和勝興隆茶莊，以及在佛山市獨資經營紅星戲院。紅星戲院建於 1954 年，是當時佛山市設施最好的戲院，放映銀幕電影及上演舞台大戲為主。「粵劇名伶紅線女也曾在戲院演出。1957 年紅星戲院轉為公私合營，因爸爸要來香港，便把戲院奉獻給國家。」傅永昌說。

傅波居士未到香港前，已收購了土瓜灣一幢戰前舊樓，打算作日後南下發展。1956 年，傅居士隻身來港，賣出這幢舊樓，然後與友人在灣仔軒尼詩道合資開了灣仔茶寮。他一人在港打拼，供養內地的家人。

傅波居士自五十年代末至九十年中一直在飲食業打滾，早期經營的茶樓，還有 1958 年於旺角自置物業開店的吉祥大茶廳。吉祥大茶廳位於旺角道及砵蘭街交界一幢九層高建築物的地下及一樓，是「三行」工人的聚腳地，散工每朝早來到茶樓等判頭招攬。傅居士每天在茶樓內工作 17 至 18 個小時，收舖後在桌子上睡覺，不以為苦。此外，1960 年，傅居士在銅鑼灣波斯富街開了吉慶大酒家。

● 大愛精神　濟世為懷

　　傅波居士的飲食事業如日中天，但他沒有忘卻行善。他常按照報章上報道的災民地址，親自或派子女拿錢救濟災民。1981 年，九龍大磡村發生大火，七千災民無家可歸。傅居士租了一輛貨車，親率酒樓夥計，載着棉被抵達災場，逐一派發給老弱孤寡。災民感恩，向他道謝，傅居士幽默地說：「我的老闆是佛陀，你們多謝佛陀吧！」

　　傅波居士與當時的香港佛教聯合會會長覺光長老恰巧同在 1919 年出生，長老比他早六天出生，故兩人特別投緣。傅居士對以往自己在內地未為孤兒提供教育援助視為憾事，故當長老向他提及在港興辦教育時，他一口答允捐款，學校以其先父傅康命名。1990 年，佛教傅康幼稚園落成。數年後，佛聯會開辦首間長者活動中心時，他又熱心捐款，故該中心以其先慈傅黃合命名，命為「佛教傅黃合老人中心」（後更名「佛教傅黃合長者鄰舍中心」）。

　　九十年代中，傅波居士退休後移民加拿大多倫多，他在 81 歲回港居住，2005 年往生，享年八十六歲。傅居士留下一筆遺產，已分配若干金額作慈善用途。其子女遵照父親遺願，把部份資金奉獻在長者服務上。2006 年，多倫多士嘉堡區（Scarborough）開始籌建一站式長者服務中心，建築費高達 2 億 5,000 萬元加幣，經過當地慈善機構耆輝會及社會大眾的籌募，長者中心於 2016 年開幕。由於傅居士一直為當地社區作出貢獻，故長者中心以傅波命名為「Carefirst Fu Bor One-stop Multi-Services Centre」。該中心設計創新，獲得歐洲衛生護理設計大會的健康護理及安康獎項。

　　傅波居士之子傅永昌居士，秉承父親的奉獻精神，擔任多個佛教慈善團體的公職：佛教李嘉誠護理安老院院董、香海正覺蓮社慈善濟助委員會及香海正

覺蓮社教育推展委員會委員、佛教梁植偉中學校董、佛教正覺蓮社學校校董、佛教慧光嘉福幼稚園校董。傅居士遺下「諸惡莫作，眾善奉行」的身教，傅永昌居士至今不忘。

傅波居士（左）與覺光長老（右）同年出生，所以兩人十分投契。（圖片提供：傅永昌居士）

1991 年，傅波居士與兩個孫女攝於傅康幼稚園前（圖片提供：傅永昌居士）

1995 年 11 月 28 日，佛教傅黃合老人中心開幕禮，由時任社會福利署助理署長黃保華（左三）主持揭幕。

2003 年，老人中心已提升為鄰舍中心，並易名為「佛教傅黃合長者鄰舍中心」。

何忠全居士
廣弘佛教善業數十載

中成藥商何忠全居士（1919－2002）承襲父業，經營何世昌藥廠。何居士熱心佛教善業，投放超過四分之一個世紀的時間做佛教團體的義務工作。他在上世紀七十年代，加入香海正覺蓮社及香港佛教聯合會，參與大大小小的安老、教育、弘法等事務，為佛教團體的善業出一分力。

何忠全居士德相

● 子承父業　發揚光大

何忠全居士生於 1919 年，祖籍廣東南海。父親何爾昌，自幼喪父，為生計而輟學打工謀生。何父 20 歲由家鄉到香港發展，後來經營中成藥業。何父曾到南洋視察，有感當地醫藥兩缺，回港後到處徵求名醫，蒐集古今良方，調製中成藥。1921 年，何父創辦何世昌藥廠，出品古方良藥，以蔘茸烏雞白鳳丸及驚風散在東南亞馳名。他熱心公益事務，曾擔任東華三院首總理（即現今副主席）、保良局首總理、旅港南海九江鎮商務局（後更名旅港南海九江商會）董事等。

何忠全居士是何爾昌的其中一個兒子，父親離世後，他即繼任何世昌藥廠總經理之職。他經營有道，藥廠業務興隆；1973 年至 2002 年，更擔任香港中藥聯商會永遠名譽會長、永遠會長達 29 年。

● 隨團赴京　申佛誕假

　　何忠全居士於 1977 年至 2001 年間擔任香港佛教聯合會第 23 屆至第 47 屆董事會董事、常務董事；香港佛教聯合會多間中、小學校董；香港佛教醫院管理委員會委員等職。

　　何忠全居士在香港佛教聯合會擔任公職期間，深得時任會長覺光法師的器重。1994 年 5 月 7 日至 11 日，國務院宗教事務局（後更名國家宗教事務局）邀請佛聯會組團訪問北京。覺光法師的隨團人士中便包括何忠全居士，其他團員還包括時任副會長黃允畋居士、永惺法師和紹根法師等共 11 人。他們獲當時的中央統戰部王兆國部長、國務院宗教事務局張作聲局長、港澳事務辦公室陳滋英副主任等人接見。覺光法師除了彙報香港佛教情況外，還提及香港佛教界在港申請佛誕為公眾假期之事。覺光法師把一份《香港佛教聯合會對有關每年農曆四月初八佛誕列為公眾假期報告書》呈交張局長作參考，盼得中央支持。

在是次會面，團員發言解釋申請佛誕為公眾假期的理由，何居士陳述：「香港數十萬佛教徒爭取佛誕為公眾假期，係為使佛陀教化匡正世俗，佛教教義以諸惡莫作，眾善奉行為宗旨，可以教導人心向善，希望此一爭取多年的公眾假期，在九七後能實現。」

1977 年佛聯會董事就職典禮上，何忠全居士（左）從樂果法師（右）手上接過董事選任證書。

1994 年 5 月，佛聯會組團上京訪問，何忠全居士（右五）為團員之一。三位法師由左至右，分別為覺光法師、永惺法師、紹根法師。

　　何忠全居士十分敬重覺光法師，師徒兩人常互相讚許。1997 年香港回歸祖國，佛誕公眾假期獲政府通過，於 1999 年實施。何居士於 1999 年 5 月號《香港佛教》撰文〈佛陀光輝耀香江〉：「回首前事，吾人為爭取佛誕成為此一法定公眾假期者，共同努力，竟久達二十餘年！而我佛教界領袖覺光法師，於其受委為香港基本法草委、特區政府籌備委員等要職期間，所費心血尤多；其百折不撓、再接再厲，終能水滴石穿，以竟全功。余此生也有幸追隨，雖一小卒，亦喜沾光彩。」

● 護持佛教　行善為樂

　　覺光法師除了曾任佛聯會會長外，也是其創辦的香海正覺蓮社的社長。何忠全居士、何夫人李佩玉及他們的子女都在覺光法師座下皈依三寶，為佛化家庭的典範。何居士於七十年代起擔任香海正覺蓮社副社長，以及其社屬多間安老院董事、中小學校董等職。1985 年，香海正覺蓮社籌建佛教李嘉誠護理安老院，何居士為五位永遠院董之一，參與興建工作；1990 年，安老院落成。

　　香海正覺蓮社董事劉啟智居士曾於《香港佛教》2002 年 8 月號撰文〈古道憶斯人——悼念何忠全居士〉讚揚何居士：「臉上經常現出親切的微笑，身上經常穿着筆挺的西裝革履，舉止談吐，溫文爾雅，禮佛時，虔敬莊嚴……何忠全居士雖身任蓮社的副社長，但由於他平易近人，所以很多社友們都親切地稱呼他做『何伯伯』……每在籌劃會議席上，何居士都能提供實際可行的意見，到進行期間，亦每事親力參與。如果遇到社務有問題出現時，他就公正剛直地指出癥結，並坦然提出有效的、圓滿的解決辦法。因此蓮社多年來的社務善業得以順利完成，何居士實在付出了很多的力量，和作出了很大的貢獻。」

　　2002 年 6 月 17 日，何忠全居士安詳捨報生西，享壽八十六歲。7 月 3 日舉殯，覺光法師為其封棺說法，形容跟何居士「亦師亦友」，並說：「本人得其輔助，參商機要，有賴良多。」封棺說法詞如下：

德行本自夙慧根　念佛唯勤資糧深

福緣善慶能收集　俯仰無愧一完人

黃允畋居士
事必躬親　興教利生

五十年代中期，本地股商黃允畋居士（1920－1997）出任東華三院丙申年（1956－1957）董事局首總理（即現今副主席之職）時，擔任水陸超幽法會主任委員，藉此因緣得與佛教高僧大德接觸，之後成為佛門弟子。黃居士自 1956 年加入香港佛教聯合會，先後獲推選為慈善部主任與副會長一職達三十餘年，並為第 8 屆理事會理事、第 9 屆至第 43 屆董事會副會長、董事。因對社會建樹龐巨，先後被政府委任為太平紳士，並獲頒大英帝國員佐勳章（MBE）、大英帝國官佐勳章（OBE）。

黃允畋居士德相，他於儒釋道三教團體中，擔任重要角色，長期悉心盡力。

● 父親白手興家　熱心善業

　　黃允畋居士生於 1920 年的廣東佛山，原籍南海官窰，因排行第九，故人稱「九叔」。他的父親是已故股商黃梓林，黃父為南海和廣州紡織業的成功商人；於二十年代初來港，1924 年創辦本德置業有限公司。該公司成立初期，參與灣仔區填海工程，形成今天的軒尼詩道、駱克道、謝斐道、告士打道等街道，而填海後建成的樓宇（多為四層高樓宇）分間出售，賣剩的樓宇則分層出租。

黃梓林篤信佛道，樂善好施。早在鄉間，他已有「官窰三大善人」的稱號。為救濟貧苦鄉親，1898 年他與兩位同鄉在官窰創辦同人善堂，免費行醫，向窮人施米贈藥，後來善堂正式成立為慈善機構。1932 年，發生一二八事變，日軍侵略上海，他不憤日方暴行，將名下部份香港產業變賣，以「世外老人」之名託人匯款到上海作為勞軍及賑濟。黃梓林的本德置業其中一個發展項目是建造港島西堅尼地城的太白臺，他把該處建成後的物業出售，部份所得捐贈予慈善團體。

黃居士幼年居佛山，後往廣州讀私塾；稍長來港受高小及初中教育，肄業於中華中學；繼後赴廣州讀南海中學，1938 年日軍侵略廣州，故回港考入華夏學院，攻讀大專商科課程；畢業後，投身商界。1941 年加入其父的公司當文員，繼而升為經理；其父去世後的翌年（1963 年），出任該公司的總經理及董事長。

● 白銀丸沉船　劫後重生

黃允畋居士事親至孝，即使事務多繁忙，每晚回家，總會用一句多鐘來陪伴父親。黃居士秉承父訓，樂善好施，尤其在一次意外經歷後，更令他矢志要把餘生獻身公益事業。1945 年 8 月 15 日，日本宣佈投降，二次世界大戰結束。8 月 28 日，港、穗航道已復通，黃居士乘搭白銀丸輪船前往廣州省親。當船航經伶仃洋水域，誤觸水雷，船隻爆炸沉沒。根據其生前所述，輪船在當天下午 6 時從香港開航，兩個小時後觸及浮雷，輪船瞬間沉沒，約有 150 人獲救，600 人葬身海中。黃允畋是其中一位生還者，他被拋入海中浮沉達四小時才獲救。此事以後，他決心將劫後餘生的歲月服務社會，每年「更生」之日會設宴紀念，重視程度等同生辰。

「父親因此一年有兩次生日，他深信能夠重生，是佛陀與觀音打救。我出世後，他亦把我過契給觀音。」香港中文大學生物醫學學院榮休生理學講座教授黃宜定是黃允畋的長子，於白銀丸事件翌年出生。「比起做投資生意，父親

更愛做公益事,而且做得好開心。」黃教授在中學預科起就往英國讀書,記憶中每次回港,父親都帶家人一起參與宗教或公益活動,如參拜寺廟;出席香港佛教醫院、香港佛教墳場、佛教黃允畋中學等活動,「有一次從英國回來,一落機就去視察學校的施工地盤,甚至學校落成後的收生日子、入學試,父親都帶我們去。他讓我們知道做事一定要誠懇,盡力去做,事事親力親為。」一如當年其祖父帶着其父回鄉建設義學的身影,黃宜定亦是從小被父親帶在身邊感受行善之樂,施行身教。

● 服務社會　建樹宏大

黃允畋居士秉承黃父之彝訓,畢生致力做社會公益,例如 35 歲已膺任東華三院總理,翌年(1956 年)任首總理。他擔任水陸超幽法會主任委員期間,和當時的法會主持樂果法師、倓虛法師、定西法師等親近,促成了他成為佛門弟子。黃居士和夫人楊向榮居士一同皈依三寶,在黃大仙十方大佛寺舉行隆重儀式,由樂果法師主持,黃居士法號為道印。隨後黃居士加入香港佛教聯合會,1962 年起當選為副會長,除肩負重要會政外,並兼任香港佛教醫院主席、名譽監督;香港佛教墳場管理委員會副主席;佛教黃鳳翎紀念中學、佛教黃允畋中學、佛教黃焯菴紀念小學校監,以及香港佛教聯合會十多間學校校董。此外,黃居士歷任世界佛教友誼會副會長、嗇色園董事會主席、孔教學院主席,以及各宗教團體要職。其他社團及社會職務包括華人廟宇委員會委員、主席;黃大仙區委任區議員;香港戒毒會信託人;香港中文大學聯合書院校董;旅港南海商會名譽會長兼理事;香港孔聖會副會長等等。

眾多公益慈善事業之中,黃允畋居士有兩項特別為人樂道之事,其一是六十年代中,倡起由嗇色園黃大仙祠與東華三院合作,將善信遊園的捐款撥充東華三院興辦教育經費,獲各方支持,善款撥捐與年增長;他自 1967 年起,在二十多年嗇色園董事會主席任內,又將黃大仙祠園址擴建了鳳鳴樓、醫藥局,

以及各殿宇、園景。另一項是弘興香港佛教善業，30 年來，黃居士在佛教同人努力下，為香港佛教聯合會先後完成興建香港佛教醫院，增辦二十多間中、小、幼各級佛教學校，以及興辦香港佛教墳場、安老中心等，令佛教工作蓬勃發展。在宗教善業方面，黃居士慈悲為懷，儒釋道三教悉力參與，貢獻甚巨。

● 勤下苦功　真誠待人

由於黃允畋居士熱心服務社會，1964 年獲委任為太平紳士，以及獲頒 MBE 勳章；1984 年再獲頒 OBE 勳章。1984 年，他出任香港特別行政區基本法諮詢委員；1988 年起，當選全國政協委員。黃宜定教授家中掛有一副書法，寫上父親的座右銘：「勵勇銳之氣，下最勤苦之功，人雖愚學無不成。」他表示：「父親非常謙虛，總覺得自己不大聰明，所以常勉勵自己要勤力，將勤補拙。」除了盡心做慈善之外，黃教授還特別提到其父對人真誠的一面：「父親對他人常懷感恩的心，特別是家中的司機、工人，為他付出勞力後，他都很感激，會向他們鞠躬。每年清明法會，父親都會為家中已過身的工人附薦，對子女來說，是以身作則的榜樣。」

1956 年，黃允畋居士加入香港佛教聯合會，追隨時任會長筏可大和尚和時任副會長陳靜濤老居士，一起共事。1962 年，黃居士獲得陳老居士力薦，接任副會長一職，接手輔弼會務的重任。已故佛聯會董事崔常祥居士六十年代初加入該會，她憶述與黃允畋共事多年的印象：「黃居士對本會貢獻甚大，他致力投入會務，做事親力親為。沈香林捐地（用作籌建香港佛教醫院），便是由黃居士去接收。當年對外事務由副會長去做，他是太平紳士，跟官府溝通，都由他出面。」

1960 年，佛聯會為籌建佛教醫院，組成籌建委員會，肩負建院重任，黃允畋居士為委員會主席。醫院的籌辦過程艱巨，經七次公開籌款，香港佛教醫

1964 年，時任港督戴麟趾爵士（Sir David Trench，右三）頒授 MBE 勳章給黃允畋居士（右二）。（圖片提供：黃宜定教授）

1970 年 9 月 10 日，香港佛教醫院啟用儀式上，黃允畋居士（右）以佛聯會副會長身份陪同時任會長覺光法師（中）進行灑淨。

院於 1970 年落成啟用。黃居士常為籌建香港佛教醫院四出奔波，一次到印度考察，其印度友人送他菩提樹幼苗，作為即將落成的香港佛教醫院的賀禮。黃居士把幼苗小心翼翼地抱回港，交給妻子細心種植，待醫院建成後再移植至香港佛教醫院範圍內。

● 率團出訪　促成聯繫

　　1970 年，佛聯會以主辦者身份，在香港大會堂舉辦世界佛教弘法大會，邀得世界各地共 29 個地區佛教代表出席交流，當時泰國僧皇也蒞臨出席。為了廣邀佛教大德來港參加世界佛教大會，1969 年 12 月，黃允畋居士遂偕同夫人代表佛聯會，逐一到訪東南亞各國提出邀請，最終出席大會的代表人數盛況空前。

　　隨着香港社會在七十年代經濟起飛，國際之間的宗教交流活動亦日益頻繁。1972 年，佛聯會獲世界佛教友誼會批准，成為世界佛教友誼會地區分會會員。黃居士自 1980 年起，獲選為該國際性組織的副會長，負責推動發展海內

外佛教事務，交流工作經驗和聯繫友誼。黃居士的盡心表現獲各地推崇，其後
數度蟬聯副會長一職達十數年之久。

在 1976 年的第 11 屆代表大會上，黃允畋居士認識了當時仍為大韓佛教曹
溪宗全國信徒會副會長的朴完一教授。該會提出希望香港地區和韓國能夠締結
佛教友誼的邀請。經過一年的籌備，1977 年，佛聯會代表團到訪韓國，團長黃
居士與時任大韓佛教曹溪宗全國信徒會會長朴完一教授正式簽署締盟證書，並
依規定成立常任理事會，每兩年輪流在兩地舉行結盟聯席會議。

1980 年前，黃允畋居士曾為佛教事務兩度前往內地打點。直至 1980 年 6
月，當時中國佛教協會代會長趙樸初居士在曼谷出席世界宗教和平會議後，擬
經香港回內地途中，提出希望訪問香港佛聯會。適逢覺光法師身處印尼弘法，
黃居士遂以署理會長名義，前往接待。此行亦直接促成佛聯會及後組團首度訪
問北京的契機。

同年 10 月，佛聯會應趙樸初居士的回訪邀請，由黃允畋居士率團訪京，
先取道廣州、杭州、上海、蘇州、西安、洛陽各地，然後抵達北京拜訪中國佛
教協會。期間訪問團獲時任全國人大常委會副委員長烏蘭夫先生親自接見，顯
示北京對香港佛教的重視。

1981 年佛聯會為表揚黃允畋居士多年來的勞績，把沙田一間新校命名為
「佛教黃允畋中學」。1997 年 7 月 20 日，黃允畋居士因腦溢血離世。其長子
黃宜定教授記得當年父親往生前似預知時至：「媽媽說他臨走前幾天，對每事
每物都特別愛惜，例如杯、桌、花等等，對生活各種細微處都好欣賞。父親的
身體向來沒甚麼病痛，過身前幾年，卻特別感到他變得很慈祥，似是感覺時日
將至，對我們特別疼惜。」想是黃居士善根修來之福德，讓人讚嘆。

1970年，佛聯會主辦
世界佛教弘法大會，共
有26國代表蒞港參加。

佛聯會在機場迎接泰
國僧皇蒞港參加世界
佛教弘法大會

1977年7月，黃允畋
居士（中）率領佛聯
會代表團到訪韓國。

區潔名居士
與佛有緣　畢生投入

區潔名居士（1925 － 2010）原籍廣東新會，前居於廣州市，廣東國民大學肄業，1948 年來港定居，於上世紀五十年代起在報界工作，曾任職《華僑日報》。他在報界曾任職記者、採訪主任、編輯等職位。其後，區居士自辦新聞社任社長。八十年代轉業營商，開設建築公司。由於他曾在新聞界工作，故與佛教界人士稔熟，時常協助佛教團體報道佛教新聞。

區潔名居士德相

　　1967 年，香港佛教聯合會購置灣仔駱克道會址，設立新辦公室。主要事務是由董事葉福靈居士每日義務到辦公室協助，風雨不間，同時董事會通過董事辦公輪值表，由董事義務每日輪流到辦公室當值。由於會務繁忙，董事會決議增聘秘書。當年 2 月 1 日，適逢秘書王祖詒先生離任，區潔名居士便受聘於佛聯會秘書處擔任半職中文秘書。他於 5 月到職，每日下午在辦公室內工作。此後，佛聯會的董事會及各項會議紀錄，均由區居士撰寫，他亦因此成為佛聯會的「歷史通」。1969 年 9 月 1 日起，區居士獲佛聯會擢升為總幹事，除繼續負責秘書工作外，並兼負對外公共關係事務。即區居士半職是在新聞界工作，另半職則是在佛聯會。

● 世界佛教交流的橋樑角色

　　七十年代，香港佛教聯合會積極聯絡世界各地佛教組織，開展交流。其中與總部設於泰國曼谷的世界佛教友誼會教誼深厚，並成為該會在香港的分會，由覺光長老擔任香港分會會長。歷年，區居士或是參與代表團陪同覺光長老等會董出席該組織的活動，或是單獨受命參與。1980 年起，區潔名居士成為國際佛教會議常客，如 1981 年，他於 10 月 23 日至 27 日出席佛聯會與韓國漢城佛教信徒會締結友誼同盟的第二屆會議後，12 月 1 日至 7 日再陪同大德法師出席世界佛教僧伽會第三屆大會。香港佛教聯合會擔當連通世界佛教的橋樑角色中，區居士付出了不少血汗功勞。

　　1984 年 12 月 19 日，中國與英國在北京簽署《中英聯合聲明》，確定國家在 1997 年 7 月 1 日對香港恢復行使主權，中央政府隨即開始籌備編訂作為香港憲法的《基本法》。基本法起草委員會於 1985 年 7 月 1 日正式成立並召開第一次全體大會，香港佛教聯合會時任會長覺光長老獲委任為基本法起草委員會香港委員。覺光長老出席首次會議便由區潔名居士陪同。1986 年 4 月 18 日，第二次大會再次在北京召開，佛聯會在當年 3 月 27 日的董事會中通過：「仍派區潔名總幹事陪同覺光法師赴京參加香港特別行政區基本法起草委員會第二次全體大會。」自此，覺光長老每一次出席基本法起草委員會或香港回歸事務的相關會議，均可見到區居士的踪影，他擁有豐富的傳媒經驗，成為覺光法師的得力助手。

　　區潔名居士亦熱衷參與香港的宗教聯繫工作。其中在 1978 年組成的香港六宗教領袖座談會中，便處處可見區居士的身影。據最早參與香港六宗教聯繫的天主教香港教區周景勳神父回憶，早在香港六宗教領袖座談會成立之前，便有宗教思想交談會活動的存在。區居士是其中的積極參與者，負責聯絡各宗教

1973 年，區潔名居士（前排左一）陪同覺光長老（前排右三）到機場迎接邀譚雲山教授伉儷訪港。

2004 年 5 月 26 日至 6 月 4 日，佛指舍利菑港供奉，展出前，香港佛教聯合會代表與佛指舍利先遣團開會，前排左三為區居士。

2008 年 11 月在世界佛教友誼會召開各國代表大會中，與大會主席合照。（左一為區潔名居士）

2009 年，區潔名居士（右一）出席第二屆世界佛教論壇，與各地佛教代表留影。

代表，分享各宗教的教義和思想。其後，有感宗教界的合作有必要邀請更高層的宗教領袖進行交流對話，方可促進更好的發展，於是，有了組織宗教首長交流平台的構思。區居士便是其中一位支持者及參與籌組者。

● 協助推動六宗教合作

1978 年 5 月 12 日下午 4 時，香港宗教領袖座談會第一次籌備會議在北京道基督教協進會會議室召開，區居士代表佛聯會出席。該次會議通過，可先組織各宗教領袖參與一些聯誼性質的聚會。同年 6 月 12 日，香港六大宗教領袖，包括佛教、天主教、孔教、伊斯蘭教、基督教、道教首長在香港會議展覽中心舉行了第一次座談會，區居士陪同覺光長老等佛教領袖出席。自此，香港六大宗教友好合作，共同推動宗教界存異求同、和平互愛、扶助危弱之大同宗旨，擴大社會和諧，為國內外，世界各地之先河。區居士曾於 2002 年獲香港特別行政區政府頒授榮譽勳章（MH），後再於 2010 年獲頒銅紫荊星章（BBS），在特區政府的嘉許辭中，亦特別說明他在宗教聯繫中作出的貢獻。

區潔名居士歷年只在佛聯會擔任半職總幹事職位，他在其餘時間積極參與其他社會團體的工作，包括公職職務。早於五十年代，區居士參加華僑最大集團之香港四邑（台山、新會、開平、恩平）同鄉組織之香港四邑工商總會，歷任理事長、監事長及榮譽會長，並於其他邑鄉團體，包括：香港五邑工商總會、新會商會、香港四邑會所等任首長。區居士亦參加國際獅子會，歷任香港澳門303 區獅子會、香島獅子會、鑪峯獅子會正副會長，以及在 1977 年與同儕創立了香港港東獅子會，出任董事及會長。他所參與的團體眾多，包括慈善、宗教、教育、醫療、文化、社福、宗親、同鄉及商業等，擔當義務職位逾四十多項，歷時逾數十年，各方至為倚重。1998 年，早已退休的區居士擔任第 44 屆至第56 屆董事會董事、常務董事、副秘書長和秘書長等職。

　　2010 年 10 月 19 日，區潔名居士因病於香港灣仔律敦治醫院辭世，享壽八十五歲。其家屬於同月 23 日下午 5 時在香港殯儀館二樓主澤堂設靈，翌日上午 9 時舉行公祭。香港佛教聯合會時任會長覺光長老親自主持封棺說法。其後區居士靈灰被安葬於香港佛教墳場。

黎時煖居士
修善無厭　攝人不倦

佛經云：「作善不求利，說彼是菩薩。」黎時煖居士（1923－2022）為善最樂，所以佛教徒稱他為「老菩薩」。他經營綢緞生意，事業有成，熱心捐助家鄉建設及參與本港公益事業，他義務服務香港佛教聯合會半個世紀，歷任第 18 屆至第 68 屆董事會董事、常務董事、秘書長、副會長等公職，護持佛法，不遺餘力；亦曾擔任九龍西區扶輪社社長、東華三院主席、九龍樂善堂副主席、首屆油尖區區議會委任議員、世界順德聯誼會總會名譽會長等職。此外，他亦為家鄉順德樂從墟（今樂從鎮）作出巨大的捐獻，修橋築路、發展教育、扶老慈幼，處處可見他行善的足跡。他的善行得到各方認許，先後獲委任為非官守太平紳士（JP），也獲大英帝國員佐勳章（MBE）、銅紫荊星章（BBS）、銀紫荊星章（SBS）、順德市榮譽市民及佛山市榮譽市民等榮銜。

黎時煖居士德相。黎居士被已故覺光長老稱許「認真好人」。

黎時煖居士生於 1923 年，祖籍廣東順德，童年在家鄉就讀丁酉科舉人陳祥和所創辦的國文學校，自少能背誦《三字經》、《論語》等金句，從而奠定其國學基礎。三十年代末，日軍侵華，他與家人避居香港，入讀深水埗之南方學院，在學期間品學兼優，成績歷年名列前茅。

● 絲綢生意大展鴻圖

黎氏家族以往在廣州下九路開設京都綢緞店，黎居士未移居香港前，曾在廣州店內做過見習生。移居香港後，於南方學院讀了數年。其時，黎氏家族在中環皇后大道中開設上海綢緞莊，店內急需人手，他便到店內協助堂兄處理大小事務。堂兄對他悉心栽培，經常帶他往乍畏街（今蘇杭街）綢緞批發商選辦買貨，介紹他認識業界翹楚。1950 年，黎居士的伯父認為家族人口日眾，宜各自立門戶。上海綢緞莊歸於黎居士父親所有，自此黎居士接掌綢緞莊的業務。

當時業界主要經銷內地生產的絲綢，惟種類不多，圖案單調且易褪色。1953 年，黎時煖居士在九龍彌敦道創辦四海綢緞商行，大膽引進歐洲名廠高級絲綢衣料，大受女士歡迎。五十年代，旗袍為當時女士的正統服裝，以絲綢造的旗袍可顯出女士的優雅貴氣。

其後，黎時煖居士在四海綢緞商行的兩鄰舖先後開設綺羅綢緞公司及萬邦綢緞商行，三店相連，聲譽日隆。1978 年，香港政府開始興建地下鐵路，佐敦站其中一個出入口選在黎居士店舖的地段。三店舖的舊建築物被拆卸後，他憑着敏銳的商業觸覺，在原址興建了 14 層高的四海大廈；大廈落成後，四海、綺羅、萬邦三店重新開張。

● 奉持佛理　弘法利生

1971 年，黎時煖居士於覺光長老座下皈依三寶。對於佛緣，他謙虛地說：「自己對佛教經典認識不多，唯對『諸惡莫作，眾善奉行』、『因緣果報』和『慈悲』等教義深感受用，故信奉及護持佛教。」

他曾以〈佛理與人生〉為題撰文：「佛教誡勉諸惡莫作，眾善奉行，言簡意賅，足為人生座右銘……居恒盡力所及，利濟群生，以慈愛萬物，悲憫眾生

為抱負，更要器量恢宏，善緣廣結，廣行布施……」他理論與實踐並行，奉守佛教義理，樂善好施，深受社會敬重愛戴。

黎時煖居士承父輩慈悲為懷，於2012年接受《香港佛教》訪問中談到：「我的祖父是木匠出身，勤奮儉樸，樂於助人。當貧困鄉人有所求助時，雖自身資財不多，但毫不吝嗇，深受鄉人敬仰。」他的父親亦慈悲為懷，每年在米店購買米票，派給貧困鄉人，憑票取米，受益者眾。

● 護持佛教　不遺餘力

1972年，黎時煖居士加入香港佛教聯合會董事會，致力協助覺光長老發展佛教善業，先後擔任香港佛教醫院管治委員會主席、學務管理委員會主席等崗位。宅心仁厚的他，除熱心會務外，亦不時捐獻幫助發展。1998年起，他開始擔任佛聯會副會長帶領在家二眾，護持佛教。他亦代表佛教界，積極參與香港宗教聯絡工作，特別是香港六宗教領袖座談會。他是各教建立穩固教誼的重要推動者和參與者。由於他的國學根基深厚，故每年宗教界的新春文告，均請他起草。此外，他還擔任香港童軍總會宗教諮詢委員會主席。

● 熱心公益社團

1961年，黎時煖居士被邀加入九龍西區扶輪社成為創社會員。1963年獲選為九龍西區扶輪社社長，首項社會服務計劃是關注油麻地避風塘水上居民醫療服務不足的情況，他參與為居民籌建水上醫療船友愛號。該船啟用時，邀得國際扶輪社賈慕萊社長專程由美國芝加哥來港出席，此為香港扶輪社之一大殊榮。他在卸任社長後，仍然繼續以前社長身份發揚扶輪社對社會服務的精神，他更獲頒國際扶輪社3450區2011年至2012年度的「THE ONE國際人道獎」。

1967 年，黎時煖居士得鐘錶大王孫秉樞博士賞識，被邀加入東華三院董事局，歷任總理（1967 年至 1968 年）、副主席（1968 年至 1969 年）、主席（1969 年至 1970 年）等職。他非常重視教育發展，認為教師人才、課本內容尤為關鍵。其時，院方有新校開辦，申請教席者達八百餘人。為能覓得對教育有熱誠者，黎居士提議院方把所有申請者齊集一間屬校的禮堂內，即場以〈從事教育之我見〉為題撰文。院方另一新政為選用課本，以往教科書供應商會傾力向學校推銷教科書；為了公平選取，院方着供應商把樣書送至東華三院辦公室，集中由

2004 年，香港六宗教領袖座談會的各宗教代表在香港公園茶具文物館入口小徑前埋下「時間囊」，內藏六宗教歷年活動之資料。黎居士（左三）代表佛教界出席。

黎時煖居士所獲的「THE ONE 國際人道獎」

專責小組按課本質素及價目等情況進行篩選。他的任期屆滿後，仍積極透過歷任主席會為東華三院服務，其慈悲謙遜、真誠待人、樂善好施的精神，數十年如一日，令所有共事者，感受至深。

● 慨捐家鄉建設

自五十年代起，黎時煖居士為家鄉公益建設從無間斷。2008 年，樂從鎮政府為實現「老有所學、老有所教、老有所為、老有所樂」，發起籌建老人大學。他捐出巨資助建學校，鎮政府為感謝他慷慨支持，將長者大學冠名為「黎時煖松柏大學」。同年，他在鷺洲成立了黎時煖慈善基金，惠及家鄉的教育、醫療、敬老、扶弱和助學等項目。

他歷年為家鄉捐助的項目還包括：以其母命名的「瑞顏幼稚園」；鷺洲村澤甫大道等。他更發動海內外鄉親捐建樂從醫院、沙滘中學、順德體育中心、樂從紅棉幼稚園等項目，善行事例不勝枚舉。順德及佛山兩地政府為感謝他的行善，先後向他頒授榮譽市民榮銜。

● 認真好人

佛教大德覺光長老與黎居士亦師亦友，長老常稱許黎居士「認真好人」。黎時煖居士服務香港佛教聯合會超過半個世紀，推動佛教各項善業，護持佛聯會一步一步成長，《菩薩地持經》一句「修善無厭，攝人不倦」是其人生最佳寫照。2022 年 1 月 26 日，黎時煖居士於九龍伊利沙伯醫院往生，享壽百歲。

2010 年，覺光長老（左）和黎居士（右）一同出席香港佛教聯合會的活動。

黎時煖居士於家鄉順德捐資助建的黎時煖松柏大學

嚴寬祜居士
護持佛教　眾善奉行

嚴寬祜居士（1924 － 2014）素有「嚴老」之稱，在華人佛教界中，德高望重，獲內地、港、台地區及美國的佛教界推崇和尊敬。他利用經營紙行之便，印贈、流通經書；立願以佛教教育為使命，推動正信的人間佛教，成就斐然。

嚴寬祜居士德相

● 學佛因緣　始於亂世

祖籍潮安的嚴寬祜居士，本名「祜邦」，1924 年 11 月 2 日生於廣東汕頭，幼年家境富足，父親是旅泰華僑。在母親的言傳身教下，廣結善緣，樂於布施。1937 年日軍侵華，13 歲的他隨母輾轉避難至香港。

1941 年，香港淪陷，他和家人又被迫回內地。嚴寬祜居士在 2011 年《佛聯匯訊》的訪談中說，在日佔時期，「日軍對有宗教信仰的人士採取較寬容的態度，於是我報讀由覺世學佛會辦的佛學班，每週上課一次。」嚴居士那時回首自己信佛之始，扎根於佛學班，由佛學知識累積成正信佛教思想。他深信要傳播佛教，後繼有人，惟有教育。

嚴寬祜居士 19 歲時，虛雲老和尚到汕頭弘法，他在虛雲老和尚主持的皈依大會上，看到人山人海、人人虔誠發心的殊勝莊嚴場面，大受感動，因此立

志皈依。他的法名寬祜，就是虛雲老和尚親賜，意謂「嚴於己並非刻薄，寬於人慈悲喜捨，嚴寬生福，福佑眾生」。

1951年，嚴寬祜居士26、27歲時，赴港創業後，師從倓虛法師、定西法師、樂果法師，其後親近香海正覺蓮社覺光長老。29歲那年的阿彌陀佛誕，和女友崔常敏居士合家在東林念佛堂接受定西老法師傳授三皈五戒。

● 佛經流通　功德無量

嚴寬祜居士來香港經營紙行，憑着勤勞節儉的性格，生意逐漸興旺。他和崔常敏居士志同道合，因信仰而結緣。嚴居士的大姨崔常祥居士在2014年受訪時提到嚴居士：「他是一個很沉靜的人，不愛說話，卻十分喜歡寫文章、書法。我妹妹比較健談，兩人性格正好互補。他為人低調，就算做了善事也不會張揚。」

1955年，31歲的嚴寬祜居士和崔常敏居士結婚。同年，嚴居士創辦香港佛經印送處，印贈佛經，地點設在上環文咸西街42號3樓，該處是嚴居士經營生意的利生行辦公室；後因延續弘揚法寶，遂改為香港佛經流通處，以成本價收取費用，流通佛經。

由於流通處的佛書種類極廣，加上嚴寬祜居士營運有道，使得流通處的名聲遠播東南亞各地，各處的佛教徒紛向流通處請購。香港佛經流通處，除了有經典、佛像、法物流通之外，舉凡佛書交換、佛教文化資源分享、海內外佛教人士之聯繫，嚴居士一概義務承攬。

嚴寬祜居士因經營紙業進出口，需要經常到內地和廠商洽談。一次，他到廣州造紙廠參觀時，發現紙廠的所謂「廢紙」全是古籍佛典，深感痛心，於是提出收購所有同類的「廢紙」；最後售價以噸計算，用麻布袋裝起一批批「廢紙」，購運到港。

左圖：1953 年，還未結婚的嚴寬祜居士（右）和崔常敏居士（左）

右圖：2011 年，嚴氏伉儷已同行了半個世紀

　　1965 年春，嚴寬祜居士因商務繁忙，適值智開法師離開東林念佛堂，智開法師也有願力弘揚法寶流通，商談之下，彼此投緣。嚴居士把香港佛經流通處交予智開法師繼續管理，地址不變，直至樓宇拆卸，流通處才搬往北角新址。

　　1974 年 5 月 13 日，崔常敏居士的慈親往生後，攜子移民美國。嚴寬祜居士仍留香港，為使合家團聚，故亦籌劃退休。1975 年冬，嚴居士結束香港所有資生事業，變賣全部房產後，舉家移居距離休斯頓市約 100 哩的美國德州農工大學的大學城。

　　1978 年冬，嚴寬祜居士忽然接到一位素未謀面的法師從紐約來電，這位就是淨海法師。淨海法師有感美國南部沒有佛法，故擬在休斯頓市創立佛堂。淨海法師聽說嚴居士居住在德州，故找他見面。嚴居士回想移民之初，永惺法師叮嚀他「不忘初心」；此乃法緣，於是他一家遷居德州休斯頓市，全力護持及弘揚佛法。他們當初只有能力在郊區、鄰近休斯頓大學購置一所民居設立佛

光寺，後來法緣日盛，計劃遷址休斯頓市西南區，中國人聚居之地區。他們邀請永惺法師與淨海法師創建中國式寺院──玉佛寺。後來，因信眾的兒女需要上中文學校，嚴居士便在寺院後的空地，捐建一幢青少年中心，作為中文學校及青少年活動之用，方便家長可以安心參加玉佛寺週日法會。

● 捐建學校　福慧圓滿

1969 年，嚴氏伉儷向香港佛教聯合會捐款興辦位於九龍牛頭角下邨的佛教慈敬學校（後遷址至九龍灣）。該校「慈敬」兩字，是紀念嚴寬祜居士的先慈陳慈敬女士。嚴居士除協助捐辦外，他和夫人還長期捐助學生的課外活動經費，該校至今已成為區內的著名學校。曾任佛教慈敬學校校長的莊聖謙先生曾於 2014 年 10 月號《香港佛教》撰文提到：「嚴居士到訪學校，對學生慈祥親切，廣受學生愛戴和尊敬，喚他『嚴爺爺』。」嚴居士亦歷任香港佛教聯合會第 9 屆至第 12 屆董事會董事。

1994 年嚴寬祜居士回到內地，目睹偏遠地區鄉村學校殘破、生活清苦，觸發他要在內地作出貢獻；及後他的關懷重點擴及大學助學金，幫助貧困學生解決學費及生活所需。

1997 年香港回歸後，嚴寬祜居士回港定居，並成立非牟利慈善機構──福慧慈善基金會。他首先捐出港幣 2,000 萬元作為牽頭。基金會不公開募捐，會員大多是他在中國、美國、加拿大的親友，其中多是文化、教育界知名人士，如當時的香港大學常務副校長李焯芬教授、香港理工大學校長潘宗光教授等。

2014 年 8 月 27 日，嚴寬祜居士於香港瑪麗醫院捨報，享壽九十一歲。嚴居士行事低調，家人秉持他的作風，封棺儀式直接在醫院的太平間進行，他的骨灰現被供奉在台灣的佛光山及休斯頓德州佛教會的菩提中心。

　　現在，福慧慈善基金會由崔常敏居士接棒，繼續推行善業。該基金會二十多年無間斷地每年出版《慈願》年刊，向善長彙報基金會的工作，包括高校助學；建學校、醫院、敬老院；助養孤兒；冬賑送暖等；迄今惠及內地多個省市，廣行布施，積無上福德資糧，成就斐然。

1969 年，嚴寬祜居士（左一）和崔常敏居士（左四）於佛教慈敬學校開幕禮上。（圖片提供：佛教慈敬學校）

嚴寬祜居士創辦的福慧慈善基金會自 1997 年成立以來，惠澤內地無數學子。（圖片提供：福慧慈善基金會）

陳維信居士
承襲父業　善心善行

米商陳維信居士（1927－2015），以其父為榜樣，致力社會慈善事業，擔任多個社團及商會公職。陳居士篤信佛教，上世紀七十年代起曾擔任香港佛教聯合會董事、常務董事、香港佛教醫院管理委員會副主席等職。陳居士對米業界的貢獻，屢獲海內外之政府認同，七十年代末獲泰皇御賜白象五級勳章；八十年代獲泰皇頒四等皇冠勳章，獲港英政府頒大英帝國員佐勳章（MBE）；九十年代獲泰皇御賜白象四級勳章；2001 年獲香港特區政府頒銅紫荊星章（BBS）。

陳維信居士（左）與覺光長老（右）合照（圖片提供：陳維信後人）

● 關心業界與社會需求

陳維信居士生於 1927 年，祖籍廣東省汕頭市澄海縣。陳居士的父親陳漢華老先生為本地殷商、潮州社團領袖，於上世紀初由家鄉來香港打拼，其後開展米業進口生意。1936 年創立鉅發源有限公司，專營進口米。陳老先生宅心仁厚，於五十年代末多次響應《華僑日報》救助貧童運動，捐款香港保護兒童會，又贈送白米予貧困兒童。1966 年 12 月寒流襲港及 1967 年黃大仙區竹園村大火，

1970 年 10 月 14 日，
陳維信居士（右一）出
席香港佛教醫院病床
啟用儀式。

六十餘間木屋被燒毀。陳老先生分別將 100 張棉被及 10 打衛生衣，送予受影響
居民。1969 年，陳老先生捐助 10 萬元助建香港佛教醫院，佛聯會把門診部定
名為「陳王成儀太夫人紀念堂」，以紀念其母。1979 年，他獲泰皇御賜白象五
級勳章，以感謝他對促進港泰貿易之功勞，此為香港華人首次獲得之泰國勳章。

　　陳維信居士是陳漢華老先生的次子，早年就讀九龍喇沙書院，因二次大戰
爆發而停學轉校，畢業於西南中學。四十年代末起，陳居士在父親的公司任職。
陳居士關心米業界，曾擔任工商署食米諮詢委員、進出口米商聯合會主席等公
職。1974 年，他曾以入口米商身份出席香港浸會學院（香港浸會大學前身）主
辦的「香港食米問題公開論壇」，由學者、政府與入口商三方代表討論米業界
的問題。

● 隨父步伐　參加潮州社團

　　有說身教比言教重要，陳父的善心，深深影響着陳維信居士。陳維信居
士在百忙之中仍積極投身公益事業。1962 年至 1966 年期間先後擔任香港潮州
商會副會長、會長等職，積極參與擴建香港潮商學校校舍，以廣納有志升學之

青年；又協助籌辦潮商工業學校，以培育工業人才，配合當時社會工業發展；1973 年至 1979 年，陳居士出任香港潮商學校校監。

根據 1981 年 1 月 30 日《華僑日報》報道，陳維信居士獲頒授大英帝國員佐勳章（MBE），香港潮商學校設宴慶賀時，鍾志充校長致辭：「陳委員熱心教育，歷任各社團要職，在潮州商會會長任內，贊襄建校，任監督六年，策導校務，功在社會，此次受勳實至名歸。」

● 虔誠護持三寶

陳維信居士熱心護持佛教事業，1971 年至 1976 年擔任佛聯會第 17 屆至第 22 屆董事會董事，同年擔任香港佛教醫院管理委員會副主席。1972 年至 1985 年擔任佛教林金殿紀念學校校董。1973 年佛聯會於銅鑼灣佛教黃鳳翎中學舉行清明思親法會，海內外各地高僧參與法事，包括有本地的元果法師、韓國佛教曹溪宗高僧等，機緣殊勝。陳居士發心布施 3,000 元供齋。時任佛聯會會長覺光長老在儀典上讚揚：「今日寬儀大德，維信善士，發心隨喜法會，植種無上福田，敬設上堂如意大齋，與現前四眾廣結善緣……」

● 夫妻同德　貢獻社會

陳維信居士於 1952 年與馬美玉女士結婚，陳夫人是汕頭商業銀行董事長兼總經理馬澤民之次女。陳夫人與丈夫共同奉行諸善，積極投身慈善事業，曾先後擔任中國婦女會主席及會長、香港兒童安置所主席、小童群益會委員、南華體育會女子部委員等公職。陳夫人於 1977 年獲授英女王榮譽獎章（BH），以表揚她對社會福利事業之貢獻。2013 年，陳居士捐款 300 萬元支持佛聯會東涌活動中心的新發展計劃。2014 年 4 月 1 日，東涌活動中心以陳夫人芳名易名為「香港佛教聯合會陳馬美玉紀念康樂營」，以紀念陳夫人之盛德。

以陳夫人馬美玉女士芳名易名的「香港佛教聯合會陳馬美玉紀念康樂營」現貌，營內有康體及住宿設施。

● 為善精神　三代相傳

　　2015 年 12 月 18 日，陳維信居士安詳捨報，世壽八十八歲。時任佛聯會會長智慧長老在唁電中讚揚陳居士：「陳老居士一生興業濟世、福港利民、德澤香江、譽滿四海，實乃商界巨擘、慈善大家。」

　　陳維信居士兒子陳建年承繼祖業，現時繼續主理米業。陳居士所有子女都事業有成，熱心服務社會，為善最樂的精神，在家族代代相傳。2017 年，陳居士的後人慷慨捐資香港潮商學校，用作完善教員室設施，香港潮商學校因此將教員室命名為「陳維信教員室」，以此紀念陳居士長期為推動學校發展所作出的巨大貢獻。

林漢強居士
秉承父志　助人為樂

林漢強居士（1940－2021）於 1983 年加入香港佛教聯合會董事會，義務服務長達 38 年之久，歷任第 29 屆至第 66 屆董事會董事、常務董事、秘書長和副會長。其間，林居士亦擔任香港佛教醫院管治委員會主席及中醫服務發展委員會主席，協助發展佛教醫療善業。對於自己長期參與慈善事務的態度，林居士用一個「善」字概括。他說，自己就是想行善。而他的善心秉承自其父助人為樂的精神。無論金融界、政界或宗教界團體的公職，他都樂於參與，盡獻一己之力。1977 年元旦，他獲授英女王榮譽獎章（BH）；1981 年獲委任為太平紳士；1993 年獲授大英帝國官佐勳章（OBE）。

林漢強居士秉承其父善心，服務社群。

　　林漢強居士生於 1940 年，廣東中山人，香港出生。他是家中長子，有三個弟弟。他說自己小時候家境不算寬裕，一家六口住在港島西區石塘咀屈地街一個小單位內。2020 年，80 歲的林漢強居士接受《香港佛教》訪問，他回憶說：「家境一般，試過四兄弟要在地板上睡覺。」他又表示，那個年代父母不會太操心子女的學業，他自覺地讀書，在九龍華仁書院完成中學後，便遠赴英國讀法律。

　　林漢強居士自言參與眾多公職都是受父親影響，其父林文傑二十多歲學習法律，之後曾在多間律師事務所工作。1951 年，42 歲的林父遠赴英國深造法律；1954 年，在港取得執業資格。自此，林家的家境大為改善，搬往半山羅便臣道居住。五十年代起，林父擔任多個團體公職，包括保良局首總理（即現今主席）、西區扶輪社社長、中華林西河堂宗親聯愛總會會長，以及多個商會的法律顧問。1964 年，他更獲授大英帝國員佐勳章（MBE）。

　　林父除熱心公益事業外，若有升斗市民犯上官非，他也會義務協助。根據 1965 年 2 月 25 日《工商日報》報道：「林文傑律師昨日繼續義務代表灣仔區小販三十八人到庭，各小販被票控罪皆為擺放枱櫈阻街，計各被告之控票達六十一張。」當問及林居士對父親的印象時，他讚許其父有一顆善心。林父於 1975 年往生，根據當年 7 月 18 日《華僑日報》有關林父舉殯的報道：「林先生為人和靄（藹）可親，樂善好施，為善不甘後人，其見義勇為之精神，尤為社會人士稱頌。其哲嗣秉承先父遺志，將各界致送賻撥充善舉。」

● 父親去世後與佛結緣

　　林漢強居士依佛教大德覺光法師皈依三寶。他表示：「師父很有智慧，是我最敬重的人。」他與覺光法師結緣，源於 1975 年父親下葬在香港佛教墳場，因而認識了覺光法師。他覺得覺光法師很有魄力和智慧，因此在當年依法師皈依三寶。其後，覺光法師偶爾會委派他協助一些佛教事務。1983 年，覺光法師邀請他參選佛聯會董事會，他自 2001 年起擔任副會長，接近二十載。

1988 年，林漢強居士加入佛聯會香港佛教醫院管理委員會並任主席。在管理委員會第 10 屆委員就職典禮中，身在美國的林居士透過委員會副主席江妙吉祥居士表達心聲：「當初考慮接受這一重任時，實在有點猶疑，未知是否能勝任，但有鑒於醫院經過多任主席及管理委員的辛勤耕耘，一切已上軌道，而佛聯會各董事亦給與本人很大的支持及鼓勵，遂當仁不讓，接受此項重任。」時至今天，香港佛教醫院已成立超過 50 年。他分享自己的管理哲學——「分權分責」，各部門領導者有權力的同時也有責任去辦事。他並強調，自己判斷一件事情時，會看這件事情的出發點是否有「善」意。

林漢強居士早在八十年代已提倡有系統地在香港發展中醫服務，他身體力行，曾在八九十年代親自到廣州作交流探討。無奈當時佛聯會各項因緣未成熟，直至 2008 年林居士才協助香港佛教聯合會開辦了第一間中醫診所，即現今在樂富香港佛教醫院 C 座的香港佛教聯合會香港大學中醫診所暨教研中心（黃大仙區）。他常常把覺光法師的題字「藥以治病，佛以療心」掛在口中，認為佛教的中醫服務可令病人身心都得到健康。

佛聯會開辦中醫服務初期，林居士就強調要發展中醫外展服務。該會先後開展「醫愛到家」計劃（上門為基層病患長者提供針灸或其他中醫治療）、「推走痛楚」長者紓痛中醫服務計劃（為安老院舍長期病患者提供推拿服務），以及「醫社同行」中醫社區關懷服務計劃（提供轉介及外展中醫針灸治療）等，各項計劃均免費或只收取象徵性費用，受惠基層長者以十萬計。

除了醫療善業外，林居士還參與其他佛教善業的公職，包括：佛教香海正覺蓮社常務董事、佛教茂峰法師紀念中學校監、佛教李莊月明護養院的董事（1998 年至 2008 年）等。

2009 年佛聯會開設首間中醫診所，林漢強居士以佛聯會中醫服務發展委員會主席身份致辭。

2020 年是香港佛教醫院建立 50 週年，林漢強居士（右二）出席該院的院慶啟動禮。

● 扎根南區　服務街坊

1962 年至 1967 年，林漢強居士於父親創辦的林文傑律師事務所當見習律師，其後轉投金融及商界發展。佛教以外，林居士也參與不少其他業界的公職，包括：遠東交易所委員（1975 年至 1986 年）、香港聯合交易所委員（1983 年至 1994 年）、香港聯合交易所副主席（1988 年）、香港中央結算所董事（1990 年至 1994 年）及地產代理監管局委員（2002 年至 2004 年）。

自七十年代末，林漢強居士一直熱心港島南區的社會服務，例如曾擔任港島南區青少年暑期康樂聯會主席、南區民政區委員會主席、南區文藝協進會會長等。八十年代初起，他擔任十多年港島南區區議員。1982 年 9 月 23 日，香港首次舉行市區區議會選舉，林居士在港島南區六個選區中，為得票率最高的候選人。根據當年 10 月 11 日《華僑日報》報道：「據林氏稱：彼多年來為南區居民服務，尤以黃竹坑區，所以居民對其已有認識……」

林漢強居士在擔任區議員的兩年後，獲政府委任為立法局議員。他被委任後表示，他將着重本港財經和社會服務方面的問題，以及加強對基層的溝通，並會以協調整體社會利益為前提，為市民服務。

● 謹記師訓　以善為本

林漢強居士最記得覺光法師常說的一句經偈「諸惡莫作，眾善奉行」，這一句對他影響至深。他將這句經偈簡化為一個「善」字，並視為座右銘。他不但提示自己做一切事以善心為本，看人看事，也看別人的善意，這樣便更能包容別人的意見和做法。林居士認為只要行善，就不會作惡，所以一個「善」字已足夠，眾善奉行，哪還會有諸惡呢？2021 年 1 月 1 日，林漢強居士因病逝世，享壽八十一年。

何德心居士
行善積福正樂也

何德心居士為香港佛教聯合會執行副會長兼司庫、香海正覺蓮社副社長。1994 年加入香港佛教聯合會，歷任董事、常務董事兼義務司庫等職，二十多年來，佛牙舍利、佛指舍利及佛頂骨舍利共三次蒞港，何居士都有參與迎請及恭送，與佛教因緣甚深。

● 承父母善心　重視家庭

何居士成長於二次大戰後，父母信奉傳統佛、道二教。何老先生式南是一位熱心教育的商人，其配偶李定金女士幼承庭訓，主持家務。何居士雙親以身教行善、待人，並對國家忠誠，對何德心居士日後為人處世影響至深。1985 年，何父捐辦屯門仁濟醫院何式南小學，1988 年捐辦藍田佛教何南金中學，並多次響應捐款支持《華僑日報》讀者救童助學運動，為教育略盡綿力。何居士自己於 1999 年捐辦獅子會何德心小學。

何居士一家為小康之家，育有二子一女，他一直教導子女要有愛國、愛港、愛教、愛家鄉之情。其子同為虔誠佛教徒，2019 年底在香港觀宗寺舉行佛化婚禮。

何居士攝於其所捐辦之部分學校照片及佛骨舍利塔模型前

佛牙舍利、佛指舍利及佛頂骨舍利共三次蒞港，何居士六度迎送都有參加。

● 與佛結緣　感恩覺公長老知遇之恩

何居士與佛結緣，始於七十年代末，因緣下翻閱籌建香港觀宗寺刊物，深感捐助佛寺甚有意義。其後前往建成後的香港觀宗寺，眼見寺旁有一安老院，故以父母名義捐資協助，並以父母之名各取一字，命名為「定南樓」（為現今佛教寶靜安老院之前身），且得覺公長老（覺光法師）賜以一大牌匾置於樓上。其後，在香海正覺蓮社小學以母親名義捐資建何李定金禮堂，及於 1994 年在覺公長老座下皈依三寶，其夫人、子女亦相繼皈依長老為徒。

何居士對覺公長老滿懷感恩，他憶道：「長老很信任我，給予很多學習機會，曾帶我與香港特首會面，商議申請撥地興建佛教大樓，服務大眾。過程艱辛，先後經歷三屆特首的任期，現時仍在申請撥地中，擬發展為佛教文化及社會服務大樓的階段。」何居士努力不懈，又得長老推動，重修及改善東涌香港佛教聯合會陳馬美玉紀念康樂營，照顧青少年的需要；並翻新沙田活動中心為香港佛教僧伽學院，改為法師、居士修行之所。

● 熱心教育善業　設緊急援助金

舉凡與教育相關的善業，何居士無不鼎力支持，贊助受惠的院校遍及香港及內地，例如斥資建校及學校設施，包括天水圍的獅子會何德心小學、沙田香港恒生大學的何德心教室、圖書館內八正道坊、大埔香港教育大學的何德心多用途活動室、屯門香港珠海學院的何德心教室、北京靳家堡的獅子會何德心小學。他又在多所中小學，如順德聯誼總會之譚伯羽中學、胡少渠紀念小學，以雙親及自己名義捐助中華文化館、六藝館等，又捐助獎學金，以資助莘莘學子之學業需要及鼓勵學習我國文化。

何居士對學生關懷備至，他向香港佛教聯合會各中小學、香海正覺蓮社各中小學、順德聯誼總會各中小學、道教聯合會各中小學、獅子會會屬學校捐款，設立何德心緊急援助基金，幫助學生解決燃眉之急，如膳費、車資、租金等。為讓學生明白互助的重要性，亦使更多人受惠。今日人助我，明日我助人，傳承善念與慈悲，實踐施比受更有福。此外，廿多年來，如有同學或本港市民家逢不幸，頓失經濟支柱，會立即施以援手，救人於水火。

何居士熱心教育善業，於佛聯會屬校聯合畢業禮上頒獎。

何居士對教育抱有長遠理想，曾於《香港佛教》月刊撰文〈教育為安邦治國之本〉（2019 年 11 月號）分享教育觀點，讚揚祖國實施教育方針「立德樹人」。他認為國民教育做得好，國家才會好。教育先要做好品德培育，重點包括：一、依從傳統孔孟之道，以孝為先，而國有四維，必須行之；二、奉行佛法「八正道」，去除貪瞋癡三毒，抱持正知正見，發揚人生正能量；三、學習老子學說以善為先：「居善地，人善淵，與善仁，言善信。」

何居士現任香港五間中小學校監、五間幼稚園校董、國內順德兩所中學校董，對推行教育懷有一番熱誠，並以宏揚中華文化為己任。

● 積極護持佛教善業

何居士熱心參與佛教善業發展,為現任佛教醫院管治委員會主席、佛教聯合會中醫藥服務主席、佛教墳場管理委員會主席。他有感香港骨灰龕位嚴重不敷,積極爭取在墳場毗連地增建骨灰大樓,希望可以極低廉價格幫助更多佛教徒。他應政府之請,在墳場內設「小小淨土」,為懷孕不足 24 週的流產胎兒提供安息之所;設「夢影花徑」(撒灰服務),響應綠色環保殯葬。多項發展經歷不少挑戰,何居士鍥而不捨,迎難而上。

2006 年,何居士發起推動「6·15 健康素食日」,鼓勵大眾從生活中體現慈悲護生精神。活動鼓勵佛教徒及非佛教徒一同響應,以「健康」為推廣重點,並定於 6 月 15 日,每年提醒大眾注重健康、戒殺護生,以食素培養慈悲心。「6·15 健康素食日」已連續舉辦多年,喜見愈來愈多人響應素食。

2016 年「6·15 健康素食日」,向露宿者及屋邨街坊派發愛心素飯盒。

● 樂善好施　善緣廣結

何居士善行無遠弗屆，1997 年參與獅子會 303 區「視覺行動」，活動目的是到國內為白內障病人做切除手術。另曾向多所腎病中心捐助洗腎機；捐助上水的仁濟醫院何德心伉儷輔助宿舍，為智障及殘疾人士提供住宿。同時亦擔任多間護理安老院、老人中心董事，為長者服務出一分力。他亦為香港順德北滘同鄉會創會會長，2020 年 4 月與順德聯誼總會各首長帶頭捐贈口罩及醫護手套予順德區慈善會，其後得到國內更大回報，贈送防疫物資予順德聯誼總會會屬中、小、幼學校，何居士感激不已。

除了佛教善業外，何居士亦熱心參與其他社團事務，包括孔教學院副院長、香港道教聯合會榮譽顧問、順德聯誼總會主席及會長、仁濟醫院名譽理事、醫院管理局九龍區域諮詢委員會委員、佛山海外聯誼會副會長、香港地產協會副會長，另曾任華人廟宇委員會小組主席及華人永遠墳場財務委員會主席、粵劇發展諮詢委員會委員。2006 年 7 月獲香港特區政府頒授榮譽勳章（MH）。2023 年 7 月何德心居士再獲香港特區政府頒授銅紫荊星章(BBS)。

「勿以善小而不為，勿以惡小而為之」、「人若為善，福雖未到，禍必遠離。人若為惡，禍雖未至，福已遠離」及「諸惡莫作，眾善奉行，自淨其意」為何居士的座右銘，願與諸君共勉之。

何國榮居士
喜結佛緣　助人最樂

捐辦佛教何潘月屏長者文化服務中心的何國榮居士（1953－2021），1990年前與覺光法師首次見面，即依從法師皈依三寶。從列席香海正覺蓮社董事會開始，義務參與佛教的慈善工作，曾為該社副社長，並擔任該社數間屬校校監、校董；安老院、護養院董等公職。

● 父以茶寮起家　供養七子女

　　1953 年 12 月 19 日，何國榮居士在香港出生，籍貫廣東順德。何家有二子五女，他排行第六，家住石硤尾寮屋區。他出生後的第七天，12 月 25 日，石硤尾寮屋區發生大火，他的母親抱着他奔逃上山。

　　大火後，為了謀生，何居士的父親何楮銘在石硤尾區內開設安樂茶寮，茶寮成為苦力等候工頭招攬的聚集點。何居士兩歲時，其母病逝。何父忙於工作，子女乏人照顧，何居士曾回憶說：「當時幸得兩位『媽姐』不嫌工資低肯照顧我們，兩人很長情，其中一位在二十多年後又回來照顧我的長女。」

何國榮居士攝於跑馬地香海正覺蓮社的佛壇前

　　何國榮居士七八歲時，政府要收回安樂茶寮之地，何父獲補償黃大仙商舖；於是何父在黃大仙第五座一棟七層徒置大廈內開設安樂酒家。逢星期日，何居士會和兄長、姐妹到酒樓幫忙，一家人就在這天一起吃飯共聚天倫。

　　何父為人宅心仁厚，只要能力所及，他會盡力幫助有需要的人。何居士曾憶述：「六十年代內地大批難民偷渡來香港，藏匿新界山林。父親有時會租貨車和購買大量麵包，聯同幾個朋友一同往新界，大聲呼喚藏匿者出來吃麵包，又協助他們尋找親友。父親當年也是從內地來港，故明白他們的處境。」

留洋回港　助父經營酒樓

　　何父經營酒樓生意有道，何家的經濟漸漸轉好。何居士讀至中三，遠赴加拿大卑詩省維多利亞市就讀寄宿學校兩年，及後在麥基爾大學（McGill University）主修化學工程，副修污染防治。畢業後，他獲聘為公務員，在一間造紙廠做研究和實驗，以不同化學方法將污水變成食水，再比較成效。由於工作沉悶，他做了約半年，於 1976 年返港協助父親打理酒樓。

　　何父的酒樓生意愈做愈具規模，1971 年在新蒲崗崇齡街開設了百樂酒樓。早在 1971 年之前數年，何父投得酒樓的地段，興建一棟八層高樓宇，樓宇命名為「百樂大廈」，其中三層用作酒樓。1975 年，何父與飲食界業者傅波、江能等人合資，在新蒲崗彩虹道開設永樂酒樓。

　　何國榮居士從加拿大回港後，協助父親打理黃大仙安樂酒家。八十年代，黃大仙的徒置大廈要清拆，安樂酒家結業，他轉而助父打理百樂酒樓。另一方面他還需要協助岳父的業務，以及擔任香港期貨交易所董事。不久，何居士萌起開創自己事業的念頭，於是和友人合作，在內地開設製衣廠，專做法國女裝。

　　何父去世後，何國榮居士接手了百樂酒樓，該酒樓從新蒲崗遷往九龍灣啟業商場。酒樓舊址租出，新租客亦用「百樂」之名經營安老院。其後，啟業商場的百樂酒樓因租約問題無奈結業，何居士遣散了一班服務多年的老夥計。何居士是一位樂觀的人，知道世事無常，他曾對人說，塞翁失馬，焉知非福，自己沒有再經營酒樓，所以就避過了 2019 年新型冠狀病毒疫情所造成市面百業蕭條的景況。

● 皈依三寶　投身善業

　　1990 年某月的初一，何家的世交傅波居士在百樂酒樓飲茶，之後要往香海正覺蓮社（下稱蓮社）拜訪覺光法師；他在酒樓內碰上何居士及其兄長，就叫他們一同前往蓮社。何居士當時心想：「世伯叫到，就去逛一逛。」就是此因緣，兩兄弟當天在覺光法師座下皈依三寶。

　　不過在皈依後，何國榮居士工作忙碌，一直沒有機會親近覺光法師。他說：「我和曾任香港佛教聯合會行政總主任的趙士賢居士相熟，可能是這緣故，有一日突然收到覺光法師的信，邀請我列席蓮社每月舉辦的董事會會議。」他記得第一次應約與會，覺光法師向在座者介紹他，當時何居士對大部份在座人士都不認識，只認識蓮社第一副社長果德法師。從此何居士經常列席蓮社的會議，直至 2002 年加入其董事會。

　　何國榮居士熱心慈善，先後在香港及內地捐辦數間學校和長者服務單位。1993 年，何居士在廣東省廣寧縣捐辦何楮銘紀念中學，以紀念其父。該校現已成為當地重點中學，若學生考入重點大學，亦可獲獎學金資助。1996 年，他捐辦佛教何潘月屏耆英中心（今名為「佛教何潘月屏長者文化服務中心」），中心以其祖母命名。他說自己沒有宗教之見，捐辦的真理浸信會何袁惠琼幼稚園，是以母親命名。他曾說，凡有需要的，他能力做得到的，他就去做。

何國榮居士親近了覺光法師後，經常前往粉嶺香港觀宗寺找法師飯敍，覺光法師為時任香港觀宗寺方丈，他憶起和法師一同用餐，法師總是關愛地問候他的近況。他認為覺光法師是一個很有大愛的人，他又認為，覺光法師雖同時為香港佛教聯合會會長及香海正覺蓮社社長，但多年來一切以佛聯會事務為先，反映他完全沒有私心。

何國榮居士非常關心蓮社的發展，2020 年，何居士接受《香港佛教》訪問時，適逢蓮社的辦公室由跑馬地遷至北角不久，他高興地對記者說：「新辦公室地方比原有的大，加上現任社長宏明法師年輕有魄力，希望蓮社未來會有更好的發展。蓮社近年有不少大型活動，例如空中灑淨、新型冠狀病毒疫情期間派發抗疫物資等，都相當低調，不過為未來發展，將來也要加強宣傳工作。」

● 對新一代年輕人的勸勉

何國榮居士歷任蓮社社屬多間學校的校董及校監，他非常關心對年輕人的培育和支持，他曾指，新世代的年輕人跟以往的有很大分別。以往的年輕人若要賺零用錢，就要在家中幫忙「撳膠花」；懂彈鋼琴的，便教琴；中學生幫小學生補習功課。他慨嘆時代愈進步，年青一代付出的勞力愈少。認為那可能是上一代捱過，不想下一代再捱，故盡量滿足孩子的需要。他認為雖然新世代的年輕人幸福，但缺乏方向。他認為當務之急，要好好引導年輕人尋找自己的人生目標和方向。

何國榮居士育有一女三子，兒女各有錦繡前程，他們不打算繼承家業。他自從結束了飲食業的業務後，除專注在製衣業生意上，把更多時間投放在善業服務上。他的人生座右銘是「停一停，諗一諗」，他認為這相當重要，因為凡事要設身處地為人着想，要明白別人感受，不可自以為是，一定要「過得自己過得人」。

　　2021 年 8 月 21 日，何國榮居士因病往生，由於事出突然，家人及朋友均深感悲痛。香海正覺蓮社社長、香港佛教聯合會執行副會長宏明大和尚親自住持封棺及舉火儀式。大和尚在封棺法語中讚揚何居士：「平生熱心公益，奉事佛教多年⋯⋯服務大眾，貢獻良多，樂善得於家傳，恭儉出於性稟，存心慷而慨，賦情慈且悲，常懷樂施善念，與人多作方便⋯⋯」

2007 年，何國榮居士（中）與覺光法師（左）出席香海正覺蓮社屬校活動。

2014 年，何國榮居士（右）與蓮社社長宏明法師（左）出席社屬學校的浴佛活動。

何國榮居士（後排右一）和傅波的兒子傅永昌居士（後排右二）一同為蓮社服務

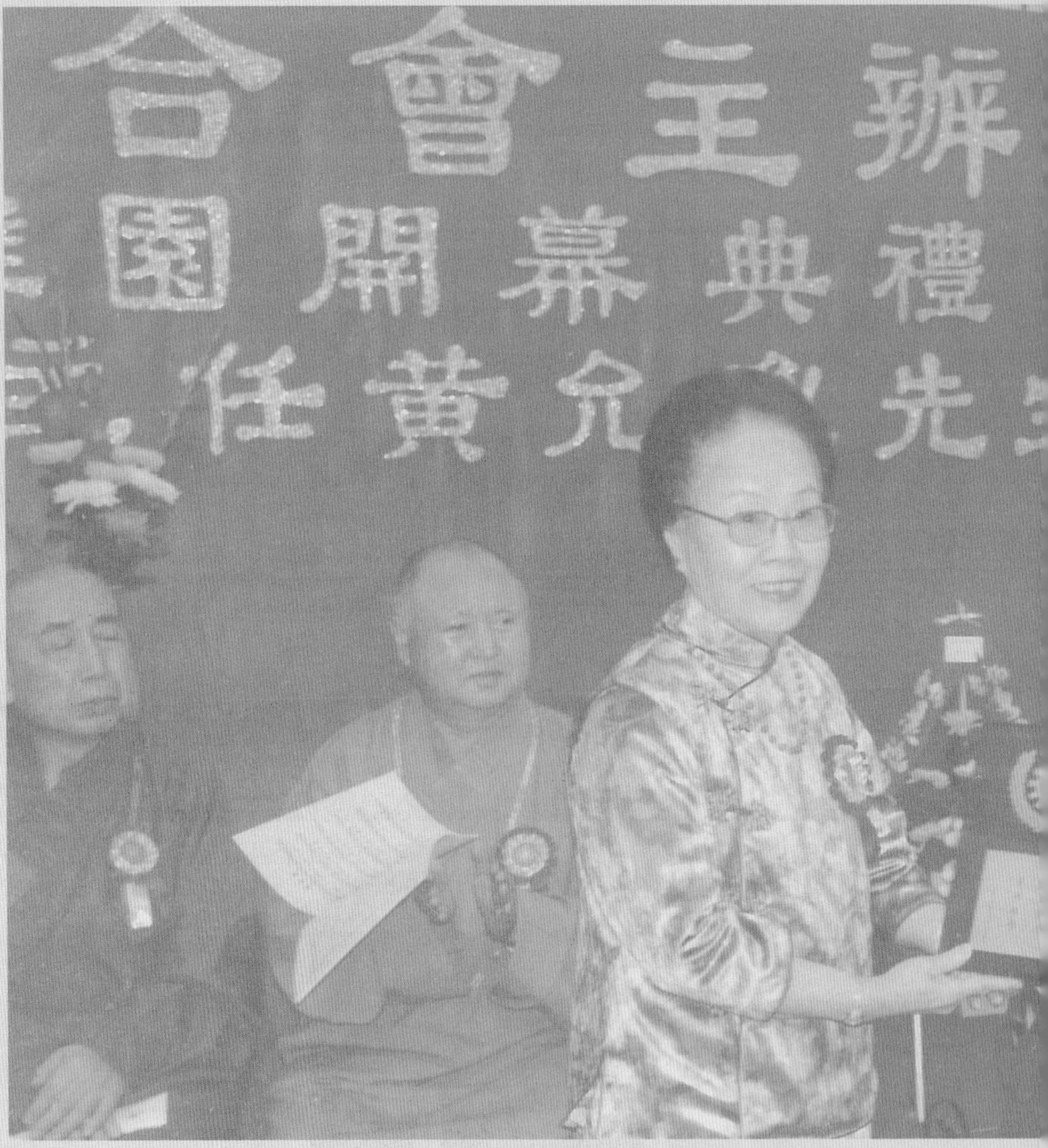
合會主辦
園開幕典禮

第四章

女居士

張蓮覺居士
紹隆佛種　不遺餘力

張蓮覺（1875－1938），原名張靜蓉，廣東新安人。母家信佛，祖母和母親尤為篤信；自少隨母家禮佛聽經，敬三寶，修梵行，善緣早種。光緒二十一年（1895年）嫁與何東，憑藉夫家地位與名望，致力社會慈善及佛教弘播事業。

張居士篤信佛法，自身於早年先因痛失愛兒，繼因兒女、丈夫陸續患病，事窮則禱，張居士遂發願諷誦佛典，祈禱安泰，解除家人疾病，

張蓮覺居士對香港早期佛教的發展及興辦女子教育，作出了很大的貢獻。（圖片提供：東蓮覺苑）

漸於佛法中覺受安寧，在佛法及治療相助下，家人亦見漸漸痊癒，自此更加篤信三寶。民國八年（1919年），長女何錦姿於產後抱病，癒後醫生建議旅遊散心，張居士遂陪同往內地訪遊名山大川，其間朝禮普陀道場，隨緣參聽洪筏禪院月池上人說法，遂「歡喜讚嘆，母子四人皈依門下，研習佛學，從茲益篤信三寶，百折不回矣」。慕道之心，日趨堅固。

1922年，何東爵士、劉鑄伯等人邀請南京棲霞寺住持若舜長老、竹林寺靄亭法師、煜華法師等大德來港主持佛七法會，惟遲遲未獲港英政府批准，幸得何東爵士、周壽臣爵士極力游說，方能如期舉行。其間，張居士發心求受五戒，此後對興辦佛法事業愈有衝勁，經常以其與國內政商及佛教界之人脈關係，邀請高僧大德來港，親近聞法，禮敬僧寶；也安排在本地作公開的法會，諸如延請棲霞寺僧眾來港啟建七堂水陸法會、啟辦萬緣水陸法會，金山江天禪寺妙善長老來港弘法，又請由台灣過境的茂峰法師陞座講經，使「香港人士對

張蓮覺居士、兒子何世禮、何東爵士（左起）

佛教儀制又多一重體驗」。如是者，張居士成為民初時期，引介內地高僧大德到香港弘法的重要橋樑。

● 着力推廣佛教　回應社會需要

上世紀二十年代中，澳門的張壽波居士（後出家為觀本法師）在三巴仔街13號創辦功德林，乃女眾叢林，資修淨業，聚眾念佛，後又興辦照顧貧苦女子的功德林佛學院。適值何家別墅毗近功德林，以是因緣，張居士與張壽波居士經常往來，對功德林之事業亦大加支持。與此同時，張居士與香港灣仔圓明精舍主人張圓明居士亦相友好。張圓明居士早在 1912 年在中環創辦佛教職業女學校，乃香港最先關注孤苦女子教育的佛教機構，張蓮覺居士與她保持聯繫，不時交流佛學見解，又探討興辦佛教社會事業。1924 年，張圓明居士聯同張蓮覺居士、林楞真居士等接受真言宗灌頂，彼此過從甚密。

及至 1929 年，因與何東爵士遊訪南京棲霞寺，參禮隋代攝山舍利塔而感得塔身放光，讚嘆不已，隨即發心捐獻鉅款資助重修寺塔，並託請前交通部長葉恭綽先生統理其事，「使名區奧境，恢復舊觀。精舍講壇，流風不沫。東方靈鷲，或在於斯」。經此感應，張居士對佛法虔敬彌深，而肩擔興教利生志願悠然而生。

　　若舜長老為復修棲霞寺，不惜千里來港弘化，張居士知其宏願，故此鼎力襄助，於北角名園遊樂場啟建佛七法事，發心者眾。之後，何東伉儷同遊棲霞，眼見梵宇失修，因而出資修復；同時亦向眾多善信募款，共同發心布施，後終得成。其後，總合歷年海內外見聞與經驗，加上有感當時普羅大眾缺乏教育，未能深入了解佛教經典及當中之義理，故此希望以興辦免費義學幫助貧苦大眾之餘，亦讓他們有機會親近佛法。1930 年張居士在銅鑼灣波斯富街自資創辦寶覺義學，繼而在澳門龍嵩街辦第二間寶覺義學，接引青幼女童，提供義務教育，藉此培養女子自力更生的能力，漸次提升社會地位。兩年後，適值鎮江竹林寺方丈靄亭法師退居，張居士馬上商請法師主持開辦佛學院，擇址青山海雲蘭若開辦「寶覺佛學研究社」，培育弘法僧才，光大法門。

　　不得不提的是，何以張圓明、張壽波與張蓮覺三位居士特別注重港澳女子教育？其實自香港闢作國際商埠以來，出現嚴重的孤兒問題，貧苦女童流連街頭又衍生誘騙、拐賣等情況。時至二十年代初，香港的基督教牧師鑒於華人社會有賣買及蓄養女婢的習慣，既剝削女子權益，也經常發生虐待事件，遂於 1922 年成立「反對蓄婢會」，大力宣傳及推動廢除蓄婢。由於蓄婢的習慣由來已久，是以社會上對廢婢的態度形成僵持局面。更甚者是，一旦落實廢婢將有大量未曾接受教育或低謀生力的年青女子投入社會，嚴重影響女子的生計與命運。三位居士以個人力量在港澳兩地自資成立以培育女子為目標的義學，卻以佛教名義回應現實社會的需要，極富時代意義，那種胸襟與遠見，實非純粹慈善事業可以總結。

● 創建東蓮覺苑

　　張居士另一項對香港佛教有深遠影響的事業就是在港島創辦第一所佛寺。經過多年推動佛教的經驗，深感市區並無具規模兼可永久發展的弘法寺院，於是發心創建集弘法與教育功能的新式道場。1931 年，適值何東爵士與元配夫人麥氏金婚之慶，張居士獲夫君贈以 10 萬港元隨其任用，圓滿心願。復以一

萬七千餘元購得跑馬地山光道地段，共 12,000 平方呎，着手籌建梵宇。考慮到苑址位於山坡之上，巧心規劃，將殿閣設計成寶筏形態，取意「般若舟航」，寓意尤深。

奔波數年，佛寺至 1935 年落成，取「何東」與「蓮覺」兩名，合稱「東蓮覺苑」。寺務方面，定為十方女眾叢林，以修持佛法為職志。教育方面，將佛學研究班和義學合併，張居士自任苑長，禮請南京棲霞寺退居方丈靄亭法師任教務主任兼教授。此後，東蓮覺苑經常接待海內外高僧大德，或請益佛法，或接濟應酬，使東蓮覺苑成為市區的佛教傳播中心。在二戰前或重光後，許多佛教活動和會議都商借在東蓮覺苑舉行。香港佛教聯合會成立之初，亦以東蓮覺苑為暫時會址，召開會議及舉辦各項活動，其重要性可見一斑。加上何氏家族的社會地位，張居士每每號召，不論官紳名流、高僧居士、普羅大眾均來響應，佛教在本港社會之地位與影響力亦因而提高。

就在東蓮覺苑啟用以來，苑內事務舉凡教學、修持，接待應酬，張居士皆親身督導，連同其他社會事務，日常已忙得不可開交。1937 年中日戰事爆發，內地同胞正處於水深火熱之中，且有大批難民湧港，張居士既為戰事而悲憤憂心，又得加緊張羅物資，接濟各處災民，身心過度操勞。至 1938 年 1 月 5 日，張居士油盡燈枯，以微疾安詳往生，享壽六十三歲。消息甫出，內地與香港各界同感哀悼，本港政商各界賢達更親到府邸弔唁，而國民政府要員也紛紛發唁電慰問，其中蔣中正委員長來電稱揚：「夫人利濟為懷，仁聲遠佈，年來災祲疊告，振贍尤多，才冀克享遐齡，長資利賴。茲聞仙逝，敬悼同深。」足見居士之聲名之廣，功德之深。

自張居士往生後，苑務及學校營運遂交予林楞真居士打理，此後繼志述事，對苑務及本地佛教發展亦貢獻巨遠。

黃鳳翎居士
熱心捐獻　慈遍十方

曾任香港佛教聯合會顧問的黃鳳翎居士（約 1893 － 1984）篤信佛教，平生樂善好施，經常慨捐鉅款予慈善團體，支持教育善業。由她捐辦的學校有佛教黃鳳翎中學、佛教黃焯菴小學、東華三院黃鳳翎中學等。

黃鳳翎居士德相

被喻為「佛教名流」的黃鳳翎居士出生於十九世紀末，祖籍廣東中山，早年肄業於澳門陳子褒學校。父親黃鳴謙長袖善舞，壯年時到海外經商。他有三子女，大女早年離世，二女黃鳳翎，三子黃焯菴。黃鳳翎居士年少已有菩提心，為人能幹，長大後掌管家族財政，也是家族的精神支柱。她有菩薩心腸，對社會公益及教育事業均大力支持。

上世紀四十年代末、五十年代初，內地大批僧眾南下避難，到香港東普陀講寺掛單。東普陀講寺面臨糧食不足的困境，黃居士護教心切，數次捐款或提供米糧解救寺院燃眉之急。1952 年，她委託荃灣「友發隆」米行送米給該寺，並致函勉勵住持茂峰法師及流亡僧眾。信函內容大致説東普陀講寺本無隔宿糧，茂峰法師大開方便之門，共患難，同甘苦，其慈悲旨趣，誠屬難得；而流亡僧伽戴月披星，不憚千里疲勞抵達香港，殊不失苦行頭陀之佛陀種子。

黃居士當年被喻為「佛教名流」，道心堅固。1957 年 10 月，香港佛教聯合會董事長筏可法師、增秀法師和海山法師等人到她的宅第，為她舉行授菩薩戒儀式。當年 10 月 12 日《華僑日報》述及其受戒因由：「據黃居士稱：『人身難得今已得，況人命無常，了脫生死事大，人生數十年消逝於無形中，殊非究竟，深以為惱。今之受戒，實為一大事因緣……』」

● 重教育　慨捐獻

黃居士對教育尤為重視，經常慷慨捐出鉅款協助興辦學校。香港佛教聯合會於 1956 年至 1957 年分別獲黃居士捐出合共 35 萬元協助興辦兩間中小學，及後佛聯會獲政府津貼及撥地，兩校終在 1959 年落成。佛聯會以黃居士之名作為中學校名——佛教黃鳳翎中學；以 1955 年逝世的其弟黃焯菴之名為小學校名——佛教黃焯菴小學。

1959 年剛落成的兩校校舍，校址位於銅鑼灣東院道。

　　黃氏姊弟感情深厚，兩人克紹箕裘，秉承父親教誨，賙恤貧苦。黃焯菴為英商太古洋行華經理，1953 年捐建母校聖保羅書院樓高三層校舍黃鳴謙堂，以紀念其先父；1955 年捐建九龍巴域街念劬勞醫療院，以紀念其父母養育之恩。

● 參與發起成立香港佛教醫院

　　上世紀五十年代，社會醫療資源短缺。1958 年冬，佛聯會董事及眾佛教界人士分別在志蓮淨苑、妙法精舍舉行座談會，商討成立香港佛教醫院計劃，並成立發起人小組委員會；推選 27 人為小組委員，負責起草提案，當中包括了黃鳳翎居士。六十年代，佛聯會積極籌建香港佛教醫院，除向政府申請撥地外，亦得到各界熱心人士大力支持。1964 年，黃居士響應，捐出 15 萬元為助建經費。為捐款之事，時任佛聯會會長筏可法師、時任副會長黃允畋居士親到黃居士宅第，敬致祝福。

　　香港佛教醫院於 1970 年 9 月 10 日率先啟用門診部，並於同年 10 月 14 日開始提供住院服務。創院初期，醫院未獲政府全面津貼，故主要由佛聯會籌募經費；直至 1977 年 4 月，醫院獲政府資助，補足不敷的經費。

● 慈遍十方

　　黃居士對東華三院亦鼎力支持，她屢次捐款予東華三院作為醫院、學校和安老院的建設費，1978 年，捐 50 萬元供改建荷里活道官立小學成津貼中學東華三院黃鳳翎中學；1979 年捐 50 萬元支持東華三院的服務；1980 年捐 52 萬元支持東華三院老人服務擴展計劃。

　　1979 年，香港黃族宗親會在沙田開辦小學，作為名譽會長的黃居士捐出 25 萬元助辦。該校於 1982 年開辦，以黃居士父親名字命名──香港黃族宗親

會黃鳴謙紀念學校。黃居士又曾於佛教黃鳳翎中學、東華三院學校、香港大學、香港中文大學及香港理工學院（現香港理工大學）等校設立獎學金或助學金，支持芸芸學子。

● 往生續善志

　　1982 年覺光法師依黃居士晚年志向，為她剃度出家，賜法號果悟。1984 年 4 月 23 日，果悟法師圓寂，積閏享壽九十一歲；5 月 1 日出殯，由覺光法師封棺說法，安葬於香港佛教墳場。

　　果悟法師離世後，其遺囑執行人繼續支持教育慈善事業。九十年代，從其基金撥出 100 萬元，支持香港城市理工學院（現香港城市大學）接待海外到訪學者的訪客宿舍裝修工程，校方其後將宿舍命名為「黃鳳翎堂」。東華三院在上環東華醫院加建新型行政大廈，總建築費達到 5,000 萬元，當中數百萬元由黃鳳翎居士名義捐出，建築物命名為「東華三院黃鳳翎紀念大樓」。

曾璧山居士
香港教育界先驅

曾任香港佛教聯合會第 8 屆、第 10 屆、第 13 屆至第 18 屆董事會董事、常務董事的曾璧山居士（1895－1986），是上世紀香港傑出的教育家，一生提倡男女教育平等。她為紀念先師陳子褒，於二十年代創辦崇蘭女子學校，發展至後來有幼稚園、小學和中學部，作育英才無數。三十年代，她參與創辦香海蓮社，長期主理社務，陸續興辦義學、小學和夜校。1964 年，曾居士在教育和社會福利的貢獻得港英政府肯定，獲英女王頒授大英帝國員佐勳銜（MBE）。

曾璧山居士德相

　　曾璧山居士 1895 年出生於官宦之家，廣東番禺人。她的父親曾棟廷及母親葉氏為當地名門望族。她自幼聰敏好學，17 歲來港，就讀堅道一間高等英文學校，後慕名往澳門就讀教育家陳子褒（原名陳榮袞）所辦的學校。她畢業於師範科，曾留在該校任教，1921 年起回香港執教。

● 紀念恩師　創辦崇蘭女子學校

　　1923 年，曾居士為紀念恩師陳子褒，於跑馬地黃泥涌道 165 號創辦小學——崇蘭女子學校，自任校長；學校以陳子褒的別號崇蘭為名，以感謝他教導的十年恩德。該校初辦時，校舍狹窄，後來學生人數漸多。戰前擴充了校舍，增設分校及幼稚園部，後擴展為男女兼收的崇蘭中學。

　　1941 年日軍侵襲香港，崇蘭中學一度停辦。曾居士返回內地，在韶關市的中國廣東省佛教協會任總幹事，戰後在廣州佛教志德醫院任常務董事。1945 年香港重光，曾居士回港。她深感復辦教育刻不容緩，於是四出奔走，終覓得禮頓山道 37 號全棟樓宇為校址。1946 年 1 月，崇蘭中學復辦，仍舊開辦中小學及幼稚園；1963 年遷往銅鑼灣渣甸坊新建的校舍；1989 年遷往沙田。1968 年擔任校長的曾居士退休，轉任校監。發展至二十一世紀，該校由於收生不足，於 2012 年暑假後停辦。

1940 年曾居士（前排中）與崇蘭中學高小第 11 屆畢業生合照（圖片提供：曾璧山（崇蘭）中學）

1947 年跑馬地禮頓山道崇蘭中學校務處（圖片提供：曾璧山（崇蘭）中學）

● 普及教育的重要性

曾居士對教育有熱誠和抱負,認為普及教育能令社會更美好。1956年,她出席東區婦女福利會主辦的播音講座,主講「民眾教育」。她指出,當時香港社會上仍有多不勝數的失學兒童,成人失學者亦為數甚多,因此她提倡民眾教育,以補小學之不足。民眾教育是大眾化教育,能令教育機會均等,無論男女老幼貧富都獲得受教育的機會,可藉此培養公民道德,令所有人具有守法奉公的品格和態度。她指出,所有人都應該接受教育,「使全國每一個人成為良好公民,能夠適應社會環境,不致作奸犯科,擾亂社會的安寧秩序。所以教育的效果,直接影響到社會的治安,教育普及的社會,秩序良好,犯罪人數減少,進一步可以達到至善的境界」。

● 提倡「家校合作」

早於上世紀五十年代,曾璧山居士已提倡「家校合作」。1958年,曾居士在東區婦女會婦女講座上,以「家長與師長的合作」為題演講。她表示,根據自己三十多年辦學的經驗,即使良師嚴加管教,仍有少數學童出現問題,她仔細探求原因,認為單靠學校並不足夠,必須加上家長合作,才能收預期效果。兒童上課時間通常約8小時,其餘16小時就是家庭生活,所以教師管教的時間不多,兒童在家有否用功、睡眠是否充足、玩樂時間是否太多,其實要靠家長督促。她提出多項家校合作的建議,例如家長方面,要檢查子女習作、規管子女睡眠和玩樂時間、注意他們的健康和待人接物等;教師方面要進行家訪了解學生的家庭狀況、舉行懇親會增進家校感情聯繫、舉辦開放日讓家長深入了解子女的學業成績等。

● 創辦及主理香海蓮社

曾璧山居士，法名慧印，親近諦閑、寶靜、虛雲諸大師。1933 年，曾璧山、顏世亮、李公達等居士發起創辦香海蓮社，推舉寶靜大師擔任社長。同年 4 月 22 日，位於跑馬地黃泥涌道 87 號的香海蓮社正式開幕，為本港早期出現的居士道場之一。

香海蓮社開辦初期，以「解行相應」為要務，經常舉辦講經法會及通俗講座以普及佛教。曾居士長年主理香海蓮社社務。該社除弘揚佛法外，1949 年開辦香海蓮社義學，免費收容失學兒童；六十年代開辦佛教念慈小學、佛教慈恩學校和佛教寶靜學校，廉收學費；七十年代，接受政府推行的免費教育，三間學校全不收學費；八十年代，創辦佛教黃筱煒紀念學校。善業方面，早期該社每年冬季都會舉辦贈寒衣、毛氈活動，並響應濟貧、助學、救災、贈醫、施藥等。

1967 年夏季，大埔半春園主人黃羅少珍居士及有關業權人，秉承已故園主黃筱偉居士遺志，把佔地一百六十餘萬平方呎的半春園移交香海蓮社接管，供作弘法修持之用。同年 11 月，半春園舉行盛大的佛像重光儀式，自此半春園改名為香海蓮社半春園。香海蓮社接辦半春園後，增植花木，重修大雄寶殿和香蓮花池，增建地藏殿、觀音殿、藏經閣及思親堂，銳意改善園內設施。當時的半春園香火鼎盛，是郊遊勝地。

● 桃李滿門　延續教育使命

曾居士亦參與其他佛教團體的公職，例如歷任世界佛教聯誼會港澳分區總會副會長、名譽顧問；香港佛教聯合會董事、常務董事；三輪佛學社永久董事；佛教般若精舍老人院董事等。

　　曾居士退休前居於天后廟道華園。相連單位其中一間為佛堂，設佛典閱覽處，藏有各種版本經典，供香海蓮社的社友參悟佛理。她退休後，隱居半春園，潛修佛學。1986 年 11 月 7 日，曾居士在威爾斯親王醫院病逝，積閏享壽九十六歲。

　　曾居士往生後，香海蓮社由其兒子黃學堯接辦，現時則由黃學堯女兒黃真如主理。黃真如透露，很感恩祖母為她起了一個饒富佛教深意的名字。她形容祖母是一位獨立而活躍的女性，對她影響甚深。她和祖母之間有一件往事，令她留下深刻印象。她在小時候有一個舊洋娃娃，家人當時打算丟棄，但她不捨。她趁前往半春園探望祖母時，懇求祖母收留這洋娃娃，曾居士一口答允。曾居士往生後，她在半春園仍找到這洋娃娃，不禁慨嘆祖母多年來一直信守向她許下的承諾。

　　「崇蘭」學校一班舊生（包括前香港行政立法兩局議員王澤長、香港首任華人廉政專員梁文健及時任香港中文大學教育學院院長杜祖貽教授等）在曾居士往生後，為紀念曾居士對他們的啟蒙教誨和對香港社會的貢獻，因而開辦中學。1990 年，曾璧山中學成立。2021 年 9 月 1 日，該校將「崇蘭」二字納入校名之內，正式更名為曾璧山（崇蘭）中學，延續曾居士興學濟世、有教無類的精神。黃真如現為該校的校監。

林楞真居士
香港早期佛教護法

東蓮覺苑第二任苑長林楞真居士（1899 － 1966），日佔時期以東蓮覺苑守護僧人、平民，戰後聯同其他佛教大德發起創辦香港佛教聯合會。直至上世紀六十年代中往生前，仍為這兩大佛教團體服務。林居士為佛教界盡心竭力付出，堪稱是香港佛教一大護法。

林楞真居士德相（圖片提供：東蓮覺苑）

● 初結佛緣

林楞真居士出生於 1899 年，原名舜群，法號楞真，籍貫廣東中山。林居士先世在日本經商，她在日本橫濱出生及長大，畢業於橫濱大同學校；15 歲喪父，隨母親及兄長扶靈柩返回中山治喪，之後到香港求學，投靠姑母林證明居士。林證明居士為何東爵士弟婦，跟何東夫人張蓮覺居士一樣都是虔誠佛教徒。由於這一層關係，林居士早於少女時代已認識張居士。

林居士寄居於姑母家，深受佛法熏陶。她依止海仁法師研習佛經，對《大佛頂首楞嚴經》的經義造詣甚深，後來隨印光法師皈依，並修習淨土法門。

● 張蓮覺居士臂助

林楞真居士跟張蓮覺居士一見如故，多次陪她參訪名剎古寺，回港後致力

協助她興學弘法，成為她的得力助手。1930 年，林居士協助張居士在香港波斯富街設立寶覺義學，為家貧女子提供免費小學教育，以及在澳門龍嵩街開辦第二間寶覺義學。1932 年，她又輔助張居士在新界青山創立寶覺佛學研究社。1935 年，東蓮覺苑落成，寶覺佛學研究社和寶覺義學遷入，林居士獲委任為「監苑」。

林居士為東蓮覺苑的苑務盡心盡力，展現其卓越的管理和交際才能，得到張蓮覺居士的信任。1937 年，張居士訂立遺囑，託付林居士為東蓮覺苑苑長及寶覺學校校長繼承人，又請她和王學仁、陳靜濤等居士組成東蓮覺苑董事會。1938 年，張居士逝世，林居士繼任苑長和校長之職。

林居士與篤信佛教的才女呂碧城居士熟稔，呂居士在 1935 年寓居香港後，多與張居士、林居士等佛教界人士往來。呂居士在 1940 年開始居於東蓮覺苑，至 1943 年離世。呂居士生前訂立遺囑、死後殯葬等事務，都由林居士主理。林居士撰寫〈呂碧城女士捨報實紀〉一文，成為研究呂氏逝世前事蹟的重要文獻。

● 香港淪陷　護持道場

日軍於 1941 年佔領香港後，四處擄掠，幸林居士通曉日語，使得東蓮覺苑幸免於難。惟當時糧食缺乏，她需要為苑務四出奔走。1966 年林居士往生時，東蓮覺苑發佈的〈林楞真苑長生平事略〉有這樣的描述：「日人佔領香港，東蓮覺苑及學校，一切活動，均告停止，經費不敷，糧食缺乏，同人生活，艱苦萬狀。林苑長一方面領導住苑眾人，堅忍支持，以維苑務，一方面四出奔走，辦理其他福利……又在抗戰時期，曾秉承張蓮覺之意旨，令東蓮覺苑佛學班停課，縫製軍用棉衣以為戰地救傷之用。派遣住苑尼師接受政府防空訓練，結業後參加防空救護工作，開佛教尼師為政府服務之先河。」

　　這段時期，林居士不只忙於東蓮覺苑的事務，她對推動其他佛教道場的發展，也義不容辭。1943 年，致力維持志蓮淨苑苑務的志蓮維持委員會成立，林居士為常務委員之一。1946 年，林居士出任十方尼眾叢林籌備會委員，協力把志蓮淨苑建成女眾十方叢林。

● 發起創辦香港佛教聯合會

　　1945 年 8 月 15 日，日本宣佈無條件投降。翌日，日僧宇津木二秀將他擔任住持的西本願寺的寺產（灣仔道 117 號）契據，連同已簽署的送贈證書，一併交給陳靜濤和林楞真居士。他希望將產業轉讓給香港佛教界人士，作為佛教文化和慈善用途。林居士遂與陳靜濤居士、王學仁居士、筏可法師等人於同年創辦香港佛教聯合會，並在灣仔道 117 號的木樓籌辦中華佛教義學。當時經費短絀，資源不足，義學的一切用具、黑板、桌椅等均由東蓮覺苑捐借。

　　佛聯會創會初期，林居士一直無私地提供東蓮覺苑的場地及人手，作為議事地點。由創會至她逝世，她一直擔任佛聯會的職務。該會一切建設事務，如興辦中小學、香港佛教墳場、香港佛教醫院的籌備工作，林居士可謂無役不與。

　　1956 年，佛聯會徵得黃鳳翎居士慷慨捐款，作為創立佛教黃鳳翎中學、佛教黃焯菴小學的部份經費。於是林居士聯同羅文錦爵士、黃允畋居士、陳靜濤居士、馮公夏居士等人參與策劃建校。1959 年，兩校落成，林居士擔任校董之一。

　　1960 年，佛聯會獲政府撥出港島柴灣山地三十餘萬呎興建香港佛教墳場。當年 6 月 5 日佛聯會第 10 屆董事會上通過成立墳場管理委員會，林居士成為委員之一。

● 弘法育才

1949 年，天台宗倓虛大師來港弘法，在林楞真、王學仁、陳靜濤等居士邀請和協助下，於荃灣青山公路九咪半的弘法精舍創辦華南學佛院，倓虛大師擔任院長。華南學佛院以三年為一期，共辦了兩期，培育了很多優秀僧才，當中部份人後來更成為佛教界舉足輕重的人物，如永惺、暢懷、智開、聖懷、寶燈等法師。

戰後香港社會對教育需求殷切，林居士亦曾協助興辦多間佛教學校，如佛教志蓮義學、慈航義學、佛教菩提學校及澳門淨覺義學等。1951 年，東蓮覺苑興辦的寶覺學校（前身寶覺義學）的新校舍啟用，更發展有中學部。

曾在寶覺女子職業中學授佛學、後為東蓮覺苑第三任苑長的愍生法師，與林居士有一段佳話。愍生法師原駐錫東蓮覺苑，因病移居大嶼山，林居士知悉後，囑人接愍生法師下山醫治。愍生法師感激林居士厚遇之恩，願終生服務東蓮覺苑。愍生法師深得林居士器重，1957 年林居士推薦愍生法師出任東蓮覺苑副苑長。

● 市區「楞嚴七法會」緣起

1963 年，林居士退休養病，寶覺學校校長一職授予覺岸法師繼任，東蓮覺苑苑務則由副苑長愍生法師攝理。在她養病期間，東蓮覺苑舉辦七永日「楞嚴七法會」，為香港市區佛教道場首次舉辦楞嚴七法會。參與法會者為林居士日夜念誦楞嚴咒，祈求佛菩薩加持令林居士病癒。

1966 年 2 月 19 日，林居士在東蓮覺苑與世長辭，虛歲享年六十八歲。翌日在東蓮覺苑大殮和出殯，東蓮覺苑治喪辦事處刊登弔唁啟事，呼籲賜唁者折現金捐給東蓮覺苑或寶覺學校慈善基金。2 月 26 日，林居士遺體在柴灣火葬場舉行火葬儀式，由筏可法師舉火荼毗。

1956年，東蓮覺苑為籌建寶覺學校新校舍而辦賣物會，出席者有該苑董事會成員陳靜濤居士（左一）、王學仁居士（左三）、林楞真居士（右一）、羅文錦爵士（右五）等人。（圖片提供：東蓮覺苑）

1963年，林居士（右）積勞成疾，退居休養。覺岸法師（左）暫代寶覺女子職業中學暨附屬小學校長之職。
（圖片提供：東蓮覺苑）

何艾齡博士
女性自強典範

上世紀四十年代起擔任教育司署視學官、高級教育官的何艾齡博士（1904－2007），為富商何東爵士及佛教大德張蓮覺居士之女。何母在她小時候已教導她，女性要獨立自主；她長大後，憑着自身努力，成為首位本地女大學畢業生，後取得英國博士學位，投身教育界。她退休當年，獲頒大英帝國官佐勳銜（OBE），以表揚她多年來在教育界的貢獻。

何艾齡博士德相

何艾齡博士是何東爵士和張蓮覺居士之五女，本名何崎姿，1904 年生於日本長崎。何東爵士是十九、二十世紀的香港富商兼大慈善家，慷慨捐款予香港大學、保良局等機構。張蓮覺居士虔信三寶，三十年代創立佛教學校——寶覺義學，提供就學機會予貧窮女童，以及創建佛教道場——「東蓮覺苑」。

1918 年何博士於拔萃女書院畢業，成績優異；1921 年考進香港大學英文系，為該校首批取錄的女學生之一；1925 年成為首位本地女大學畢業生；其後遠赴英國於倫敦大學教育學院讀教育心理；1929 年取得美國哥倫比亞大學教育碩士學位；1930 年至 1932 年於廣州嶺南大學擔任教育學助理教授；1936 年取得倫敦大學哲學博士學位。1940 年，她與前粵督林則徐之外玄孫鄭湘先結婚。

1948 年，她擔任教育司署中文學校視學官；1952 年晉升為高級教育官。

● 母親虔誠信佛

何博士於 1976 年撰寫 *Clara Ho Tung: A Hong Kong Lady, Her Family and Her Times* 一書，書中記載了何母虔誠信佛的事情。何母（Clara Ho Tung，張蓮覺居士）生於佛化家庭，她的家族世代信佛，其母親及祖母尤為虔誠。何博士童年時，何母會於農曆初一、正月十五、七月十五、十月十五等日子在家中安排素食。

何母希望子女有崇高的理想，子女能獻身為社會服務，實踐其尊崇的中華傳統美德。何家讓子女接受中西方教育，在他們入讀英文學校前，聘請了中英文家教老師到何家授課。何博士自小已習四書及《三字經》等經典；更被教導要尊師重道，她每次見到中文老師都要磕頭行禮。

何母晚年時，每天飯前及睡前都會去家庭祠堂拜祭，並磕頭三下。何博士在不忙碌時，都會如此做。1938 年，何母往生，她的遺囑是請何博士出任東蓮覺苑永遠董事之一，何博士聽命就任。1958 年，何博士曾當選香港佛教聯合會第九屆董事會董事之一，惜因無暇兼任而婉辭。

● 以儒釋闡揚心理健康

何博士對心理衛生問題相當關注，1954 年她參與創辦香港心理衛生會；1957 年至 1959 年擔任香港心理衛生會主席，屢次在該會及坊間機構演講，向大眾推廣心理健康；1953 年至 1959 年，她更擔任世界心理衛生聯合會之執行委員。

1959 年 4 月，香港心理衛生會發動「心理衛生運動週」，舉行多個活動。4 月 17 日，香港中文電台、英文電台播出《儒、釋、道的心理衛生思想》及《儒

家的心理衛生思想》節目,由何博士主講。何博士在前者提及佛教對於人有正面的影響:「佛教徒篤信因果的定律,所以雖然處於逆境之中,亦願接受命運的編排,不怨天,不尤人,不憤怒,不悲觀厭世,對過去的錯誤,存懺悔之心,對現在的處境,加倍努力,並存有一種『各有前因莫羨人』之感……」

談到儒家學說,何博士說:「孔子學說的最終目標是大同世界,其中包括各種社會福利工作,在它實現之時,便可防止罪案的產生,〈禮運大同篇〉說:『故人不獨親其親,不獨子其子,使老有所終,壯有所用,幼有所長,鰥寡孤獨,廢疾者,皆有所養。』」

● 終生奉獻教育

1961 年,何博士於教育司署退休,為當時該部門職位最高的華人女官員。同年,何博士獲頒大英帝國官佐勳銜(OBE),以表揚她對香港教育界多年來之貢獻。這一年,她赴英國加入心理衛生訓練所研究心理衛生,以及在當地研究問題兒童指導法。1962 年,她回港受聘為真光女子中學教育及輔導主任,並教授英文科。

1963 年,何博士接受孔教學院董事會禮聘,出任孔教學院大成中學(現易名為「孔教學院大成何郭佩珍中學」)校長,任職四年後退休。1967 年 7 月 12 日,《華僑日報》刊載前一天於大成中學舉辦的校長榮休歡送會,孔教學院董事會主席梁端卿致辭說:「本院由興建新校後,則禮聘何博士出掌校政,何博士以儒學素有淵源,乃肯俯就,同人等深慶得人,當開辦之初,百事待舉,幸何校長悉力以赴,而後得有現在之成就……又本院建校經費,實超出預算之外,故財政方面,素感困竭,尤賴何校長奔走呼籲,南北交馳,籌募不遺餘力,得以藉資挹注,稍紓艱困,凡此功績,同人等感不能忘。」

1963 年至 1967 年，何博士（前排中）受聘為孔教學院大成中學校長。（圖片提供：孔教學院大成何郭佩珍中學）

1964 年，時任港督柏立基爵士（右）參觀孔教學院大成中學，時任校長何艾齡博士（左）與時任校監黃允畋居士（中）一同接待。（圖片提供：孔教學院大成何郭佩珍中學）

　　其後何博士為親近女兒，移居美國加州聖地牙哥，並在加州大學擔任教授。1969年，聖地牙哥的中華學校營運者馬牧師（Joseph Ma）要離開聖地牙哥，遂詢問何博士是否有意辦校。1971年何博士向加州教育部門註冊，把學校改名為「聖地牙哥中華學校」，為非牟利性質；課程有會話、書法、歷史、地理、音樂等，何博士教授中國語文及中國文化。在辦學期間，由於經費不足，何博士曾向香港的家人及朋友籌募經費。1980年，何博士榮休，獲加州縣議會贈予二百週年銅章一面、聖地牙哥市教育局頒發榮譽獎狀、聖地牙哥中華學校校董會頒發的獎狀，以表揚她對該校的貢獻。1993年，學校因資金短缺，何博士遂決定關閉該校。

● 心繫國家　關注社會事務

　　教育以外，何博士亦關心國事與社會事務。上世紀三十年代，抗日戰爭期間，何博士跟隨母親在港參加抗日救亡活動。1938年5月10日，宋慶齡、何艾齡等人成立中國戰時兒童保育會香港分會。1939年，時任該會第二分院（國家醫院）院長的何博士，須籌募經費興辦分院附設的兒童工藝養成所。近至七八十年代，何博士曾多次回國研究特殊教育問題，以及兒童福利事業。

　　何博士一生自立自強，憑自己學識，發揮所長，為祖國、香港地區以至美國的教育界、社福界作出貢獻，幫助無數學子，以及為大眾宣揚心理健康的知識，獲得了社會各界人士的稱許和表揚，可以說是現代女性之典範。2007年2月17日，何博士因病在美國往生，享年一百零二歲。

曾果成居士
自強不息　熱心公益

曾果成居士（1908－1999）早結佛緣，21歲皈依佛門，熱心推動佛教事務，曾任世界佛教友誼會港澳分區總會副會長；香港佛教聯合會第6屆至第7屆理事會理事、第8屆至第34屆董事會董事、常務董事兼婦女委員會主任，以及其轄下多所中小學校監及校董、香港佛教醫院董事、香港中山僑商會董事、旅港曾氏同鄉會董事等職。

曾果成居士本名曾植儀，字慧棠，生於1908年，廣東中山人。其父曾介石曾在越南西貢謀生，後來和妻子回鄉生活。1929年，曾果成居士奉父母之命，嫁給黎本立，兩人育有三子二女。

曾果成居士服務佛聯會及世佛會港澳分會達三四十年之久

1928年，21歲的曾居士於青山寺顯奇法師座下皈依三寶。1938年，再拜了如法師為師，法名果成；後親近虛雲老和尚、明常法師、茂峰法師等大德。1960年，53歲的曾居士於成佛道路上力求精進，求授優婆夷菩薩戒於寶蓮禪寺，禮筏可法師為得戒本師。曾居士誠心向佛，長子黎伯良、二子黎仲芬及四女黎幗雄受其母薰陶，皈依三寶，前兩人由虛雲和尚傳授皈依。

● 母德昭彰　眾所同欽

1960 年，道慈佛社慶祝母親節大會上，曾居士被選為「母親代表」。據同年 5 月 13 日《華僑日報》所述：「迨結褵以來，仰則以侍奉翁姑，晨昏定省，俯則相夫訓子，勤劬女紅，克盡勤苦，助夫以裕家計，並於課子之餘，篤信三寶，朝夕勤修淨業，對於社會福利事業，素不後人，兼九龍鑽石山佛教志蓮安老慈幼兩院贊助員……」

曾居士工針黹，善女紅，其三子黎叔明習得所長，他說：「家中佛桌上的布（帷幔），我刺繡的。」曾居士是一位能幹的母親，當問及黎叔明對其母的印象時，他毫不遲疑地回答：「好叻（很能幹）。」

除持家有道外，曾居士熱心服務社會，擔任多個鄉梓社團、佛教團體的公職。她在佛聯會服務了三十多年，根據曾居士五女黎幗華記述，五十年代，交通不便，無論炎夏或寒冬，她四出奔走向會員徵收會費。若遇有特別的功德會，她會拿着「緣簿」到處去勸捐，藉此善緣，結交了不同階層的佛教界人士。若遇上法師或朋友需要醫藥費、僧袍或棉被，她會四處去籌募。曾有數位法師因意外往生，遺體無人認領，曾居士就領回遺體安葬。遇上善信家有喪事，即使在農曆年初一，她也樂意幫忙辦喪事。

曾居士的丈夫黎本立，同為佛弟子，四十年代末曾擔任佛聯會理事。因此，曾居士亦有參與香港黎氏宗親會的公職。1963 年 3 月 8 日三八婦女節，她以該會婦女主任身份向女宗親進言：「假如我們要和男子一樣站立於世界上，我們『非』為不可。但首先要拿出勇氣，運用智慧和幹才，為社會人群造福……」她一番言語，字字珠璣，鼓勵女性自強不息。

● 與世佛會港澳分會結緣

　　曾居士活躍於世界佛教友誼會港澳分區總會，1966 年至 1988 年為該會副會長之一。1950 年 5 月，世界各地佛教界代表百餘人聚集在錫蘭（今斯里蘭卡）首都可倫坡開會，商議成立一個世界性的佛教組織，作為推動全世界佛教文化工作的樞紐，互相交流弘揚佛化經驗。當時代表中國出席開會的太虛大師弟子法舫法師，曾到過香港和澳門弘法，故認識香港的馮公夏居士。法舫法師致函馮居士，表達出希望港澳地區的佛教徒成立世佛會港澳分會的意願，以促進與世界佛教團體聯繫。經過兩年的籌備工作，世界佛教友誼會港澳分區總會終於在 1952 年成立。該會創會會長為印順法師；創會副會長為馮公夏、陳靜濤、王學仁、林楞真等居士，而曾居士則為創會委員之一。

　　六十年代，曾居士的女兒移居美國。從 1968 年開始，曾居士經常去美國省親。她逗留美國期間，仍以世佛會港澳分區總會副會長的身份弘法。1971 年，台灣中國佛教會會長白聖法師和悟一、守成、妙華三位法師去到美國弘法，她代表港澳分區總會設宴招待眾法師。根據 1972 年 3 月 22 日《華僑日報》報道，她函告港澳分區總會其近況，當中提及她向留美的法師建議，若前往香港，可到該會訪問。1988 年，她正式移民美國三藩市居住。

● 圓母志願　子女助學

　　1977 年，曾居士四女黎幗雄為圓其母心願，捐資予佛聯會興辦幼稚園。1981 年，佛聯會獲房屋署撥租深水埗麗閣邨麗萱樓三樓平台作校舍，學校命名為「佛教曾果成幼稚園」。曾居士出任校監，親力親為，興學育人。

佛教曾果成幼稚園於 1981 年落成，1984 年 12 月 13 日舉行開幕禮，1993 年 7 月 13 日起易名為「佛教曾果成中英文幼稚園」。

　　曾居士的丈夫黎本立於 1957 年皈依虛雲老和尚座下，法名寬立。據 1954 年 12 月 6 日《華僑日報》報道，黎本立、曾果成伉儷為慶祝銀婚紀念，12 月 5 日在荃灣鹿野苑設素宴供佛，來賓二百餘人，覺光、茂蕊、聖懷、松泉等法師也是座上來賓。當天鹿野苑明常老和尚與全體法師、四眾教友，念誦延生普佛一堂。是次宴會為香港佛教寺院中舉行在眾喜事之創舉。

　　黎本立於 1987 年 5 月往生，1999 年曾居士為紀念其夫，向佛教黃鳳翎中學捐款，設立黎本立曾果成伉儷獎學金，鼓勵莘莘學子勤奮向學。同年 5 月，曾居士在美國安詳往生，享壽九十二歲。

方慧淨居士
早年藏傳佛教交流橋樑

佛　教界人士談起藏傳佛教早年在港的弘法
活動，都會想起七十年代曾任香港佛教
聯合會董事的方慧淨居士（1917－2010）。
她多年來積極護持佛法，尤其與藏傳佛教結
緣甚深。上世紀六十年代，方居士與甘珠活
佛結緣後，在家數度接待來港的密宗上師。
八十年代初，第十六世大寶法王來港期間，
向方居士委託了一個重任，籌建「香港佛教
噶瑪迦珠法輪中心」，這算是香港早期活躍
的藏傳佛教道場。

方慧淨居士德相

方慧淨居士，生於 1917 年，本名方文慧，
祖籍廣東潮安。她自小信佛，其信仰在一定
程度上受到父親的影響。方父為佛教護法方養秋老居士，生於潮安大家族。
1903 年，他把汕尾專營染布業務的豐昌順工廠移至香港九龍城，他是早年香港
首批潮州實業家之一。三十年代，豐昌順開始使用英國生產的染料製造色彩鮮
豔的衣服和校服，至今香港仍有豐昌順校服專門店。

方父中年隨印光法師皈依，1933 年與陳靜濤、劉德譜等居士組織佛學青
年會，並舉辦講經弘法活動，引導青年信佛。方父虔信佛教，方慧淨居士從小
耳濡目染，確立皈依三寶的學佛之路。

方慧淨居士性格開朗，慷慨大方，在社會上廣結善緣，備受尊重。她長袖善舞的個性，可說同樣受到父親的熏陶。方父是一個積極參與社會事務的人，1921 年他與多位潮州商人成立了旅港潮州八邑商會（後易名「香港潮州商會」），以凝聚潮州人的力量；他曾任該會名譽會長、會長等公職。方父又以該會為平台，參與興辦學校，1923 年香港潮商學校落成。父析子荷，方居士長大後，亦熱心社會事務，特別是佛教善業。她在七十年代加入香港佛教聯合會，擔任第 16 屆至第 21 屆董事會董事，以及公共關係委員會副主任之職，參與眾多慈善活動。

● 與甘珠活佛結緣

早在上世紀五十年代，方居士已參與佛教界事務。1958 年，佛聯會發起籌建香港佛教醫院，並成立籌建佛教醫院發起人小組委員會，推選俠虛、筏可、茂蕊、洗塵、優曇、覺光、慈祥、宏賢、寬慧、智林、達常、寬靜等法師，以及吳蘊齋、馮公夏、黃允畋、陳靜濤、沈香林、馬廣尚、李銘慈、李世華、張玉麟、楊日霖、黃鳳翎、曾璧山、林楞真、鄭黃常茂、方慧淨等 27 人為小組委員，負責起草提案。此乃籌建香港佛教醫院發軔之始。

六十年代，方居士更與藏傳佛教結下深厚因緣。1964 年，在台灣中國佛教會擔任理事的十七世甘珠活佛昂翁羅桑丹彼尼瑪，應香港佛教團體邀請，由台灣來港弘法。當年 3 月 22 日，香港佛教界人士於東蓮覺苑舉行歡迎甘珠活佛大會，有千多人出席，並同時舉行由甘珠活佛主持的傳法灌頂法會。方慧淨居士與時任佛聯會會長筏可法師、副會長黃允畋居士、優曇法師、陳靜濤居士及劉銳之居士等擔任大會主席團成員。

同年 4 月 4 日起，佛聯會為籌建香港佛教醫院籌款，一連七天於志蓮淨苑舉行萬善緣法會。甘珠活佛贊助法會的密宗壇，並義務主持密宗壇七天及傳授

灌頂法。5月24日，甘珠活佛再受佛教團體邀請來港，於東蓮覺苑主持四臂觀音灌頂典禮，方居士亦有參與。

● 香港佛教噶瑪迦珠法輪中心成立緣起

　　方居士曾任怡安旅運貿易有限公司董事長，1974年10月該公司舉辦佛教素食團，組織本港佛教界人士赴台灣觀光訪問，近八十位法師及在家居士參加，旅程上的一切餐食均為素食，當時被稱為旅遊界之創舉。

　　1980年11月20日，居於美國的藏傳佛教噶舉派第十六世大寶法王雲中寧巴多傑來港弘法。大寶法王在港期間，方居士亦有跟隨左右，並前往香港佛教醫院、東普陀講寺、西方寺、香港觀宗寺等地方參觀。據1980年11月27

1980年11月，第十六世大寶法王（左三）來港，方居士（左一）與多位佛教大德在九龍城啟德機場接機，戴白巾「哈達」者為覺光法師。（圖片提供：噶瑪迦珠（香港）佛學會）

方居士（左一）陪同大寶法王（右二）參觀香港觀宗寺，大寶法王全程握着時任佛聯會會長、香港觀宗寺住持覺光法師（左三）的手，親切對待法師。（圖片提供：噶瑪迦珠（香港）佛學會）

日《工商晚報》載：「大寶法王參觀香港觀宗寺後開示：『香港居民對佛教之熱心，寶剎遍港九，至為快慰，香港可以說是弘揚佛教最佳城市。』」大寶法王遂委託方居士在香港籌建密宗道場，得密宗弟子鍾正文夫婦發心捐出北角雲景道 46 號萬德閣五樓兩單位作為會址，由方居士、鍾白彩華、江妙吉祥等居士組成永遠董事會，負責推動工作。1981 年 5 月，香港佛教噶瑪迦珠法輪中心成立；同年 11 月，方居士與眾弟子於上址籌組噶瑪迦珠（香港）佛學會，並出任會長至 2000 年；2001 年至 2010 年任榮譽會長。

1981 年，第十六世大寶法王在美國圓寂。1982 年 9 月 12 日，其繼承者沙瑪寧波車率領八位高僧由美國來港主持香港佛教噶瑪迦珠法輪中心開光大典及揭幕儀式。時任佛聯會會長覺光法師致辭說：「本港中心是法王自知住世緣滿前，組辦之最後一處，猶益法王在港養法躬時，曾以心意達示本人，期待此中心有成，今天在方居士及各董事策劃，同時並由法王繼承人沙瑪寧波車主持下，佇見法輪弘轉顯密同參，大寶法王精神永在，佛教並途發展可期。」

方居士多年來活躍於本地佛教界，在推廣藏傳佛教上不遺餘力，例如邀請高僧來港弘法，以及組織信眾赴印度拜訪活佛等，加強了本港與海外佛教界的交流。她所作出的貢獻，備受佛教界人士尊重。2010 年 3 月 1 日，方居士捨報西歸，享壽九十七歲。

江妙吉祥居士
深研經藏　宣揚佛法

江妙吉祥居士（1924 －），慧根深厚，深研經藏，過目不忘。她早年曾為虛雲老和尚、倓虛法師、定西法師等內地來港弘法的高僧大德任粵語傳譯，其清晰、層次分明的複述廣受讚譽。她在九十年代初移居加拿大溫哥華，在當地為加拿大東蓮覺苑講學。

江妙吉祥居士原名江淑嫻，籍貫廣東寶安，1924 年在香港出生。1937 年的新春年假，13 歲念初中的江居士在青山半山上的小佛堂小住。她因感染瘧疾而午睡休息，在夢中看見穿黃衣的法師到訪她家；她睡醒後，告訴母親此事。她的母親對她說：「山下的梁園有一群法師正在講經，他們不會上來的。」（梁園為粵軍上將梁鴻楷哲嗣梁伯鍾所建的別墅，佔地二十五萬餘呎，別墅內設佛堂）。

剛巧那天太虛大師的弟子慈航法師和一位居士往山上的青山寺遊覽，在途中向下望，見到小佛堂前的庭園有美麗的花卉及優雅的蓮池，於是走到庭園欣賞。江居士的母親看見兩人，就告知他們女兒的夢境。慈航法師得悉，邀江居士去梁園聽經。

自此，江居士在慈航法師座下聽經聞佛法，其後輟學及決心茹素。江居士記憶力特強，喜歡背誦佛經，又能透徹理解，慈航法師以其慧根出眾，賜法號妙吉祥。

江妙吉祥居士由年青至高壽之齡，仍孜孜不倦地深研佛經，弘揚佛法。（圖片提供：加拿大東蓮覺苑）

● 運廣長舌　說微妙法

　　二次大戰後，中國內地很多法師來港弘揚佛法，江居士早年曾為虛雲老和尚、倓虛法師、定西法師、慈航法師等高僧擔任粵語傳譯。1946 年 9 月 1 日，虛雲老和尚來港於東蓮覺苑說法，慕名而來的聽眾有一千餘人。江居士不諳外省方言，難以和虛雲老和尚閒談，但當老和尚說法時，她卻能傳譯出來。全因她熟讀經典，憑着超強的記憶力，把老和尚所說的話轉述。

　　1955 年 11 月至 12 月，東林念佛堂住持定西長老一連二十多晚在東蓮覺苑宣講〈普賢行願品〉，江居士擔任粵語傳譯，每晚聽眾不減。根據 1955 年 12 月 10 日《華僑日報》報道：「每晚聽眾甚擠，足見定老德力感人之深，並

得江妙吉祥女居士複述清晰，辯才微妙，因而每晚參聽之數百眾中，由始迄今從未少減，咸謂為不可多得之幹才。」

江居士通曉佛理，經常為不同佛教團體宣講佛學。1956 年，適逢釋迦牟尼佛滅度二千五百週年紀念，佛教團體均舉辦慶祝活動，5 月 17 日佛誕當天，江居士以香港佛教聯合會代表的身份於麗的呼聲中文台講述「釋迦牟尼佛與佛教學說」。

● 深入淺出　闡釋佛理

江居士不但擅長宣講佛學，文筆更是鋒利有力，能以簡約言詞闡釋奧妙佛理，令人信服。1956 年 5 月 16 日和 17 日，《華僑日報》刊載她撰寫的文章〈慶祝佛誕的意義〉，論述佛教注重顯發內心能力，能自修心自證驗，令人的行為趨向於利他，是「真正最好的身心皈依處」。江居士又以大海和波浪為比喻，闡釋心性「真」、「常」、「周遍」而外相虛假不實的微妙義理。若人真正明悟此理即可破除人我界限，不再有偏私狹隘的見解和生起貪欲執着，「自然會虛心大量地去利益他人。凡對於別人身心有利的事，祇要能力做得到都去做……凡對別人身心有害的事，無論是不利於現在的，或是遺禍將來的，都要設法勸止。祇要是婆心，就不怕苦口；祇要存心救人，就不怕人的怨懟。絕不用妥協辦法，袖手旁觀他人受現在苦，或引起未來的災難。」文章總結指稱，「佛教存在世間是指導人尋求真理啟發智慧，信佛說依佛行的人，可以有正確的人生觀，內心平靜自在，行為偉大利他，做一個人格完滿的人。」

● 由《佛經選要》到《中學佛學教科書》

1957 年，美籍藏傳佛教學者、紐約新學院（The New School）哲學系張澄基教授來港演講，張教授說國語，由江居士傳譯粵語。他在港期間，倡議編

修「佛教聖經」；他希望從《大藏經》精選深入淺出的經文，結集成書，作為初學佛者的入門指引。香港一些學者、居士響應張教授的提議，組成《佛經選要》編纂會，由吳悟達出任名譽會長，張澄基教授任會長，羅時憲教授擔任主任編纂，邢述之、劉銳之和江妙吉祥居士擔任編纂。1961 年，金剛乘學會出版《佛經選要》，此書的主要資助者為金剛乘學會的李世華居士。書中內容囊括佛學多個主要範疇，成為不少後學的參考和研習資料。

上世紀五十年代末，香港佛教聯合會和東蓮覺苑準備一同向教育司署申請將佛學課程列為中學會考科目，時任東蓮覺苑苑長林楞真居士請江居士協助，編寫有關申請所需的佛學教科書、教學大綱和教學宗旨。當時江居士忙於編纂《佛經選要》，還要兼顧在聯合書院修讀英國文學的課程，實在分身乏術，但她仍一口應允，擔任編寫教科書的工作。她獨力編寫《中學佛學教科書》，深入淺出地道出佛教歷史和中心思想。這本書堪稱香港第一代佛學教科書，由東蓮覺苑的寶覺女子職業中學於六十年代初出版。自此它成為佛教中學的會考教材，一直沿用至九十年代初。

● 舊曲新詞顯佛理

在推動佛化教育方面，江居士多年來不遺餘力，她曾任香港佛教聯合會第 3 屆至第 7 屆理事會理事、第 8 屆至第 12 屆、第 18 屆至第 44 屆董事會董事、常務董事、副司庫、學務委員會副主席，以及擔任香港佛教聯合會兩間幼稚園的校監、多間中、小、幼學校的校董。她除了編寫香港第一代佛學教科書《中學佛學教科書》外，還為香港佛教聯合會的學校填寫校歌歌詞，數十年來代代相傳。1976 年，江居士利用舊校歌的原曲改寫新詞。她以平生所學擷取精華，彰顯佛化教育的重要內涵，如福慧兼修、戒定慧、慈悲喜捨等，這首校歌一直傳頌至今。

● 移居加國　廣結佛緣

　　江居士在 1993 年移民加拿大前，曾為香港多個佛教團體服務，包括香港佛教聯合會、東蓮覺苑、香海正覺蓮社、志蓮淨苑、香港菩提學會等。她移居加拿大溫哥華後，歷任加拿大東蓮覺苑董事、榮譽董事，繼續弘法工作，在該苑周日佛學講座及佛理研修班講學，與大眾廣結法緣。

　　二十多年來，江居士的講學題目可謂琳琅滿目，有接引初學佛者的「認識學佛入門次第」、「佛理淺解」、「佛教概論——人生學，心理學，倫理學，修持學」、「學佛抉擇談」等；也有深入淺出剖析經論奧義，如講述《妙法蓮華經》、《般若波羅蜜多心經》、《淨土三經》、《大方廣佛華嚴經》、《維摩詰所說經》、《金剛般若波羅蜜經》、《解深密經》、《大般若波羅蜜多經》、《八識規矩頌》、《菩提道次第略論》等。

　　江居士思辯清晰，智慧如海，言詞簡潔，常以人生百態為例子解說佛理，有時興之所至即旁徵博引不同佛典，隨口背誦大段經文並加以白話解說，魅力不凡。江居士著述豐富，當中大部份都是從講學內容整理出來，包括《日常生活與修行》、《誠心禱告》、《解開心中結》、《人生的歷程》、《如何對治煩惱》、《要活得開心》、《要活在心光裡》、《喚醒我的迷痴》、《佛教心理學：唯識》、《心靈力量的重要》、《金剛經釋二十七疑問》、《心的執迷與覺慧：釋八識規距頌》及《敲叩福樂之門》等。

佛聯會在七十年代曾開辦佛經念誦班，江居士（左一）長期協助，圖為她攝於 1976 年的結業禮上。

1991 年，江居士（右一）出席寶覺女子中學暨附屬小學 60 週年校慶。右三為東蓮覺苑創辦人張蓮覺居士的長女羅何錦姿居士。（圖片提供：加拿大東蓮覺苑）

崔常祥居士
學佛六十多載　逆境無阻行善

信仰可以撐住人生，令不平坦的人生路變得精彩。認識崔常祥居士（1929 － 2023）的人，可能對這句話深信不疑。崔居士年屆 90 歲時，仍非常熱衷參與佛教活動，她數十年如一日，笑口常開。問到崔居士有甚麼養生之道，她說：「調整自己的心，保持良好的心境，自然青春常駐。」

崔居士經歷了戰火連天的亂世，面對太多親人的生離死別，她對人生多了一份感悟，默默行善。在上世紀六七十年代，她致力推動佛教助念團，以她深信的宗教，幫助臨終者。

崔居士為人積極樂觀，隨緣放下，得大自在。

● 童年與眾不同

1929 年，農曆二月二十七，原名崔秀英的崔常祥居士在一個富裕的家庭出生，祖父是中醫師。崔居士的父親是祖父第二位妻妾所生的兒子，父親育有九個孩子，五子四女，崔居士是大女兒。

崔居士的父母在廣州經營羊城毛巾廠，家中住了二十多個男工，不留宿的女工約有五十人至六十人，專門負責廠房工作；另外她家也在廣州西關開設批

發店，在廣州長堤還擁有百貨店。崔居士在小學時，已經幫助父母打理毛巾廠。她甚麼都做，由棉花到織布的製作工序都懂。好景不常，日軍發動侵華，她在1936年避難回到故鄉番禺，並在鄉校讀四年級。可是只讀了幾天，日本人已經來到，她被迫停學。1937年，日本全面侵華，當時她才八歲。

1938年，廣州淪陷，崔家的工廠和百貨店只好停業。後來崔父回到廣州視察情況，發現日軍霸佔了百貨店，並且正在搬走貨物。日軍還命令崔父、兩個舅父和一名夥計把百貨店的貨物搬上車。當時日軍嬉皮笑臉，拿起軍刀在崔父的腹部假裝劃了幾下，崔父不敢反抗，而兩個舅父也驚慌失措。面對國破家亡，崔常祥經歷了人生第一場苦難。

● 亂世中的精彩一面

1940年，戰爭氣氛緩和了，11歲的崔居士和家人回到廣州，繼續經營毛巾廠生意。可是三年後，39歲的崔父便病逝了，崔母是文盲，難以管理工廠和分銷運作，當時14歲作為長女的崔居士只能輟學，協助母親做生意，這是她人生的第二場艱苦考驗。

後來崔居士認識了她的丈夫張玉麒，這是她人生的一個重要轉捩點。張玉麒的父親是大慈善家張祝珊。張玉麒在當時的經濟局建設廳工作，負責管轄工廠的棉紗配給。崔家經營工廠，必須和經濟局打交道，張玉麒常去崔家的廠房，檢查他們有否炒賣棉紗配額，從中獲利。張玉麒認識崔父後，覺得他為人老實，兩人成為朋友。

後來崔父病倒，張玉麒前來探望，崔居士因此和他熟絡了。三年後，張玉麒向崔居士的祖母提親，祖母答應了。18歲的崔居士和29歲的張玉麒在廣州

結婚。往事總有絢麗的一面，雖然崔居士不是自由戀愛，但她想起自己美好的情緣，總是開懷大笑。

崔居士婚後數天，丈夫便去香港幫大哥做西藥和化妝品批發生意，店舖名為「張錦記」。張玉麒學識淵博，善於交際，負責對外事務，專門向歐美訂貨。

1948 年正月初十，崔居士移居香港，崔母在翌年也移居香港，崔家在廣州的生意便停業了。崔居士來到香港後，在張錦記任收銀員。她曾笑稱：「自己由九歲開始收錢，但不懂得會計。」

● 遇厄運堅毅自強

崔居士婚後誕下五個孩子，次女病歿，剩下兩子兩女。第五個兒子出生第二個月，36 歲的丈夫遇到意外離世了。崔居士説：「也許是天意，當時還未天黑，救護車竟然花了三個小時才去到瑪麗醫院。有人叫我起訴司機，但沒有用，因為丈夫死了，即使控告司機，丈夫也不能復活。我不做損人不利己的事，得饒人處且饒人，我決定放棄控告他。」

人生的考驗接踵而來，五十年代的香港，女性社會地位不高，要撫養四個孩子成人，即使經濟生活不太成問題，困難仍然不少。但 25 歲的崔常祥從此沒有再婚。往後的六十多年，崔居士以佛教信仰支撐了四分之三個世紀的人生，讓自己的生活過得快樂精彩。

● 與佛同行六十多年

崔居士原本不信佛，直到丈夫離世，她才接觸佛教。丈夫意外去世的第二天，崔居士繼續上班，張家的朋友告知，荃灣芙蓉山的東林念佛堂有幾位修行

很好的法師，建議找他們為丈夫做法事。因此丈夫往生「做七」那天，崔居士認識了定西法師，並於 1953 年 6 月 19 日隨法師皈依。皈依前，她把自己的想法告訴奶奶（家姑），奶奶鼓勵她説：「好呀，明天是觀音誕，你去定西法師處皈依三寶吧！」皈依那一天，其先夫的哥哥和嫂子帶領全家人甚至僕人一起皈依。崔居士的母親因為自認為信奉道教，沒有去，但同年 11 月 17 日阿彌陀佛聖誕，她和崔居士幾個妹妹也皈依了。

崔居士當時問定西法師：「丈夫慘死，我可如何度他？」法師説：「你為他受菩薩戒吧！」自此她從 1953 年開始吃素，並於 1956 年受菩薩戒。崔母也跟着受菩薩戒。

崔居士重重煎熬的經歷，讓她體會到世事無常，她從佛理得到啟發，覺得自己應該做一些事，去減輕別人的痛苦，為別人帶來希望。她和母親、奶奶以及妹妹等人開始積極參與佛教活動。

崔居士從移居香港的上海朋友口中得知，上海有助念團，但香港卻沒有。於是，崔家兩母女就萌生成立助念團的念頭。她們的想法，獲得定西法師的支持。透過定西法師的介紹，她們認識了永惺法師；由永惺法師帶領下，成立了助念團。當時團員有二十多名，全是義工，以輪班制方式，日以繼夜為有需要的臨終者助念，幫助他們登上極樂。外出助念，通常有兩個人，最多四個人，有時候從天黑念到天亮。他們除了去過香港佛教醫院助念，也去其他醫院助念。

崔居士曾提到，有次母親大壽，親友都來為她賀壽，開席前突然收到一個電話，有一位朋友的朋友快要往生了，家屬希望找人助念。母親向朋友交待了幾句，請親友們自行享用壽宴，自己則帶着崔居士，趕往醫院幫人助念。聽起來有點不近人情，不過崔居士認為生死事大，她堅信阿彌陀佛曾經發了四十八

崔居士（右）與母親

崔居士（右）與丈夫張玉麒

1953 年，崔家和張家等人一起皈依定西法師。

大願，其中一願是：若有人，欲生阿彌陀佛的極樂國土，只要至誠念他的聖名，那怕是只念了十聲，也可以往生到極樂世界來。面對臨終者，她也會開示和安慰他；提醒他依隨念佛聲，放下身心，無有罣礙，無有恐怖，往生佛國。

九十年代開始，醫院管理局成立，香港佛教醫院和其他慈善團體興辦的醫院一樣，交由醫管局管理。當時醫管局訂了很多規定，許多時候他們要改去殯儀館才能替人助念。

● 行善不遺餘力

1945 年香港佛教聯合會成立，崔居士一直幫忙做義工，主要在財務組工作。她憶述佛聯會的轉變時談到，當時佛聯會只有一個員工和一個臨時秘書，每年開一次年會，就找一個居士幫忙登記選舉人數。最初在東蓮覺苑召開會議，在門口掛一塊牌，寫上「香港佛教聯合會」，表示正在召開佛聯會的會議。

六十年代起，崔居士擔任佛聯會公職，曾任第 12 屆至第 27 屆、第 34 屆至第 69 屆董事會董事、常務董事、副司庫。其後多個道場相繼成立，如香港菩提學會、西方寺和佛教慈生講堂等，她都會去幫忙。她在佛聯會組織了財務淨資組義工團和念佛班。當佛聯會需要義工時，她總能一呼百應，義工都擁護她，熱烈響應參與工作。此外，九十年代中，佛聯會旗下數間長者中心相繼啟用，崔居士便去長者中心推動成立念佛班，除了講經、教長者念經，還教他們做運動。隨着年歲漸長，她說：「嗓子不行了，沒有再參與念佛班。」

崔居士好學不倦，當社會希望推動長者接觸資訊科技時，崔居士為長者做了一個最好的榜樣，她學會中文電腦輸入法，學會上網。她多年來平板電腦不離身，直至她 94 歲往生那年，都會用電郵和 WhatsApp 與人聯絡和溝通，也會將網上找到的圖案和影片與人分享。崔居士為人樂觀、灑脫，她認為人生沒有甚麼值得抱怨，所以她對人一直都是笑盈盈的，彷彿人生都是一帆風順的。

崔常祥居士於 2023 年 1 月 8 日往生，喪禮以家庭儀式舉行。香港佛教同人為表哀忱，共聚銅鑼灣摩頓台香港菩提學會舉行了一場追思法會，由佛聯會會長寬運大和尚親自主持，向她表達無限追思。

1998 年，崔居士擔任佛聯會副司庫，正填寫捐贈儀式中的象徵
支票。

崔居士（左二）參與慈善團體舉辦的賑災籌款

葉文意居士
現代維摩　誨人不倦

「只」要尚有一位善信，我都會繼續講經。」這是葉文意居士的悲願，也是她一生的寫照。

葉文意居士（1929－2014）在香港出生。年少因中日戰爭爆發而影響學業，至香港重光後始得回校就學，21歲畢業於香港聖保羅書院。隨後投身教育工作，以半工半讀方式進修，先後在葛量洪師範學院及廣大書院文史系深造。

葉居士宿具佛緣，因表姑姐賴玉雲居士篤信佛法，自少已隨之齋僧禮佛，聽經拜懺，扶弱濟貧，對佛法漸生傾信。青年時更獲表姑姐諄諄引導，期許她將來講經說法，利益人群。於是她帶着這份因緣和使命感，漸漸投入弘法的事

葉文意居士一生與佛有緣，隨緣自在。
（圖片提供：佛學班同學會）

業。她一生親近不少大德，青年時隨竺摩法師皈依，稍長則參師寬讓法師、聖一法師、覺光法師等。上世紀五十年代更親炙佛學家羅時憲教授，引為入室弟子，並以逾十年時間圓滿聆聽整部《成唯識論》，奠定深厚的佛學根基。

香港道慈佛社茶迎竺摩法師聖一法師暨葉文意居士等

佛曆二千五百一十五年十二月二十日攝于香港

葉居士（前排右二）與師父竺摩法師（前排左四）難得的珍貴合照
（圖片提供：佛學班同學會）

● 投身教育 弘揚佛學

　　1962 年，羅時憲教授成立三輪佛學社，開辦佛學星期班，交由梁隱盦教授與葉居士執筆編撰教材，由是寫成《佛學十八講》；另一方面，自 1957 年起先後執教崇蘭中學、香海蓮社義學、佛教念慈小學等。1962 年更出任筲箕灣佛教賴玉雲學校校長並兼任校監。除了管理工作外，同時教授佛學科，向兒童播種佛苗，灌輸正確的價值觀念。以是因緣，葉居士發覺本地佛教學校雖設有佛學科卻無統一教材，而當時的教育司署剛批准首間津貼佛教學校不久，一套符合課綱要求的小學《佛學課本》顯得尤其重要，於是再與梁隱盦教授合力編輯一套適合小學六級使用的《佛學課本》。兩種佛學教材，一套供小學生應用，

一本供尋常信徒學習，如是沿用數十年，為無數的讀者啟發入佛之門，影響實在不可計算。

及至 1965 年，羅時憲教授率同一眾學者和弟子成立佛教法相學會，專注發揚唯識真義，葉文意居士出任董事並擔當佛學班講師，又以法相觀點撰寫了〈貪之研究〉一文，刊載於《法相學會集刊》，可謂初試啼聲，開展一生講經不斷的事業。

1974 年，鑒於多年的教學經驗，葉居士凝聚了一群於三輪佛學社及佛教法相學會等佛學班畢業的同學，他們有志深造，於是葉文意居士與甘雪雄居士創立佛學班同學會，一直深入淺出地教授佛學，終身未曾間斷。所謂教學相長，憑藉多年的教學經驗，葉居士深感持續進修始是自利利他，自覺覺他的基礎，於是利用工餘時間入讀珠海書院中國歷史研究所碩士班，師從羅香林教授，並以《香港早期之佛教發展（清末至 1937 年）》為題親身走訪大小道場，訪問抄寫，最終完成碩士論文，是首份以香港佛教史為題的學術專著，為本地佛教保存了不少重要的史料，極具參考價值。

1976 年，佛教人士因應社會需要同心籌辦各級教育服務，於深水埗青山道與欽州街交界開辦私立的佛教覺光書院，取意「光大覺（佛）道」。翌年邀請葉居士領導校務，統理日校及夜校的教學工作，學生多達二千餘人，因學風優良，深得家長及社會人士信賴，校譽日隆。經辦幾年，書院於 1981 年結束。葉居士滿任後轉任樹仁學院講師，1984 年起擔任陳式宏學校上午校校長，直至 1994 退休。日間授課以後，工餘時間也是全情投入弘法事業，每週穿梭各學院和佛教團體講經，席不暇暖，單是香港大會堂義務講經就一講 13 年，而在香港大學校外課程教授佛學科及在香港中文大學義務教授靜坐均達 10 年之久，絕非易事。

● 電台佛學推廣節目

教學以外，最為人津津樂道的事業莫過於向香港電台爭取開設佛學節目《空中結緣》。該節目於 1981 年 7 月 5 日起逢週日上午廣播，藉大氣電波宣揚佛學。自啟播以來廣受歡迎，幾個月後，順應聽眾要求，將播放時間由半小時延長至 45 分鐘。為確保節目的質量和持久廣播，她需每週編寫佛化廣播劇及回覆聽眾的佛學疑問，然後定時到電台進行直播或預錄，數十年來，風雨無改。直到晚年受腳患困擾，仍不辭勞苦親身前往錄音。九十年代，因應中港往來日趨頻密，於是另外製作《普通話空中結緣》，讓廣大華人地區的信徒也能聽聞佛法。隨着《空中結緣》的傳播日益廣泛，葉居士便聯合香港電台以節目名義參加公益金百萬行，號召社會大眾關心社會，參與公益，以行動改變世俗人視佛教為出世的形象。

1994 年她卸下校長職務，一度移居加拿大，以當地不少港人聚居，宜多接觸佛法為由，應允出任安省佛教法相學會會長，除講經外也協助拓展會址，奠定後來者在北美洲長久弘法的基礎。後來回港安居，照舊講經不輟。1999 年，有感都市人生活緊張繁忙，亟需精神調劑；而佛經文字艱深難明，往往令人望而卻步，於是聯想到閱讀圖畫既可頤養性情，也可鬆弛神經，乃發起策劃出版《釋迦傳畫冊》，由葉文意居士、黃燕雯居士編撰，另聘請畫師執筆，並趕及於當年佛誕日發行結緣，以紀念香港首次實施佛誕公眾假期，意義特別重大。自《釋迦傳畫冊》出版後，好評如潮，於是再出版《釋迦傳畫冊二》及《維摩詰經摘要漫畫》等。

葉居士終生服務佛教，藉演講與文字傳揚佛法，誨人不倦，也啟發無數學生歸信佛陀，培植福智，於教於俗也是功德無量。而她推動的文教事業，亦具有劃時代的意義。2010 年，特區政府授予行政長官社區服務獎狀，肯定其貢獻。

2014 年 2 月 28 日，葉文意居士安詳往生，享壽八十五歲。

葉居士致力於佛化教育,永不言倦。(圖片提供:佛學班同學會)

葉居士開創以舞蹈及音樂襯托學生朗誦 《大唐三藏聖教序》於學校及社區層面,
積極推動佛教。 (圖片提供: 佛學班同學會)

崔常敏居士
與佛有緣　弘法利生

福慧慈善基金會主席崔常敏居士（1933－），祖籍廣東番禺，出生於廣州。她和創立基金會的已故嚴寬祜居士，是一對畢生護持佛法的燕侶。他們因為信佛，在佛堂相識，繼後共諧連理，同受菩薩戒，同心印送和搶救佛經；移民美國後，創建佛教道場，回歸香港又合力為內地興學、助學，弘法利生。

福慧慈善基金會主要捐助內地教育，所以崔常敏居士不時要回內地工作。

● 相遇東林念佛堂

上世紀四十年代末，崔常敏從廣州南下香港，經常伴隨母親到荃灣的東林念佛堂禮佛、讀經。恰巧嚴寬祜居士亦同樣常到東林念佛堂，2019 年，崔居士接受《香港佛教》月刊訪問時告訴記者：「一如佛教說的是『緣』，要不大家都信佛，我們就不會見到對方；香港有眾多佛堂，恰巧大家都到東林念佛堂。」

兩人在佛堂由相識到熟悉，1955 年兩人結婚，崔常敏在婚後協助丈夫打理出入口生意。那時候，他們每逢週日都會一起到東林念佛堂聽經聞法。同年，崔居士在東林念佛堂皈依三寶，依定西法師受戒。無論事業或弘法事務，崔居士都是嚴居士的得力助手，兩人在香港佛教界服務數十年，致力推動佛化教育，弘揚正信佛法。

中年時的崔居士

嚴寬祜居士（右）和崔常敏居士
（左）於 1955 年結婚

◉ 佛經流通影響深遠

　　崔居士見證了香港佛教的興盛。上世紀五十年代，信眾恭請佛經並不容
易。那年代沒有影印機，通常都是自行抄寫佛經。她有見社會大眾的聞法熱誠
日益增加，因此，支持丈夫在上環文咸西街的公司作佛經流通處。

　　香港佛經流通處先後刊印及流通佛經一百多種，流通量超過一百萬冊，促
使佛法廣為流行，自有它崇高的地位，不僅是香港佛教文化供應中心，也是東
南亞佛教文物權威機構之一。

崔常敏居士曾告訴《香港佛教》：「當時許多老法師來找我們印經，譬如筏可大和尚、南亭老法師、道源老法師等等，我們也因此變得熟絡。與我們緣份最深的，便是大家熟悉的星雲大師，我們相識已超過六十年了。」

夫妻同心，其利斷金。他們共運了約一萬多冊佛經到美國，寄存在沈家楨居士捐助的哥倫比亞大學圖書館和莊嚴寺的圖書館裏。崔居士曾指出，現在許多佛經版本都是六十年代在內地收購的「廢紙」堆中搶救出來的。

● 參與佛教義務工作

香港佛教聯合會於 1945 年創立，在五十年代初，仍限於條件，沒有職員和辦公室，故要借用東蓮覺苑的地方做會務。二十多歲的崔居士那時在東蓮覺苑學佛，林楞真居士為苑長。她在課後，不時為佛聯會做義工，例如把宣傳品放入信封、貼郵票、派門券等。約在五十年代末、六十年代初，佛聯會才正式聘用兩位職員。

1964 年 4 月 4 日至 11 日，佛聯會首次為建香港佛教醫院籌款，在志蓮淨苑啟建萬善緣法會，當時愍生法師負責財務工作，崔常敏居士和姐姐崔常祥居士同去協助。她負責收集善款，每晚開車把善款送回玫瑰新邨家中，翌日才存入銀行。曾在窩打老道天橋遇上有車阻路，她以為打劫，虛驚一場。

1967 年至 1975 年間，崔常敏居士曾任佛聯會第 13 屆至第 21 屆董事、常務董事兼學務管理委員會副主席等職；擔任過佛聯會第 1 屆青少年組主席，並負責首次香港六宗教青少年夏令營的活動。她當時三十多歲，是董事會中較年輕的董事，所以委派她處理青少年事務。早年，香港並不多人懂普通話，因此她也為來港的法師擔任粵語翻譯。

● 因緣和合　興學助學

　　1969 年，香港佛教聯合會在牛頭角下邨開辦佛教慈敬學校，嚴寬祜居士、崔常敏居士伉儷慨捐善款支持開辦。其後，因屋邨重建，學校遷往九龍灣公園毗鄰的啟禮道校舍，兩夫婦再次捐助續辦。為支持學生學習，崔常敏居士後來又捐款 60 萬元在校內成立嚴寬祜教育基金，支持慈敬推廣閱讀、境外交流及 STEM 教育。

　　七十年代，崔居士一家移居美國，她說主要是為了兒子的學業問題。兩人婚後育有一子嚴崇恩，她認為兒子不適合香港的教育制度，希望他能在純樸、具書香氣息的環境下學習，所以計劃移居德州的大學城。另一方面，她當時要為姐姐填寫複雜的移民申請表，就索性自己也填寫一份。結果獲批，她和兒子先到美國，兒子白天上學，她晚上讀英文。嚴居士則花了三年時間留港逐步結束生意。直至 1978 年，他們參與籌建休斯敦的佛教道場，開展當地的弘法工作，嚴居士才到彼方定居。

　　他們的兒子長大後，夫婦兩人才回歸香港。1993 年，嚴居士在台北進行了一次心臟手術，情況危急；那時崔居士身在杭州的靈隱寺，據她描述，她當時靜下心來，念《大悲咒》，並且立願，若丈夫的壽命不該盡，希望他早日康復，便和他一起到靈隱寺拜佛。

　　以前嚴居士一直不想返回內地，在康復後，兩人便一起到靈隱寺拜佛，隨後到上海、北京遊歷。在河北省的旅途上，夫婦兩人在承德金山嶺長城腳下遇到一位十四五歲的女孩在售賣瓶裝水，遂問她何以不上學？她回答因家貧，讀完小學便輟學，沒法升上中學，要在街頭賣水為生。因此，兩人萌生在內地偏遠山區辦學、助學的念頭。

　　1999 年，嚴居士成立福慧慈善基金會，夫妻倆之後每年專程北上十多次，從高校到小學，足跡遍及大江南北以至偏遠鄉鎮。崔居士每日的例行工作，包括親筆回信給學生，向學生分享人生經歷和感悟。

● 發揚慈悲精神

　　2014 年，嚴居士離世，崔居士秉持着嚴居士成立基金會「慈悲喜捨，願力無窮」的理念，薪火傳燈，照耀神州大地。

　　2019 年，台灣佛光山舉行的佛光菩薩表揚會，崔居士獲得了般若獎。她與佛光山的星雲大師結緣逾六十年，她很推崇人間佛教，讚揚佛光山精心培育僧才，還參與香港佛光道場的義工工作。崔居士表示，也許是前世種下的福德善緣，今生才能再親近佛法，感謝一切因緣成就。

香港佛教聯合會
第 69 屆 (2023 年) 董事會董事芳名

香港佛教聯合會現任首長簡介
會長 寬運法師

寬運法師於 2003 年加入香港佛教聯合會第 49 屆董事會，歷任董事、常務董事和執行副會長等職，由第 64 屆董事會起擔任佛聯會會長。

法師原籍遼寧省喀左縣，1983 年南下來港，先後畢業於香港能仁書院本科及碩士班、博士研究所。1986 年於永惺長老座下剃度出家，為天台宗第 46 代傳人，同年 8 月受具足戒。法師自 1993 年起擔任香港西方寺監院，至 2007 年，接替永惺長老成為該寺第二任方丈。此後長期致力弘法，推動文化、教育、慈善事業，卓然有成。

寬運法師雖出家為僧，但關心社會事務，致力實踐人間佛教。2013 年起，法師接受中央政府委任為第 12 屆全國政協委員，並連任第 13 屆及第 14 屆至今。法師積極參與內地社會公益事務，擔任中華海外聯誼會理事、中華慈善總會常務理事，捐資救助中國內地的愛滋病患者。每逢內地或香港發生天災，法師均會第一時間參與捐助。2007 年 1 月，法師獲中華慈善總會頒發中華慈善事業突出貢獻獎，並授予「中華慈善人物」稱號。同年 5 月，獲中國國際經濟發展中心授予「中國改革創新風雲人物」。2009 年 11 月，獲頒民政事務局社區建設傑出人士嘉許狀。同年 12 月，獲國務院發展研究中心縣域經濟專家委員會頒「影響中國經濟發展行情十大風雲人物」。

　　法師除擔任香港佛教聯合會會長外，亦擔任香港西方寺方丈、遼寧省朝陽市佑順寺住持、澳洲菩提寺住持、香港菩提學會會長、東林念佛堂住持、觀音講堂住持、普賢講堂住持、佛教東林安老院院長、佛教菩提護理安老院院監、香港菩提出版社社長、遼寧大學兼職教授，以及香港佛教聯合會佛教黃允畋中學校監等職。

　　法師著作甚豐，先後著有《大悲觀世音菩薩》、《因緣集世間》、《佛教改變命運法》、《何去何從》、《西方寺七寶鑲嵌藝術》、《蓮宗歷代祖師傳略》、《無上菩提之本——三皈五戒》、《大方廣佛華嚴經——善財童子五十三參》、《八關齋戒——出世之善因》、《佛教與企業管理》等書。

副會長 紹根法師

紹根長老於 1990 年加入香港佛教聯合會第
36 屆董事會,歷任董事、常務董事兼總務主任、
副會長等職。

長老法號昌正,字紹根,廣東南海人氏,
俗家姓龔。紹根長老 14 歲出家,禮鼎湖山慶雲
寺退居方丈祺康老和尚為師,在慶雲寺受具足戒
後,翌年至澳門參學,掛單於普濟禪院,1957
年輾轉至香港大嶼山,親近海仁老法師和筏可
大和尚,深受二老慈悲喜捨、利樂人群精神的
感染。1970 年,長老接任佛教楞嚴精舍住持。

長老深信知識可以改變人類的命運。九十年代開始,長老積極倡議扶貧助
學工作,復得佛聯會董事和寶蓮禪寺董事贊同。長老深入祖國山區助建基礎教
育學校,至千禧年已達二百多間,遍佈各省市。長老亦身體力行,在貴州省龍
泉鎮助建一所中學,命名「丹寨紹根希望中學」。千禧年後,祖國經濟騰飛,
扶貧助學的工作遂暫告一段落。

2011 年,香港佛教聯合會起步發展中醫服務。年屆八十的紹根長老認為
這是造福社會,利樂人群的工作,因此慷慨捐淨資,玉成佛聯會發展中醫善業。
佛聯會為感謝長老的慈悲,在中環香林大廈開設第二間中醫診所,取名「香港
佛教聯合會紹根法師綜合中醫服務中心」。長老認為人口老化令醫療需求大增,

很多長者都相信中醫，中醫又確能幫助長者，長老希望香港可以有更多系統和設施完善的中醫診所，造福社群。

2015 年，紹根長老自成立「紹根長老慈善基金」，其宗旨是關愛弱勢社群，尤其生活在貧乏家庭 (例如劏房、寮屋) 的莘莘學子，還有堅毅不屈、力求上進的學生。由校長或老師舉薦給基金會，基金會頒發獎勵金，以激勵同學更努力勤奮學習的精神。

紹根長老為佛教界德高望重的領袖，曾任香港佛教僧伽聯合會會長、香港能仁專上學院校董會主席。現任世界佛教僧伽會副會長、香港佛教聯合會副會長、紹根長老慈善基金主席及佛教楞嚴精舍住持等職務。

副會長 楊釗居士

楊釗居士於 1997 年加入香港佛教聯合會第 43 屆董事會，歷任佛聯會董事、常務董事等職，2022 年獲香港佛教聯合會第 68 屆董事會一致公推擔任副會長。

楊居士於 1981 年在圓行法師座下皈依三寶，在師父引導下，明白到人必須回饋社會，回饋眾生，才能離苦得樂；他又發現到原來人生遇到的種種煩惱問題，佛經中都有解決的方法。從此數十年間，楊居士一直秉持佛教經典教誨，如實修行，實踐佛法。楊居士樂善好施，經常捐款支持各地佛寺復修重建，令寶剎重光，又支持僧團建設道場，弘傳佛法。楊居士也設立慈善基金，贊助佛教活動，以及幫助僧伽學習和進修，得其護持的道場和僧眾數目，着實不少。

作為旭日集團有限公司董事長，楊居士馳騁商界的同時，大力推動社會公益，建樹良多。楊居士兼任多項社團職務，包括香港中華總商會永遠榮譽會長、香港各界文化促進會永遠榮譽會長、香港客屬總會榮譽主席、香港廣東青年總會名譽主席、香港惠州社團聯合總會永遠創會會長等職。楊居士曾任中國人民政治協商會議第 9 屆至第 12 屆全國委員會委員。1999 年，楊居士獲香港特區政府委任為太平紳士，2004 年獲頒授銀紫荊星章（SBS）勳銜，2016 年獲頒授金紫荊星章（GBS）勳銜。

執行副會長 道平法師

道平法師於 1998 年加入香港佛教聯合會第 44 屆董事會，歷任董事、常務董事兼副總務主任等職，由第 57 屆董事會起擔任佛聯會執行副會長至今。法師早年披剃於普陀山慧濟寺了開長老座下。來港後，由天台宗第 46 代法脈教觀總持覺光長老傳授天台正宗第 47 代法嗣。

道平法師積極弘揚佛法，普度眾生，在香港各區創建佛教道場，接引信眾。法師現任香港普門寺住持、香港報國寺住持、香港天童寺住持等職。由道平法師在 1991 年創辦的香港佛教文化協會早在上世紀九十年代便推動大藏經電子化工程，1999 年農曆四月初八推出全世界第一部漢文電子大藏經——《佛梅電子大藏經》，其後陸續推出網絡版和手機版。《佛梅電子大藏經》卷秩繁浩，收佛經 12,000 卷、1 億 3,000 萬字，是集教界大德的智慧、檀那善信的福德、香港佛教的因緣而成無價法寶。

2004 年，道平法師在香港佛教文化協會轄下成立香港佛教文化慈善基金會，統籌會屬團體之社會慈善事務。設立專項弘法基金，法喜社區弘法道場，全方位開展社區服務之「社群心計劃」，以及助學行動之「拾海星計劃」。法師行持嚴謹，性德明朗，2007 年成立香港行腳僧團，與僧團圓滿完成「佛國萬里行」弘法計劃，優化了都市道場的學修體系，如法僧團比丘的叢林生活。

執行副會長 宏明法師

宏明法師，教育碩士、文學碩士，於 2010
年加入香港佛教聯合會第 56 屆董事會擔任常務
董事，由第 57 屆董事會起擔任執行副會長。

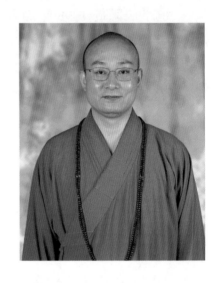

宏明法師原籍浙江，1989 年於天台山國清
寺皈依三寶，不久即披剃出家，其間於各地叢
林古剎參訪、習禪學教暨研修穢跡金剛法門。
1993 年從廣東潮州開元寺定然老和尚座下受具
足戒。1991 年至 1993 年就讀於廣東省嶺東佛學
院並畢業，其間曾兼任男眾部班主任並為女眾
部講授初級佛學。1994 年於廈門閩南佛學院研
究班進修，研習中論、唯識。1995 年至 1997 年於北京師範大學及亞洲開放（香
港）教育學院遠程專科畢業。1995 年至 2000 年任廣東潮安靈和禪寺知客兼維那；
潮安縣佛教協會常務理事、秘書長；潮州市佛教協會常務理事；開元寺後堂
兼監院；嶺東佛學院教務長；《人海燈》雜誌主編等。

1996 年，明暘長老傳付禪門臨濟正宗第 42 世、曹洞正宗第 48 世法脈。
2002 年始，宏明法師應香港佛教聯合會時任會長覺光長老邀請，蒞港擔任香港
佛教僧伽學院教務長。同年，覺光長老傳付天台教觀總持第 47 世法脈。2005
年，傳印長老傳付禪門溈仰正宗第 10 世法脈。法師除擔任香港佛教聯合會執
行副會長外，亦擔任香海正覺蓮社社長、香港觀宗寺方丈、佛教中諦學會導
師、上海龍華寺首座等。

執行副會長兼總務主任 衍空法師

衍空法師於 1998 年加入香港佛教聯合會第 44 屆董事會，歷任常務董事、總務主任等職，由 2018 年起，獲香港佛教聯合會第 64 屆董事會公推擔任執行副會長兼總務主任。

衍空法師出生於香港，早年於喇沙書院完成小學及中一課程後，前往日本神戶入讀加拿大國際學校，其後於美國俄勒岡州州立大學取得電腦和國際商貿學士學位。回港後，跟隨父親行商和從事股票行業，後又追隨羅時憲教授和葉文意居士學習佛教經典。1990 年，法師毅然放下塵世事，於寶林禪寺聖一老和尚座下披剃出家，同年在寶蓮禪寺受三壇大戒。

衍空法師修學之餘，亦不斷講經弘法利生。1993 年，法師前往倫敦大學亞非學院宗教研究系深造，取得碩士學位。2000 年，法師參與創辦香港大學佛學研究中心，兩年後開辦全港首個佛學碩士課程並擔當教學工作；其後，法師親任中心總監及顧問等職，帶動中心發展。2018 年，衍空法師有見香港社會需要廣納人才，在香港大學籌劃開辦佛學輔導碩士課程，繼而推動香港大學再開辦佛學輔導專業文憑，讓完成輔導碩士的畢業生參與實習，培養香港第一批佛學專業輔導員，並參與社會服務。

法師為臨濟宗第 45 代接法傳人、為仰宗第 10 代接法傳人和覺醒心靈成長中心住持，並擔任香港大學佛學研究中心高級顧問及香港佛教聯合會佛教葉紀南紀念中學、佛教沈香林紀念中學及佛教大雄中學之校監等職。

執行副會長兼司庫 何德心居士

何德心居士於 1994 年加入香港佛教聯合會第 40 屆董事會，歷任佛聯會董事、常務董事兼義務司庫，2011 年起，獲佛聯會第 57 屆董事會委任為執行副會長。

何居士篤信佛教，七十年代末已服務香海正覺蓮社、寶靜護理兩院。1994 年在佛門大德覺光長老座下皈依三寶，發心護持佛教善業，慷慨布施，賑濟貧苦，捐助教育，造福社會，對佛教及社會公益作出貢獻。

何居士在多個委員會擔任主席，簡述職務如下（有關佛教方面）：

1. 香港佛教醫院管治委員會主席：除日常工作外，設立工作小組，研究縮短門診、配藥、付款等輪候時間的方法；又思考可否改建醫院成為一所多層綜合式服務醫療大樓。

2. 中醫服務發展委員會主席：在疫情期間，倡議與中醫師研發：三款補肺、潤肺、復元等自家品牌湯包；又鼓勵中醫師向科研方面發展，向外界發表科研報告，以及增加中醫藥各方面之服務，以「治未病」及癒後之調理為目標。

3. 香港佛教墳場管理委員會主席：鑒於佛聯會墳場骨灰龕位供應不足所需，於 2014 年前已申請加建龕位於天台及可用之空間，縫位插針，以紓解一時燃眉之急，但始終所得有限，認為覓地擴建方為上策。由覓地至今，轉瞬間已有十多年，始得政府首肯，相信到有所成，還需多等數年之久。此外，在現有之墳場內，為未滿 24 週而夭折之胎兒，成立「小小淨土」及「夢影花徑」撒灰紀念設施；兩項目已於 2022 年 12 月中由佛聯會會長及各高僧灑淨啟用，投入服務。

4. 會產管理委員會主席：沙田明論佛堂（今沙田活動中心），為一靜修好去處，已妥善復修鄰近斜坡。另外，於十多年前，當屆會長覺公上人申請，得政府答允撥地，在九龍灣興建一所佛教文化及社會服務大樓，時至今日，一切還在商討中。

5. 教育方面：何居士很重視教育，認為教育為國之本也。2019年，曾親自帶隊，與香港教育界教聯會及多位校長、老師到北京訪問交流，非常高興得知內地教育亦以「立德樹人」為榜樣。何居士現於五個辦學團體中，擔任其中四間中、小學的校監及一間小學的副校監（五間學校均來自不同的辦學團體），以及五間幼稚園的校董。為照顧學生福祉，於30間佛教中、小學各設立緊急援助基金及各項獎助學金等等；又以弘揚中華文化為己任，於多所校內以雙親或自己名義設立中華文化館、何德心創新科技中心等。

6. 弘法方面：何居士2006年訂立「6‧15」健康素食日。每年6月15日定為健康素食日，戒殺放生，鼓勵食素，並派送齋飯、寒衣給露宿者。2011年6月成立讀經教育基金，至今已達12年；與佛聯會小學校長會成立心靈教育基金，每年舉辦「佛經故事」活動，包括演說比賽及四格漫畫校內創作比賽。何居士認為於幼小心靈中，種下一小善苗，待日後開花，他亦計劃於明年推展活動至其他非佛教學校。

7. 與佛有緣：何居士曾先後共六次參與供奉佛牙舍利、佛指骨舍利及佛頂骨舍利之迎請及恭送。

8. 安老服務方面：七十年代末，何居士追隨時任佛聯會會長，亦為蓮社社長覺光大和尚，參與佛教寶靜兩院安老服務，並獲社長頒贈「定南樓」一大牌匾，懸掛於寶靜安老院前身大門上，以紀念其雙親。何居士現任佛教四所護理安老院、四間社區照顧中心等董事之職。

9. 在宗教事務方面：何居士除貢獻於佛教外，亦為孔教學院常務副院長，以及香港道教聯合會榮譽理事。或者曰：「何以為之？」答曰：「諸惡莫作，眾善奉行，自淨其意，是諸佛教。」眾善奉行，無分彼此而已。

10. 獲香港特區政府肯定其功績：2006年7月獲香港特區政府頒授榮譽勳章（MH）。2023年7月何德心居士再獲香港特區政府頒授銅紫荊星章（BBS）。

秘書長 演慈法師

　　演慈法師於 1990 年加入香港佛教聯合會第 36 屆董事會，歷任董事、常務董事等職。2011 年起，獲第 57 屆董事會委任為秘書長。

　　法師出生於馬來西亞，早年親近佛教高僧竺摩長老，為馬來西亞佛學院第一屆深造班畢業生，曾在佛學院任教兩年，其後來港追隨佛教大德愍生法師研習經教，依止愍生法師座下出家，並曾任中學教師。法師又於珠海書院文學研究所畢業，獲頒授文學碩士學位。2008 年蒙香港觀宗寺法主和尚覺光長老傳授天台宗第 47 代法脈。

　　演慈法師一直從事講經弘法及教育工作，曾於香港佛教聯合會董事會轄下學務管理委員會擔任主席，並任香港佛教聯合會佛教黃鳳翎中學、佛教茂峰法師紀念中學、佛教中華康山學校、佛教黃焯菴小學、佛教慈敬學校、佛教金麗幼稚園、佛教真如幼稚園等多間學校的校監。教學之餘，法師肩負弘揚佛法的工作，經常到海內外講經說法。

　　1993 年愍生法師圓寂後，法師創建現時位於北角之佛教愍生講堂，一則永懷師恩，二則作為弘揚正信佛教之道場。同年法師接任東涌羅漢寺住持，在法師積極發展下，該寺已是東涌一座佛教勝地及清淨修行的山林道場。

鳴謝

(按筆畫排序)

大光園

孔教學院大成何郭佩珍中學

加拿大佛教會湛山精舍

加拿大東蓮覺苑

加拿大靈巖山寺

西方寺

西蓮淨苑

何世柱

何善衡後人

佛光山宗史館

佛光寺

佛光淨舍教育中心

佛教慈敬學校

佛學班同學會

沈張婉居士

明珠佛學社

東林念佛堂

東普陀講寺

東蓮覺苑

法雲出版社

南京棲霞古寺

美西佛教會

衍空法師

香海正覺蓮社

香港中文大學

香港菩提學會

敏智老和尚紀念教育基金會

陳榮根、區碧茵後人

陳維信後人

陳慶嘉居士

傅永昌居士

曾璧山（崇蘭）中學

黃宜定教授

慈航學校

福慧慈善基金會

福嚴精舍

噶瑪迦珠（香港）佛學會

寶蓮禪寺

www.cosmosbooks.com.hk

書　　名	大德行誼──近代香港佛教人物傳
編　　著	香港佛教聯合會
撰　　文	《香港佛教》月刊編輯部暨
	張亮東博士　鄧家宙博士　黃鳳韻　余江強　洪桂英　郭秀梅
行政及聯絡	關嘉曦　田淑珍
策劃編輯	林苑鶯
責任編輯	蔡柷音
美術編輯	郭志民
出　　版	天地圖書有限公司
	香港黃竹坑道46號
	新興工業大廈11樓（總寫字樓）
	電話：2528 3671　傳真：2865 2609
	香港灣仔莊士敦道30號地庫（門市部）
	電話：2865 0708　傳真：2861 1541
印　　刷	亨泰印刷有限公司
	香港柴灣利眾街德景工業大廈10字樓
	電話：2896 3687　傳真：2558 1902
發　　行	聯合新零售（香港）有限公司
	香港新界荃灣德士古道220-248號荃灣工業中心16樓
	電話：2150 2100　傳真：2407 3062
出版日期	2023年7月／初版・香港

（版權所有・翻印必究）
©COSMOS BOOKS LTD. 2023
ISBN：978-988-8551-10-1